Arne Hoffmann

WARUM HOHMANN GEHT UND FRIEDMAN BLEIBT

Über den Autor:

Arne Hoffmann (1969) ist Autor zahlreicher Bücher und veröffentlicht journalistische Artikel im liberalen Magazin *eigentümlich frei*. Im Jahr 2004 verlieh ihm die Kellmann-Stiftung für Humanismus und Aufklärung für sein Buch *Sind Frauen bessere Menschen*? den Belfort-Bax-Preis »in Würdigung seiner bahnbrechenden sozialwissenschaftlichen, ökonomischen und juristischen Analysen auf dem Gebiet der Gleichberechtigung der Geschlechter.«

Im Rahmen eines Israelbesuchs wirkte Hoffmann 1987 dabei mit, eine Schulpartnerschaft zwischen dem Wiesbadener Carl-von-Ossietzky-Gymnasium und der Galilei High School in Kfar Saba zu begründen. Er ist seither an einer Verbesserung des deutsch-jüdischen Verhältnisses sehr interessiert. In seiner hier vorgelegten kritischen Untersuchung des Antisemitismusvorwurfs als politischem Machtmittel sieht Hoffmann einen wichtigen Beitrag für diese Verbesserung.

Über aktuellste Veröffentlichungen informiert die Website www.arnehoffmann.com.

Arne Hoffmann

Warum Hohmann geht und Friedman bleibt

Antisemitismusdebatten in Deutschland
von Möllemann bis Walser

EDITION ANTAIOS

Buchgestaltung und Satz: Edition Antaios / Sandra Kühn
Druck: Fuldaer Verlagsanstalt, Fulda

Die Deutsche Bibliothek - CIP-Einheitsaufnahme

Hoffmann, Arne
Warum Hohmann geht und Friedman bleibt
Antisemitismusdebatten in Deutschland
von Möllemann bis Walser
304 Seiten, broschiert
Schnellroda: Edition Antaios, 2005

ISBN 3-935063-26-1

Inhalt

1 Tabubereich Holocaust 8

2 Jürgen W. Möllemann: Vom Freidenker in den Freitod? 18
2.1 Eskalation eines Konflikts 18
2.2 Die Begleitung des Konfliktes durch die Medien 32
2.3 Die Aggressionsschaukel: Welche Problematik ergibt sich aus den Reaktionen auf Möllemanns Äußerungen? 42
2.4 Die Skandalierung von Möllemanns Äußerungen: Eine Analyse nach Kepplinger 51

3 Der tiefe Fall des Michel Friedman: „Antisemitische Anhaftungen"? 60

4 Martin Hohmann: Aus dem Fall Möllemann nichts gelernt 67
4.1 Die Rede Martin Hohmanns 67
4.2 Die Reaktion der Medien 77
4.3 Die Reaktion der Politik 103
4.4 Abweichende Ansichten: Wider die „Herrschaft des Verdachts" 118

5 Killervorwurf Antisemitismus oder inflationäre Entwertung? Weitere Debatten und Skandale 124
5.1 Reinhard Günzel: „ein verwirrter General"? 124
5.2 Rogalla von Bieberstein: „Rechtfertigung der nationalsozialistischen Vernichtungspolitik"? 130
5.3 Roland Koch: „kalkulierter Mißbrauch des Holocaust"? 133
5.4 Norbert Blüm: „Rassismus pur"? 134
5.5 Martin Walsers Paulskirchenrede: „geistige Brandstiftung"? 138
5.6 Martin Walsers Tod eines Kritikers: „ein Buch, das gegen die Juden hetzt"? 145
5.7 Ted Honderich: „philosophischer Judenhaß"? 149
5.8 Attac: „Positionen, die sonst nur von Rechtsextremen ventiliert werden"? 154
5.9 Hans Leyendecker: „Volksverhetze" eines „Stürmer-Nachfolgers"? .. 157
5.10 ARD-Magazin „Panorama": „Vernichtung der Kritiker deutscher Medien"? 160
5.11 Bundeszentrale für politische Bildung: „Hort des Antisemitismus"? . 162
5.12 Konrad Löw: „Ansammlung antijüdischer Klischees"? 163

5.13 Udo von Busekist: "eine subtile Form der Auschwitzleugnung"? 169
5.14 Papst Johannes Paul II: "nachträglicher Angriff auf Überlebende der Konzentrationslager"? 180

6 Aufsehenerregende Umfragen: Sind wir Deutschen antisemitisch? 184

7 Debatten über Holocaust, Israel und Antisemitismus - Zehn Thesen als Fazit 203

Anmerkungen 235

Anhang
1 Chronologie der Geschehnisse um Martin Hohmanns Rede zum Tag der Deutschen Einheit 271
2 Martin Hohmanns Rede im Wortlaut 279
3 Martin Hohmanns Erklärung vor der CDU/CSU-Bundestagsfraktion 290
4 Plädoyer für eine neue Medienethik 293

Bibliographie 300

»Wenn wir aus Angst davor, als antisemitisch etikettiert zu werden, unsere Kritik begraben, überlassen wir denen die Macht, die den freien Ausdruck politischer Überzeugungen beschneiden wollen.«
Judith Butler

»Ich verabscheue, was Sie sagen: Ich werde Ihr Recht, es zu sagen, bis zum Tod verteidigen.«
Voltaire

1 Tabubereich Holocaust

In den letzten Jahren hat in Deutschland die Debatte um den Antisemitismus eine neue Ebene erreicht. Erstmals wurde und wird nicht nur dem rechten und neurechten Rand, sondern auch Angehörigen des bürgerlichen Spektrums vorgeworfen, mehr oder weniger offen antisemitische Haltungen zu vertreten. Neu ist außerdem, daß die Angeschuldigten den Vorwurf nicht nur vehement bestreiten, sondern daß sie zahlreiche Unterstützer finden, oftmals auch Juden. Ohne große Schwierigkeiten kann man mittlerweile eine Kluft ausmachen zwischen dem Zentralrat der Juden und der Meinungselite aus Politik und Medien einerseits und einer Mehrheit der Bevölkerung andererseits, wobei sich letztere vor allem im Internet, in Leserbriefen und bei anonymen Befragungen äußern konnte, weil ihr andere Mittel kaum zur Verfügung standen. Einer meinungsprägenden und -machenden Schicht, die sich selbst als moralische Instanz aufspielt und implizit oder explizit Menschen mit anderer Auffassung als unmoralisch diskreditiert, steht eine immense Zahl von Normalbürgern gegenüber, die diesen Anspruch als unbegründet oder sogar unstatthaft ablehnen.

Weil diese Entwicklung jung ist, liegt die Vermutung nahe, daß aktuelle Geschehnisse Einfluß nehmen. Tatsächlich sind die Debatten um Juden und Antisemitismus vor folgenden Hinter gründen zu sehen:

- Die Militärpolitik Israels unter der Regierung Ariel Scharons wird sowohl in Deutschland als auch international und nicht zuletzt auch innerhalb Israels selbst wesentlich schärfer kritisiert als in den Jahren zuvor.[1] Hier kommt es zu einem auffälligen Spagat: Während für manche Kritiker schon eine allzu enge Konnexion zwischen Israel und beispielsweise deutschen Juden als klarer Beleg für Antisemitismus gilt, tritt der Zentralrat der Juden in Deutschland immer wieder als ebenso erklärter Verteidiger Israels hervor. Dies wird im Verlauf dieses Buches noch verschiedentlich zu erörtern sein.
- Die Kritik des jüdischen, us-amerikanischen Politikwissenschaftlers Norman Finkelstein, ein Sohn von Holocaust-Überlebenden, an der gängigen Praxis der Reparationszahlungen und seine These, es gebe eine »Holocaust-Industrie«, erregte hierzulande große Aufmerksamkeit. Finkelsteins Darstellung nach benutzten einflußreiche jüdische

Organisationen in den USA die Leiden der NS-Opfer, um daraus auf unlautere Weise Profit für sich zu ziehen. Finkelstein erhebt zudem den Vorwurf, jüdische Eliten in den Vereinigten Staaten instrumentalisierten den Holocaust zur Stärkung des Staates Israel mit all seinen eklatanten Menschenrechtsverletzungen.[2] Ebenso widerspricht er der gängigen Behauptung, der Massenmord an den Juden sei ein historisch einzigartiges und unvergleichbares Ereignis, und wendet sich gegen die als Variante der Kollektivschuldthese wahrgenommene Position Daniel Goldhagens, der zufolge die Deutschen in ihrer breiten Mehrheit *Hitlers willige Vollstrecker* gewesen seien.[3] Finkelstein sieht eher die Gefahr, daß die Juden der Gegenwart ihrer eigenen kollektiven Verantwortung nicht nachkämen, den völkerrechtswidrigen Aggressionen Israels in den Arm zu fallen. Unabhängig davon, ob Finkelsteins Ansichten tragfähig sind, gelang es ihm damit als erstem, ein Klima der Angst zu durchbrechen, in dem es kaum jemand außerhalb des rechtsradikalen Spektrums gewagt hatte, das Thema Holocaust kontrovers zu diskutieren und Juden allzu scharf zu kritisieren.[4]

- Auch Martin Walser trug mit seiner umstrittenen Rede zur Verleihung des Friedenspreises des Deutschen Buchhandels 1998 in der Frankfurter Paulskirche dazu bei, die ritualisierte, formelhafte Beschäftigung mit dem Nationalsozialismus und seinen Folgen aufzubrechen. So heftig die Kontroverse auch war, zu der diese Rede führte: Walser trug damit doch dazu bei, einem in dieser Hinsicht neuen Denken und Sprechen Raum zu schaffen.
- Zugleich kommt es derzeit schlicht zu einem Generationswechsel in Deutschland. So wie die Achtundsechziger-Generation ihre Väter und Mütter vehement aufforderte, sich mit der eigenen Geschichte auseinanderzusetzen, tritt nun eine Generation an, für die das Dritte Reich tatsächlich nur noch Geschichte ist. Diese Generation löckt ihrerseits den Stachel gegen die Achtundsechziger und drängt mit eigenen Themen, Konflikten und Sichtweisen in den Bereich der öffentlichen Auseinandersetzung.
- Das neue Medium Internet läßt unzensierte Veröffentlichung zu und umschifft die Möglichkeiten der Meinungsunterdrückung. Das ist ein revolutionärer Vorgang, der für die Vertreter »schwacher« Positionen sehr bedeutsam ist.

- Mit gewachsener zeitlicher Entfernung zum Dritten Reich ist es erstmals möglich, auch über deutsche Opfer (des Bombenkriegs, der Vertreibung, der Gefangenschaft und Internierung) zu sprechen, ohne daß dies sofort mit dem Vorwurf einer Relativierung oder Aufrechnung vom Tisch gewischt würde.[5]

Offensichtlich ist, daß es bisher keineswegs zu einem allgemeinen Diskurs- und Paradigmenwechsel gekommen ist. Statt dessen fanden und finden erste große Kämpfe um die Deutungshoheit zeitgeschichtlicher Vorgänge statt. Nun geht es beispielsweise bei den Auseinandersetzungen um das vom Bund der Vertriebenen (BdV) geplante »Zentrum gegen Vertreibungen« tatsächlich um eine Dokumentation des Leids der deutschen Heimatvertriebenen, und die federführende Betreiberin dieses Projekts, die BdV-Vorsitzende Erika Steinbach, hat die Konzeption längst auf das Thema »Vertreibungen« insgesamt ausgeweitet. Dennoch sieht sie sich mit dem Vorwurf eines latenten oder offenen Antisemitismus konfrontiert, und es ist in der Tat nicht schwierig, hinter einer solchen Verlagerung der Auseinandersetzung ein Kalkül aufzudecken.[6]

Diese Kämpfe um die Deutungshoheit zeitgeschichtlicher Vorgänge werden insbesondere dann auf das Feld des Antisemitismusvorwurfs gezogen, wenn mit einer bestimmten Heftigkeit Menschen jüdischen Glaubens kritisiert werden (ob sie nun zur israelischen Regierung gehören, im deutschen Zentralrat sitzen, im revolutionären Rußland aktiv waren oder medienpräsente Buchrezensenten sind). Das ursprüngliche Streitthema findet in der Mediendebatte dann gar keine Beachtung mehr; in den Vordergrund rückt statt dessen die Frage, ob der betreffende Kritiker nun ein Antisemit sei, wie stark und bedrohlich der Antisemitismus hierzulande geworden sei und was man dagegen unternehmen könne.

Der jüdische Autor Peter Sichrovsky (*Antifa-Komplex*) äußerte sich zu diesem Mechanismus in der Zeitung *Junge Freiheit* bereits am 4. Dezember 1998, also Jahre vor den Skandalen um Möllemann, Hohmann und andere:

> »Für mich sind solche Kampagnen gleichzusetzen mit einem Fundamentalismus, der in einer Demokratie nichts zu suchen hat. In einer Demokratie nimmt man einen Dialog auf und versucht, sei-

nem Gegner zu erklären, warum er nicht recht hat, warum er seine Meinung ändern sollte. Der Fundamentalist geht davon aus, daß es anständige und unanständige Menschen in einem Land gibt. Wenn die Unanständigen beseitigt oder mundtot gemacht worden sind, dann erst könne der Staat funktionieren, so die Fundamentalisten. Durch die Kriminalisierung, durch die Bezeichnung als „Antisemit" und „Verharmlosung des Holocausts" werfe ich jemand aus dem System des demokratischen Dialoges. Das ist das Prinzip des politischen und religiösen Fundamentalisten.«

Warum aber gedeiht diese von Sichrovsky als fundamentalistisch gekennzeichnete Haltung quer durch die politische und journalistische Meinungselite unseres Landes so besonders gut? Eine Erklärung kann anhand von Ausführungen erfolgen, die der Soziologe Arnold Gehlen in seinem Werk *Urmensch und Spätkultur* zur Frage der Notwendigkeit von Institutionen macht. Gehlen zufolge wohnt jedem Menschen ein tief verankertes, nahezu instinktives Bedürfnis nach einer stabilen Umwelt inne. Da es zu mühsam ist, diese Stabilität immer wieder neu zu erkämpfen, kommt es zur Bildung von Institutionen, verläßlichen Einrichtungen also, die nicht hinterfragt werden dürfen und deshalb stabilisierend wirken. Beispiele sind Ehe und Familie, die Verwaltung, aber auch die weitgehende Übereinstimmung in der Einschätzung dessen, was richtig und was falsch sei, wie man erziehen müsse, was sich gehöre und was verboten sei.

Aufgabe solcher Institutionen ist es, die Gesellschaft durch Selektion von Verhaltensweisen zu stabilisieren. Zwangsläufig kommt es dabei zu einer Grenzziehung zwischen der *in-group* und der *out-group*: Ausgegrenzt werden all diejenigen, die sich nicht an die vorgegebenen Spielregeln halten. Dieser Mechanismus erfährt eine quasi-religiöse Aufladung durch Konzepte von Totems und Tabus.

Die vier Kernbegriffe dieses Sachverhalts sollen hier einem besseren Verständnis zuliebe klar definiert, voneinander abgegrenzt und zueinander in Beziehung gesetzt werden:

- Der Begriff *Tabu* kommt ursprünglich aus dem Polynesischen und wurde von dem Entdecker James Cook bei den Eingeborenen Tahitis aufgetan. Während man lange Zeit glaubte, Tabus kämen nur bei »primitiven Stämmen« vor, zeigten Völkerkundler später, dass jede

Gesellschaftsform, auch der industrialisierte Westen, von ganz eigenen Tabus bestimmt wird. Sigmund Freud zeigte in seiner berühmten Aufsatzsammlung *Totem und Tabu* (1912-1913) die Doppelnatur des Tabus auf: Einerseits gehört es zur Sphäre des Heiligen, andererseits zur Sphäre des Verbotenen, Gefährlichen und Unreinen. Mithin handelt es sich dabei weniger um ein ausdrücklich benanntes Verbot als um einen Bereich, der von einer abweisenden Aura umgeben ist.

- Ein *Totem* ist eine mächtige Erscheinungsform (beispielsweise ein Tier oder ein Gegenstand), das für seinen Besitzer bzw. seine Gesellschaft von sinnstiftender Bedeutung ist und deshalb nicht verletzt werden darf: Es unterliegt einem Tabu. Handlungen gegen andere Mitglieder der Totemgemeinschaft werden tabuisiert: Sie zu vollziehen führt automatisch zu einem Ausstoß aus der Gemeinschaft.
- *Rituale* sind kulturell geprägte Handlungen in einer festgelegten Ordnung, die eine sichere Berührung des Totems, einen sicheren Umgang mit dem Tabu ermöglichen, wenn sie zum Beispiel eine bestimmte Person (ein Priester) auf die richtige Weise ausübt. Rituale können Ausdrucksformen von Weltanschauungen sein und die Identität einer Gruppe stabilisieren.
- *Institutionen* schließlich stellen für Gehlen, was Macht, Sinngebung und Unhinterfragbarkeit angeht, »*ursprünglich Transzendenzen im Diesseits*« dar. Sich ihnen zu verweigern führt zu regelrecht religiösen Sanktionen. Das Wesentliche einer dauerhaften Institution ist Gehlen zufolge ihre Überdeterminiertheit: Sie ist nicht mehr allein zweckmäßig und nützlich, sondern ein Daseinsrecht der anspruchvollsten und edelsten Motivationen. Infolgedessen erfahren ihre Mitglieder Dauer, Gemeinsamkeit, Sicherheit und Glück. An einer solchen Institution zu zweifeln, sie zu hinterfragen, befindet sich damit automatisch im Rang einer Sünde: Man kann eben gerade nicht unterschiedlicher Auffassung über bestimmte Fragen sein. Gehlen spricht hier davon, daß der Mensch von der Institution »*verzehrt*« werde: Sie nimmt ihn ganz in sich auf, und zwar genau so, wie es dem deutschen Ideal der Pflichterfüllung entspricht. Die Institution hat Vorrang vor dem Individuum gewonnen.

Es mag gewöhnungsbedürftig klingen: Der Holocaust stellt für die bundesrepublikanische Gesellschaft ohne Zweifel ein Totem dar.[7] Der Umgang mit dem Holocaust und seinen Überlebenden ist im Sinne einer überdeterminierten Institution, wie Gehlen sie beschreibt, ausgestaltet: Wer sich diesem Tabubereich nicht mit der ritualisierten Sprechweise nähert, die institutionell verbindlich vorgegeben zu sein scheint, erfährt die Verteidigung eines tabubewehrten Bezirks mit voller Wucht. Übertragen auf einen populär gewordenen Fall:

> »Ohne das Vokabular Gehlens zu strapazieren, läßt sich auch der „Fall Hohmann“ anhand (...) dieses Aspekts der Institutionenlehre interpretieren. Wenn Joschka Fischer und andere vom Holocaust als dem Gründungsmythos der Bundesrepublik Deutschland sprechen und darin einen alle politischen Bereiche mitprägenden Auftrag sehen, haben wir es mit einer Institution ersten Ranges zu tun. Ihre stabilisierende Wirkung ist außerordentlich, ihre Überdeterminiertheit durch Geschichtsschreibung und Gedenkriten vollzogen, ihr numinoser Anspruch gesetzlich abgesichert. Wer wie Hohmann ans Tabu rührt - und dabei genügt es, den heiligen Bezirk als Unerwünschter zu betreten -, kann aus Gründen der Bestandssicherung der Institution mit Gnade nicht rechnen. Beinahe zynisch klingt es in diesem Zusammenhang, wenn Gehlen von der „wohltätigen Fraglosigkeit“ spricht, die durch die „Innenstabilisierung“ einer Gesellschaft über starke Institutionen erreicht werde.«[8]

Wie mächtig ein tabuisierter Bereich geschützt ist, zeigt sich dann, wenn jemand für Verstöße gegen bestimmte Regeln bestraft wird, obwohl er vielleicht ganz im Sinne des Tabus sprach und nur eine eigenwillige Form der Annäherung und Beschreibung wählte. Von Martin Hohmann abgesehen dürfte das bekannteste Beispiel hierfür der ehemalige Bundestagspräsident Philipp Jenninger (CDU) sein. Jenninger hatte am 9. November 1988 die Feierstunde des Parlaments aus Anlaß des fünfzigsten Jahrestages der Reichspogromnacht geleitet und war in seiner Gedenkrede bewußt vom üblichen biederen Ritus dieser Textsorte abgewichen, um sich eindringlicher mit dem Denken und Handeln der damaligen Täter auseinanderzusetzen. Das bedeutete notwendigerweise einen Konflikt mit der

Parteirechten um Alfred Dregger, die stattdessen eine Zäsur (»Schlußstrich«) unter diese ihnen leidige anhaltende Beschäftigung mit speziell dieser Epoche der deutschen Geschichte ziehen wollte.

Zum Skandal wurde Jenningers Rede indes von der politischen Linken gemacht: Jenninger hatte kaum mehr als zwei Minuten gesprochen, als die Grünen-Abgeordnete Jutta Österle-Schwerin den schon vor der Rede vorbereiteten und von ihrem Inhalt unabhängigen Zwischenruf »Es ist ja doch alles gelogen!« tätigte. In der entstehenden Unruhe verließen mehrere Abgeordnete der Grünen sowie Teile der SPD und der FDP den Saal, was die Unaufmerksamkeit der anderen Zuhörer ebenso wie Jenningers Unsicherheit bei diesem heiklen Thema weiter verstärkte. Obwohl Jenningers Integrität auch vom politischen Gegner freimütig anerkannt wurde und er in der Anfangspassage seiner Rede die deutsche Schuld klar und eindeutig anerkannte, warf man ihm mangelndes Gespür für die Empfindsamkeit der Opfer vor und forderte seinen Rücktritt. Jenninger entschuldigte sich, falls er Gefühle verletzt haben sollte, und versuchte, seine Redeintentionen klarzustellen. Beides nützte ihm indes ebensowenig wie es 15 Jahre später Politikern wie Möllemann und Hohmann mit ihren Entschuldigungen und Richtigstellungsversuchen glücken sollte. Und auch Jenninger kam schließlich dadurch zu Fall, daß ihm seine eigene Fraktion angesichts des im Raume stehenden Antisemitismus-Vorwurfs Unterstützung und Verteidigung verweigerte, um statt dessen Betroffenheit und Entset-zen zu zeigen.

Eine eingehende Schilderung und Analyse weniger von Jennigers Rede selbst als vielmehr von ihrer Rezeption leistet der Sprach- und Kulturwissenschaftler Holger Siever in seiner Dissertation *Kommunikation und Verstehen. Der Fall Jenninger als Beispiel einer semiotischen Kommunikationsanalyse*[9]. Einige von Sievers Schlußfolgerungen lassen sich auch auf die später kritisierten Texte Möllemanns, Hohmanns und anderer Prominenter beziehen:

- Grundsätzlich sind verschiedene Intepretationen möglich: Es gibt also nicht eine »richtige« und mehrere »falsche« Lesearten, sondern nur verschiedene »teilweise richtige« Lesearten.
- Zu einem Mißverständnis gehören immer zwei Seiten eines Kommunikationsaktes; verantwortlich ist nicht allein der Sprecher, sondern auch der Rezipient.

- Schon im »Fall Jenninger« fällt ein »doppeltes Meinungsklima« (Elisabeth Noelle-Neumann) auf, das sich auch in den jüngsten Auseinandersetzungen um Martin Hohmann feststellen läßt: Da sind zum einen die Volksvertreter, deren »weithin oberflächliche, unaufmerksame und neurotische Rezeptionshaltung« zu überbordenden, sachlich schwer zu rechtfertigenden Vorwürfen führte (Jenninger habe um Verständnis für die Täter geworben und den Holocaust verharmlost), sowie die Journalisten der Tagespresse, die trotz ihrer Gelegenheit zu genauerer Analyse in ihren Stellungnahmen ähnlich pauschal und undifferenziert waren. Zum anderen zeigte sich in zahlreichen Leserbriefen, daß Jenningers Rede von vielen Durchschnittsbürgern positiv aufgenommen wurde, daß sie die Reaktionen weiter Teile der Öffentlichkeit nicht nachvollziehen konnten und daß sie den guten Willen, die Wahrheit zu sagen, höher bewerteten als stilistische Fragen.
- Ähnlich wie in den Antisemitismus-Debatten unserer Tage gipfelte die Auseinandersetzung um Jenningers Rede in harschen Beleidigungen, etwa als der Autor Rolf Hochhuth vom »geistig wie seelisch minderbemittelten Präsident des Bundestages« sprach.
- Besonderes Augenmerk verdient die Rolle der Medien, die in ihrer Darstellung auf eine bestimmte Lesart der Ereignisse regelrecht fixiert waren. So zeigte die *Frankfurter Rundschau* am 11. November 1988 ein Bild der jüdischen Schauspielerin Ida Ehre, die ihre Hände vors Gesicht schlägt, und untertitelte dieses mit »Entsetzen über die Rede von Bundestagspräsident Philipp Jenninger«. Tatsächlich war Frau Ehre gesundheitlich stark angegriffen und erschöpft und hatte von der Rede überhaupt nichts mitbekommen: Das Bild stammte aus einem völlig anderen Zusammenhang.

Sievers macht in seinen Darstellungen darauf aufmerksam, daß er einen Skandal nicht als Verletzung einer gesellschaftlichen Norm verstanden wissen möchte, sondern als die Etikettierung (!) eines Ereignisses als nicht dieser Norm entsprechend. Diese Auffassung ist in zweierlei Hinsicht gut zu begründen: Zum einen ist unsere Gesellschaft mittlerweile höchst pluralistisch, was Werte und Normen angeht, so daß man nur noch sehr bedingt von einem allgemein verbindlichen Konsens sprechen kann. Skandale sind damit an bestimmte Gruppen und Kontexte gebunden. Zum anderen belegt ja gerade die Jenninger-Rede diese Gebundenheit vorzüglich: Obwohl sie zunächst als völlig mißraten zerpflückt wurde und zum politischen Tod Jenningers führte, konnte Ignatz Bubis als Vorsitzender des Zentralrats der Juden in Deutschland später exakt die selbe Rede noch einmal halten, ohne ihren Hintergrund zu erwähnen, und Anerkennung und Zustimmung für seine (also: Jenningers) Äußerungen ernten.[10]

Nichtsdestoweniger berichtet die junge Journalistin Christiane Florin im *Rheinischen Merkur* vom 13.November 2003: »In Deutsch hatten wir das Abiturthema: Beiliegend finden Sie die Rede Philipp Jenningers zum 9. November 1988 und die Ansprache zum Weihnachts-Wunschkonzert der deutschen Wehrmacht. Arbeiten Sie antisemitische Klischees heraus.« Die Institution Schule gibt hier bereits eine politische Deutung vor, die ein junger Mensch in einer lebensentscheidenden Prüfungsphase übernehmen muß, um überhaupt in die bestehende Gesellschaft aufgenommen zu werden. Bestimmte Gruppen (um mit Sievers zu sprechen) und Institutionen (um auf Gehlen zu rekurrieren) setzen auf diese Weise durch, was als antisemitisch zu bewerten sei und was nicht.

Daß der Antisemitismus-Vorwurf schon durch bloßes Erheben zu einem Totschlag-Argument geronnen ist, sehen mittlerweile auch Vertreter der Meinungselite ein. Auffälligerweise ziehen im Zuge der in diesem Buch behandelten Debatten Kommentatoren der unterschiedlichsten politischen Coleur Analogien zum sogenannten McCarthyismus: einer Phase in den fünfziger Jahren der us-amerikanischen Geschichte, in der jeder, der als Kommunist wahrgenommen wurde (ob er es nun bekannte oder nicht), Opfer einer Hexenjagd wurde[11]. Fünf Parallelen zu den Antisemitismusvorwürfen von heute lassen sich ziehen:

- Die Gesellschaft erscheint bestimmten Einzelnen oder Gruppen in ihren Grundfesten durch eine Weltanschauung bedroht, die ihre Gefährlichkeit bereits bewiesen hat (Kommunismus/Antisemitismus).
- Um sich vor dieser Bedrohung zu schützen, muß man Menschen, denen diese Anschauung zugeschrieben wird - ob sie dies selbst eingestehen oder bestreiten, ist belanglos - ihrer gesellschaftlichen Position entheben: Es kommt zu einem Vorgang der »Säuberung«, der für den Betroffenen nicht nur eine Stigmatisierung darstellt, sondern durchaus existenzbedrohend sein kann.

- Grundlage dafür ist ein Eingriff in das normalerweise hoch veranschlagte Gut der Meinungsfreiheit, wobei dieser Eingriff zum Teil sogar juristisch abgedeckt ist. Dabei setzt eine Meinungselite ihre eigenen Normen als allgemeinverbindlich durch.
- An die Stelle von Gerichtsprozessen mit einem vorgeschriebenen Procedere, das die Angeschuldigten schützt, kommt es zu nicht-juristischen Verfahren, in denen dieser Schutz entfällt.
- Ein Klima des allgemeinen Verdachts entsteht, welches das Argument der *guilt by association* begünstigt: Der gefährlichen Weltanschauung verdächtig, macht sich also nicht nur, wer bestimmte Dinge äußert oder Handlungen begeht, sondern auch wer diesen Verdächtigen unterstützt - und sei es nur dadurch, daß er sich nicht augenblicklich (also spätestens im Moment der Anschuldigung) von diesem distanziert.[12]

Wie berechtigt sind die bis hierhin vorgeschlagenen Analogien? Haben wir es im Augenblick tatsächlich mit einer historischen Phase zu tun, in der schon Mißverständlichkeiten, Läßlichkeiten oder schlicht unerwünschte Meinungsäußerungen zu einem geforderten oder vollzogenen Ausstoß eines Einzelnen aus der Gemeinschaft führen - in der es aber gleichzeitig eine immer stärkere Gegenbewegung »von unten« dazu gibt, einen Appell an eine offene Debatte? Das sind zentrale Fragen, die bislang nur unzulänglich ergründet wurden. Im Herbst 2004 erschien zwar ein ganzer Schwung von Büchern zur neuen Antisemitismusdebatte.[13] Während man vielen dieser Titel ihre Qualität nicht absprechen kann, bleiben sie doch mit der einzigen Ausnahme des bei Suhrkamp herausgegebenen Bandes *Neuer Antisemitismus?* sehr einseitig und einer geradezu manichäischen Einteilung der Welt in Gut und Böse verhaftet. Insbesondere die ernsthaften Argumente, aber auch die Verletzungen und Gefühle jener, die quer zur Meinung des medialen Mainstreams stehen, werden auch in diesen Schriften kontinuierlich übergangen und beiseite gewischt. In den folgenden Kapiteln sollen die in diesem Zusammenhang Aufsehen erregenden Vorkommnisse und die Medienkontroversen darüber analysiert werden, ohne dieses Herangehen zu wiederholen. Statt dessen soll das Augenmerk insbesondere jenen skizzierten Mechanismen der Ausgrenzung gelten.

2 Jürgen W. Möllemann: Vom Freidenker in den Freitod?

2.1 Eskalation eines Konfliktes

Im August 2001 bezeichnete der damalige nordrhein-westfälische FDP-Vorsitzende Jürgen W. Möllemann das Vorgehen des israelischen Staates gegen seine palästinensische Bevölkerung als »Staatsterrorismus«. In einem Rundbrief der Deutsch-Arabischen-Gesellschaft, deren Präsident Möllemann war, sowie in begleitenden Interviews hatte der FDP-Politiker erklärt, Israel habe sich entsprechend der UN-Sicherheitsratsresolutionen 242 und 338 auf seine Grenzen von 1967 zurückzuziehen und die besetzten Gebiete für die Palästinenser zu räumen. Die von Israel besetzten Golan-Höhen sollten an Syrien zurückgegeben werden. Kennzeichen eines echten »Staatsterrorismus« sah Möllemann insbesondere in den Hinrichtungslisten, die Namen ausgewählter, zu liquidierender Palästinenser enthielten. Möllemann führte in einer Stellungnahme gegenüber Faz.net am 7. Oktober 2001 erklärend aus:

> »Ein Staat darf sich niemals auf die Ebene von Verbrechern stellen. Ein Staat, der hingeht und sagt, wir klagen nicht mehr an, wir beweisen nicht mehr, wir verurteilen nicht mehr, sondern: wir richten ohne rechtsstaatliches Verfahren hin - beraubt sich seiner Legitimation der Überlegenheit gegenüber den Verbrechern.«[14]

Mit dieser Einschätzung der Situation stand Möllemann international nicht allein. Beispielsweise hatte schon der britische Außenminister Jack Straw in Teheran erklärt, daß er für die palästinensischen Attentate durchaus Verständnis empfinde: Staatsterrorismus erzeuge eben Gegenterror.[15] Auch Umweltminister Jürgen Trittin hatte in seiner Zeit als Fraktionsvorsitzender der Grünen im niedersächsischen Landtag von einem »Staatsterrorismus« Israels gesprochen, um mit dieser Begründung eine Einladung zum Mittagessen mit dem damaligen israelischen Ministerpräsidenten auszuschlagen.[16] Der dänische Justizminister Frank Jensen hatte gedroht, den designierten israelischen Botschafter wegen dessen Zustimmung zu folterähnlichen Verhörmethoden beim Betreten des Landes festnehmen zu lassen.[17]

Im Jahr 2004 schließlich wurde Möllemanns These vom »Staatsterrorismus« Israels von einem in der *Süddeutschen Zeitung* abgedruckten Artikel des weltweit berühmten Autors Mario Vargas Llosa gestützt. Llosa befand, zwar sei es völlig legitim, die israelische Zivilbevölkerung vor den palästinensischen Selbstmordattentätern zu schützen. Er schränkte aber ein:

> »Wenn sich eine Regierung, wie die von Ariel Sharon, für berechtigt hält, dieses Ziel durch den Einsatz von Luft-Boden-Raketen gegen eine unbewaffnete Bevölkerung zu erreichen und dabei Kinder, Frauen und alte Menschen umbringt, wenn sie präventiv mordet und die Häuser von Freunden, Familien oder Nachbarn von wirklichen oder vermeintlichen Terroristen in die Luft sprengt, dann ist diese Regierung zu einer terroristischen geworden und hat jedes Recht verloren, eine moralische Überlegenheit einzufordern gegenüber den Fanatikern, die das Ende des Staates mit Blut und Feuer herbeiführen wollen.«[18]

Am 21. Januar desselben Jahres erklärte die britische Parlamentsabgeordnete und Sprecherin der Liberaldemokraten Jenny Tonge, daß die Selbstmordanschläge der Palästinenser aus wahrer Verzweiflung geboren seien: »Ich glaube, wenn ich in dieser Situation leben müßte und ich sage dies ganz bewußt, könnte ich mir durchaus vorstellen, selbst eine solche Attentäterin zu werden.«[19]

Auch die Menschenrechtsgruppe *Amnesty International* hatte in ihren letzten Jahresberichten wiederholt auf die Praxis der »Verwaltungshaft« aufmerksam gemacht, die Palästinenser ohne richterliche Prüfung oder auch nur Erhebung einer Anklage willkürlich im Gefängnis festhalte. Die Berichte listeten weitere Menschenrechtsverletzungen auf: unfaire Militärgerichtsprozesse, den Mißbrauch von Palästinensern als »menschliche Schutzschilde«, von offizieller Seite zumindest hingenommene Folter, die Verweigerung des Zugangs zu Nahrung und Wasser, die Behinderung medizinischer Hilfsleistungen sowie nicht zuletzt etliche rechtswidrige Tötungen.[20] Im Unterschied zu Möllemann hatten international tätige Menschenrechtler jedoch auch die palästinensischen Selbstmordattentate kritisiert. »Egal wofür ein Volk kämpft, gezielte Angriffe auf Zivilisten sind durch nichts zu rechtfertigen«, befand etwa Petra Schöning, Expertin der deutschen Sektion von *Amnesty International* für den Bereich Israel, die besetzten Gebiete und die palästinensischen Autonomiegebiete. Solche Anschläge stellten Verletzungen der Menschenrechte dar und seien auch dann nicht legitim, wenn Israel selbst seinen Verpflichtungen nicht nachkomme.[21]

Möllemanns Äußerung nun stieß bei sämtlichen politischen Lagern - einschließlich seiner eigenen Partei - auf zum Teil sehr heftige Ablehnung. Insbesondere der Zentralrat der Juden in Deutschland reagierte mit großer Schärfe. So bewertete dessen Präsident Paul Spiegel Möllemanns Äußerung als Zeichen »geistiger Verwirrung, Ursachen zutreffend darzustellen und zu bewerten«, und Vize-Präsident Michel Friedman forderte den FDP-Bundesvorsitzenden Westerwelle auf, sich von den Bewertungen seines Parteimitglieds zu distanzieren. Wenn Möllemann nicht begriffen habe, daß sich Israel gegen feige Attentäter zu verteidigen habe, »disqualifiziert er sich endgültig davon, in der Politik ernst genommen zu werden«. Möllemann wies diese Anwürfe als maßlos und unverschämt zurück: Daß ausgerechnet die Präsidenten des Zentralrats der Juden in Deutschland eine von Israel selbst so bezeichnete »Politik der Liquidierung« verteidigten, sei äußerst erstaunlich. Er sehe hier wie bei den Kritikern aus seiner eigenen Partei Pawlowsche Reflexe, die durch jegliche Kritik an Israel hervorgerufen würden.[22]

Drei der vier Vizepräsidenten der Deutsch-Arabischen Gesellschaft wiesen indes mit Nachdruck darauf hin, daß es sich bei Möllemanns Einschätzung um seine persönliche Meinung handele, die dem Geist der Satzung dieser Gesellschaft widerspreche und insofern inakzeptabel sei. Selbstverständlich müsse die israelische Politik gerade in der gegenwärtigen Situation verstärkt kritisch hinterfragt werden. Die israelische Regierung jedoch mit Terrorregimen gleichzusetzen, sei als »verbale Entgleisung« anzusehen.[23] In der Berliner *tageszeitung* vom 13. August 2001 bezichtigte Yassin Musharbash indessen den Zentralrat der Juden einer einseitigen Darstellung der Verhältnisse:

> »So unterschlägt Spiegel, daß auch die israelische Regierung täglich Gewalt anwendet - als Militärmacht in Palästina. Gleichzeitig webt er an dem Mythos, daß Israel sich selbst verteidige. Tatsächlich ver-

teidigt es jedoch unrechtmäßig besetzte Gebiete. Spiegels Forderung ist international einmalig: Die Bundesregierung soll sich auf die Seite einer Besatzungsmacht stellen.«

Eine so deutliche Kritik an Spiegel stellte in der deutschen Berichterstattung indes einen Ausnahmefall dar.

Im Jahr 2002 verschärfte sich der Konflikt im Nahen Osten weiter. Unter anderem warfen die Palästinenser Israel vor, in dem Flüchtlingslager Jenin/Dschenin ein Massaker unter Zivilisten angerichtet zu haben. Die israelische Regierung unter Scharon verweigerte einer UN-Kommission zur Untersuchung der Vorfälle die Einreise.[24] Möllemann kritisierte daraufhin das israelische Vorgehen am 4. April in einem Interview mit der *tageszeitung* nachdrücklich und bekundete Verständnis für die palästinensischen Terroristen oder (je nach Bewertung) Widerstandskämpfer: »Ich würde mich auch wehren, und zwar mit Gewalt. (...) Und ich würde das nicht im eigenen Land tun, sondern auch im Land des Aggressors.«[25] In dieser Äußerung sahen Möllemanns Kritiker eine Legitimierung der palästinensischen Selbstmordattentate. Möllemann wiederum wandte sich in der *ntv*-Interviewsendung »Maischberger« gegen den Zentralrat der Juden in Deutschland und befand: »Es ist schon gefährlich, wenn der Zentralrat jeden Scharon-Kritiker gleich zum Antisemiten erklärt.«[26]

Weiteres Öl ins Feuer goß der neu in Möllemanns nordrhein-westfälischen FDP-Landesverband eingetretene Syrer Jamal Karsli, der ebenfalls scharfe Kritik an der israelischen Politik äußerte und dabei unter anderem auf einen Artikel der israelischen Oppositionszeitung *Haáretz* vom 25. Januar 2002 Bezug nahm. Der *Haáretz*-Korrespondent Amir Oren hatte in dem Beitrag »Vor den Toren Jassirgrads« berichtet, daß Offiziere der israelischen Armee als Vorbild für ihre Operationen gegen die Palästinenser gezielt auf Strategien zurückgriffen, die deutsche Nationalsozialisten im Warschauer Getto angewandt hatten.[27] Wie übrigens auch Kritiker innerhalb der israelischen Opposition, bewegten diese und andere Maßnahmen gegen die Palästinenser Jamal Karsli zu dem Vorwurf, Israels Armee wende Nazi-Methoden an.[28] Zudem entwarf er das Bild einer »zionistischen Lobby«, die »den größten Teil der Medienmacht in der Welt« innehabe und damit auch die Größten »klein kriegen« könne: »Vor dieser Macht haben die Menschen in Deutschland verständlicherweise Angst.«[29]

Auf die Einlassungen Möllemanns und Karslis reagierten führende Liberale mit deutlichen Distanzierungen. So erklärte Hildegard Hamm-Brücher in einem offenen Brief an den *Spiegel* die »sattsam bekannten anti-israelischen und einseitig pro-palästinensischen Positionen des Herrn Möllemann« für »nachgerade unerträglich«. Falls die FDP weiterhin eine »neue Variante von Antisemitismus salonfähig« mache, werde sie nach 54-jähriger Mitgliedschaft aus ihrer Partei austreten. Beobachter von außen spekulierten, solche Abgrenzungen könnten unter anderem auf der Angst der Liberalen beruhen, vom politischen Gegner mit Jörg Haiders Freiheitlicher Partei Österreichs in Verbindung gebracht zu werden - was auch bald geschah.

Der ehemalige FDP-Fraktionschef Wolfgang Gerhardt indes stellte auf dem FDP-Parteitag im Mai 2002 klar, daß man die israelische Regierung kritisieren dürfe, ohne augenblicklich als Antisemit diffamiert zu werden.

Zu diesem Zeitpunkt war die Atmosphäre zwischen dem Zentralrat der Juden in Deutschland und der FDP bereits sehr gespannt. So hatte etwa der jüdische Historiker Michael Wolffsohn am 24. April 2002 in der *Jüdischen Allgemeinen* argumentiert:

> »Die Juden Deutschlands sollten sich überlegen, ob sie nicht zu einem Wahlboykott der FDP aufrufen. Wenn wir Juden als winzige Minderheit in Deutschland „Nein!" zur FDP sagen wegen ihrer Israelpolitik, wird das den Ausgang der Bundestagswahlen gewiß nicht entscheiden. Man sollte aber nicht den langfristigen Imageschaden für die FDP übersehen, der entstünde, wenn sie an ihrer Anti-Israel-Politik festhält. Ganz abgesehen von den handfesten politischen Folgen: Die FDP strebt in jeder Koalition auf Bundesebene traditionell ins Auswärtige Amt. Ein Bundesaußenminister, hieße er Westerwelle oder Möllemann, bekäme durch ein deutsch-jüdisches „Nein", besonders für Reisen in die USA, das denkbar schlechteste Empfehlungsschreiben auf seinen Weg. Trotz der gestiegenen weltpolitischen Bedeutung Deutschlands würde in Washington unter solchen Umständen kaum jemand einem FDP-Außenminister mehr als nur die unbedingt notwendigen Türen öffnen. Der deutschen Wirtschaft, der Möllemann und Westerwelle mit ihrem unausgewogenen pro-arabischen Kurs helfen wollen, ent-

stünde auf dem amerikanischen Markt großer Schaden. So mancher deutscher Unternehmer bekommt, wenn er von der „Lobby der US-Juden“ nur hört, erst Zitter- und dann (heimlich!) Wutanfälle, jedenfalls Angst vor Exportnachteilen.«

Seinen Höhepunkt fand der Eklat wenig später, als Jürgen Möllemann auf die anhaltenden Attacken Michel Friedmans sehr heftig reagierte: »Ich fürchte, daß kaum jemand den Antisemiten, die es in Deutschland leider gibt und die wir bekämpfen müssen, mehr Zulauf verschafft hat, als Herr Scharon und in Deutschland ein Herr Friedman mit seiner intoleranten und gehässigen Art.«[30] Und in der Zeitschrift *Stern* führte Möllemann mit Blick auf Friedman weiter aus: »Wer wie er mit Gehässigkeiten um sich wirft, mit unverschämten Unterstellungen arbeitet - Antisemitismus und so weiter -, der schürt Unmut gegen die Zielgruppe, die er zu vertreten vorgibt.«

Michel Friedman forderte daraufhin den Parteiausschluß Möllemanns, da dieser sich mit solchen Bemerkungen auf dem Niveau der Republikaner und der NPD bewege. Friedmans Forderung wurde von der Bürgerrechtlerin Bärbel Bohley unterstützt, die sich im Berliner Wahlkampf kurz zuvor für die FDP eingesetzt hatte. In einem offenen Brief teilte sie Möllemann mit, er verhalte sich wie ein »lumpiger Antisemit«. Ähnlich harsche Reaktionen kamen von der Partei der Grünen. Deren rechtspolitischer Sprecher Volker Beck forderte die FDP auf, »die antisemitischen Äußerungen aus ihrer Führungsetage« endlich zu stoppen, die Grünen-Vorsitzende Claudia Roth zeigte Möllemann aufgrund dessen »rechtspopulistischer Verkommenheit« gar wegen Volksverhetzung und Verleumdung an. (Als die Staatsanwaltschaft wenig später diese Anzeige wegen mangelnder Substanz zurückwies, erntete das bei weitem nicht so große Schlagzeilen wie die Anzeige selbst).

Am 22. Mai erklärte Charlotte Knobloch, wie Friedman Vizevorsitzende des Zentralrats der Juden in Deutschland, in der *ntv*-Sendung *Maischberger*, Möllemann sei »absolut als Antisemit geoutet«, indem er einen »jüdischen Menschen kritisiert« habe; er stehe politisch in der Nähe Jörg Haiders und bediene sich mit Wendungen wie »Die Zeiten sind vorbei, als das Denken verboten wurde« antisemitischer Klischees. Sie behauptete, Möllemann ginge nur vordergründig Friedman an und richte sich in Wahrheit gegen die gesamte jüdische Gemeinde. Insofern unterstütze sie es, wenn Friedman Möllemann in die Nähe der NPD rücke. Der schleswig-holsteinische FDP-Fraktionschef Wolfgang Kubicki hielt in derselben Sendung dagegen, wenn Friedman sich nicht von den Äußerungen über Möllemann distanziere, »ist er für viele in der FDP kein Gesprächspartner mehr und hat auch der Sache der Juden in Deutschland keinen guten Dienst getan«.

Zumindest was den Bereich Politik und Medien anging, blieb Kubicki eine Einzelstimme. Möllemann wurde als »Volksverhetzer« gebrandmarkt[31], Paul Spiegel, Vorsitzender des Zentralrats der Juden, sprach von der »schlimmsten Beleidigung seit dem Holocaust«[32]. Michel Friedman erkannte einen »Zivilisationsbruch«[33], der den 50-jährigen Aufbau von Millionen Deutschen »zerstört oder jedenfalls in Frage gestellt« habe. Dieter Graumann, ebenfalls Zentralratsmitglied, sah eine »Zeitenwende«[34]. Claudia Roth bezeichnete FDP-Parteichef Westerwelle während seines Israel-Aufenthalts als »Glatze«[35]. Manche Protestler verkündeten, schon Möllemanns »Projekt 18« (die FDP hatte sich 18 Prozent der Wählerstimmen zum Ziel gesetzt) weise darauf hin, daß er sich bei den Nazis anbiedern wolle, denn die 18 stünde in dieser Szene als Chiffre für den ersten und den achten Buchstaben des Alphabets, für Adolf Hitler also.[36]

Mit Möllemann wurde inzwischen die gesamte FDP in Sippenhaft genommen. So behauptete Daniel Cohn-Bendit laut *Tagesspiegel* vom 19./20. Mai 2002: »Die FDP wird solange eine antisemitische Partei sein, wie Möllemann nicht zurückgetreten ist.« Joschka Fischer bezeichnete die FDP laut FAZ.net vom 11. Mai 2002 als »Hort des Antisemitismus«, laut *Tagesspiegel* vom 21. Mai 2002 als »Sammelbecken für antiisraelische Positionen«. Die Wochenzeitung *Die Zeit*, Ausgabe 23/2002, erklärte die FDP für unwählbar wegen des »diffusen Extremismus«, der aus ihrer Mitte komme. Laut *ntv* vom 26. Mai 2002 fragte sich Michel Friedman, »ob die FDP nichts anderes mehr im Programm hat, als Haß auf Juden zu sähen.« Und der damalige SPD-Fraktionschef Peter Struck verweigerte der FDP die Unterstützung einer geplanten Resolution gegen Antisemitismus, weil er diese als »Heuchelei« empfand.[37]

In der immer weiter eskalierenden Auseinandersetzung trat in Deutschland eine Spaltung zwischen öffentlicher und veröffentlichter Meinung zutage, die in so extremer Form bisher unbekannt war. Während sich Politiker und Journalisten in ihrer Empörung über Möllemann und die

FDP überboten, stand die weit überwiegende Mehrheit der deutschen Bevölkerung laut den Umfragen von Meinungsforschungsinstituten auf Seiten Möllemanns. *Emnid* zufolge stimmten zwei Drittel der Bürger mit Möllemann überein. Eine von der *Zeit* in Auftrag gegebenen *Forsa*-Umfrage kam zu dem Ergebnis, daß nur 9 Prozent der Befragten die FDP auf dem Weg zu einer rechtspopulistischen Partei sahen. Eine Abstimmung der *Welt* ergab, daß 81 Prozent der Bevölkerung Möllemann nicht für einen Antisemiten hielten. Bei *ntv* vertrat eine deutliche Mehrheit die Meinung, nicht Möllemann, sondern Friedman habe sich zu entschuldigen. Außerdem befanden 78 Prozent, Möllemann habe Recht, wenn er sage, daß er Dinge ausspreche, »die von anderen Politikern, aus welchen Gründen auch immer, tabuisiert werden«. Der Sender *RTL* hielt fest, daß mehr als neunzig Prozent der Befragten Möllemanns Äußerungen für richtig befanden. Die Zeitschrift *Focus* sammelte immerhin 65 Prozent für eine ähnliche Äußerung ein.

In Diskussionssendungen, in denen Zuschauer anrufen konnten, zeichneten sich ähnliche Mehrheiten ab. Ein »Aufstand der Anständigen« blieb aus, obwohl ihn Möllemanns Kritiker mehrmals mit Nachdruck eingefordert hatten.[38] Tatsächlich fanden sich dann zu einer Demonstration vor der FDP-Parteizentrale nur etwa dreihundert Teilnehmer ein. Der Vorsitzende der Deutschen Bischofskonferenz, Kardinal Karl Lehmann, warnte davor, daß durch diese einseitige und hysterisch geführte Debatte antisemitische Gefühle überhaupt erst aufflackern könnten.[39]

Inzwischen versuchte Jamal Karsli in einem offenen Brief an Jürgen Möllemann, den an ihn gerichteten Vorwürfen zu entgegnen:

> »Wie sollen junge Menschen in einem Land zu Gerechtigkeit und Toleranz erzogen werden, wenn in Wahrheit jedem jede Kritik an einer israelischen Regierung bei Strafe des Verlustes seiner öffentlichen Ehre und Würde verboten ist? (...) Ich bin wohl nur der willkommene Anlaß, ein Exempel zu statuieren. Die politisch korrekte Klasse demonstriert wiederholt ihre Macht darüber, was man in Deutschland wie öffentlich zu formulieren und wozu man zu schweigen hat. Ich habe noch mehr gelernt. Es geht nicht nur darum, was man sagen darf, sondern wer es sagen darf. Wer Mitglied der politisch korrekten Klasse ist, nimmt für sich in Anspruch,

> mit den Begriffen und Wendungen des Nationalsozialismus jederzeit und bei jedem Anlaß um sich werfen zu dürfen.«

Möllemann selbst verwies auf die zuletzt über 35.000 zustimmenden Briefe und Mails, die er erhalten habe und befand: »Wir müssen Dinge aussprechen, die von anderen Politikern, aus welchen Gründen auch immer, tabuisiert werden. Die Kluft zwischen dem, was die politische Klasse sagt, und dem, was die Menschen empfinden, ist riesig«[40]. Möllemanns Gegner und zahlreiche Journalisten erwiderten darauf, diese Menge an Zuschriften zeige für sie lediglich, wie beängstigend groß das rechtsradikale Potential sei, dem sich der FDP-Vize andiene.[41]

FDP-Chef Guido Westerwelle versuchte, diesen Konflikt zunächst mit einem Kompromiß zu entschärfen, indem er Jamal Karsli zwar erlaubte, weiterhin als Parteiloser in der Düsseldorfer Landtagsfraktion der Liberalen mitzuarbeiten, dieser aber auf eine Mitgliedschaft in der FDP verzichtete. Des weiteren forderte er, Friedman solle seine »Diffamierung stoppen«. Man könne »dem anders Denkenden nicht mit der Nazi-Keule beikommen«. Diesen schlimmsten Vorwurf, der einem Demokraten angesichts der deutschen Geschichte gemacht werden könne, bezeichnete Westerwelle als »eigentliche Tabuverletzung«, keinesfalls sei er ein Beitrag zur politischen Kultur.[42] In einem Interview mit der Zeitschrift *Stern* (betitelt mit »Diese Tabuwächter können mir gestohlen bleiben«) erklärte Westerwelle offen, es würde ihn freuen, wenn es seiner Partei gelänge, Menschen, die bislang aus Protest Parteien der äußeren Linken oder Rechten gewählt hätten, eine neue demokratische Heimat zu bieten. Auf diese Erklärung hin erschienen Schlagzeilen wie »Westerwelle buhlt um rechte Wähler«. Der *Spiegel* verwies in diesem Zusammenhang auf rechtsradikale Tendenzen in der FDP von 1951.

Als Folge dieses anhaltenden Drucks stellte Westerwelle Möllemann schließlich ein Ultimatum zur Entlassung Karslis, weil dieser sich in einer Rundmail erneut antisemitisch geäußert habe. Karsli erklärte daraufhin seinen freiwilligen Austritt aus der FDP-Fraktion. Allerdings hatte es sich bei dem von ihm verbreiteten Rundmail nicht um einen eigenen Text gehandelt, sondern um die Weiterleitung eines an ihn gerichteten Briefes des angesehenen jüdischen Historikers, Friedensaktivisten und Publizisten Shraga Elam. Dieser teilte Karsli darin folgendes mit:

»Ich finde es beschämend, daß es in Deutschland heute nur beschränkte Möglichkeiten gibt, die israelischen Kriegsverbrechen und die gefährlichen Mechanismen beim Namen zu nennen. Es zeigt sich wieder einmal, daß in Deutschland nur wenige Leute tatsächlich etwas aus der braunen Vergangenheit gelernt haben. Obwohl es formell keine Diktatur gibt, herrscht nach wie vor eine Gleichschaltung und öffentliche Feigheit, die schreckliche Realität ungeschminkt zu beschreiben und zu thematisieren. (M)eine Großeltern sowie mehrere Mitglieder meiner Familie sind von den Nazis umgebracht worden. Mein Vater flüchtete rechtzeitig von Nazi-Deutschland nach Palästina. Selber war ich israelischer Soldat und nahm an zwei Kriegen teil. (...) Auf diesem Hintergrund und nach reichlichen Recherchen und Überlegungen, kann ich sagen, daß genügend überzeugende Beweise vorliegen, die den Vergleich zwischen der NS-Judenpolitik und der jetzigen israelischen Palästinapolitik absolut rechtfertigen. Bei allen Unterschieden zwischen den beiden Situationen zeigt sich doch eine gefährliche Ähnlichkeit, die nicht verschwiegen werden darf, weder aus Feigheit noch Bequemlichkeit und Gleichschaltung - und schon gar nicht im Namen der Naziopfer. (...) Die Deutschen dürfen sich auf diese Art nicht erneut mitschuldig machen! (...) Im Namen der damaligen Opfer müssen wir heute also heftig dagegen protestieren, daß das gleiche, ähnliche oder vorstufenmäßige Vorgehen gegen die PalästinenserInnen angewandt wird.«[43]

In einem Interview mit der *Freien Presse* vom 6. Juni 2002 sah sich Elam mit dem Argument konfrontiert, daß Michel Friedman in seinem Kampf gegen Möllemann breite Unterstützung von deutschen Spitzenpolitikern wie Bundeskanzler Gerhard Schröder oder Außenminister Joschka Fischer erhalte. Elam entgegnete:

»In jedem von uns stecken gewisse rassistische Vorurteile, davon ist niemand gänzlich frei. Viele Juden sind zum Beispiel sehr rassistisch, was die Araber betrifft. Und das geht im tiefsten Innern auch vielen Deutschen so. Hinter all den jetzt zu vernehmenden Beistandsbekundungen an die Adresse von Friedman steckt in den seltensten Fällen wirkliche Anteilnahme am jüdischen Schicksal. Man hat nur erkannt, dass es politisch klug ist, sich so zu verhalten. Wenn in zehn Jahren eine andere Stimmung vorherrscht, würden die Leute ihre Meinung ändern.«

Als ein weiterer israelischer Oppositioneller bewertete Uri Avnery, Träger des alternativen Friedensnobelpreises, den Zentralrat der Juden in Deutschland als »Propagandazentrale Scharons« und betonte: »Man darf Israel nicht nur kritisieren, meiner Ansicht nach muß man es sogar tun.« In seinem Artikel »Manufacturing Anti-Semites« (etwa: »Antisemiten machen«)[44] äußerte er folgende Befürchtung:

> »Die Scharon-Regierung ist ein riesiges Labor für die Aufzucht des Virus Antisemitismus. Sie exportiert ihn in die ganze Welt. Antisemitische Organisationen, die viele Jahre am Rand der Gesellschaft vor sich hinvegetierten, abgelehnt und verachtet, beginnen plötzlich zu wachsen und zu blühen. (...) Scharons Propaganda-Agenten gießen Öl in die Flammen. Indem sie alle Kritiker seiner Politik bezichtigen, Antisemiten zu sein, brennen sie großen Gesellschaftsgruppen dieses Zeichen ein. Viele gute Menschen, die nicht den geringsten Hass gegenüber Juden verspüren, die aber die Verfolgung der Palästinenser verabscheuen, werden nun Antisemiten genannt. Dadurch wird der Stachel aus diesem Wort genommen und ihm eine gewisse Respektabilität gegeben.«

Avnerys mahnende Worte fanden ebensowenig Raum im *mainstream* der Medienberichterstattung wie die Warnungen Elams.[45] Und nachdem Jamal Karsli aus der FDP ausgetreten war und Jürgen Möllemann sich bei den in Deutschland lebenden Juden für seine Äußerungen entschuldigt hatte, nahm der Zentralrat der Juden die Gesprächsangebote der FDP zwar an - schränkte sie aber gleichzeitig ein: Die Gesprächsbereitschaft erstrecke sich nicht auf Möllemann selbst. Letztlich war dies jedoch nur eine Antwort auf eine Äußerung Möllemanns, die kurz nach seiner Entschuldigung fiel: Er nehme Michel Friedman ausdrücklich von seiner Entschuldigung aus.

Und der Konflikt schwelte weiter: Im September 2002 verklagte Jamal Karsli den Zentralrat der Juden, um damit gegen die Unterstellung vorzugehen, er sei Antisemit.[46] In einer öffentlichen Stellungnahme verurteilte er zugleich die palästinensischen Selbstmord-Attentate. Etwa zum selben Zeitpunkt äußerte Michel Friedman - laut der *Süddeutschen Zeitung* vom 14. September - auf einem Kongreß der DGB-Jugend, die »Ermordung von Menschen beginnt mit Worten wie denen Martin Walsers und Jürgen Möllemanns.«[47] In diesem Satz sah Möllemann den Vorwurf einer »Beihilfe zum Mord« und reagierte, indem er am Montag vor der Bundestagswahl mit Geldmitteln noch ungeklärter Herkunft eine Wahlbroschüre folgenden Inhalts an die Haushalte verteilte:

> »Jürgen W. Möllemann setzt sich seit langem beharrlich für eine friedliche Lösung des Nahostkonfliktes ein. Mit sicheren Grenzen für Israel und einem eigenen Staat für die Palästinenser (...) Israels Ministerpräsident Ariel Scharon lehnt einen eigenen Palästinenserstaat ab. Seine Regierung schickt Panzer in Flüchtlingslager und mißachtet Entscheidungen des UN-Sicherheitsrates. Michel Friedman verteidigt das Vorgehen der Scharon-Regierung. Er versucht, Scharon-Kritiker Jürgen W. Möllemann als anti-israelisch und antisemitisch abzustempeln. Von diesen Attacken unbeeindruckt wird sich Jürgen W. Möllemann auch weiterhin engagiert für eine friedliche Lösung einsetzen, die BEIDEN Seiten gerecht wird. Denn nur SO kann die Gefahr eines Krieges im Nahen Osten gebannt werden, in den auch unser Land schnell hineingezogen werden könnte.«

Daraufhin kam es zum endgültigen Zerwürfnis mit der Parteispitze. Möllemann wurde Vertrauensbruch vorgehalten, da er diese Wurfsendung nicht mit der FDP-Spitze abgesprochen habe, und ihm wurde fast die alleinige Verantwortung für das schlechte Abschneiden der Freidemokraten bei der Wahl gegeben.[48] Er sah sich daraufhin veranlaßt, von seinem Posten als Partei-Vize zurückzutreten.

Die FDP-Parteispitze gab sich damit indes nicht zufrieden, sondern versuchte, ihn auch als Vorsitzenden der nordrhein-westfälischen Landespartei in einem Sonderparteitag am 7. Oktober 2002 abwählen zu lassen. Im Vorfeld zu diesem Parteitag erklärte Möllemanns einstiger Rivale und Amtsvorgänger in Nordrhein-Westfalen, Joachim Schultz-Thornau, der *Deutschen Presse-Agentur (dpa)*, Delegierte seien massiv gedrängt worden, sich gegen Möllemann zu stellen: »Einige haben mit Tränen in den Augen erzählt, daß ihnen gesagt wurde, wenn ihr nicht gegen Möllemann stimmt, könnt ihr in dieser Partei nichts mehr werden.« In einem offenen Brief erklärte Schultz-Thornau darüber hinaus:

»Die Argumente, mit denen Jürgen Möllemann politisch vernichtet werden soll, verletzen mein Empfinden für Gerechtigkeit, sie sind eine Beleidigung für das logische Denken und sie sind eine Zumutung für mein Verständnis von innerparteilicher Demokratie. (...) Inhaltlich kann ich die Aufregung um den Flyer überhaupt nicht nachvollziehen: Ich habe es in Gelsenkirchen selbst erlebt, wie Jürgen Möllemann Ariel Scharon und Michel Friedman deutlich pointierter als im Flyer angriff, und dies unter lautem Beifall eines Publikums, dem nicht einmal von bösartigsten Beobachtern nachgesagt werden kann, ihm seien irgendwelche braunen Dumpfbacken beigemischt gewesen. Ich habe im übrigen in der gleichen Veranstaltung erlebt, wie Guido Westerwelle diese scharfe Kritik an Scharon und Friedman ohne wenn und aber gegen den Vorwurf des Antisemitismus in Schutz nahm und mit dem Gütesiegel des Legitimen adelte. Wie will man eigentlich am rechten Rand fischen, wenn gleich am Anfang im Flyer das unbedingte Existenzrecht Israels postuliert wird? (...) Wenn ich vor etwas Respekt habe, dann vor der israelischen Demokratie, die mitten in der härtesten Auseinandersetzung nach außen nicht in eine Wagenburgmentalität verfällt, sondern in der unbeanstandet die oppositionelle Friedensbewegung die Politik Scharons mit Worten geißelt, die jeden, der die gleiche Wortwahl in Deutschland verwenden würde, unweigerlich als Antisemiten und „braunen Randsiedler" abstempeln würde. Wenn wir etwas von Israel lernen können, dann ist es der unglaublich hoch angesiedelte Stellenwert der Meinungsfreiheit. Der wirkliche - nicht der unterstellte - Antisemitismus ist vor dem Hintergrund der deutschen Geschichte widerwärtig, aber ein eifernder Philosemitismus, der in schlechtester McCarthy-Manier in jeder unmißverständlichen Kritik an dem brutalen Vorgehen der Regierung Scharon Braunes und Antisemitisches wittert, schadet unserer politischen Kultur.«[49]

Der anberaumte Sonderparteitag mußte indes verschoben werden, als Möllemann am Tag davor infolge akuter Herz-Rhythmus-Störungen in eine Klinik eingeliefert wurde. Der Bezirks-Chef der FDP Ruhr, Andreas Reichel, hielt es für wahrscheinlich, daß Möllemanns Herzbeschwerden von politischem Ärger verursacht sein könnten, und äußerte seine Kritik klar: »Hier hat ein Vernichtungsfeldzug stattgefunden, der jede Grenze überschritten und der Familie stark zugesetzt hat.« Der Kieler FDP-Chef Kubicki richtete laut Berliner *Tagesspiegel* schwere Vorwürfe an die Parteispitze: »Man hat aus dem Umkreis von Westerwelle gehört, man wolle Möllemann den Garaus machen.« Jetzt bekomme diese Aussage »eine ganz neue Dimension«.

Am 20. Oktober 2002 trat Jürgen Möllemann auch als Landes- und Fraktionschef der FDP in Nordrhein-Westfalen zurück. Als der verschobene Sonderparteitag in Düsseldorf am 1. Dezember 2002 stattfand, lieferten sich in Möllemanns Abwesenheit seine Gegner und seine Anhänger hitzige Wortgefechte. Im Vordergrund der Debatte stand indes nicht mehr der Inhalt von Möllemanns Flyer, sondern dessen undurchsichtige Finanzierung. FDP-Schatzmeister Rexrodt und andere Granden der Partei warfen Möllemann hier inzwischen eine Verletzung des Parteiengesetzes vor. Der FDP-Bundesvorstand erwog ein Parteiausschlußverfahren gegen Möllemann.

Im Januar 2003 wurde Möllemann als Präsident der Deutsch-Arabischen Gesellschaft wiedergewählt. Unverdrossen bekräftigte er seine Meinung, er hoffe auf eine Abwahl von Israels Ministerpräsident Scharon und halte den Einfluß Friedmans in Deutschland für überzogen. Am 4. Februar 2003 scheiterte ein versuchter Ausschluß Möllemanns aus der nordrhein-westfälischen Landtagsfraktion der FDP, da die dafür erforderliche Zweidrittelmehrheit nicht zustande kam. Am 11. Februar 2003 wurde Möllemann aus der Bundestagsfraktion der FDP ausgeschlossen, obwohl er kurz zuvor selbst öffentlich angekündigt hatte, sein Mandat dort niederlegen zu wollen.

Die Präsidentin des Allensbacher Instituts für Demoskopie, Elisabeth Noelle-Neumann, hatte bereits 1980 in ihrem Standardwerk *Die Schweigespirale* ausgeführt, daß ein einzelner, der politischer und sozialer Isolierung dauerhaft ausgesetzt sei, schlußendlich »tot aus der Gesellschaft« fallen könne.[50] Dies schien Möllemanns Schicksal auf makaber wörtliche Weise zu belegen. Am Donnerstag, dem 5. Juni 2003, kam der FDP-Politiker um 12:38 Uhr bei einem Fallschirmabsprung ums Leben, nachdem kurz zuvor seine politische Immunität aufgehoben worden war und die Staatsanwaltschaft die Presse per Fax über geplante Durchsuchungen von Möllemanns Büros unterrichtet hatte. Dies geschehe im Zusammenhang mit Ermittlungen hinsichtlich von Delikten wie Verstoß gegen das Parteiengesetz und Untreue, hieß es. Nach Möllemanns Tod wurden diese Ermittlungen umgehend eingestellt. Wiewohl es verschiedene Spekulationen gab und zum Teil immer noch gibt, ob es sich bei Möllemanns Tod um einen Mord, Unfall oder Selbstmord handle, wird heute weitgehend von einem Selbstmord als der am wenigsten unwahrscheinlichen Annahme ausgegangen. Der Deutsche Bundestag reagierte mit einer Schweigeminute und Trauerbeflaggung im gesamten Regierungsviertel.

2.2 Die Begleitung des Konfliktes durch die Medien

»Ich war mal der Meinung, es müßte möglich sein, einen Witz über die Krawatten von Michel Friedman zu machen, ohne als Antisemit abgestempelt zu werden«, erklärte der ehemalige *Late-Night-Talker* Harald Schmidt schon vor einiger Zeit in der *FAZ*. »Heute ist mir klar, daß da überhaupt nicht dran zu denken ist.« Vermutlich bräche nämlich die Hölle los, wenn eine Bemerkung auch nur in diese Richtung ginge.

Nun hatte Jürgen Möllemann mehr als nur einen harmlosen Witz gemacht. Er hatte befürchtet, Michel Friedman trage mit einer intoleranten, gehässigen Art und mit einer Selbststilisierung als moralische Instanz zum Antisemitismus in der Bevölkerung bei. Diese Sorge Möllemanns wurde mit einer in sich schlüssigen Argumentation kritisiert: Ein Antisemit könne für seinen irrationalen Haß ebenso gut auf Michel Friedman verzichten wie auf jeden anderen tatsächlich existierenden Juden. Gerade wenn jemand von einem einzelnen Juden, den er als unsympathisch empfindet, auf alle Juden extrapoliere, stelle das ein Merkmal für Antisemitismus dar. Und nicht zuletzt könne man hier von einer Form des *blaming the victim* (dem Opfer die Schuld geben) sprechen: Wenn Juden verfolgt würden, seien sie selbst daran schuld, weil sie sozial zu wenig angepaßt seien, sich zu große Freiheiten herausnähmen und ihren Mund nicht halten könnten.

Der Boden, auf dem diese Argumentation steht, schwankt allerdings ein wenig, weil sich hier die Frage nach der Normalisierung zwischen deutschen Juden und Nichtjuden stellt. Fordert man eine »Normalität« der Beziehung ein, dann muß auch eine politische Auseinandersetzung zwischen Juden und Nichtjuden nach denselben Spielregeln möglich sein wie jede andere politische Auseinandersetzung auch. Es ist dann eine heikle Reaktion, sich angesichts einer Niederlage in einer politischen Debatte plötzlich auf den »nicht-normalen« Standpunkt eines Judeseins in Deutschland zurückzuziehen und von dort aus überlegen zu drohen und zu argumentieren. Dahinter steckt auch eine zweite Frage: Sind die deutschen Juden zunächst Deutsche, also normale Teilnehmer am politischen Dialog, oder sind sie zuerst Juden, also »Ausländer« mit allen dazugehörigen Loyalitätskonflikten, die auch Araber, Türken, Russen kennen? Diese Frage ist ungeklärt. Einerseits räumt sich der Zentralrat selbst eine Sonder- und Nischenstellung ein, indem er sich bewußt nicht als Zentralrat der deutschen Juden, sondern als Zentralrat der Juden in Deutschland bezeichnet. Andererseits wird jede Grenzziehung zwischen »den Juden« und »den Deutschen« sofort lautstark als Merkmal für Antisemitismus angeprangert. Der vermeintliche Antisemitismus erwächst hier in Wahrheit aus der Dauerambiguität dieser (Selbst-)Zuordnung.

Wie berechtigt war nun Möllemanns Sorge, Friedmans Verhalten könne zum Antisemitismus in der Bevölkerung beitragen? Bekanntlich war Friedman nicht irgendein x-beliebiger jüdischer Diskussionspartner: Er war zum Zeitpunkt der Auseinandersetzung mit Jürgen Möllemann ein gewählter Repräsentant der Juden in Deutschland und damit natürlich nicht nur als Einzelperson wahrnehmbar, sondern eben auch als Gesicht der Juden in Deutschland überhaupt. Nichts konnte verhindern, daß sein Verhalten auch auf die anderen Angehörigen der von ihm repräsentierten Gruppe übertragen wurde. Dies war vor allem auch deshalb legitim, weil gerade Michel Friedman selbst die gesamte FDP für Möllemanns Äußerungen verantwortlich machte und mehr: für das Ansehen der Deutschen im Ausland das Schlimmste befürchtete.

Möllemann forderte letztendlich eine Debatte darüber, ob der Antisemitismus, den es in Deutschland gebe, »und den wir bekämpfen müssen«, nicht dadurch befördert werde, daß die Juden in der Öffentlichkeit doch vor allem von Scharon und Friedman repräsentiert würden. Daß es ihm zunächst ganz konkret um eine Kritik an Sharons Politik gegangen war, spielte im Verlauf der Auseinandersetzung nur noch eine untergeordnete, zuletzt dann gar keine Rolle mehr. Ins Zentrum der Debatte trat vielmehr das Verhalten Friedmans und anderer, die eine Kritik an Sharon mit den Vorwürfen, es handle sich um antisemitische Argumente, zurückwiesen und dabei eine Empörung zeigten, die in keinem Verhältnis zu Möllemanns Vorstoß stand. An die Stelle einer Sachdebatte trat die schlimmste aller in Deutschland möglichen Unterstellungen: Der Antisemitismus-Vorwurf ist als Diffamierungswaffe in der politischen Auseinandersetzung unter dem Begriff »Faschismuskeule« hinlänglich beschrieben worden.[51]

Daß die politischen Gegner Möllemanns aus seiner Situation Kapital ziehen wollten, ist zumindest nachvollziehbar. Nachdem Claudia Roth mit ihrer Klage wegen Volksverhetzung eine moralische Überlegenheit der Grünen über die FDP demonstrieren wollte, stiegen zahlreiche andere Politiker in diese Rhetorik ein, zumal für den Wahlkampf in Nordrhein-Westfalen jeder Vorteil genutzt sein wollte.

Im Nachhinein muß es als irritierend bis beängstigend gelten, bis zu welchem Maß hin die deutschen Medien gleichgeschaltet erschienen - so als wollten sie auf diese Weise Karslis These von der zionistischen Lobby, die den Größten klein kriegt, insgeheim bestätigen. Von *taz* bis *Welt* galt es plötzlich als Ausdruck besonderer demokratischer Reife, unisono einer Meinung zu sein. Fast jeder Medienbeitrag verdammte Möllemann für seine Äußerungen und übernahm die Argumentation und Interpretation seiner Gegner. Über einhundert prominente Journalisten (darunter zahlreiche *ARD*-Chefredakteure, aber etwa auch Josef Joffe von der *Zeit*) verkündeten gar per Unterschriftenaktion, ihre Aufgabe als neutrale Berichterstatter aufzugeben, bekundeten statt dessen Solidarität mit ihrem Kollegen Friedman und verurteilten Möllemanns Worte als »rassistisch«.[52] Dieses offene Bekenntnis zu einem Meinungskartell hätte es allerdings gar nicht gebraucht. Schon lange zuvor war sichtbar geworden: In der Kontroverse Möllemann gegen Friedman vertraten die führenden Medien nur eine einzige Meinung. Immerhin erkannte Thomas Schmidts Artikel »Tabubruch« in der *Frankfurter Allgemeinen Zeitung* vom 23.Mai 2002, was die eigentliche Ursache für diese mediale Einheitsfront war. Schmidts

Verdienst war es auch, den Begriff des »Tabus« zur Erklärung heranzuziehen:

»Bis in den Mai des Jahres 2002 hinein gehörte es in Deutschland zum politischen Comment, die Politik des Staates Israel öffentlich nicht zu kritisieren. Niemand hätte offen gesagt, daß es ein solches Verdikt gab - tatsächlich aber galt, daß es Deutschen aus historischen Gründen nicht zustehe, kritisch die Stimme gegen israelische Politik zu erheben. Es gab unter den Eliten Deutschlands einen Konsens, daß solche Kritik Gefahr laufe, dem antisemitischen Unterstrom, der 1945 gewiß nicht versiegt war, ans Tageslicht zu helfen. Dieses Tabu, unausweichlich und heilsam, hatte eine Kehrseite: Es war, genau besehen, unsinnig, denn es vertrug sich nicht mit den Spielregeln einer freien Gesellschaft. Es mußte der Zeitpunkt kommen, an dem es fallen würde.«[53]

Auch in den weniger aggressiven Artikeln wurden hoch umstrittene Sachverhalte so beiläufig integriert, als ob es sich um feststehende Tatsachen handelte. Von den »antisemitischen Äußerungen Möllemanns« war dann die Rede oder davon, daß Paul Spiegel Möllemanns (nie getätigte) Äußerung, »die Juden« seien selbst Schuld am Antisemitismus, erneut zurückgewiesen habe. Tatsächlich hatte Möllemann das konkrete Verhalten eines einzelnen Juden beklagt, das Friedmans nämlich, den er als Politiker und Medienperson in einer besonderen, repräsentativen Verantwortung sah.[54]

In der *Süddeutschen Zeitung* vom 17. Mai 2002 beispielsweise kommentierte Heribert Prantl, bei Möllemann »heiligt der Zweck den Antisemitismus«. Er werfe »den Holocaust auf den Spieltisch, auf dem er um seine 18 Prozent würfelt«. Einige wenige Journalisten verkündeten so, wovon Deutschland angeblich geschockt sei (von den »antiisraelischen Ausfällen« in der FDP nämlich) und wovon nicht. Und als Möllemann anhand seiner abertausend zustimmenden Zuschriften und verschiedenster Umfragen darauf verwies, daß die Deutschen in Wahrheit ganz anders dächten, reagierte die Meinungselite reflexartig: Dies belege nur, wie viele Rechtsextreme es in diesem Land gebe und wie skrupellos Möllemann sei, wenn er am rechten Rand nach Stimmen fische.

Als einer der ganz wenigen Warner schaltete sich der FDP-Vorsitzende Schleswig-Holsteins, Wolfgang Kubicki, in die Auseinandersetzung ein. Er gelangte schließlich zu dem Eindruck, »daß in Deutschland meine Meinungsfreiheit bedroht ist, weil ich bei jeder Äußerung überlegen muß, ob sie gegen mich verwendet werden kann« Diese Feststellung aber ließ Bettina Gaus in der *tageszeitung* vom 4. Juni 2002 nicht gelten, sie erklärte vielmehr die aktuellen Grenzen der Meinungsfreiheit am Beispiel von Möllemanns Friedman-Kritik: »Was wahr ist, darf immer gesagt werden. Es ist aber nicht wahr.« Darüber, was nicht wahr sei und was deshalb nicht gesagt werden dürfe, räumte sich Gaus mithin selbst die Entscheidungshoheit ein.

Lediglich Publikationen mit Positionen links und rechts von einer breiten Mitte entzogen sich der einhelligen Schelte von Möllemanns Äußerungen. So argumentierte Werner Pirker am 28. Mai 2002 in der *jungen welt* wie folgt:

> »Es läßt sich wohl nicht ernsthaft bestreiten, daß das von Israel über die Autonomiegebiete verhängte Regime in seinem Wesen dem früheren Apartheid-System in Südafrika entspricht. Die Bewegungsfreiheit der Schwarzen in ihren Homelands und von dort zu den Townships war freilich nie in einem solchen Ausmaß eingeschränkt wie das Recht der Palästinenser auf freie Bewegung in ihrem angestammten Land. Daß die südafrikanische Apartheid rassistisch war, galt als *common sense*. Der gleiche common sense untersagt auch nur den Vergleich Israels mit einem rassistischen Regime. Warum eigentlich? Ist Rassismus weniger rassistisch, wenn er im Land der Holocaust-Überlebenden praktiziert wird? Kann nicht sein, was nach den Vorschriften der politischen Korrektheit nicht sein darf? (...) Der von deutschem Feuilleton und zionistischem Establishment unisono erhobene Antisemitismus-Vorwurf trägt den Antisemitismus in sich. Möllemann sagte nicht „die Juden" - seine Kritiker denken in dieser antisemitischen Kategorie. Und Israel nutzt den verlogenen Anti-Antisemitismus als Legitimationsideologie seiner rassistischen Politik.«[55]

In einem Interview mit der Wochenzeitung *Junge Freiheit* erklärte derweil der Schriftsteller und Gründer des Satiremagazins *Titanic*, Eckhard Henscheid:

»Möllemann hat leider fast alles zurückgenommen. Lauter Dinge, die er nicht hätte zurücknehmen müssen. (...) Es wäre für ihn besser gewesen, diesem offenbar kein Maß mehr kennenden Fernsehkasper Friedman weiterhin standhaft Paroli zu bieten. Wenn Möllemanns Aussagen tatsächlich schon einen Klimawechsel in Deutschland bewirken sollten, dann hat dieser Klimawechsel meinen Segen. (...) Ich habe den Eindruck, daß da eine TV-öffentliche Stellung zu jeder Frechheit gebraucht wird. Zum Beispiel, um den anderen Grundwert des deutschen Geisteslebens, nämlich die geistige Freiheit, möglichst negligeabel zu halten. In dieser Frage werden Sie mich aber immer, egal wie die politische Stimmung im Land ist, auf der Seite derer sehen, die die Sache der geistigen Freiheit vertreten. Um es zu wiederholen: Wer den Holocaust und Möllemanns dicta auf eine Ebene bringt, der hat das Recht verwirkt, noch für voll genommen zu werden. Derjenige - nicht Möllemann - ist der rein taktische, verantwortungslose Schwätzer.«[56]

Artikel wie diese ließen sich indes an einer Hand abzählen. Statt dessen entlud sich der Unmut vieler Bürger über die von ihnen als einseitig wahrgenommene Debatte vor allem in diversen Internet-Diskussionsforen, in denen die Möllemann-Befürworter eine enorme Überzahl darstellten. Die folgende Stelle aus dem Diskussionsforum der FDP wurde für dieses Buch ausgewählt, weil sie für die Auffassungen der mehreren hundert gesichteten Stellungnahmen typisch ist:

»Man sollte hier in erster Linie daran erinnern, daß man Meinungsverscheidenheiten - das sollte ein demokratischer Grundsatz sein! - ausdiskutiert und nicht mit Ausschlüssen und Denk- und Meinungsverboten antwortet. Was mich bei dem ganzen Problem stört, ist der Konformismus in den Medien und den anderen Parteien. Jeder übt Kritik an Karsli und Möllemann, aber niemand an Friedman. Wieso eigentlich? Wieso stellt sich niemand auf die Seite Möllemanns und sagt auch, was so viele denken, nämlich, daß Friedman mit seiner

Art den Juden in Deutschland einen Bärendienst erweist? Ich möchte als Jude nicht von ihm vertreten werden. Ich kann mir jedenfalls unmöglich vorstellen, daß alle der Meinung Friedmans sind. Das ist ja auch in diesem Forum zu sehen. Wo bleibt da die Ausgewogenheit und der demokratische Stil?«[57]

Der beklagte Mangel an Ausgewogenheit setzte sich nach der Veröffentlichung von Möllemanns Wahlkampfbroschüre fort. Weite Teile der Medien legten sie erneut wie selbstverständlich als »antisemitisch« aus, woraufhin persönliche Attacken gegen Möllemann folgten. So stellte der FDP-Ehrenvorsitzende Lambsdorff in einem Gespräch mit *DeutschlandRadio* Berlin die Frage, ob Möllemanns Verhaltensweise »noch normal« sei, woraus die *Bild*-Schlagzeile »Sorge um den Geisteszustand des FDP-Politikers« entstand. Die *tageszeitung* verwendete am 2. Dezember 2002 im Zusammenhang mit dem vom FDP-Bundesvorstand erwogenen Parteiausschlußverfahren gegen Möllemann den Ausdruck »Entmöllifizierung«, eine Analogiebildung zu »Entnazifizierung«. Die *Financial Times Deutschland* vom 24. September 2002 beschrieb ihn in dem Artikel »Und täglich grüßt das Mölletier« schließlich als »Monster« und »schnauzbärtiges Trauma«.[58] Wie dieser Artikel berichtete, soll unter Jungliberalen direkt nach der Wahl die SMS »Tötet Möllemann!« kursiert sein. Man kann hier ohne zu übertreiben durchaus von der durch Politik und Medien erfolgten Hinrichtung eines Menschen sprechen. Möllemanns einziges Mittel, sich dagegen zur Wehr zu setzen, waren seine eigenen Äußerungen in den Medien, und diese Äußerungen wurden verdreht und in entstellter Form wiedergegeben.

Nachdem Möllemann ums Leben gekommen war, rafften sich viele Redakteure der führenden Zeitungen zu einem Umgangsstil auf, den sie zu Möllemanns Lebzeiten in aller Regel nicht erreicht hatten und der so in vielen Fällen zu Zynismus verkam. Der *Bonner General-Anzeiger* wies am 6. Juni 2003 darüber hinaus auf die Komplizenschaft zwischen dem verfemten Möllemann und den ihn verfemenden Medien hin:

»Jürgen W. Möllemann war eine der farbigsten Figuren der deutschen Politik. Ein Freund des klaren Wortes - bis hin zu dessen Unangemessenheit. Ein Mann mit Courage, wenn es galt, sich der Öffentlichkeit zu stellen. Einer ohne Scham vor Selbstdarstellung -

> ohne die falsche und ohne die richtige. Gute Politik mußte für ihn stets auch einen Unterhaltungswert haben. „Möllemann läßt uns nicht im Stich", pflegten wir Journalisten zu sagen, wenn der FDP-Mann wieder einmal einen seiner Überraschungscoups gelandet hatte.«

Und die *Stuttgarter Nachrichten* wußten zu würdigen: »Möllemann, daran kann es keinen Zweifel geben, hatte klare politische Überzeugungen, für die er auch dann eintrat, wenn es unbequem wurde. Das tut nicht jeder und darin lag seine Unverwechselbarkeit. (...) Möllemann hat vieles gut gemeint und schlecht gemacht. Am Ende war er gescheitert, ohne fremde Schuld.« Die letzte Aussage dieser im Ansatz erfolgten Ehrenrettung wiederholte sich indes in den unterschiedlichsten Formulierungen in verschiedenen Kommentaren und Artikeln. In einem teilweise beschwörenden Tonfall beharrten Medienmacher darauf, daß Möllemann durch eigenes Verschulden zu Tode gekommen war und wiesen selbst jegliche Verantwortung weit von sich. »Er wollte zu hoch hinaus. Deshalb fiel er so tief. Kein anderer war dafür verantwortlich, nur er allein«, versuchte sich die *Frankfurter Rundschau* einzureden. Andere, so etwa die *Süddeutsche Zeitung*, traten noch gegen die Leiche nach und ließen einen Psychiater per Ferndiagnose »Narzißmus und Größenwahn« attestieren, eine Strategie der Argumentation, die vorwiegend aus nicht-demokratischen Gesellschaften bekannt ist.[59]

Volker Zastrow kommentierte dazu in der *Frankfurter Allgemeinen Zeitung* vom 11. Juni 2003: »Das will vor allem den Jägern nicht in den Kopf: Sie wollen in ihrer Beute nicht das Opfer sehen, sondern weiter den Täter. Denn nur diese Sicht rechtfertigt die Jagd.« Und der Journalist Hans Leyendecker fragte sich in der Talkshow *Sabine Christiansen* am 15. Juni 2003: »Was machen wir mit ihm noch im Tod? Wir gehen noch im Tod hin und schieben ihm bestimmte Dinge zu, um zu sagen: So bist du gewesen. Wir machen uns ein Bild von ihm, wie es uns paßt. Und das ist ungeheuerlich.«

Daß Möllemann noch über sein Ableben hinweg stigmatisiert werde, thematisierte am 14. Juni 2003 Daniel Bax in der *tageszeitung* und stellt fest:

»Im Fall Möllemann (...) scheint dessen Versuch, an antisemitischen Ressentiments zu rühren, so schwer zu wiegen, daß er noch nach dem Tod ausgeschlossen wird. Spätestens damit wird Antisemitismus als Tabu erkennbar, zu einer Art bundesrepublikanischem Grundkonsens, dessen Bruch schwerer wiegt als manch anderes Vergehen. Schwer vorstellbar, dass Möllemann allein wegen seiner finanziellen Fehltritte so geächtet worden wäre. Oder für Ausfälle gegen türkische Migranten.«

Mit diesen Worten erkennt Bax das Antisemitismustabu als eben jene von Gehlen beschriebene überdeterminierte Institution. Ein Verstoß dagegen erfährt eine fast religiöse Ächtung, die noch über den Tod hinausgeht - so wie in früheren Jahrhunderten Selbstmörder keine kirchliche Bestattung erhielten, sondern lediglich verscharrt wurden.

Das Bild, das die Medien von Möllemann geprägt hatten, war das des skrupellosen Antisemiten aus Machtbesessenheit. In der Mehrheit der Bevölkerung war dieses Bild allerdings trotz des Nachdruckes, mit dem es verbreitet wurde, nicht angekommen. Selten konnte man eine solche Kluft zwischen den Auffassungen von Menschen innerhalb und außerhalb der Journalismusbranche erleben. Einer der wenigen Politiker, die dieses Unbehagen formulierten, war der CSU-Querdenker Peter Gauweiler: Zum Schluß sei Möllemann gehetzt worden wie ein Wild.[60] Über diese Auffassung wurde in den Medien zwar berichtet, sie löste allerdings keinerlei Selbstreflexion über die ethischen Grundsätze des eigenen Handelns aus.

Medienkritiker haben für das Verhalten von Presse und Fernsehen, das bei Jürgen Möllemann exemplarisch wurde, den Begriff des »Rudeljournalismus« geprägt: Ein Reporter erfindet oder dramatisiert eine eigentlich läßliche oder auch nur vermeintliche Fehlleistung, andere schreiben unkritisch ab, versuchen unter dem Druck von Quote und Auflage mit Emotionalisierung und der Konstruktion eines noch größeren Skandals noch mehr Leser zu erreichen. Sie spitzen zu bis zur Verfälschung und schaffen so schließlich eine Scheinrealität, die in den Archiven zur »historischen Realität« gerinnt.[61]

»Das Töten eines Menschen beginnt mit Worten« hatte Friedman gesagt. Viele Medienleute taten so, als gelte das nur für Möllemanns Worte, nicht für Friedmans und erst recht nicht für die eigenen. Im Falle Möllemanns durchbrach erst sein Tod diesen verhängnisvollen Teufelskreis. Nachdem er gestorben war, konnten Medienvertreter wie Sabine Christiansen auf einmal sachlich richtig von Möllemanns »Anti-Scharon-und-Anti-Friedman-Flyer« sprechen. Auch für das *Wiesbadener Tagblatt* kehrte nach Möllemanns Tod und gewachsener zeitlicher Distanz wieder Sachlichkeit in die Berichterstattung zurück. Dort wurde am 7. Januar 2004 Möllemanns Wurfsendung als »umstrittenes Flugblatt mit Kritik an Israels Regierungspolitik« bezeichnet. Zuvor war es allerorts ein »antisemitischer Flyer« gewesen.

Möllemanns Tod und die Ereignisse, die ihm vorausgingen, werfen eine Reihe wichtiger Fragen auf: Wie war es möglich, daß eine Stimmung aufkam, in der kaum eine bekannte Persönlichkeit hinterfragte, ob die mediale Verfolgung Möllemanns nicht längst in keinem Verhältnis zu seinen Äußerungen mehr stünde, sondern jedes Maß verloren habe? Inwiefern kann - angesichts dieses echten Ernstfalls - überhaupt noch von einer Kontrollfunktion durch die Medien gesprochen werden? Wie sehr darf die Jagd nach Prozentpunkten, Meinungsführerschaft und Auflage die Würde eines Menschen außer Acht lassen? Es sind dies Fragen, die nach jedem neuen Fall einer medialen Schlachtung gestellt, jedoch nicht beantwortet werden.

Überraschend ist allerdings, wie unbeeindruckt sich die Mehrzahl der Zeitungsleser und Fernsehzuschauer von der Berichterstattung zeigte. Über Wochen hinweg versuchten Medienmacher darauf zu reagieren, indem sie eine Art virtueller Gegenwelt schufen: Über die Meinung des Großteils der Bevölkerung, über den »gesunden Menschenverstand«, wurde einfach nicht berichtet. In etlichen Internet-Foren zu dieser Debatte bezeichneten die Teilnehmer dieses Verhalten der Medien als Machtmißbrauch und sahen sich entmündigt und »unschädlich gemacht«. Nur in Umfragen blitzte hin und wieder eine breite Zustimmung für Möllemanns Thesen durch. Die Auseinandersetzung wurde dabei durchaus als grundsätzlich zu klärendes Problem begriffen.

2.3 Die Aggressionsschaukel: Welche Problematik ergibt sich aus den Reaktionen auf Möllemanns Äußerungen?

»Alle Skandale weisen totalitäre Züge auf« führt Hans Matthias Kepplinger in seinem Buch *Die Kunst der Skandalierung und die Illusion der Wahrheit* (München 2001) aus. »Sie zielen auf die Gleichschaltung aller, weil die öffentliche Abweichung einiger den Machtanspruch der Skandalierer und ihrer Anhänger in Frage stellen würde. Die großen Skandale kann man deshalb auch als demokratische Variante von Schauprozessen beobachten.«[62]

War Möllemann wirklich ein Populist, als er auch während des immensen öffentlichen Drucks noch zu seiner Ansicht stand? Oder wäre diese Bezeichnung nicht viel treffender gewesen für politisch korrekte Personen wie Claudia Roth, die Westerwelle als »Glatze« bezeichnete und gegen Möllemann eine völlig unsinnige, aber medienwirksame Strafanzeige einreichte? Warum wurden solche durchschaubaren Spielchen nicht in den Medien thematisiert?

Die Wirklichkeit stellt sich - je nach Blickwinkel - unterschiedlich dar. Von dieser Grundannahme her könnte Meinungspluralismus als Normalität akzeptiert und hingenommen werden. Die Einsicht, daß es sich dabei um eine Grundkonstante innerhalb einer jeden Gruppe handle, könnte den Druck und damit die Aggression aus jeder politischen Debatte nehmen: Der Streit würde um ein »Mehr oder Weniger« gehen und nicht um ein »Alles oder Nichts«, bei dem jeder versucht, seine eigene Sichtweise als die allgemeingültige durchzusetzen. Dieser paradoxe Sachverhalt ist nichts Neues in der Aggressionsforschung: »Unsere unterschiedlichen Wahrnehmungen, unsere differierenden Konstrukte, unsere verschiedenen Wirklichkeiten werden zur Quelle von Aggression - wo sie doch zuallererst Toleranz einfordern sollten.«[63]

Ein besonderes Ventil, seiner Aggression Luft zu machen, bietet in diesem Zusammenhang die demonstrative Haltung scheinbarer moralischer Überlegenheit: »Der Aggressor kann hier nämlich unter der Maske der Vergeistigung, des Gerechtigkeitssinnes oder der Wahrhaftigkeit sein Überlegenheitsbedürfnis befriedigen und seiner Menschenverachtung ungehemmt freien Lauf lassen.«[64]

Es gebe eine Form von »Angstkommunikation« in Deutschland, hat der Medienwissenschaftler und SPD-Politiker Peter Glotz einmal festgestellt, und außerdem einen »neuen Moralismus«, der sich von der *Süddeutschen* bis zur *Welt* durch die unterschiedlichsten Medien ziehe und dabei »gelegentlich alle Perspektiven verliert«.[65] Glotz äußerte diese Bedenken im Zusammenhang mit der Bioethik-Debatte, aber sie lassen sich auch auf den Umgang mit Jürgen Möllemann beziehen. Seine Meinungsäußerungen zur Politik Israels und zum Auftreten Michel Friedmans waren nicht aus der Luft gegriffen, vielmehr fanden sie die Zustimmung einer breiten Öffentlichkeit. Wie extrem unterschiedlich die Bewertung jedoch ausfiel, zeigt sich daran, daß vor allem viele Journalisten Möllemanns Äußerungen als antisemitische Zeitenwende auffaßten. Und keiner dieser Journalisten, der mit im Strom der Skandalisierung schwamm, hätte zugegeben, daß er Quote und Auflage im Auge habe, wenn er sich am »Rudeljournalismus« beteiligte.

Auch Sandra Maischberger fragte nicht mehr kritisch nach, als Charlotte Knobloch Michel Friedmans Urteil beipflichtete, Möllemann halte sich in NPD-Nähe auf, weil der FDP-Politiker »einen jüdischen Menschen« verbal angegriffen habe. Sie hätte Briefe und Anrufe vergleichbar antisemitischen Inhalts bekommen. Manche Zuschauer allerdings mögen sich gefragt haben: War etwa das meiste, was einem bisher über antisemitische Tendenzen in Deutschland berichtet wurde, von keiner höheren Brisanz als Möllemanns Kontroverse mit Friedman? Drohte von der NPD nichts Schlimmeres als solche Äußerungen?

In der allgemeinen Empörung verwischten sich alle Grenzen, und es ist dies eine bisher wenig beachtete Nebenwirkung des Umstands, daß Friedman gleich mit der größten aller Kanonen auf Möllemann zu schießen begann. Die Dynamik der Auseinandersetzung ist diesem Umstand geschuldet. Zu Beginn der Debatte hätte Möllemann ohne Schwierigkeiten innerhalb seiner eigenen Aussagen kritisiert werden können. Auf seine Worte, er halte Terrorakte der Palästinenser gegenüber den israelischen Besatzern für ethisch gerechtfertigt, wären Verweise auf die Opfer der Attentate (Schulkinder, Zivilisten) eine passende Antwort gewesen. Auch die Frage nach den Beweggründen für Möllemanns Vorstoß wäre sinnvoll gewesen, zumal er für sein »Projekt 18« Öffentlichkeit um beinahe jeden Preis herstellen wollte.

Statt dessen kam es zu persönlichen Beschimpfungen (»geistige Verwirrung«) und einer Maßregelung Möllemanns durch Michel Friedman, dem die Öffentlichkeit auch damals schon den Status einer moralischen Instanz nicht mehr abnahm. Möllemann setzte sich scharf zur Wehr und konzentrierte sich in seinen Angriffen auf die Person Michel Friedmans. Daß Friedman daraufhin Unterstützung von Journalisten und Politikern erfuhr, die seine Art, seinen moralisierenden Stil auch nicht schätzten, ist ein bisher nicht untersuchtes Phänomen. Erklärbar ist es indes leicht über den Begriff des Tabus, der im Vorspann bereits eingeführt wurde, und dessen irrationale Dynamik zwar bedauert, jedoch nicht beseitigt werden kann.

Fatal am Streit zwischen Möllemann und Friedman war, daß es keine Regulative mehr gab, die beide Seiten gleichermaßen zur Mäßigung aufgerufen hätten. Statt dessen stiegen von außen weitere Parteien in diesen Streit ein, die sich davon einen persönlichen Nutzen versprachen. Das waren zum einen politische Gegner Möllemanns, die sich eine Verbesserung ihrer Position oder sogar eine Beseitigung Möllemanns erhofften. Solche Mitspieler gab es innerhalb und außerhalb der FDP, und der Wahlkampf in Nordrhein-Westfalen beförderte die Tendenz zur Polarisierung: Hinter der parolenhaften Vereinfachung der Sachverhalte - ein Kennzeichen jedes Wahlkampfs - verschwanden die leiseren, abwägenden Töne der Debatte. Und daß viele Journalisten in dem Skandal das Potential für eine Steigerung der Auflage oder der Einschaltquote sahen, heizte die Auseinandersetzung zusätzlich an.

Selbst Mitglieder aus seiner eigenen Partei fielen Möllemann schließlich in den Rücken: die einen, um sich demonstrativ von dem bösen Verdacht reinzuwaschen, die anderen, weil sie noch die eine oder andere Rechnung offen hatten und den Moment ihrer Rache gekommen sahen. Klaus Kinkel ließ sich gar zu der Äußerung hinreißen: »Wir können Möllemann doch nicht mit dem Maschinengewehr zur Entschuldigung zwingen!«, und es klang so, als ob er das tatsächlich bedauerte.

In diesem Zusammenhang fällt auf, daß im Gedröhne der Medienberichterstattung die mahnenden Worte von bedächtigen Persönlichkeiten keinen Raum fanden. Der Historiker, Friedensaktivist und Publizist Shraga Elam und der Träger des alternativen Friedensnobelpreises, Uri Avnery, wurden bereits erwähnt. Die in der Öffentlichkeit seit Jahren stigmatisierte Wochenzeitung *Junge Freiheit*, die etwa mit Uri Avnery ein Gespräch führte und veröffentlichte, fand in der breiteren Öffentlichkeit und in anderen Medien kein Gehör. Hätte beispielsweise der *Spiegel* oder die *Süddeutsche Zeitung* dieses Interview aufgegriffen, dann hätte die Stilisierung Möllemanns zum Antisemiten nicht mehr aufrechterhalten werden können. Vermutlich hätte sich die Debatte hin zum Streit um unterschiedliche Auffassungen in einer Sachfrage verschoben: Die israelische Besatzungspolitik und das Recht auf Widerstand - Möllemanns eigentliche Fragestellungen - wären wieder zum Thema geworden.

Die wüste Auseinandersetzung kam auch nach Jürgen Möllemanns Tod nicht zum Stillstand. Wie der Vorsitzende der Deutschen Bischofskonferenz, Kardinal Karl Lehmann, sehr richtig erkannte, flackerten durch die einseitig und hysterisch geführte Debatte antisemitische Vorbehalte erst auf.

Zwar beteuerten viele Journalisten, bevor sie über Möllemann herfielen, daß man Israel selbstverständlich ebenso kritisieren dürfe wie den Zentralrat der Juden in Deutschland; wenn Möllemann von Diskursverboten spreche, dann sei das nur ein Trick des gewieften Politikers, der sich als Tabubrecher inszenieren wolle. »Dabei wurde völlig übersehen«, führt der ARD-Nahost-Korrespondent Marcel Pott aus,

> »daß Sharon selbst - lange vor der Möllemann-Friedman-Affäre - die Antisemitismus-Karte gespielt hat. Er behauptete nämlich, die europäische Kritik an seinem Vorgehen gegen die Palästinenser speise sich allein aus dem Antisemitismus. (...) Deshalb muß sich der Zentralrat der Juden in Deutschland fragen lassen, warum er lange Zeit versucht hat, jede Kritik an Sharon als israelfeindlich zu disqualifizieren. Der Präsident des Zentralrates Paul Spiegel hat mehrfach öffentlich betont, die Kritiker stellten sich auf dieselbe Stufe wie die ärgsten Feinde Israels. (...) Auf die Frage der israelischen Menschenrechtsverletzungen wollte Spiegel dagegen nicht eingehen. (...) Erst im Verlauf dieser Debatte konnte sich Paul Spiegel dann dazu durchringen zu sagen, natürlich dürfe man auch in Deutschland Israel kritisieren, solange es sich um konstruktive Kritik handele. Was will er damit sagen? Ist doch die ethisch begründete Kritik an Sharon durchaus konstruktiv, weil sie der Rechtstreue dient.«[66]

Etliche Bürger glaubten diesen Beteuerungen jedoch nicht, da sie die eine Botschaft hörten und die andere erlebten. Das tatsächliche Handeln hinterließ einen stärkeren Eindruck als die verbalen Verlautbarungen. Zahllose Gesprächsbeiträge im Internet, Leserbriefe und andere Mitteilungen aus der breiten Bevölkerung zeigten zudem, daß dem Zentralrat der Juden und, in verallgemeinerter Form, »den Juden« überhaupt zugeschrieben wurde, sie seien es, die in Deutschland bestimmen könnten, was gesagt werden dürfe. Zu diesem Zorn wäre es nie gekommen, wenn die Medienvertreter die deutschen Juden als Interessengruppe unter anderen behandelt hätten. Statt dessen wurde mit den Worten »Antisemitismus« oder »Volksverhetzung« so inflationär gehaust, daß solche Vorwürfe mindestens für die nächsten Jahre bei den meisten Bürgern komplett entwertet sein dürften.

Uwe Knüpfer schildert die entstandene Stimmungslage in der *Westdeutschen Allgemeinen Zeitung* vom 22. Mai 2002:

> »Von Möllemann kann man halten, was man will: Er ist gewiß kein Antisemit. Wenn es ihn treffen kann, kann es jeden treffen. Wer verspürt da nicht den Reflex, den Kopf einzuziehen? Bloß jetzt nichts Falsches sagen. Dieser Reflex hat in Deutschland Geschichte. (...) Der Affäre Karsli folgte ein kollektiver Ruf, der schaudern läßt: Verurteilt ihn! Über diese Bereitschaft zur geistigen Gleichschaltung vieler Deutscher sollte der Zentralrat der Juden in Deutschland heftiger erschrecken als über Karsli und Möllemann.«

Knüpfers Artikel ist dabei in zweierlei Hinsicht aufschlußreich: Zum einen kann er als ernsthafter Versuch gewertet werden, die Vorgänge als das zu benennen, was sie waren: als perfekt gelungene Gleichschaltung der Medien durch brachialen Einsatz moralischer Wucht. Zum zweiten benennt Knüpfer indirekt die Initiatoren und wesentlichen Nutznießer der Kampagne: Der Zentralrat der Juden war in der Tat daran beteiligt, genau diese Bereitschaft zur Gleichschaltung zu schüren. Jamal Karsli führt dazu zwar aus, daß der Zentralrat nur einen Bruchteil der deutschen Juden vertrete, viele deutsche Juden nicht von diesem Zentralrat repräsentiert werden wollten und daß die Mehrzahl der deutschen Juden sogar in Opposition zu ihm stünden, was vielen nicht bekannt sei.[67] Daß in der Tat viele

Juden mit den Positionen des Zentralrats nicht übereinstimmen, wird auch im vorliegenden Werk durch zahlreiche Zitate belegt. Insofern liegt in der Gewohnheit deutscher Journalisten, Ansichten oder Stimmungsbilder »der deutschen Juden« stets nur an Äußerungen des Zentralrats zu knüpfen, ein verhängnisvoller Fehler. Nicht zuletzt deswegen wurde, wie bereits erwähnt, das unmäßige Verhalten einiger Zentralratsmitglieder auf eine Sonderstellung der Juden in Deutschland überhaupt zurückgeführt.

Gleichzeitig war es die von manchen als »rechtsextrem« geschmähte Zeitung *Junge Freiheit*, die dem Antisemitismus entgegenwirkte. Sie zeigte etwa anhand des Interviews mit Uri Avnery, daß nicht jeder Jude automatisch mit der israelischen Militär- und Besatzungspolitik einverstanden ist und daß es in diesem Land eine ausgeprägte Opposition und eine Friedensbewegung gibt. Das ist ebenfalls eine Facette, die in der Berichterstattung häufig fehlt.

Welche Folgen zeitigt nun der »Fall Möllemann«? Auf der einen Seite ist immer noch möglich, was bisher nicht eintrat: Daß nämlich Möllemann öffentlichkeitswirksam zum Märtyrer für tatsächliche Antisemiten aufgebaut werden könnte, »von den Juden in den Tod getrieben«. Wenn man sich Möllemanns politische Äußerungen und sein Wirken anschaut, darf man zu dem Schluß gelangen, daß ihm diese Instrumentalisierung sehr unrecht gewesen wäre. Bisher ist diese Umwidmung seiner Persönlichkeit auch noch nicht gelungen.

Auf der anderen Seite böte sich tatsächlich die Chance zu einem normalisierten Gespräch über die israelische Außenpolitik, die Rolle des Zentralrats der Juden oder die Situation der Juden in Deutschland insgesamt. Denn weil Hildegard Hamm-Brücher in ihrem offenen Brief an die FDP-Führung erklärt hat, »neuerliche tendenziell antisemitische und antisemitische Stellungnahmen würden zu den angekündigten Konsequenzen führen«, zu ihrem Parteiaustritt nämlich, dann drängt sich eine ganze Reihe von Fragen auf:

- Was eigentlich ist die Lehre aus der deutschen Geschichte? Unkritische Vasallentreue zu Juden und Israelis als Teil eines Täter-Opfer-Ausgleiches oder eine gewachsene Reflektion über Menschenrechtsverletzungen generell, also auch wenn sie von Juden begangen werden?

- Wie kann man Kritik an Juden, an Israel äußern, ohne zugleich den tatsächlichen Antisemiten Wasser auf die Mühlen zu schaufeln? Würde man das aber nicht erst recht tun, wenn man solche Kritik unterließe?
- Wie scharf darf der Zentralrat der Juden überhaupt von (nichtjüdischen) Deutschen kritisiert werden?
- Gibt es in Deutschland überhaupt eine Institution, die zugleich Mut und Fingerspitzengefühl genug hat, um Kritik im eben angesprochenen Sinn zu formulieren?

Wie schnell das Argument vom Beifall aus der falschen Ecke zum Totschlagargument werden kann, zeigt ironischerweise Tobias Kaufmann in seinem Beitrag des von ihm mit herausgegebenen Buches »*Ich würde mich auch wehren* ...«, in dem es ausschließlich um die Verdammung Möllemanns geht. Kaufmann weist darauf hin, daß Möllemann im April 2000 von der NPD »höchtspersönlich« ein Fax erhalten habe, das ein Plakat der nordrhein-westfälischen FDP mit Nachdruck lobte und Hilfe beim Plakatieren anbot. Mit welcher Botschaft war dieses Plakat verbunden? Kritisierte es die Siedlungspolitik Israels, das Auftreten eines Zentralratsmitgliedes oder konnte man es in irgendeinen anderen Zusammenhang mit Antisemitismus rücken? Keineswegs. Es rief zur Standhaftigkeit gegenüber Sekten und Rauschgift auf. Offenbar fanden auch die Nationaldemokraten diese Aussage sehr unterstützenswert. Nun ist es allerdings einigermaßen abenteuerlich, wenn bürgerliche Politiker bereits auf Warnungen vor den mit Drogen verbundenen Gefahren verzichten müssen, weil sie dafür eventuell auch Beifall »aus der rechten Ecke« erhalten könnten. Nur graduell anders ist es, wenn sie aus denselben Bedenken heraus beispielsweise auf eine Einhaltung der Menschenrechte in Israel pochen. Eine politische Stellungnahme kann kritisiert werden, weil sie unsinnig oder unverantwortlich ist, aber nicht, weil sich der eine oder andere Rechtsradikale ihr anschließen könnte.

Die Gesprächskultur (und mit ihr die politische Kultur überhaupt) ist in Deutschland mittlerweile an einem Punkt angelangt, an dem inquisitorische Denk- und Herrschaftsmodelle wie selbstverständlich ihre Anwendung finden. Wenn bestimmte Instanzen festlegen dürfen, was jemand meint, wenn er etwas anderes sagt, dann ist jene »Herrschaft des Verdachts« bereits etabliert, von der etwa Hegel wußte, daß sie der Inquisition vorarbeite:

> »Der unter Verdacht Gestellte hat faktisch keine Möglichkeit, seine Unschuld zu beweisen: Da man ihm keine Taten, sondern Gedanken zur Last legt, und ihm erklärt, daß man seiner Darlegung seiner Gedanken keinesfalls Glauben schenke, wird er - ganz gleichgültig, was er sagt oder tut - als grundsätzlich schuldig betrachtet.«[68]

Michel Warschawski, Leiter des Alternative Information Center in Jerusalem, erläutert diese diskursive Strategie genauer. Er führt aus:

> »Eine europäische Gruppe zionistischer Intellektueller hat die Lösung gefunden, indem sie das Unterbewußte ins Spiel bringt und ein Konzept einführt, mit dem man alles beweisen kann: nämlich das der „semantischen Verschiebung". Wenn man den Zionismus anklagt oder auch Israel kritisiert, dann geht es einem, manchmal unbewußt, nicht um die Politik einer Regierung (der Regierung Sharon) oder um den kolonialistischen Charakter einer politischen Bewegung (des Zionismus) oder, mehr noch, den institutionalisierten Rassismus eines Staates (Israel), sondern um die Juden. Wenn man sagt: „Die Bombardierungen der Zivilbevölkerung sind Kriegsverbrechen", oder: „Die Kolonisierung ist eine flagrante Verletzung der Vierten Genfer Konvention", meint man in Wirklichkeit: „Das jüdische Volk ist verantwortlich für den Tod von Jesus Christus" und „Tod den Juden"! Natürlich kann man auf ein solches Argument nichts erwidern, denn jede Antwort wird, vielleicht unbewußt, zur Verteidigung des Antisemitismus. Das Argument der Bedeutungsverschiebung und der Rückgriff auf das Unterbewußte in der politischen Polemik beendet jede Möglichkeit der Debatte, egal zu welchem Thema im Übrigen. Die Verurteilung des Kolonialismus wird zu einer Verurteilung des Engländers (oder des Franzosen oder des Deutschen, je nachdem), seiner Kultur und seiner Existenz. Auch den Antikommunismus gibt es nicht, er ist eine Wortbedeutungsverschiebung für den Slawenhaß.«[69]

Bezeichnenderweise wird in der aktuellen Literatur zum Thema »Neuer Antisemitismus« diese Herrschaft des Verdachts nie problematisiert, obwohl dies sehr naheliegend wäre. Eine Ausnahme stellt ein von Doron Rabinovics und anderen Autoren im Suhrkamp-Verlag herausgegebener Band dar, in dem es zutreffend heißt:

> »Alle Beteiligten der Debatte arbeiten mit der Rhetorik des Verdachts: Der Antisemitismusvorwurf gründet auf der Vermutung, daß das Gesagte nicht das Gemeinte ist - daß Kritik an Israel nur ein Vorwand ist, um antisemitische Ideen oder Gefühle zu artikulieren, bewußt oder auch unbewußt. Die andere Seite hingegen argwöhnt, daß der Antisemitismusvorwurf nur dem Interesse Israels dient, legitime Kritik an Israels Politik gegenüber den Palästinensern zum Schweigen zu bringen, die Kritiker mit Hilfe der stärksten verfügbaren Waffe aus dem Feld des legitimen Diskurses zu verbannen.«[70]

Was bei dieser Gegenüberstellung nicht auftaucht, ist, dass praktisch sämtliche deutschen Leitmedien in Fällen wie denen Jürgen Möllemanns und Martin Hohmanns durchgehend die erstgenannte Verdachtsrhetorik wählen. Nun können Michel Friedman und Paul Spiegel nur sehr bedingt etwas dafür, wenn beinahe alle Journalisten ihren Interpretationsvorgaben folgten. Ganz unrecht wird es ihnen nicht gewesen sein, denn Deutungshoheit ist ein Vorteil in der politischen Auseinandersetzung. Aber da diese Deutungshoheit im Falle Möllemanns von weiten Teilen der Bevölkerung nicht anerkannt wurde, kam es zu Reaktionen wie Trotz und Wut. Diese Reaktionen sind ironischerweise gerade deshalb so stark, weil so vielen Bürgern die Kritik Möllemanns durch die Reaktion der jüdischen Funktionäre und der »gleichgeschalteten« Medien belegt schien. Es ist dies der Punkt, an dem Uwe Knüpfers oben zitierter Schauder vor der »Bereitschaft zur geistigen Gleichschaltung vieler Deutscher« eine Präzisierung erfahren muß: Nicht die breite Bevölkerung warf einen gleichgeschalteten Blick auf den »Fall Möllemann«: Es waren Journalisten, Redakteure, Politiker, Intellektuelle, die eine Differenzierung nicht mehr kannten.

Das Wort von der Gleichschaltung, das grundsätzlich mit dem Herrschaftsapparat totalitärer Regime assoziiert wird, hat an dieser Stelle im Sinne einer »freiwilligen Gleichschaltung« durchaus seine Berechtigung.

Das Dritte Reich etwa oder die stalinistische Sowjetunion strebten gar keine offene und kontroverse Diskussion an, sondern unterdrückten sie brutal durch Zensur, Tabus, Denkverbote und ein allgemeines Klima der Angst. Von einem Klima der Angst kann aber auch hier und heute gesprochen werden, wenn für viele Publizisten und Politiker die Angst gerade darin besteht, es könne ein Verdacht auf sie fallen, der sie als Antisemit brandmarke und ihre Karriere beschädige oder sogar beende.

Sich gegen die Aggression und den Machtanspruch von Menschen durchzusetzen, die die Taktik des Moralismus wählen, ist nicht einfach, wie die Aggressionsforscher Bach und Goldberg bekunden, die jedoch gleichzeitig eine Möglichkeit vorstellen:

> »Im Zusammensein mit einem „Moralisten" ist man versucht, seinen puristischen Prinzipien auf intellektueller Ebene zuzustimmen, während man sie gefühlsmäßig ablehnen möchte, ja geradezu Widerwillen gegen sie empfindet. Das letztere Gefühl löst dann gewöhnlich ein Schuldbewußtsein aus, da man sich anscheinend gegen einen Menschen auflehnt, der nur nach dem Höchsten und Besten strebt. Wir wollen dagegen geltend machen, daß gerade dieser Widerwille eine gesunde Reaktion auf den unausgesprochenen Überlegenheitsanspruch des „Moralisten" darstellen könnte. Darum soll man dieses Gefühl akzeptieren, ihm trauen und es getrost zum Ausdruck bringen, anstatt sich seinetwegen Vorwürfe zu machen und seinen eigenen menschlichen Wert anzuzweifeln. Nur so kann man dem „Moralisten" entgegenwirken.«[71]

Möllemanns Versuch, den Moralisten entgegenzutreten, endete tödlich. Nun lediglich zu erklären »Möllemann war schuld« und sich damit jeglicher weiteren Aufarbeitung komplett zu entziehen, ist ein unzureichendes Konzept, um solche Debakel in Zukunft zu verhindern.

2.4 Die Skandalierung von Möllemanns Äußerungen: Eine Analyse nach Kepplinger

In seinem bereits erwähnten Buch *Die Kunst der Skandalierung und die Illusion der Wahrheit* zeichnet der Politik- und Medienforscher Hans Matthias

Kepplinger anhand der unterschiedlichsten Beispiele nach, wie der Prozeß einer öffentlichen Skandalierung gemeinhin abläuft. Die Angriffe auf Möllemann ereigneten sich erst nach der Veröffentlichung von Kepplingers Buch, andernfalls hätten auch sie sehr gut darin aufgenommen werden können. Im folgenden wird es darum gehen, vor dem Raster von Kepplingers Analyse den »Fall Möllemann« noch einmal näher zu betrachten.

Als der Verfasser des vorliegenden Buches im Sommer 2002 in mehreren Artikeln zum Ausdruck brachte, daß ihm die Berichterstattung um Möllemanns Äußerungen »wie gleichgeschaltet« vorkam, wurde an der Verwendung des Begriffes »Gleichschaltung« verschiedentlich Anstoß genommen: Es gebe bei uns keine obere Instanz, die eine solche Gleichschaltung fast aller Medien vornehme. Diese Kritik und diese Auffassung sind sicherlich richtig. Ein solcher Prozeß läuft auf einer subtileren Ebene ab.

Um zu illustrieren, wie das geschieht, greift Kepplinger in seinem Buch auf zwei Experimente zurück. Das erste wurde von dem Sozialpsychologen Muzafer Sherif durchgeführt und dreht sich um einen Lichtpunkt, der sich scheinbar bewegt, was aber nur eine optische Täuschung darstellt.

> »Verschiedene Beobachter gewinnen in dieser Situation unterschiedliche Eindrücke - einige nehmen kleine Kreisbewegungen wahr, andere ein starkes Zittern usw. Beschreiben mehrere Personen in einer Gruppe nacheinander ihre Beobachtungen, gleichen sich ihre Urteile schnell an, weil eine Gruppennorm, eine in der Gruppe allgemein akzeptierte Sichtweise entsteht. (...) Je eindeutiger die Gruppennorm wird, desto stärker beeinflußt sie die Einzelnen: Sie fühlen sich in ihrem Urteil immer sicherer, weil sie die Urteile der anderen für eine Bestätigung ihrer eigenen Sichtweise halten. Trotzdem behaupten fast alle Versuchspersonen bei späteren Befragungen, sie hätten eigenständig geurteilt. So legten sie großen Wert auf die Feststellung, sie hätten sich ihr Urteil schon gebildet, bevor die anderen Gruppenmitglieder ihre Ansichten geäußert hätten.«[72]

Tatsächlich schließen sich in solchen Situationen die Einzelnen den Urteilen dominierender Gruppenmitglieder an, ohne sich dessen bewußt zu sein. Und sie übertragen diese Urteile als scheinbar eigenständige, also eigene Urteile auch auf spätere Situationen. Kepplinger:

> »Die Einzelnen etablieren die Schemata, die immer stärker auch jene binden, die sie etabliert haben. Sind solche Schemata einmal etabliert, erscheinen alle Fakten und Interpretationen, die ihnen widersprechen, als falsch oder irreführend, als Übertreibung oder Untertreibung. Dagegen wird alles, was die Schemata zu bestätigen scheint, bereitwillig akzeptiert und notfalls stimmig gemacht. Geglaubt wird nur noch, was in das Schema paßt. Die eigene Sichtweise erscheint dabei nicht als subjektive Meinung, sondern als objektive Einsicht in die Natur der Sache. Andersdenkende haben folglich nicht nur eine unmögliche Meinung. Sie können entweder die Wirklichkeit nicht erkennen oder sie wollen es nicht.«[73]

Man kann mit diesem analytischen Handwerkszeug trefflich am »Fall Möllemann« arbeiten. Es waren zunächst einige wenige journalistische und politische Meinungsmacher, die das Schema von Möllemanns angeblichem Antisemitismus etablierten, insbesondere Mitglieder des Zentralrats der Juden, der politischen Opposition sowie einflußreicher Medienorgane. Daraus entwickelte sich eine Eigendynamik, die auch kleinere Regionalzeitungen zu dieser Lesart verpflichtete. »In keinem anderen Beruf ist (...) die Kollegenorientierung so intensiv und schnell wie im Journalismus« stellt Kepplinger fest[74] und verweist darauf, daß das wachsame Verfolgen sogenannter Leitmedien für Fernseh- und Zeitungsredakteure zum Tagesgeschäft gehöre. Entsprechend sei bei der Skandalberichterstattung die Normbildung innerhalb weniger Wochen, manchmal innerhalb weniger Tage, abgeschlossen.

Bezeichnenderweise gab und gibt es diese Eigendynamik in Internet-Diskussionen nicht. Hauptgrund dafür mag die fehlende Hierarchisierung solcher Webgruppen sein: Ohne dominierende Gruppenmitglieder, die Leitwölfen gleich ihre eigene Interpretation als allgemeingültig durchsetzten, konnte der von Kepplinger skizzierte Effekt nicht funktionieren. Ebenfalls eine Rolle kann die Anonymität in solchen Foren spielen: Wenn jemand unter Pseudonym Möllemanns Äußerungen verteidigt, besteht für ihn eine weit geringere Gefahr der sozialen Ächtung durch seine »Peers«

(Gleichgestellten), als wenn er dasselbe etwa als Kommentator einer großen Zeitung machte. Moralischen Ausgrenzungsversuchen von seiten der Möllemann-Kritiker wurde im Internet mit sofortigen Retourkutschen begegnet.

Die Berichterstattung der klassischen Medien versuchte indes, Möllemann und seine Äußerungen insgesamt in das Schema des Antisemitismus zu pressen. Das war zunächst nicht einfach, denn es lagen keine Textstellen vor, mit Hilfe derer Möllemann eine tatsächlich antisemitische Einstellung hätte nachgewiesen werden können. Nur durch die sinnentstellende Zitierung eines Artikels, den Möllemann für das *Neue Deutschland* verfaßt hatte, gelang es, weiteres, diffamierendes Material zu plazieren. Daß Möllemanns »Projekt 18« tatsächlich als Zahlenchiffre für Adolf Hitler stehen sollte (1=A, 8=H), war kaum jemandem ernsthaft zu vermitteln.

Angesichts dieser kargen Faktenlage wurde das »Schema« geringfügig verändert: Zwar war nichts über etwaige »rechte« Tendenzen Möllemanns bekannt, wohl aber über sein Engagement, möglichst viele Wähler zur Not auch mit Marketing und Provokationen anzusprechen. Geschaffen wurde dementsprechend das Bild des Populisten Möllemann, der für seinen Erfolg beim Wähler auch einen neuen Antisemitismus in Kauf nehmen würde.

»Wer eine Überschwemmung mit zehn Toten als Katastrophe bezeichnet«, fährt Kepplinger fort[75], »sagt nichts über das Geschehen aus, aber viel über seine Maßstäbe. Dies ist den Urteilenden allerdings selten bewußt.« Und wer Möllemanns zornige Äußerungen als eine »Zeitenwende« interpretiert, die die letzten Jahrzehnte deutscher Nachkriegspolitik in Frage stelle, verrät ebenfalls mehr über sich selbst als über den Beschuldigten.

Kepplinger sieht im Skandal insofern

> »die Chance der Überzeugungstäter. Die Aktivisten, die (ihn) vorantreiben, sind meist zutiefst von der sachlichen Richtigkeit und moralischen Notwendigkeit ihres Engagements überzeugt. Sie betrachten ihre Aktivität auch dann als Dienst an der Sache, wenn die Skandalierung nicht zuletzt ihnen dient - ihrer Karriere, ihrem Einkommen, ihrem Ruf.«[76]

Dabei wählten sie Taktiken wie das gegenseitige Zuspielen der Bälle oder das Entwerfen schlagkräftiger Etiketten. Hier könnte man ebenso an das »antisemitische Flugblatt« wie an den propagierten »Aufstand der Anständigen« denken. Kepplinger: »In den meisten Fällen sieht man nur die Journalisten, die die berechtigten, überzogenen oder verfehlten Vorwürfe gegen Personen oder Organisationen in die Öffentlichkeit tragen. Die treibenden Kräfte dahinter bleiben ebenso im Dunkeln wie ihr Beitrag zur Etablierung skandalträchtiger Sichtweisen.«[77]

Das war bei der Möllemann-Affäre allerdings anders. Der Zentralrat der Juden exponierte sich sehr stark mit seiner anhaltenden Empörung und seinen wiederholten Forderungen nach einer stärkeren Ausgrenzung Jürgen Möllemanns.

Kepplinger nennt eine Reihe von anderen Merkmalen »erfolgreicher« Skandalierung, die sämtlich auf den Umgang mit Jürgen Möllemann angewendet werden können:

- »Wer sich im Skandal der öffentlichen Meinung widersetzt, wird mundtot gemacht oder, falls dies nicht möglich ist, ausgegrenzt.«[78] Möllemann war als Politiker zu bekannt, um ihn öffentlich zum Schweigen zu bringen, aber man konnte dafür sorgen, daß Befürworter seiner Meinung in Polit-Sendungen und Talk-Shows schlicht nicht auftreten durften.
- Kepplinger: »Weil im Skandal auch die Medien geächtet werden, die die Isolation des Skandalierten durchbrechen, finden sie oft keine Publikationsorgane mehr, in denen sie ihre Sichtweise vertreten können, oder sie müssen sich mit Quellen einlassen, die aufgrund ihres geringen Ansehens gegen sie verwendet werden können.«[79] So kamen Verteidiger Möllemanns wie Eckhard Henscheid lediglich in der *Jungen Freiheit* zu Wort, die ihrerseits vom politischen Establishment diffamiert wird.
- Kepplinger zufolge reicht es nicht aus, »den Urheber eines Mißstandes anzuprangern. Er muß, weil nur so die allgemeine Geltung der verletzten Norm gesichert werden kann, isoliert werden.« Wer sich mit den Ansichten des Verfemten solidarisiert, muß also seinerseits ins Abseits gestellt werden.[80] Letzten Endes resultierte Möllemanns

Selbstmord vermutlich auch aus dieser politisch und publizistisch herbeigeführten Isolation.

- »Die Gewalt, der das Objekt einer Medienkampagne ausgesetzt ist, kann sich kein Journalist ausmalen«, zitiert Kepplinger die grüne Bundestagsabgeordnete Antje Vollmer.[81] Publizistische Aggression und Gewalt führte bei Möllemann schließlich zu einer Form von Aggression und Gewalt, die er direkt gegen sich selbst richtete. Zuerst wurde die Persönlichkeit Möllemanns zerstört, dann die Person.

Nicht lange vor seinem Selbstmord wurde Möllemann attestiert, sich in einer Weise zu verhalten, bei der man nicht mehr wirklich von psychischer Gesundheit sprechen konnte. Daß entsprechende Unterstellungen und Andeutungen häufig auch ein Mittel der unfairen politischen Auseinandersetzung sind, ist bekannt. Nun gab es allerdings Hinweise darauf, daß Möllemann in einer späten Phase seiner Skandalierung in manchen Aspekten tatsächlich ein Verhalten aufwies, das teils selbstzerstörerisch, teils wenig rational erschien. Als Beispiele seien hier das Verteilen des israelkritischen Flyers ohne Absprache mit der FDP-Parteispitze genannt, das verletzte Einprügeln auf ehemalige Parteifreunde in seinem Buch »Klartext« sowie die These, der israelische Geheimdienst Mossad hätte Guido Westerwelle mit dessen sexueller Orientierung unter Druck gesetzt. Kritiker Möllemanns paßten diese Dinge natürlich wunderbar ins Konzept, denn damit konnten sie suggerieren, daß Möllemann in seiner gesamten Persönlichkeit und mit all seinen Äußerungen nicht ganz zurechnungsfähig sei. So wurde in der Hochphase der Möllemann-Hatz dessen Etikettierung als »Quartalsirrer« durch Hermann-Otto Solms mit großer Leidenschaft zitiert.

Jedoch war Möllemann in seiner politischen Laufbahn keineswegs durch das Vorlegen besonders irrationaler und indiskutabler Konzepte und Lösungsvorschläge bekannt geworden. Wahrscheinlicher ist es daher, daß es sich bei Möllemanns wütender Rundumverteidigung um eine Folge des Dauerbeschusses handelte. Kepplinger beschreibt auch dieses Phänomen:

> »Die Skandalierung eines Menschen erschüttert die Grundlagen (seiner) Selbstgewißheiten: Sie suggeriert ihm, daß er kein guter Mensch ist. Sie zerstört seinen Glauben, daß die Welt alles in allem

gerecht und wohlwollend ist. Sie weckt Zweifel, ob er das Verhalten anderer überhaupt noch sinnvoll einschätzen kann. (...) Der Kontrollverlust weckt ungewöhnlich starke Ängste, die kaum zu beherrschen sind, weil es sich um automatische Reaktionen auf Angriffe handelt, die die soziale Existenz bedrohen.« [82]

Es stellt sich die Frage, woher eine dermaßen immense publizistische Gewalt rührt, die ihr Handeln selbst dann nicht kritisch hinterfragte und aufarbeitete, nachdem sich Möllemann das Leben genommen hatte. Schließlich führt Kepplinger (in einem anderen Zusammenhang) völlig richtig aus:

»In einem Land, das weder die Todesstrafe vorsieht noch den rituellen Selbstmord kennt, stünde der Tod des Beschuldigten auch dann nicht in einem vertretbaren Verhältnis zu seinen Verfehlungen, wenn alle Vorwürfe, die gegen ihn erhoben wurden, richtig gewesen wären«.[83]

In manchen Zeitungskommentaren zu Möllemanns Tod wurde (wie oben zitiert) der Versuch machtvoll fortgeführt, Möllemanns Isolation auch über seinen Tod hinweg aufrechtzuerhalten (»Kein anderer war dafür verantwortlich, nur er allein«). Dazu bemerkt Kepplinger: »Was sind die Ursachen der intoleranten Reaktionen von Menschen, die sich selbst für tolerant halten? Ein Grund ist die feste Überzeugung, Andersdenkende hätten nicht nur eine falsche Meinung, sondern verweigerten sich der Wirklichkeit«.[84] Diese »Wirklichkeit« indes sei lediglich die geglückte Etablierung bestimmter gesellschaftlicher Normen - Normen, die durch den Skandalverursacher in Frage gestellt werden. Zur Verteidigung der Normen muß derjenige angegriffen werden, der sie durch sein Agieren (scheinbar) in Frage stellt. Er muß »wenn man ihn nicht überzeugen oder mundtot machen kann, intellektuell, moralisch oder ästhetisch diskreditiert und dadurch gesellschaftlich isoliert werden«.[85] Täte man das nicht, verlören die Normen ihren Wert und damit ihre soziale Bindekraft. Arnold Gehlens Überlegungen zur tabubewehrten Institution beschreiben die gesellschaftliche Notwendigkeit solcher sozialer Bindemittel mit anderen Begriffen (vergleiche einige Passagen im Vorspann). Entscheidend ist aber, daß es sich um Gesetzmäßigkeiten handle, daß also eine Abschaffung tabubewehrter Bereiche an sich nicht möglich sei. Spielraum bleibt nur in der Frage, welche Bereiche unantastbar bleiben sollen.

Der Holocaust und daraus folgend: das in gesellschaftspolitischen Entscheidungen oder in der außenpolitischen Haltung stets durchscheinende Schuldbekenntnis ist - neben anderen - das wirksamste institutionalisierte Bindemittel unserer Gesellschaft. Daß nun Möllemanns Äußerungen antisemitisch seien, wurde - wie oben gezeigt - regelmäßig nur insinuiert. Dennoch hat Möllemann natürlich ein zentrales Tabu unserer Gesellschaft berührt, und die Reaktionen darauf sind angesichts der Bewehrung des Tabus erklärbar, scheinen jedoch aufgrund ihrer Brachialität in einer »offenen Gesellschaft« keinen Platz mehr zu haben. Jedenfalls können Kategorien wie »Wahrheit« oder »Objektivität« nur bedingt der Erklärung des Phänomens dienen. Kepplingers Versuch:

> »Bei Skandalen wird die Wahrheit meist nicht deshalb verfehlt, weil Journalisten lügen. Die Wahrheit wird vor allem deshalb verfehlt, weil die Wortführer und ihr Anhang bedingungslos an die Richtigkeit ihrer Sichtweisen glauben. Weil sie in diesem Glauben Übertreibungen im Interesse der guten Sache hinnehmen, die sie normalerweise ablehnen, und weil sie aus dem gleichen Grund Fakten diskreditieren, die ihnen sonst heilig sind.«[86]
> Die Folge: »Die Wahrheit geht (...) während des Skandals in einer Welle krass übertriebener oder gänzlich falscher Darstellungen unter. Die Oberhand gewinnt sie erst, wenn der Skandal zu Ende und die Flut der anklagenden Berichte verebbt ist. Dann interessiert sich aber kaum jemand dafür, weil sich die Medien und mit ihnen das Publikum längst anderen Themen zugewandt haben. Die Gründe für die selbstgerechte Empörung und ihr selbstvergessenes Versickern liegen weder im Charakter der Menschen, noch in der Natur der Sache, noch in der Bedeutung der verletzten Werte, sondern in der Art und Weise, wie wir in Situationen mit großer Ungewißheit kommunizieren.«[87]

Das Fatale an diesem Mechanismus ist, daß er bei der Bekämpfung des tatsächlichen Antisemitismus vermutlich eher kontraproduktiv denn nützlich sein wird. Mit Walser, Möllemann, Hohmann, Günzel, Blüm, Koch und vielen anderen immer wieder eine neue Person des öffentlichen Lebens des Antisemitismus zu bezichtigen, führt (insbesondere wenn es danach für die Mehrheit der Bevölkerung an nachvollziehbaren Belegen mangelt) eher zu Abstumpfung, Überdrüssigkeit und einer Trivialisierung des Problems. Auch Kepplinger weist darauf hin, daß mit einer stetigen Zunahme von Skandalen weniger die gewünschte Präventivwirkung erreicht wird als eine Erosion eben jener Normen, die eigentlich aufrechterhalten werden sollen. Ein Pranger entfalte die gewünschte positive Wirkung nur, wenn selten ein Delinquent an ihn gestellt würde.[88]

Andernfalls wird der Normenverstoß zum Alltag. Mancher Bürger mag sich also zum Beispiel sagen: Wenn Möllemann, Walser, Blüm und Koch allesamt Antisemiten sind, dann kann Antisemitismus so schlimm nicht sein. So kommt Kepplinger zu dem Schluß: »Die einzige Institution, deren Ansehen mit der Häufigkeit und Intensität der Skandale wächst, sind die Medien, die ihr Ansehen auf Kosten der skandalierten Institutionen vergrößern.«[89] Und das geschieht, während sich die betreffenden Journalisten in moralischer Selbsterhöhung üben können, ihr Tun nicht zu hinterfragen brauchen und kein größeres Risiko tragen müssen. Vermutlich wird es deshalb wohl auch in Zukunft noch zahlreiche »Antisemitismus-Skandale« geben, ohne daß damit die Abwehr eines tatsächlichen Antisemitismus verstärkt würde.

3 Exkurs: Der tiefe Fall des Michel Friedman: »Antisemitische Anhaftungen«?

Zu einem tiefen Fall Michel Friedmans kam es schließlich im Sommer 2003, als ausgerechnet dieser Mann, der sich wieder und wieder als oberster Moralrichter über seine deutschen Mitbürger in Szene setzte, in die Ermittlungen der Berliner Staatsanwaltschaft gegen einen polnisch-ukrainischen Menschenhändlerring geriet. Schließlich akzeptierte er eine Geldstrafe wegen Kokainbesitzes und erklärte den Rücktritt von allen öffentlichen Ämtern.

Friedmans Demaskierung erzeugte erwartungsgemäß starke Medienreaktionen, und selbstverständlich spekulierten einige auch hierbei bald über versteckte antisemitische Motive bei Strafverfolgern und Journalisten. Andere wiederum beklagten, daß Friedman immer noch eine Schutzzone genieße und ein Teil der Vorwürfe gegen ihn in der Berichterstattung ausgeblendet wurde. Den von Spiegel und Friedman so oft eingeforderten »Aufstand der Anständigen« habe es gegen Friedmans eigene Verfehlungen nicht gegeben. So zeigten sich von der Menschenrechtsorganisation Terre des Femmes bis zu der Publizistin Alice Schwarzer vor allem mehrere Feministinnen irritiert darüber, daß man fast nur über den Kokainmissbrauch sprach und Friedman sich auch nur dafür entschuldigt hatte, daß jedoch die Massenvergewaltigung von Zwangsprostituierten als Thema weiter tabuisiert bleibe. In einem im *Spiegel* vom 8. Juli 2003 veröffentlichen Beitrag kam die Autorin Karen Duve darauf zu sprechen:

> »Friedman - so zumindest behaupten die Staatsanwälte - hat die Frauen per Telefon ins Hotel bestellt, und er hat den Deal nicht mit ihnen selbst vereinbart. (...) Michel Friedman, davon darf man getrost ausgehen, ist ein sehr gut informierter Mensch. Er weiß also, dass Frauenhändler aus Osteuropa mit Erniedrigung, mit der körperlichen und seelischen Zerstörung junger Mädchen arbeiten. Er weiß, dass Polinnen, Ukrainerinnen oder Russinnen nicht deswegen alles über sich ergehen lassen, weil sie „naturgeil" sind, sondern weil sie durch einmalige, mehrmalige oder tagelange Vergewaltigungen, durch Drohungen, Schläge, Würgen oder Tritte gefügig gemacht

worden sind. Er weiß, dass Zuhälter wie der, mit dem er telefoniert hat, ihre Uhren, Mercedesse und geschmacklosen Anzüge durch gnadenlose Ausbeutung finanzieren und dass sie, wenn diese ersten existenziellen Bedürfnisse gestillt sind, auch gern einmal in den Waffenhandel einsteigen. (...) Der eigentliche Skandal ist, dass uns in der Diskussion über Michel Friedmans Verhalten etwas als menschlich, allzu menschlich verkauft werden soll, was zutiefst unmenschlich ist.«

Es ist in der Tat einer näheren Betrachtung wert, mit welchen Techniken von einigen Journalisten die moralische Exkulpierung Friedmans versucht wurde, während man kurz zuvor Jürgen Möllemann einer bloßen Meinungsäußerung wegen unter publizistisches Dauerfeuer gesetzt hatte. Ein rhetorisches Mittel war, die überbordende Empörung und den Abscheu, den man mit Wucht gegen Möllemann eingesetzt hatte, auch in diesem gänzlich anderen Zusammenhang gegen die Kritiker Friedmans zu verwenden. So wetterte in der jüdischen Online-Zeitschrift hagalil.com vom 14. Juli 2003 Max Brym über »abstoßende Pseudo-Feministinnen«. Man rege sich »fürchterlich über das Privatleben von Michel Friedman auf«. Ihm werde »vorgehalten, nicht über seine Betterlebnisse geplaudert zu haben«, ja, es werde »in seinem Bett gewühlt«.

Etwas feinsinniger ging Robin Detje in seinem Artikel »Im freien Fall. Antisemitische Anhaftungen« in der *Zeit* 26/2003 vor.[90] Detje verwendet hier verschiedene diskursive Strategien:

- Den gesamten Artikel durchrankt eine enge Verknüpfung der Anschuldigungen, die gegen Möllemann und jener, die gegen Friedman erhoben wurden: »Der Skandal fand seinen Höhepunkt vorerst im Auftritt des Bundesgrenzschutzes im Schlafzimmer des stellvertretenden Vorsitzenden des Zentralrats der Juden. Im Wahlkampf 2002 hatte dieser Skandal mit antisemitischen Anwürfen des FDP-Politikers Möllemann begonnen.« Wohlgemerkt: Nicht Friedmans Drogenkonsum und die ihm vorgeworfene Benutzung von Zwangsprostituierten sind für Detje Ausgangspunkt des »Skandals«, sondern Möllemanns »antisemitischen Anwürfe«. (Und natürlich zitiert auch Detje falsch: »Möllemann unterstellte, die Juden seien selbst am Antisemitismus schuld«.) Die offensichtlichsten Unterschiede zwischen den Fällen Möllemann und Friedman tauchten bei dieser Gegenüberstellung nicht auf: Bei dem einen ging es um eine Meinungsäußerung, bei dem anderen um Drogenkonsum und Zwangsprostitution; der eine kam nach einer publizistischen Hetzjagd auf ihn zu Tode, der andere erfreut sich offenbar bester Gesundheit. Um dieses Spannungsverhältnis zu überbrücken, arbeitet Detje mit Metaphern, was Friedman angeht: »Ist er schon aufgeschlagen, oder stürzt er noch?« heißt es da oder »Es scheint, dass der Reservefallschirm dieser Debatte sich nicht öffnen will. Wir stürzen ab.« Wenn man bedenkt, daß es hier um den sehr realen Tod eines Menschen geht, erhält diese Sprachspielerei etwas geradezu Obszönes.

- Obwohl Detjes Beitrag vorgeblich von Friedman handelt, bringt der *Zeit*-Journalist doch immer wieder Attacken gegen den kurz zuvor verstorbenen Möllemann unter - und gegen die Menschen, die um ihn trauern. Insbesondere diese Trauer scheint Detje ein Dorn im Auge zu sein:

> »Die Beerdigungsberichte zeigten zahlreiche weinende Menschen. „Ein tapferer, mutiger Mann", sagten Bürger auf Kabel 1. Und: „Ich denke, dass er ohnehin in den Herzen der Menschen weiterleben wird." Am Vortag eine Mahnwache vor der FDP-Zentrale in Berlin. Die Berliner Morgenpost zitiert einen ehemaligen Vorsitzenden der Tempelhofer FDP: „Dieser Mann ist tot, weil er seine Meinung gesagt hat." Möllemann wird zur Ikone eines Widerstands, von dem man nicht recht weiß, wogegen er sich richtet. Über den Toten und seine völlig verzeihlichen, millionenschweren Kavaliersdelikte also nichts Schlechtes, während Tütchen-Friedman szenetypisch in Schande zusammenbricht.«

In Detjes bizarrer Gegenüberstellung scheint es dem toten Möllemann schlußendlich besser zu gehen als dem quicklebendigen Friedman. Daß Möllemann sich gegen die Attacken auf ihn zur Wehr setzte, greift Detje ebenso an (»Bald stilisierte sich Möllemann medienwirksam zum Opfer seiner eigenen Ungeheuerlichkeiten«) wie all jene, die seine journalistische Hinrichtung hinterfragten (»Möllemann passt besser ins Märtyrer-Raster des deutschen Spießbürgers.«) Detje, so kann man schlußzufolgern, ist in seiner Selbstdarstellung kein Spießbürger, denn in sein »Märtyrer-Raster« paßt nur Friedman.

- Damit Friedmans Charakterisierung als Märtyrer funktioniert, baut Detje ein rhetorisches Gebäude auf, in dem gegen Friedman nicht wegen der oben angeführten Verdachtsmomente ermittelt wird, sondern wegen seiner Identität als Jude. Um diese Volte zu erreichen, muß Detje zunächst einmal die in Frage stehenden Delikte minimalisieren. Das gelingt ihm mit der Fragestellung, ob wir nicht alle irgendwie Sünder seien. Auf den »Reichstagstoiletten« wurden im Herbst 2000 Kokainspuren gefunden, gegen den Vorstandschef der Deutschen Bank gebe es Vorwürfe der Untreue, Helmut Kohl stelle sein Ehrenwort über das Gesetz. Aber dürfe ein Jude in Deutschland so schuldig sein, »wie wir anderen Deutschen, wir Säufer, Temposünder, Ehebrecher, Steuerhinterzieher?« Anders gefragt: »(W) as darf man in Deutschland als Jude? Darf man gut aussehen und Politikern im Fernsehen scharfe Fragen stellen? Darf man eine große blonde Freundin namens Bärbel haben, klug sein und das Bundesverdienstkreuz tragen? Darf man sich so weit aus dem Fenster lehnen?« Wieder und wieder suggeriert Detje, daß Friedman von Justiz oder Presse schlimmer behandelt worden wäre als ein nicht-jüdischer Deutscher in derselben Situation. Das glaubhaft zu machen gelingt ihm allerdings nicht, denn in allen von ihm angeführten Vergleichsfällen (Helmut Kohls Ehrenwort etc.) gab es ein gleichfalls starkes und scharfes Medienecho.
- Im nächsten Zug zeichnet Detje ein assoziativ stark aufgeladenes Zerrbild von deutschen Beamten, die einem Juden Schaden zufügen möchten. Detje zufolge kam die Berliner Staatsanwaltschaft zum »gehässigen Einsatz«. Ironisch formuliert Detje: »Die Durchsuchungen bei Friedman waren sicher unanfechtbar rechtens, denn ein deutscher Beamter handelt immer legal.« Gefunden habe man doch nur einige Tütchen mit »szenetypischem Pulver«. Detje kommentiert auch dies mit Ironie: »Hier war also offenbar Gefahr im Verzug. Hier hat der Bundesgrenzschutz in letzter Sekunde unaussprechliche Verbrechen verhindern können.« Tatsächlich, so könnte man nach Det-

jes Ausführungen meinen, ginge es um Läßlichkeiten wie Falschparken. Jedoch: »Hängen bleiben wird an Friedman, gründlicher Pressearbeit sei Dank: Drogen, Russenmafia, Menschenhandel. Drei Tütchen mit Anhaftungen von Kokain? Halten zu Gnaden, das könnte der Alltagsverbrauch auch irgendeines arischen Fernsehmoderators sein.« Gegen einen nicht-jüdischen Moderator aber, so suggeriert Detje, ohne es klar auszusprechen, weil es lächerlich wäre, würden keine solchen staatsanwaltlichen Ermittlungen stattfinden. Die von Friedman abverlangte Haarprobe würdigt Detje mit dem Wortspiel »haarspalterisch«. So kommt er zu dem Schluß:

> »Es mag sich hier um eine ekelhafte Schmutzkampagne handeln. Aber da Antisemitismus auch hervorragend im Unterbewußtsein funktioniert, muß den Staatsanwälten gar nicht aufgefallen sein, daß sie genau das tun, was Möllemann-Unterstützer in ihren Leserbriefen gefordert haben: dem Friedman endlich am Zeug zu flicken. (...) Auf eines so herrischen Mannes Weste wie der Michel Friedmans wird sich schon ein weißes Pulver finden lassen, das sie befleckt.«

Verwerflich handelt nach Detjes Lesart nicht der Konsument von Kokain, sondern der Beamte, der solches bei ihm findet. Zumindest wenn der Drogenkonsument ein prominenter Jude ist. Über die Zwangsprostituierten spricht Detje schon gar nicht mehr. Sie und ihre Entführer und Vergewaltiger sind für ihn gänzlich uninteressant geworden. Sind wir anderen Deutschen nicht auch alle »Säufer, Temposünder, Ehebrecher, Steuerhinterzieher«?

- Mit einem Satz bringt es Detje schließlich auf den Punkt: »Uns treibt die Lust an Friedmans Untergang.« Was aber ist das für ein merkwürdiges »uns«? Treibt Detje wirklich die Lust an Friedmans Untergang? Doch wohl nicht. Wieso also tritt er als Sprecher einer Gruppe auf, zu der er doch gar nicht gehört? Natürlich ist es in diesem Artikel nur ein bezeichnender rhetorischer Taschenspielertrick von vielen, um in einem Zusammenhang Antisemitismus zu unterstellen, in dem nichts dergleichen nachweisbar ist.

Max Brym und Robin Detje standen nicht allein mit ihrem Versuch, die Ermittlungen gegen Friedman und die Berichterstattung darüber als antisemitisch zu kennzeichnen. Der Berliner Filmproduzent Artur Brauner sprach mit Bezug auf die Ermittlungsbehörden von »braun gefärbten Juristen«. Ariel Muzicant, Präsident der Israelitischen Kultusgemeinde Wien und damit höchster jüdischer Repräsentant in Österreich, forderte mit Blick auf die mediale Berichterstattung, daß »die Verantwortlichen für solche Greuelgeschichten (...) zur Rechenschaft gezogen werden«. Serge Cwajgenbaum, Generalsekretär des Europäischen Jüdischen Prozesses, dessen Präsident Friedman ist, bekundete: »Die Presse sollte begreifen, daß es hier um Menschen geht. Wenn sie Menschen so angreift und so einseitig und aggressiv ist, kann sie Menschen sogar umbringen.« Er sah ebenso einen antisemitischen Hintergrund vorliegen wie Charlotte Knobloch, die von einem »Angriff auf alle Juden in der Bundesrepublik« sprach und damit ihrer zuvor gegen Jürgen Möllemanns Friedman-Kritik gerichteten Rhetorik treu blieb.[91]

Knoblochs Sichtweise hielt indes nicht einmal Paul Spiegel für durchsetzbar. Auch der Vorsitzende des Landesverbandes der Jüdischen Gemeinden von Niedersachsen, Michael Fürst, erklärte es als unverantwortlich »eine Antisemitismus-Debatte mit dem Fall Friedman zu eröffnen«.[92] Der prominente jüdische Publizist Rafael Seligmann befand, Friedman sei »nicht Hauptmann Dreyfus, der einer antisemitischen Intrige zum Opfer fiel, sondern ein Jongleur der Moral, der mit seinem Sturz rechnen musste«. Er habe sich »als jüdisches Gewissen der deutschen Nation« gebärdet und eine Moral eingefordert, »der niemand gerecht werden konnte«. Er habe den »jüdischen Robespierre« gespielt, »die Verkörperung der Tugendhaf-tigkeit - und deren Fallbeil«. Er dürfe sich nicht wundern, »dass die anderen auf seinen Sturz hofften«.[93]

Wenige Monate nach dieser Affäre wurde Friedman in einer »Welcome-back-Party« durch die Anwesenheit Angela Merkels und des Bayrischen Innenministers Beckstein geehrt, später erhielt er eine neue Fernsehshow und der Präsident des Zentralrats der Juden in Deutschland, Paul Spiegel, wünschte sich Michel Friedman ausdrücklich in das Führungsgremium seiner Organisation zurück. Anders als bei den reinen Meinungsäußerungen Jürgen Möllemanns, Martin Hohmanns und anderen gab es bei Friedmans

Vergehen bezeichnenderweise die ständige Rede einer notwendigen »zweiten Chance«.

Von Friedmans schneller Rehabilitation unbeeindruckt, protestierte Terre des Femmes allerdings im März 2005 in einer Pressemitteilung gegen Friedmans geplanten Auftritt beim Evangelischen Kirchentag im Mai diesen Jahres. Die evangelische Kirche solle eindeutig Position beziehen: Wer, wie Friedman, Kunde von Menschenhändlern sei und hilflose und versklavte Frauen sexuell ausbeute, begehe Unrecht. Friedmans behauptete Unkenntnis darüber, daß die Frauen Zwangsprostituierte waren, erstaune: »Die betroffenen Frauen sprachen kein Deutsch. Sie gaben vor Gericht an, sie hätten sich gewehrt und geschrien.« Auf einen früheren offenen Brief, in dem Terre des Femmes Friedman aufforderte, Verantwortung für seine Taten zu übernehmen, sich mit den betroffenen Frauen zu solidarisieren und sich mit Nachdruck gegen Zwangsprostitution und Menschenhandel auszusprechen, habe dieser nicht reagiert: »Er hat nie eindeutig zu seiner Verantwortung für seinen Mißbrauch versklavter Frauen Stellung bezogen. Er hat nie aktiv einen Beitrag zur Wiedergutmachung geleistet.«[94]

4 Martin Hohmann: Aus dem Fall Möllemann nichts gelernt

4.1 Die Rede Martin Hohmanns

Wenn jemand in kurzer Zeit das Wesentliche über Martin Hohmann und seine umstrittene Rede vom Tag der Deutschen Einheit 2003 recherchieren möchte, etwa per Internet, dann läuft er Gefahr, Informationen zu erhalten, die ihn zunächst einmal gründlich in die Irre führen. Dies gilt um so mehr, wenn er sich gerade auf die Berichterstattung jener Medien verlassen möchte, die den Ruf haben, Seriosität und Gründlichkeit zu verbürgen. Die chronologische Auflistung aller Ereignisse in dieser Affäre eröffnet beispielsweise der *Spiegel* so:

> 3. Oktober 2003: Hohmann bezeichnet in Neuhof bei Fulda die Juden als »Tätervolk«. Er sagt im Zusammenhang mit Verbrechen während der kommunistischen Revolution in Russland: »Juden waren in großer Anzahl sowohl in der Führungsebene als auch bei den Tscheka- Erschießungskommandos aktiv. Daher könnte man Juden mit einiger Berechtigung als »Tätervolk« bezeichnen.[95]

An dieser Stelle reißt der zitierte Auszug aus der Rede ab. Der Leser erhält somit den Eindruck, daß diese Sätze dem Tenor der Rede entsprechen oder zumindest eine seiner Stützen darstellen. In diesem Licht stehen fortan sämtliche folgenden Ereignisse dieser *Spiegel*-Chronik, beispielsweise die Abkanzelung der Rede durch Angela Merkel als »völlig inakzeptabel« und »unerträglich«, die Rücktrittsaufforderung durch Jürgen Rüttgers, die erteilte Rüge durch Präsidium und Vorstand der Union, die Entlassung des Bundeswehrgeneral Günzels, nachdem dieser Hohmanns Rede in einem Brief an ihn gelobt hatte, Paul Spiegels Erklärung, Hohmann habe sich mit seinen Worten in eine Reihe mit »rechtsextremen, antisemitischen Brandstiftern« gestellt, und schließlich der Antrag, Hohmann aus der CDU-Bundestagsfraktion auszuschließen.

Ein lediglich über diese *Spiegel*-Chronik informierter Leser muß den Eindruck gewinnen, zu diesen Reaktionen sei es gekommen, weil Hohmann eine in Deutschland lebende Minderheit, Überlebende eines Völkermordes, als »Tätervolk« diffamiert habe. Wahrscheinlich wird er die erfolgten Reaktionen demnach als verständlich, wenn nicht zwingend einschätzen. Nun ist die *Spiegel*-Chronologie kein Einzelfall. Beispielsweise findet sich dieselbe Auflistung mit dem unvollständigen Zitat am Anfang auf einer Website des *Hessischen Rundfunks*.[96] Und die Online-Redaktion der Zeitschrift *Focus* schlagzeilte: »Haß-Rede schlägt Wellen«. In dem dazugehörenden Artikel heißt es:

> »Antisemitische Äußerungen eines hessischen CDU-Bundestagsabgeordneten haben bundesweit Empörung ausgelöst - Paul Spiegel sprach von einem „Griff in die unterste Schublade". Nach einem Bericht des Hessischen Rundfunks (HR) vom Donnerstagabend soll Martin Hohmann in einer Rede den Holocaust verharmlost und Juden zugleich als „Tätervolk" bezeichnet haben.«[97]

Viele weitere Artikel weisen in dieselbe Richtung. In der breiten Bevölkerung besteht mittlerweile allerdings eine große Skepsis den Medien gegenüber. So beschweren sich in diversen Webforen mehrere Teilnehmer darüber, daß man diese Rede »nirgendwo« nachlesen könne. Das weist stark darauf hin, daß die betreffenden Personen dem auswählenden Zitieren vieler Journalisten nicht so recht trauen. Wie sich zeigen wird, haben diese Skeptiker Recht.

Ganz so schwierig ist es inzwischen aber auch wieder nicht, der Hohmann-Rede habhaft zu werden. Im folgenden soll ihr Inhalt gerafft wiedergegeben und, wo es sich anbietet, in Ansätzen kommentiert werden.

Hohmann nennt einleitend als Redethema »Gerechtigkeit für Deutschland« und eröffnet mit einigen durch die Medien gegangenen Fällen, die ihren Zusammenhang darin finden, dass Hohmann sie als Zeichen von Ungerechtigkeit empfindet: Ein türkischer Mordanstifter könne nicht in die Türkei ausgewiesen werden, sondern erhalte ebenso deutsche Sozialhilfe wie der berühmt-berüchtigte »Florida-Rolf«. Ein anderer Sozialhilfeempfänger beziehe auf Kosten des Steuerzahlers das Potenzmittel Viagra. Hohmann spricht von »Wut und Entsetzen« über solche Menschen, die »man früher Schmarotzer genannt hätte«. Viele Bürger überprüften nie, ob ihre Handlungen nicht nur ihnen selber, sondern auch der Gemeinschaft Nutzen brächten. Als weitere Beispiele führt Hohmann gescheiterte Manager auf, die »sich Abfindungen in zweistelligem Millionenbereich auszahlen lassen«, wofür dem unverschuldet Arbeitslosen jedes Verständnis fehle, und erwähnt drei seiner Anfragen an die Bundesregierung, darunter ob nach jüdischen und ausländischen auch deutsche Zwangsarbeiter entsprechend entschädigt würden sowie ob die Entschädigungszahlungen an vor allem jüdische Opfer des Nationalsozialismus der gesunkenen Leistungsfähigkeit des deutschen Staates entsprechend gesenkt würden. Beides wurde mit Nein beschieden, was Hohmann zu der Schlußfolgerung führt: »Erst kommen die anderen, dann wir«, was er offenkundig als ungerecht wahrnimmt. Erkundige man sich jedoch nach den Gründen für diese »Schieflage«, käme die Erwiderung: »Das liegt an der deutschen Geschichte«.

Gemeint ist natürlich die Zeit des Nationalsozialismus. Hohmann erkennt deren Verbrechen ausdrücklich an:

> »Meine Damen und Herren, kein Kundiger und Denkender kann ernsthaft den Versuch unternehmen, deutsche Geschichte weißzuwaschen oder vergessen zu machen. Nein. Wir alle kennen die verheerenden und einzigartigen Untaten, die auf Hitlers Geheiß begangen wurden.«

Aber auch hier erkennt er wieder eine Ungerechtigkeit: Während in tausenden »von eher minderwertigen Filmen (...) vor allem im angelsächsischen Ausland (...) das Klischee vom dümmlichen, brutalen und verbrecherischen deutschen Soldaten« stets wachgehalten werde, würden deutsche Gewaltopfer im letzten Jahrhundert mit dem Argument, man wolle nicht aufrechnen, tabuisiert. Hohmann zitiert in diesem Zusammenhang Hans-Olaf Henkel, den Vizepräsidenten des Bundesverbandes der deutschen Industrie, mit dem Satz »Unsere Erbsünde lähmt das Land.« Während das »Häufchen« der heutigen Rechtsextremen einerseits »nicht zu verharmlosen« sei, sorge doch gerade ihre »abstoßende Aggressivität« für eine »begrenzte Anhängerschaft«. Zumindest an der Wahlurne erhielten »diese Dumpfbacken« eine klarere Abfuhr als in den deutschen Nachbarländern.

Schon an dieser Stelle bietet Hohmanns Rede die Möglichkeit zur Kritik. Erkennbar wird, warum die Initiative für Hohmann unter dem Signum »Kritische Solidarität« auftritt: Viele verschiedene Versatzstücke im raschen

Tempo einer emotionalen Rede abzuarbeiten provoziert und hat trotz aller Differenziertheit etwas Populistisches und Schematisierendes an sich. Die eingeflochtenen Passagen, in denen Hohmann regelmäßig die Schuld der Deutschen und die nationalsozialistischen Verbrechen anspricht, werden später von den Kritikern als Lippenbekenntnisse und rhetorische Geschicklichkeiten interpretiert. Befürworter erkennen darin eher ein Zeichen für differenziertes Denken.

Hohmann kommt nun auf das noch viel heiklere Thema jüdischer Täterschaft zu sprechen. Dieses Spannungsverhältnis wird Hohmanns Verteidigern die Argumentation nahelegen, er habe doch etwas ganz anderes gesagt, als ihm unterstellt worden sei, und es wird naheliegende Parallelen zum Fall Jenninger erlauben. Es wird aber auch Hohmanns Gegnern die Deutung ermöglichen, er habe zwar versucht, sich auf der Oberflächenebene seiner Rede unangreifbar zu machen; das Perfide sei aber gerade, wie sehr er auf der semantischen Ebene mit antisemitischen Versatzstücken spiele und entsprechende Reflexe bei seinen Zuhörern bediene.

Wieder provoziert Hohmann seine potentiellen Kritiker: Extremistische Gewalttäter müßten ihm zufolge zwar mit rechtlichen Mitteln bekämpft werden, tiefere Sorgen als »die braunen Horden, die sich unter den Symbolen des Guten sammeln«, mache ihm jedoch »eine allgegenwärtige Mutzerstörung im nationalen Selbstbewußtsein«. Für Hohmann ist diese Gewichtung naheliegend, da seiner Weltsicht nach das geschädigte nationale Selbstbewußtsein gravierende gesamtgesellschaftliche Folgen zeitigt, während dem gegenüber einzelne rechte Gewaltakte kaum in die Waagschale fallen. Er befürchtet hier außer der bereits erwähnten Lähmung zum einen eine Instrumentalisierung durch »immer und immer wieder die gleiche schlimme Wahrheit«, zum anderen »entgegen der volkspädagogischen Erwartung« ein Umschlagen in »eine innere Abwehrhaltung«.

Seine Kritiker werden die Dinge naturgemäß anders sehen, aber das ist beinahe eine Phrase: Es geht im Umgang mit Reden, wie Hohmann sie hielt und hält, nie um Konsens, um Übereinstimmung: Kritiker werden geradezu herausgefordert. Worum es geht, ist die Methode der Kritiker, Hohmann nicht in formaler und inhaltlicher Sicht zu kritisieren, sondern seinen vertretbaren, anderen Standpunkt zu kriminalisieren. Dabei gibt es durchaus Punkte, die man mit Blick auf die sensible Thematik der Hohmann-Rede kritisieren kann.

1. Hohmann führt beispielsweise an, daß die Kollektivschuld als juristische Kategorie zwar abgelehnt würde, die Rede vom deutschen »Tätervolk« jedoch genau diesen Gedanken kollektiver Schuld in sich trage. Quellen für diese Behauptung führt Hohmann nicht an, Roß und Reiter werden nicht genannt.

2. Hohmann überfordert durch seine historischen Wertungen. Er führt beispielsweise aus, daß andere Nationen (etwa Frankreich) die Greueltaten ihrer Geschichte beiseite wischten oder umdeuteten, ganz im Gegensatz zu Deutschland, wo dies der dominierenden politischen und wissenschaftlichen Klasse nicht gestattet werde. Anders etwa als die blutige Epoche der Französischen Revolution erfahre das Dritte Reich keine »gnädige Neubetrachtung oder Umdeutung«. Man beharre »fast neurotisch« auf der deutschen Schuld und durchforsche »die winzigsten Verästelungen der NS-Zeit. An diesem Punkt muß man schon den streng konservativen Diskurs über den »Todfeind Aufklärung« kennen, um noch folgen zu können. Auch würde man gerne mehr über die »politische und wissenschaftliche Klasse« erfahren, die Hohmann für eine nationale Neurose verantwortlich macht. Außerdem: Wäre es etwa wünschenswert, wenn Deutschland die Schrecken seiner Geschichte ebenso leichtfertig beiseite wischt, wie Hohmann das bei anderen Nationen wahrnimmt? Liegt nicht gerade in dieser Bereitschaft zur Auseinandersetzung eine große moralische Stärke?

3. An manchen Stellen schlägt Hohmann einen Ton an, der doch auf den billigen Applaus schielt, dem Thema seiner Rede aber nicht angemessen erscheint. Es verwundere etwa, so Hohmann, daß noch keiner den Verzicht auf Messer und Gabel vorgeschlagen habe, wo doch bekanntermaßen »diese Instrumente der leiblichen Kräftigung der damaligen Täter dienten.«

4. Am sensibelsten Punkt seiner Rede ist Hohmann bei einer Analyse der Verstrickung von Juden in den frühen Bolschewismus angelangt. Zielpunkt seiner Argumentation ist zu zeigen, daß es in jedem Volk »Gottlose« gebe, die verbrecherischen Regimes vorzuarbeiten bereit seien. Jedoch dürfe nie von einem »Tätervolk« gesprochen werden. Hohmann stützt sich auf die Untersuchung *»Jüdischer Bolschewismus.« Mythos und Realität* des Bielefelder Wissenschaftlers Johannes Rogalla von Bieberstein. Als Beleg für seine These wählt er jedoch ausgerechnet eine fragwürdige Quelle aus, eine Schrift Henry Fords, den er allerdings nicht als ausgewiesenen Antisemiten, sondern als »amerikanischen Autokönig« vorstellt. Fords Schrift adelt er durch den Verweis auf ihre hohe Auflage und ihre Übersetzung in 16 Sprachen. Als weiteren Zeitzeugen führt er einen Juden aus dem Jahr 1919 an (»Der Sozialismus ist eine jüdische Idee«), legt (wenig überzeugend) Zusammenhänge zwischen Kommunismus und Judentum nahe, führt die Zahl der Juden in Gremien des revolutionären Rußlands an, benennt Juden als Zarenmörder und im Zusammenhang mit zahlreichen anderen Gewalttaten. Generell beruft er sich des öfteren auf Argumente, mit denen schon die Propaganda der Nationalsozialisten die Gefährlichkeit der Juden beweisen wollte, nämlich mit der These vom Bolschewismus als einem jüdischen Projekt. Spätestens an dieser Stelle kann jede eingehende Kritik fragen, ob eine so diffizile Frage wie die nach dem Wahrheitsgehalt einer zur Propaganda aufgeblähten Verschwörungsthese das geeignete Thema einer Rede zum Nationalfeiertag sein kann, oder ob nicht doch das Hauptseminar einer historischen Fakultät der Ort solcher Untersuchungen sein sollte.

Hohmann jedenfalls kommt in der Folge zu der in den Medien hauptsächlich zitierten Passage:

> »Juden waren in großer Anzahl sowohl in der Führungsebene als auch bei den Tscheka-Erschießungskommandos aktiv. Daher könnte man Juden mit einiger Berechtigung als „Tätervolk" bezeichnen.«

Hier reißt das Zitat in den oben angeführten Beispielen ab. Hohmann spricht allerdings weiter:

> »Das mag erschreckend klingen. Es würde aber der gleichen Logik folgen, mit der man Deutsche als Tätervolk bezeichnet.«

Hohmann spricht im Konjunktiv und lehnt die Vorstellung einer Kollektivschuld klar ab. Diese Logik *ad absurdum* zu führen, war ja wesentlicher Anlaß seiner Rede.

Aus diesem Grund fährt Hohmann fort: »Meine Damen und Herren, wir müssen genauer hinschauen.« Die Juden, die Täter geworden seien, hätten zuvor ihre religiösen Bindungen gekappt, ähnlich wie die Nationalsozialisten. Und er kommt zu dem zentralen Schluß:

»Daher sind weder „die Deutschen", noch „die Juden" ein Tätervolk. Mit vollem Recht aber kann man sagen: Die Gottlosen mit ihren gottlosen Ideologien, sie waren das Tätervolk des letzten, blutigen Jahrhunderts. Diese gottlosen Ideologien gaben den „Vollstreckern des Bösen" die Rechtfertigung, ja das gute Gewissen bei ihren Verbrechen. So konnten sie sich souverän über das göttliche Gebot „Du sollst nicht morden" hinwegsetzen.«

In diesem Schlußteil versucht Hohmann auch dadurch die Kollektivschuldthese zu widerlegen, indem er den Tätern nicht mehr länger das Attribut »deutsch«, sondern das Attribut »gottlos« zuordnet. Das erlaubt ihm, die deutschen Täter aus der Zeit des Nationalsozialismus eben als diese »Gottlosen« mit anderen »gottlosen« Tätern zu einer Gruppe zusammenzufassen, deren Merkmal die Täterschaft aus Gottlosigkeit sei. Gleichzeitig kann sich Hohmann als nationalbewußter, konservativer Christ von dieser Gruppe absetzen.

Man kann dem Festredner einer Veranstaltung zum Nationalfeiertag mit gutem Grund vorwerfen, daß er zu viel in zu kurzer Zeit sagen wollte, vermutlich auch am falschen Ort. Die Interpretation der Beteiligung von Juden an den bolschewistischen Verbrechen war dem Experten für Verschwörungstheorien, dem bereits erwähnten Johannes Rogalla von Bieberstein, eine dreihundert Seiten starke Untersuchung wert, und im Vorwort zu diesem Buch verweist Ernst Nolte auf die Notwendigkeit, diesen folgenreichen Mythos auf seinen realen Kern hin zu durchleuchten, damit er - wie jedes geschichtsmächtige Phänomen - verstehbar werde. Ein solches Unterfangen läßt sich in einer Rede zu einer Feierstunde schwer bewerkstelligen. Es sind nämlich zwei geschichtswissenschaftliche Probleme von großer geschichtspolitischer Bedeutung, die Hohmann anging.

Zentraler Punkt ist zunächst einmal die Relativierung geschichtlicher Dimensionen: Wenn Hohmann vergleicht, dann relativiert er. Das ist nicht nur legitim, es ist für die Verstehbarkeit und die Einordnung von historischen Ereignissen unabdingbar, auch dann, wenn es sich um Verbrechen handelt.[98] Hohmann erklärt, daß der »Mythos vom Jüdischen Bolschewismus« einen realen Kern hat (eben diesen hohen Prozentsatz von Juden im frühen Bolschewismus), der von Hitler in überspitzter Form zu einem der Grundpfeiler seines Antisemitismus gemacht wurde. Hohmann tut hier nichts weiter, als die Vorgeschichte eines Menschheitsverbrechens zu schildern, ohne allerdings dieses Verbrechen durch seine Vorgeschichte zu entschulden. Offenbar vertreten viele Hohmann-Kritiker die Auffassung, im Gegensatz zu sämtlichen sonstigen Gepflogenheiten der Geschichtswissenschaft dürfe man in diesem Bereich auf keinen Fall Zusammenhänge untersuchen und Kausalitäten von Ursachen und Wirkungen thesenartig vortragen. Das zweite Problem ist natürlich die deutsche Kollektivschuld: Wird eine größere Gruppe schuldig, wenn in dieser Gruppe Individuen Verbrechen begehen? Hohmann verneint dies und wählt zur Illustration das Handeln von Juden im Bolschewismus - vermutlich nicht, weil er die Juden angreifen wollte (was er nie zuvor oder danach getan hatte), sondern weil er mit einer Analogie, in der die Absurdität offensichtlich ist, auf die generelle Absurdität einer Kollektivschuldthese hinweisen wollte.[99]

Der Umgang mit Hohmanns Rede ist nun allerdings ein Paradebeispiel für die von Hegel apostrophierte »Herrschaft des Verdachts«. Zur Erinnerung: Kennzeichnend für dieses Vorgehen ist, daß einem Sprecher unterstellt wird, er meine etwas anderes als er sage. Die bekannte kalifornische Rhetorikprofessorin Judith Butler beschreibt diese Methode (nicht konkret auf den Fall Hohmann, sondern generell auf Unterstellungen des Antisemitismus bezogen) zutreffend:

> »Die Kritik wird also nicht für bare Münze genommen, sondern ihr wird eine versteckte Bedeutung beigelegt, die mit ihrer ausdrücklichen Behauptung nicht übereinstimmt. Auf diese Weise muss die ausdrückliche Behauptung nicht gehört werden, denn das, was man hört, ist die versteckte Behauptung, die verborgen unter der ausdrücklichen mitgeteilt wird. (...) Die Absicht einer Rede gehört also nicht zu dem, der spricht, sondern wird dem Sprecher von dem, der zuhört, später zugeschrieben. Die Intention des Sprechaktes wird demzufolge nachträglich durch den Zuhörer festgelegt.«[100]

So bizarr diese Methode ist, so unmöglich macht sie es letztlich dem Verdächtigen, seine Unschuld zu beweisen, da er sich nur mit Worten verteidigen und nicht seine Gedanken offenlegen kann, man seinen Worten aber keinen Glauben schenkt. Der unter Verdacht Gestellte bleibt unabwendbar schuldig. In Hohmanns Fall bedeutet das, daß entweder mit nachweislich unzutreffenden Vorwürfen argumentiert wird (er habe die Juden als »Tätervolk« bezeichnet) oder mit unbeweisbaren, aber unwahrscheinlichen Vermutungen. Als letzeres mag die verschiedentlich aufgestellte Annahme gelten, Hohmann habe seine Rede bewußt sehr perfide strukturiert, was sich bei genauerer Analyse zeige. Tatsächlich legt eine genauere Analyse nahe, daß Hohmann überhaupt nichts geplant, sondern mehr oder weniger unbekümmert einen Gedanken an den anderen gereiht hat. Seine Aussageabsicht war ganz klar nichts anderes als eine logische Widerlegung der Kollektivschuldthese. Wenn man Hohmanns gesamten politischen Hintergrund mit all seinen pro-jüdischen Handlungen betrachtet (siehe dazu etwa die in diesem Band abgedruckte Erklärung Hohmanns vor seinen Fraktionskollegen), wird sehr klar, daß man es hier mit allem anderem als einem verkappten Antisemiten zu tun hat. Spätestens nach Hohmanns Richtigstellung und Entschuldigung hätte in den Medien anders weiterberichtet werden müssen. Mehr kann ein Redner, der mißverstanden wird, nicht tun als sagen: »Ich habe nicht A gemeint, wie Sie behaupten, sondern B. Wenn Sie mich mißverstanden haben, nehme ich die Verantwortung dafür alleine auf mich und entschuldige mich dafür. Noch einmal: Meine Aussage ist B, nicht A.« Falls ihm sein Gegenüber diese Richtigstellung kontinuierlich nicht ermöglicht, muß man annehmen, daß dieser an einer sinnvollen Kommunikation überhaupt nicht interessiert ist.

Um Hohmann Antisemitismus vorwerfen zu können, wurden in der Tat recht fragwürdige Kausalketten gebildet. So argumentierte etwa Julia Klöckner (Mitglied der CDU-Frauenunion), Hohmann habe schon allein deshalb nichts in der CDU zu suchen, weil er von einem jüdischen »Volk« gesprochen habe, was sachlich unsinnig und der Rassenlehre der Nationalsozialisten zu verschulden sei.[101] Hier mischt sich politisch korrekte Besserwisserei im Auftreten mit einer Ahnungslosigkeit in der Sache: Für nicht wenige Juden stellt das Judentum seit mehreren tausend Jahren vor allem eine Volkszugehörigkeit dar, was durch Wendungen wie »Gottes auserwähltes Volk« hinlänglich bekannt sein sollte. »Der Sinn für ein jüdisches Volkstum« erläutert hierzu Peter Novick, »entstand und gedieh in Reaktion auf historische Umstände: ein geteilter (traditioneller) religiöser Glaube, eine geteilte Sprache (Jiddisch, Hebräisch, Ladino), eine geteilte (überall vorhandende, fast universelle) Diskriminierung und Verfolgung durch die herrschenden Mehrheiten, geteilte (spezifische) Bräuche und Traditionen.«[102]

Jenseits aller nationalsozialistischen Sprachverwendung existieren zahllose Belege für die Rede von einem »jüdischen Volk«, so daß hier nur einige geradezu willkürlich gewählte Beispiele angeführt werden können: Man findet etwa schon in der Einleitung von Theodor Herzls »Der Judenstaat« den Satz »Wir sind ein Volk, ein Volk«. Punkt 3 der Zielerklärung auf dem ersten Zionistischen Weltkongreß in Basel 1897 forderte »Die Stärkung des jüdischen Volksgefühls und Volksbewußtseins«[103]. Der Zionist Israel Zangwill stieß mit seinem Slogan »Ein Land ohne Volk - für das Volk ohne Land« auf großen Widerhall.[104] David Ben Gurion, Begründer und erster Ministerpräsident des Staates Israel, erwiderte auf das Angebot der Briten, Tausende von jüdischen Kindern aus Deutschland nach England zu evakuieren: »Wenn ich wüßte, daß man alle (jüdischen) Kinder retten könnte, wenn man sie nach England schickt, und nur die Hälfte, wenn man sie nach Palästina bringt, so würde ich trotzdem letzeres bevorzugen. Denn für uns ist das nicht nur eine Verantwortung gegenüber unseren Kindern, sondern auch eine Verantwortung gegenüber dem jüdischen Volk.«[105] Und in einem Newsletter der israelischen Botschaft in Berlin vom Juli 2004 wird explizit befürchtet, daß »das Überleben des jüdischen Volkes in Zukunft nicht gesichert ist«.[106] Zwar gibt es auch Strömungen im Judentum, die dieses vor allem als Konfession betrachten, für wieder andere stellen Volks- und Religionszugehörigkeit eine Einheit dar. Unsinnig bleibt aber in jedem Fall, die Definition von Juden als Volk den Nationalsozialisten zuzuschreiben. Der Gedanke einer jüdischen Rasse spielt bei diesen eine große Rolle; davon aber hatte Hohmann nie gesprochen. Seinen Parteiausschluß zu fordern, weil er die Juden als Volk bezeichnet hatte, ist insofern nur noch als grotesk zu bezeichnen.

Wie zu zeigen war, hat sich Martin Hohmann viel weiter in ein geschichtspolitisches Minenfeld hineingewagt, als Jürgen Möllemann dies je getan hat. Hohmanns Rede erfährt an dieser Stelle auch keine Ehrenrettung. Was hier interessiert, ist die Frage, warum formulierter Anspruch und tatsächliches Verhalten der »offenen Gesellschaft« regelmäßig auseinanderklaffen, wenn ein nonkonformer Redner, Politiker, Wissenschaftler die Meinungsfreiheit auf die Probe stellt. Zu untersuchen sind die Reaktion der Medien, die der Politik sowie die wenigen Stimmen, die sich der öffentlichen Hinrichtung Hohmanns entgegenstellten, oft nicht aufgrund von Zustimmung zu seinen Thesen, sondern aus prinzipiellen Erwägungen.

4.2 Die Reaktion der Medien

Beispiele für den verantwortungslosen Umgang der Medien mit Rede und Person Martin Hohmanns wurden zu Beginn des Kapitels bereits genannt: Die entscheidende Redepassage wurde verkürzt wiedergegeben, Hohmanns ausführliche Schlußfolgerungen unterschlagen. Beides führte nicht nur zu einem anderen »Ton« in den Ausführungen: Es verkehrte vielmehr den Tenor der Rede in sein Gegenteil.

Ausgerechnet die *Tagesschau*, eine öffentlich-rechtliche Fernsehanstalt also, gab mit einer fahrlässigen Formulierung den Ton vor:

> »Der CDU-Bundestagsabgeordnete Martin Hohmann hat in einer Rede zum Tag der deutschen Einheit Verbrechen während der russischen Revolution mit dem Holocaust verglichen. Im Zuge dessen nannte er die Juden ein „Tätervolk".«[107]

Ähnlich arbeitete beispielsweise ein zweiseitiger Artikel im *Spiegel*[108]. Es handelt sich auch hier um einen sehr frühen Beitrag in der Berichterstattung über die Hohmann-Affäre, der, wenn man die Stellung des Magazins als Leitmedium bedenkt, sicherlich meinungsbildend für andere Organe war. In diesem Artikel heißt es, Hohmann habe seinen historischen Exkurs mit der Folgerung geschlossen, man könne »die Juden mit einiger Berechtigung als Tätervolk bezeichnen«. Auf den gesamten restlichen zwei Seiten wurde mit keiner Zeile erwähnt, daß Hohmann das Konzept von Tätervölkern ausdrücklich ablehnt.

Statt dessen schloß der Artikel mit der Bemerkung, die These vom Tätervolk sei laut eines Historikers vom Münchener Institut für Zeitgeschichte »antisemitischer Unsinn«. Dadurch, daß der *Spiegel* eine These widerlegen ließ, die nie aufgestellt wurde, verstärkte er eben jene Unterstellungen gegen Hohmann. Der Schlußsatz des *Spiegel*-Beitrages lautet: »Und wenig später ließ das wahre „Tätervolk" sogar sechs Millionen Juden umbringen.« Die Behauptung von Hohmann-Kritikern, niemand würde heutzutage ernsthaft Deutschland als »Tätervolk« bezeichnen, war damit widerlegt.

Eigentlich hätte dieser Artikel von Angehörigen jeder politischen Coleur angegriffen werden müssen: von den Konservativen wegen der darin immer wieder hergestellten Nähe von »rechts« und »antisemitisch«, von den Liberalen, weil hier versucht wurde, eine freie Meinungsäußerung zu unterdrücken, von unpolitischen Lesern, weil sie den *Spiegel* für Informationen bezahlen und nicht für irreführende Propaganda, und schließlich sogar von den Linken, weil der Artikel den Rechten eine Steilvorlage in ihrer Argumentation gab: Der *Spiegel* kritisierte die Hohmann-Rede allein wegen der »Tätervolk«-These. Diese These hat Hohmann aber nie aufgestellt, demnach wäre seine Rede völlig unproblematisch gewesen. Das traf jedoch nicht zu.

Es ging aber kein Aufschrei der Empörung über diesen Artikel durch die Republik. Dafür gibt es unterschiedliche Ursachen. Die meisten Leser, Hörer, Fernsehzuschauer werden den wahren Inhalt der Hohmann-Rede zu diesem frühen Zeitpunkt noch gar nicht gekannt haben. Außerdem gilt zunächst, was in einem Magazin wie dem *Spiegel* geschrieben wird. Und die Angst davor, durch Kritik an der Berichterstattung mit Hohmann in einen Topf geworfen zu werden, mag gerade bei Personen des öffentlichen Lebens ein übriges getan haben.

Möglicherweise hat es aber tatsächlich Proteste gegen diese Form der Berichterstattung gegeben, denn später formulierte der *Spiegel* zurückhaltender, wenn er auch auf semantischer Ebene dieselben Assoziationen beförderte. So hieß es in einem Folgeartikel: »Hohmann hatte in einer Rede zum Jahrestag der deutschen Einheit Juden in Zusammenhang mit dem Begriff „Tätervolk" gebracht.«[109] Das ist sicherlich richtig. Hohmann hatte ausgeführt, die Juden seien kein Tätervolk. Damit schuf er, wie vom *Spiegel* behauptet, einen deutlichen Zusammenhang: nur eben eine Negation.

Längst aber waren die ursprünglichen Formulierungen, die Hohmanns These auf den Kopf stellten, von anderen Zeitungen übernommen worden. So etwa von der *Frankfurter Rundschau*, die schrieb:

»Erheblichen politischen Wirbel hat eine Rede des nordhessischen CDU-Bundestagsabgeordneten Martin Hohmann zum 3. Oktober 2003 ausgelöst, in der dieser den Holocaust verharmlost und die Juden zugleich als Tätervolk bezeichnet hat.«[110]

Eine Verharmlosung des Holocaust warfen auch andere Medien Hohmann vor (so etwa die *Berliner Morgenpost* vom 31.Oktober 2003 gleich in der Schlagzeile), ohne diesen Vorwurf indes zu belegen. Das verwundert nicht, denn bei allem Ungeschick in der Rede ist ausgerechnet diese Vorhaltung nicht belegbar. Ähnlich unseriös äußerte sich die *Netzeitung*: »Der CDU-Abgeordnete Martin Hohmann hat mit seinen Äußerungen von den „Juden als Tätervolk“ eine neue Antisemitismus-Debatte ausgelöst.«[111] Zum einen wird hier durch die Anführungsstriche suggeriert, die Wendung »Juden als Tätervolk« sei ein Zitat aus Hohmanns Rede. Sie erscheint dort an keiner Stelle.[112]

Und schließlich fehlt natürlich der Hinweis, daß Hohmanns Rede auf eine deutlich artikulierte Ablehnung des Konzeptes von Tätervölkern hinausläuft.

Schwer zu überbieten dürfte indes Josef Joffe sein, der als Chefredakteur der *Zeit* darin für folgende Passage verantwortlich zeichnet:

»Die Medien links wie rechts haben erkannt, daß es Hohmann nicht um Geschichtsunterricht, sondern um Geschichtsverdrehung ging. Die funktioniert so: Weil Juden wie Trotzki in der Oktoberrevolution und deren Terror eine so prominente Rolle gespielt haben, dürfe man sie getrost als »Tätervolk« brandmarken. Das war Antisemitismus pur - die Juden als Weltmacht des Bösen. (...) Keinem Vernünftigen würde es einfallen, die Araber als Terroristenvolk abzustempeln, weil so viele Terroristen Araber sind.«[113]

Hier überschritt die Kritik an Hohmanns Rede erneut die Grenze zum Grotesken. Joffe vertrat hier nicht nur exakt dieselbe Argumentation wie Hohmann, er wählte sogar dieselbe Argumentationsstrategie: Wenn sich in Gruppe X viele Täter befinden, kann man sie deshalb noch lange nicht insgesamt als Tätergruppe bezeichnen - folglich muß dasselbe für die Gruppe Y gelten. So wie Hohmann die Deutschen mit den Juden verteidigt, verteidigt Joffe die Juden mit den Arabern. Hätten die deutschen Medien auf

Joffe genau so bizarr reagiert wie auf Hohmann, dann hätten *Tagesschau* und *Spiegel* konsequenterweise vermelden müssen: »*Zeit*-Chef bezeichnet Araber als Terroristenvolk«.

Kommen wir zu einem weiteren Punkt, an dem die Berichterstattung der Medien zu kritisieren wäre. Der überall herausgestellte Streitpunkt war, ob Hohmanns Rede antisemitischen Charakter hätte. Hier scheinen die Meinungen weit auseinander zu gehen. So erklärte der CSU-Abgeordnete Norbert Geis in einem Interview mit dem Bayrischen Rundfunk, die Rede sei falsch verstanden worden: »Man muß den Text im Zusammenhang sehen, und wenn man ihn im Zusammenhang liest, dann kann man nicht zu dem Ergebnis kommen, Hohmann sei Antisemit.«[114]

Da verwundert es doch, daß der Antisemitismusforscher Wolfgang Benz bei seiner Analyse von Hohmanns Rede sehr wohl zu diesem Ergebnis gelangt. In der *Süddeutschen Zeitung* vom 11. November 2003 geht er sogar so weit, sie als »lupenreines Exempel« für einen antisemitischen Text heranzuziehen. Nun wäre ein »lupenreines Exempel« ein Text, der dazu aufruft, Juden als Juden zu diffamieren und zu ihrer Vernichtung oder Vertreibung aufzurufen. Das hat für jeden erkennbar mit Hohmanns Rede nichts zu tun. Wie begründet Benz also seine kühne These? Er argumentiert:

> »Die Rede ist elaboriert und mit Fleiß erarbeitet, dahinter steht Gesinnung und Literaturstudium, der Verfertiger fügt anscheinend bewiesene Fakten aneinander und stellt eindeutige Bezüge her. (...) Die Technik des antisemitischen Diskurses liegt in der Instrumentalisierung des Vorurteils, in der Beschwörung des Ressentiments, in der raffinierten Erzeugung von Konnotationen. Eine Quelle (wie das Pamphlet Fords) wird referiert, ohne dass der Referent sich im juristischen Sinne das Gesagte zu eigen macht. Das scheinbare Distanzieren hat in Wahrheit Brückenfunktion. „Wie kommt Ford zu seiner These, die für unsere Ohren der NS-Propaganda vom ‚jüdischen Bolschewismus' ähneln?" fragt Hohmann, um mit einem Zitat „des Juden Felix Teilhaber" zu antworten, das beweist, dass der Antisemit Ford recht hat. Mit diesem Rezept, das Fakten, Legenden, Zitate, rhetorische Fragen solange verquirlt, bis das Publikum zur beabsichtigten Schlussapotheose reif ist, wird Ver-

wirrung gestiftet, die als Klarheit ausgegeben wird: Der Redner suggeriert seinem Publikum, man habe durch gemeinsame Forschungsarbeit die Erkenntnis gewonnen, dass der Vorwurf an die Deutschen schlechthin, „Tätervolk“ zu sein, unberechtigt sei.«

Benz Interpretation ist ein Musterbeispiel für die von Hegel postulierte »Herrschaft des Verdachts«. Bei ihm wird eine in einem hessischen Provinzstädtchen gehaltene Rede zu einem rhetorisch ausgefeilten Meisterwerk der unterschwelligen Suggestion. Wenn Hohmann sich distanziert, unterschiebt ihm Benz, daß dieses »in Wahrheit« nur »scheinbar« geschehe; wenn Hohmann auf der Sachebene nichts anzukreiden ist, hängt ihm Benz die »raffinierte Erzeugung von Konnotationen« an. Insgesamt unterstellt Benz, daß Hohmann einen extremen manipulativen Aufwand geleistet habe, einzig und allein um vor 130 Zuhörern die Kollektivschuldthese zurückzuweisen. Der Übergang zur Paranoia ist hier fließend.

Insgesamt stellt sich das Problem der Interpretation von Aussagen. Jeder weiß, daß je nach Perspektive, Erwartungshaltung, Kenntnisstand und Situation ein Text unterschiedlich interpretiert wird. Radikal formuliert: Die Aussage eines Textes entsteht erst im Kopf des Rezipienten, also seines Lesers, Betrachters oder Zuhörers. Was für den einen eine Beleidigung darstellt, ist für einen anderen vielleicht nur ein Scherz. Man kann in Texte sogar Absichten hineindeuteln, die der Verfasser nie gehegt hatte, Aussagen, die darin nicht enthalten sind, und Wirkungen, die bei keinem Rezipienten erzeugt wurden. Nicht anders verhält es sich bei der Hohmann-Rede, die von verschiedenen Rezipienten unterschiedlich wahrgenommen wurde.

So äußerte sich etwa der jüdische Politikwissenschaftler Norman Finkelstein am 9. November 2003 bei Sabine Christiansen folgendermaßen:

> »Diese ganze Debatte ist für mich ein billiges Streben nach Sensation, orchestrierte Hysterie. Ich sehe nicht den geringsten Zusammenhang zwischen dem, was in Auschwitz passiert ist, und der Rede von Herrn Hohmann. In seiner Rede sagt er an keiner Stelle, die Juden seien eine Täterrasse oder ein Tätervolk. Er sagt, die Atheisten, die Gottlosen seien das. Ich weiß nicht, ob die Deutschen die Rede wirklich gelesen haben. Ich habe eine Übersetzung bekommen und habe sie sorgfältig studiert.«

Für Finkelstein steht die tatsächlich getätigte Rede Hohmanns im Vordergrund. Anders als Benz verzichtet Finkelstein auf die implizite Unterstellung, Hohmann habe seine Distanzierungen lediglich als bloße taktische Lippenbekenntnisse abgelegt. Finkelstein geht von einer Art *gentleman´s agreement* in der Kommunikation aus: Man sollte seinem Gesprächspartner nicht ohne überdeutliche Anhaltspunkte versteckte böse Absichten unterstellen. Die mehr als sechstausend zum Teil sehr prominenten Unterzeichner der Initiative »Kritische Solidarität mit Martin Hohmann« gelangten zu derselben Auffassung wie der jüdische Historiker. Anders ausgedrückt: Sie lehnen wie Finkelstein - und anders als Wolfgang Benz - die »Herrschaft des Verdachts« aus guten Gründen ab: Sie überführt jede Auseinandersetzung in den Bereich der Denunziation und der Unterstellung.

An dieser Stelle muß erwähnt werden, daß die These »Der Text entsteht erst im Kopf des Rezipienten« selbst nicht unbegrenzt gültig und durchaus angreifbar ist. Sätze wie »Deutschland erwache, Juda verrecke!«, »Hitler hatte in allem völlig Recht« oder »Den Holocaust hat es nie gegeben« eröffnen bestenfalls minimalen interpretatorischen Spielraum. (Zwar könnten sie ironisch oder rein zitierend gemeint sein; das müßte dann aber deutlich signalisiert werden.) Und natürlich gibt es auch unfundierte oder offensichtlich falsche Interpretationen eines Textes. So fehlt auch für eine Lesart von Hohmanns Rede als »antisemitisch« schlicht ein tragfähiges Fundament, denn sie macht ja eines mit Sicherheit nicht: »Die Juden« als minderwertige Gruppe zu bezeichnen oder zu schädlichen Handlungen gegen sie aufzurufen. Deutlich wird, daß der behauptete Antisemitismus nicht aus der Rede heraus-, sondern vielmehr in sie hineingelesen wurde. An diesem Punkt verflog auch alles Spielerische oder Harmlose, das Auseinandersetzungen um die Deutungshoheit manchmal an sich haben: Es ging um nicht weniger als die Würde des Politikers Martin Hohmann.

Die Rolle der Nachrichtenredakteure muß in einer solchen Situation nach den Kriterien einer strengen Medienethik beurteilt werden. Ihre Arbeitsweise muß durch Unvoreingenommenheit und Unparteilichkeit gekennzeichnet sein. Die Aufgabe der »Nachricht« läßt hier, etwa im Vergleich zu »Kommentar«, »Reportage« oder »Glosse«, keinen Spielraum. Wenn der objektive Charakter der »Nachricht« aufgegeben wird, dann fällt die Grenze zwischen Information und Interpretation. Die Nachrichtenredakteure würden in diesem Fall ihren im Medienrecht festgeschriebenen Auftrag auf gefährliche Art und Weise verfehlen.

Insofern ist es von großer Bedeutung, wie die führenden politischen Medien unseres Landes auf die Hohmann-Rede Bezug nahmen. Dies geschah leider häufig auf dieselbe Weise, wie wir es aus dem Fall Jürgen W. Möllemanns kennen:

- Der *Spiegel* sprach mehrfach von den »antisemitischen Äußerungen des Bundestagsabgeordneten Martin Hohmann«[115] und dem »wegen antisemitischer Äußerungen in die Kritik geratene CDU-Bundestagsabgeordnete(n) Martin Hohmann«[116]. In dem oben vorgestellten Artikel aus dem *Spiegel* 45/2003 hieß es: »Die antisemitischen Äußerungen des CDU-Bun-destagsabgeordneten Hohmann sind keine Ausrutscher. Der erzkonservative Hesse verbreitet sich seit Jahren in rechten Zirkeln« (wobei hier »rechts« und »antisemitisch« so beiläufig miteinander verknüpft werden, als handele es sich bei dieser Analogie um eine Selbstverständlichkeit).
- Der *Bericht aus Berlin* vermeldete, die Union habe »zum ersten Mal in ihrer Geschichte einen Abgeordneten, nämlich den Abgeordneten Martin Hohmann, wegen seiner antisemitischen Rede und seiner Unfähigkeit, das Problem einzusehen, von der Bundestagsfraktion der CDU/CSU ausgeschlossen.«[117]
- Die *Welt* vermeldete am 6. November 2003, daß die Evangelische Kirche »wegen der antisemitischen Rede« einen Fraktionsausschluß Hohmanns fordere, und im folgenden Satz, daß auch Bundeskanzler Schröder Hohmanns »antisemitische Äußerungen« gerügt habe.
- Die »*Süddeutsche Zeitung*« sprach von einem »wegen seiner antisemitischen Rede umstrittenen Parlamentarier«.[118]
- Die *Mitteldeutsche Zeitung* vom 4.November 2003 nimmt sicherheitshalber schon in einer Interviewfrage die gewünschte Deutung vorweg: »Herr Hohmann hat am 3. Oktober im hessischen Neuhof eine offen antisemitische Rede gehalten. Niemand hat protestiert. Warum?« Noch vor der eigentlichen Antwort des Interviewten soll hier eine allgemein gültige Wirklichkeitsauffassung etabliert werden.

Die genannten Beispiele sind mehr oder weniger zufällig herausgegriffen; sie lassen sich noch durch zahlreiche weitere Texte dieser Art erweitern: Texte aus der *taz* ebenso wie dem *Hessischen Rundfunk* oder der *Stuttgarter Zeitung*.

Diese Tendenz setzte sich bei fast allen deutschen Medien fort. Suggeriert wurde, daß es sich um ein erwiesenes, wenn nicht gar offensichtliches und jedenfalls nicht mehr diskussionswürdiges Faktum handelte: Die »antisemitische Rede Martin Hohmanns« steht somit heute für viele auf einer Stufe mit einer Wendung wie etwa »die grüne Bundestagsabgeordnete Claudia Roth« oder »der hessische Ministerpräsident Roland Koch«.[119]

Es gab in der Berichterstattung der Medien allerdings noch andere diskursive Strategien, eine weniger offene Art des Sprechens über die Unperson Hohmann. Etlichen Journalisten erschien es offenbar doch als eine Nummer zu dreist, ihre eigene Meinung so sehr in eine angebliche Sachinformation einfließen zu lassen, wie das viele ihrer Kollegen machten. Sie wählten Formulierungen wie »in seiner als antisemitisch kritisierten Rede« (*Frankfurter Allgemeine Zeitung*) oder »in den als antisemitisch verstandenen Äußerungen« (*Phoenix*, *heute*, *Spiegel*, *n-tv* und viele andere mehr). Wenn man die Berichterstattung über Möllemanns Äußerungen mit der über Hohmanns Äußerungen vergleicht, fällt einem auf, daß Abmilderungen wie diese nun wesentlich häufiger vorkamen. Das Problem bei diesen Abmilderungen ist indes, daß sie eine bloße Tünche darstellen. Auffälligerweise fehlt bei den fraglichen Wendungen regelmäßig das semantische Subjekt: Es ist eben nicht von »den von Paul Spiegel als antisemitisch verstandenen Äußerungen« oder den »von Wolfgang Benz als antisemitisch kritisierten Äußerungen« die Rede. Statt dessen wird beim Rezipienten der Eindruck erweckt, daß alle oder zumindest der weit überwiegende Teil der Zuhörer/Leser Hohmanns Äußerungen als antisemitisch verstanden hatte. Daß man nach derselben semantischen Logik von »den nicht als antisemitisch verstandenen Äußerungen« hätte sprechen können, indem man hier eben auch das semantische Subjekt (beispielsweise Norman Finkelstein) wegließe, wird bei der flüchtigen, naiven Aufnahme von Sätzen wie diesen gar nicht klar.[120]

Umfragen zeigten bald nach dem Beginn der Affäre, daß die Mehrheit der Deutschen die Kampagne gegen Hohmann für überzogen und falsch hielt. Dennoch suggerierten Journalisten, ähnlich wie zuvor bei Möllemann, eine (Volks-)Gemeinschaft, wo überhaupt keine besteht. So behauptet etwa Axel Vornbäumen in der *Frankfurter Rundschau* folgendes:

«Die erste Empörungswelle rollt über das Land. Alle finden es unerträglich.«[121] Wer sind »alle«? Alle, mit denen Vornbäumen in der Redaktion über das Thema gesprochen hat? Vornbäumen blieb nicht allein: »Die große Mehrheit der Deutschen sieht solche Entgleisungen mit Unverständnis.«[122] Oder: »Der Abgeordnete Hohmann und der Brigadegeneral Günzel sind Brüder im Geiste. Sie haben in Wort und Schrift ein Geschichtsbild vertreten, das aus guten Gründen jenseits des Konsenses der Mehrheit in Deutschland steht.«[123] Selbst wenn es so wäre: Richtet sich die Frage, welches Geschichtsbild vertretbar ist, tatsächlich nach einem mehrheitlichen Konsens?

Ähnlich wie bei Möllemann belegten Meinungsumfragen trotz des hier skizzierten Sperrfeuers der Medien ein weit differenzierteres Bild in der Bevölkerung, als es manche Medienmacher gerne gehabt hätten. Laut einer *Forsa*-Umfrage etwa stritten sich die Befragten ziemlich exakt bei der Frage, ob Hohmann nach seinen Äußerungen noch in der Partei bleiben dürfe. Die *Süddeutsche Zeitung* vermeldete gar unter Bezug auf eine Umfrage des Meinungsforschungsinstituts *infratest-dimap*:

> »Auf die Frage, ob Aussagen wie in der Hohmann-Rede „in Deutschland heute möglich sein müssten, ohne dass man gleich als Antisemit verurteilt wird“, antwortete jeder zweite CDU-Anhänger (49 Prozent) mit Ja; 44 Prozent teilten diesen Standpunkt nicht. Unter der Gesamtbevölkerung sprachen sich 42 Prozent der Befragten für die Hohmann-Äußerungen aus.«[124]

Bei ihren eigenen Umfragen indes griff die *Süddeutsche Zeitung* zu Wahlverfahren, wie wir sie eher von den Blockparteien sozialistischer Staaten kennen. So durften sich die Besucher ihrer Website bei der Frage »Soll die Union Hohmann rauswerfen?« entscheiden zwischen »Nein, die Rüge reicht« (wurde am meisten gewählt), »Ja, und zwar aus Partei und Fraktion«, »Nur aus der Bundestagsfraktion«, »Nur aus der CDU« sowie »Ist mir egal«. So ausdifferenziert die Antwortmöglichkeiten am einen Ende des Spektrums waren, so auffällig ist, daß eine grundsätzlich andere Meinung nicht wählbar war: Gar nicht erst zugelassen wurden Antwortmöglichkeiten wie »Nein, die Rede war großartig«, »Nein, die Rede war zwar durchwachsen, aber noch lange kein Grund für eine Rüge« oder »Hohmanns Rede war schlecht, aber Teil seiner Meinungsfreiheit, und schon die Rüge war insofern als Sanktion unnötig«. Ausgerechnet die Vortäuschung einer offenen Meinungsumfrage wurde hier verwendet, um es als gegeben darzustellen, daß die Vorwürfe gegen Hohmann schon ihre Berechtigung hatten - 42 Prozent der Bevölkerung, die das anders sahen, zum Trotz.

Sobald nicht mehr zu übersehen war, daß der herbeigewünschte Konsens in Wahrheit gar nicht bestand, mußten Menschen, deren Meinungen von der Ansicht der Journalisten abwich, verbal ausgegrenzt und an den Rand gedrückt werden. So ging es Norman Finkelstein als neben Norbert Geis und Wolfgang Kubicki einer der sehr wenigen Verteidiger Hohmanns, die sich in den Massenmedien überhaupt präsentieren durften. Laut Bundestagspressearchiv gab es in den wesentlichen deutschen Medien nur eine einzige Kritik dieser Sendung: im *Berliner Tagesspiegel* vom 11. November 2003 durch Tobias Kaufmann, einem Redakteur der *Jüdischen Allgemeinen Zeitung*. Kaufmann macht mit Finkelstein nicht viel Federlesen: Er sei »umstritten«, ein »Quotenjude«, von der »Diskussion merklich unbeleckt« und damit schlicht »eine Fehlbesetzung«. Als angemessene Besetzung galten Kaufmann offenbar nur Menschen, die ihre Meinung in das vorgegebene Schema eingepaßt hatten.

In Wahrheit waren aber so viele Leser und Hörer so nachdrücklich anderer Ansicht als Presse, Funk und Fernsehen, daß sie sich durch eine Flut von schriftlichen und mündlichen Meinungsäußerungen Gehör verschafften. Ähnlich wie im Fall Möllemanns war das Internet als nicht lenkbares Medium wesentlich daran beteiligt, daß nicht länger nur die Meinung von Journalisten als öffentliche Meinung galt. Fritz Schenk führt in seinem Buch *Der Fall Hohmann* aus, daß mindestens die *FAZ* über Wochen hinweg Hohmann unterstützende Leserbriefe zurückgehalten und nicht veröffentlicht haben soll. Falls das zutrifft, war das nicht lange durchzuhalten. Aber auch diese abweichenden Meinungen wurden von Journalisten kräftig desavouiert. So hieß es in der *Stuttgarter Zeitung* vom 12. November 2003:

> »In noch nicht erlebtem Ausmaß werden die Foren von Partei und Parlamentariern voll geschrieben. Und die, die sich da oft nur

anonym äußern, stärken bisher vor allem Hohmann den Rücken. Aggressiv und gehässig, berichten Abgeordnete, seien die Töne.«

Die in Internetforen praktisch überall gängige Anonymität wird hier ins Zwielicht gerückt, so als wagten es speziell Hohmanns Anhänger nicht, ihren wahren Namen preiszugeben, und der verständliche Ärger über eine Begrenzung der Meinungsfreiheit erscheint als Aggression. Es erscheint eher das Bild von feindseligen Dunkelmännern, am Ende »selber« Rechtsradikalen, als von Bürgern, die ihrem Unmut über eine verzerrende Berichterstattung Luft machen wollten.

»Morddrohungen gegen (Hohmanns) Gegner sind darunter« vermeldete die *Frankfurter Rundschau* vom 7. November 2003 und trübt so den Protest Tausender von Demokraten, indem sie ein paar vereinzelte Spinner gesondert hervorhebt. Und im *Hamburger Abendblatt* vom 14. November 2003 stellt sich ein »wissender« Journalist offenbar ohne jeden Selbstzweifel über alle, die seiner Redaktion empörte Briefe sandten: »Nur ganz wenige Leser erliegen nicht dem fatalen Irrtum, in der Rede des CDU-Parlamentariers nicht das zu sehen, was sie ist: ein perfides Stück Antisemitismus.«

Wie bereits im Zusammenhang mit Finkelstein angedeutet, nutzten die Medienmacher ähnlich wie beim Fall Möllemanns aber auch ein weiteres Mittel, das eigentlich für kontroversen Meinungsaustausch steht, um einen in Wahrheit nicht vorhandenen Grundkonsens zu suggerieren: die politische Talkshow. Normalerweise ist dieses Format dadurch gekennzeichnet, daß unterschiedliche Standpunkte aufeinanderprallen und in der Diskussion miteinander entweder versucht wird, gemeinsam einer Wahrheit näherzukommen, oder zumindest den Zuschauer über die verschiedenen Perspektiven zu informieren, mit denen man ein Problem sehen kann. Daß in Talkshows tatsächlich häufig nur rhetorische Sprechblasen ausgetauscht werden, ist bekannt und bedarf hier keiner näheren Erörterung. Zumindest das Grundkonzept dieses Sendetypus beinhaltet dennoch, den mündigen Zuschauer zu fördern.

Mit Blick auf einige Formate im Fernsehen erschreckt trotz dunkler Ahnung doch wiederum das Ausmaß der freiwilligen Gleichschaltung: Im *ARD-Presseclub* vom 9. November 2003 verurteilten unter der Moderation von *WDR*-Intendant Fritz Pleitgen sämtliche eingeladenen Journalisten Hohmanns Äußerungen einhellig als »antisemitisch«. Abweichler von dieser Meinung hatten keine Gelegenheit erhalten, sich zu äußern. Auf ähnliche Weise suchte wenige Tage später, am 13. November, Maybrit Illners *Berlin Mitte*, einer Kontroverse zu entgehen. Jürgen Rüttgers befand dort, Hohmann habe der Union »unsäglich« geschadet, Heiner Geißler bekundete Zustimmung zu Hohmanns Rauswurf aus der Bundestagsfraktion der Union, Peter Struck rechtfertigte die Entlassung des Bundeswehr-Generals Günzel, der Hohmann zugestimmt hatte, und der jüdische Schriftsteller Rafael Seligmann attackierte Hohmann unwidersprochen auf persönlicher Ebene: »Im Endeffekt ist dieser Mann inhuman. Er ist ein Hetzer und deshalb hat er in keiner demokratischen Partei etwas zu suchen.« Nicht wenige Zuschauer sahen sich bei diesen und ähnlichen Sendungen an Schauprozesse erinnert, wie sie in totalitären Staaten üblich sein mochten: Sämtliche Teilnehmer vertraten die Anklage, niemand die Verteidigung, und zum Abschluß folgte - wenig überraschend - der Schuldspruch.

Minimal wich wenigstens die bereits zitierte Sendung Sabine Christiansens von diesem Schema ab. Dort war immerhin der US-amerikanische Politikwissenschaftler Norman Finkelstein eingeladen worden, der Hohmanns Rede verteidigte. Nun nimmt Finkelstein selbst eine exponierte Sonderstellung ein, da man ihm zum einen als Juden und Nachfolger von Holocaust-Überlebenden schwerlich Antisemitismus vorwerfen konnte und er zum anderen aus den USA angereist kam: Finkelstein kommentierte gewissermaßen von außen. In keiner der publikumsträchtigen Talkshows erhielt jedoch einer der schon damals weit über tausend Unterzeichner des Aufrufes »Kritische Solidarität mit Martin Hohmann« Gelegenheit zu erklären, warum er dessen Formulierungen keineswegs als antisemitisch empfand.

Neben den großen Talkshows mit hoher Einschaltquote und den analytischen Berichten in den wichtigsten Zeitungen des Landes gab es um den »Fall Hohmann« herum etliche sehr einfallsreiche und nicht wenig perfide Veröffentlichungen. Eine originelle Praktik der Wahrheitsfindung ohne Textanalyse benutzt Franz Josef Wagner in einem offenen Brief an Martin Hohmann, der in *Bild* vom 11. November 2003 abgedruckt wurde. Wagner stellte sich vor, er habe einem Kind die Zusammenhänge zu erklären:

> »Deine Lehrer, mein Junge, haben dir sicher erzählt, dass sechs Millionen Juden von den Nazis umgebracht wurden. Sie mussten

sich nackt ausziehen, man sagte ihnen, dass sie duschen müssten, und während sie auf das Wasser warteten, strömte Gas durch die Duschen. Danach hat man ihre Körper verbrannt. Dieser CDU-Abgeordnete Hohmann sagte sinngemäß, dass es auch böse Juden auf der Welt gab, in Russland, überall. Und deshalb sei alles weniger schlimm. Der Mann ist verrückt. Wir müssen ihm psychotherapeutisch helfen. Mein liebes Kind, hast du alles verstanden?«

Nun war der tatsächliche Ansprechpartner Wagners eben kein Kind. Statt dessen konnte man von zweierlei Angesprochenen ausgehen. Das ist einmal Martin Hohmann, an den dieser offene Brief gerichtet war, und das ist zum anderen jeder *Bild*-Leser, der ihn sich zu Gemüte führt. Beiden gegenüber schlüpfte Wagner in die Rolle eines Lehrers, eines Wissenden. In dieser Rolle schienen ihm Argumente und Belege für seine Urteile nicht mehr notwendig zu sein, denn er sprach ohnehin zu einem Kind und zu keinem gleichberechtigten Gegenüber. Am Ende sprach er Hohmann ab, seine Rede bei klarem Bewußtsein gehalten zu haben. Ähnlich hatte sich Peter Struck geäußert, der vor der Entlassung des Generals Reinhard Günzel von einem »verwirrten General« sprach, der Hohmann beigepflichtet habe. Als bei der Abstimmung über Hohmanns Verbleib in der Bundestagsfraktion der Union ein Fünftel der CDU-/CSU-Abgeordneten gegen dessen Entlassung stimmte, konnte Thomas Haury in einem Kommentar für die *Frankfurter Rundschau* eben jenen bisher erfolgten Diskurs ausnutzen, wenn er schrieb:

»Denn erstens ist sie der skandalöseste Fall von Antisemitismus der letzten Jahrzehnte: Ein Bundestagsabgeordneter einer etablierten demokratischen Partei äußert sich dezidiert antisemitisch. Nicht etwa am Biertisch oder in einem Nebensatz, sondern als Hauptteil einer sorgfältig ausgearbeiteten öffentlichen Rede, die von 130 Zuhörern mit Beifall bedacht wird. Nach zwei Wochen öffentlicher Skandalisierung verweigert fast ein Fünftel der Fraktionskollegen des Redners die Zustimmung zu seinem Ausschluss. Viele wollen in der inkriminierten Rede keinen Antisemitismus erkennen, manche, darunter ein General, stimmen ihr gar offen zu.«[125]

Was geschah hier rhetorisch? Haury gab in dieser kurzen Passage zweimal eine persönliche Einschätzung als Tatsache aus: Hohmanns Rede habe antisemitischen Charakter. Die Alleingültigkeit dieser Interpretation wurde durch die Verwendung einer Hyperbel untermauert: Hohmanns Rede war nicht lediglich ein Fall von Antisemitismus, sondern »der skandalöseste Fall der letzten Jahrzehnte«. Haury unterstellte Hohmann planvolles Vorgehen: zum einen durch die Vokabel »dezidiert«, zum anderen indem er behauptete, die Rede sei »sorgfältig ausgearbeitet« worden. Daß geschätzte einhundertdreißig Zuhörer die Rede beklatscht, daß viele Abgeordnete gegen Hohmanns Entlassung gestimmt hatten - und dies trotz »zwei Wochen öffentlicher Skandalisierung«, - war für Haury kein Grund, die Allgemeingültigkeit seiner Interpretation in Zweifel zu ziehen. Diese Abgeordneten »wollen« (!) in dieser Rede keinen Antisemitismus erkennen (als ob dies eine Frage des guten Willens allein wäre), möglicherweise aus falscher Solidarität zu ihrem »Fraktionskollegen«, und noch schlimmer: manche stimmten ihr »gar« offen zu.

Die Empörung des Journalisten Haury wurde allein durch den Umstand getragen, daß verschiedene frei gewählte Abgeordnete den Umgang mit Hohmann anders einschätzten als Haury selbst. Die Verfemung, die Hohmann traf, griff durch Beiträge wie den von Haudry auf sie über. Sie wurden durch ihre abweichende Meinung selbst Teil des »skandalösesten Falles von Antisemitismus der letzten Jahrzehnte«, gerade weil sie Hohmann für nicht ausreichend schuldig hielten. Der Verteidiger wurde so zum Mit-Angeklagten, eine Strategie, die sich auf der politischen Bühne spiegelte, wie später noch auszuführen sein wird.[126]

Wie schnell jemand auf der Grundlage dessen angeklagt wird, daß er einen anderen Angeklagten verteidigt, wurde an Hohmann selbst deutlich. So legt ihm die *Frankfurter Rundschau* auch folgendes zur Last:

> »Martin Hohmann pflegt seine Homepage. Nach seiner Rüge durch die CDU-Führung hat der Bundestagsabgeordnete zahlreiche Presseerklärungen aus dem Internet entfernt. Beispiel: Am 21. Mai 2002 hatte er für den damaligen FDP-Vizechef Jürgen Möllemann Partei ergriffen, der wegen eines antisemitischen Flugblatts in die Kritik geraten war. Sollte die Rücktrittsforderung (des damaligen Vizepräsidenten des Zentralrats der Juden, Michel Friedman) an Mölle-

mann erfolgreich sein, „würde die Bundesrepublik Deutschland ihrer besten demokratischen Traditionen verlustig gehen“, schrieb Hohmann«[127].

Nun wird Möllemanns Flugblatt durch ständiges Wiederholen des Vorwurfs immer noch nicht antisemitisch. Hohmann hatte sich offenbar dagegen verwahrt, daß ein frei gewählter Abgeordneter wegen eines (unter anderem aus Hohmanns Sicht) nicht zu beanstandendem Flugblatt seinen Posten verlor. Die *Frankfurter Rundschau* machte daraus die Zusammenarbeit zweier Antisemiten und formuliert die Botschaft: Wer einen vermeintlichen Antisemiten verteidigt, macht sich selbst verdächtig.

Medienberichterstattung und politisches Handeln spiegeln sich indes noch an anderer Stelle, dort nämlich, wo der Mechanismus der Ausgrenzung greift. Ausgerechnet jene Politiker und Journalisten, die im Blick auf die deutsche Geschichte die Ausgrenzung und Diffamierung der deutschen Juden als den ersten Schritt zum Massenmord in Erinnerung halten, machten und machen daraus kein allgemeingültiges Prinzip. Im Gegenteil: Gerade sie betrieben Hohmanns Ausgrenzung.

Die Botschaft an Hohmann war eben nicht: »Du hast selbstverständlich das Recht auf deine Meinung, aber ich halte deine Rede für ebenso mißlungen wie gefährlich, und zwar aus folgendem Grund ...« Statt dessen kam es zu einer wahren Eskalation der Berichterstattung, die von der inhaltlichen Kritik sehr schnell zu einer Hetzjagd gegen den Menschen Hohmann wurde. Man kann die Schritte, die dazu notwendig waren, anhand einiger typischer Beispiele gut aufzeigen:

1. Am Anfang stand die Berichterstattung, die oben Gegenstand der Untersuchung war. Die Interpretation der Rede als »antisemitisch« wurde durch die vorgestellten Techniken als allgemeingültig etabliert. Eng damit verbunden war die Behauptung, die Rede sei als antisemitische Rede angelegt und geplant gewesen: Hohmann habe sich zwar verbal von der unterstellten Aussage (Juden seien ein Tätervolk) distanziert, er habe diese Distanzierung jedoch nur vorgetäuscht, damit man ihm nichts Entsprechendes anhängen könne. Ähnlich wie bei Möllemann ist diese Annahme letztlich weder zu beweisen, noch zu widerlegen, sie ist eben eine klassische Methode, die »Herrschaft des Verdachts«.

Zur begleitenden Rhetorik dieses Vorgehens gehörte, daß Hohmanns Kritiker diesen oft nicht auf argumentativer Ebene angriffen, sondern einfach ihrer Ablehnung Ausdruck verliehen. Dabei bemühten sie sich, ihre Unfähigkeit zu einer sachlichen Auseinandersetzung nicht offenkundig werden zu lassen. Hohmanns Äußerungen waren in diesem Sinne indiskutabel und standen - konsequent weitergedacht - damit außerhalb der grundgesetzlich garantierten Meinungsfreiheit. CDU-Generalsekretär Laurenz Meyer nannte sie »unerträglich«, Angela Merkel »inakzeptabel«. Der CDU-Vizevorsitzende Jürgen Rüttgers behauptete, Hohmann habe »in unerträglicher Weise die geschichtliche Wahrheit verfälscht«.

Die Ausgrenzung Hohmanns, die sich hier bereits abzeichnete, steigerte sich gelegentlich zu einer Rhetorik des Ekels. So sprach Paul Spiegel von »einem Griff in die unterste Schublade des widerlichen Antisemitismus«, und Dieter Graumann von der jüdischen Gemeinde Frankfurts zeigte sich »angewidert«. Ekel ist eine Empfindung, die sich psychologisch mit der Notwendigkeit von Abstand verbindet. Das ekelerzeugende Objekt gilt als unberührbar. Zu diesem Unberührbaren ist Martin Hohmann geworden, und dies ganz wörtlich, wie mir ein Freund Hohmanns berichtete: So wandern in der Bundestagskantine immer erst scheue Blicke nach rechts und links, bevor alte CDU-Weggefährten es wagen, so in halber Öffentlichkeit die Hand von Hohmann zu schütteln.

2. In einem zweiten Schritt vollzieht sich eine noch stärkere Vereinfachung und Emotionalisierung. So heißt es etwa im *Spiegel*: »Als Martin Hohmann in Neuhof gegen „die Juden“ hetzte, klatschten 160 Menschen.«[128] Der Eindruck, der hier beim Leser dieses Satzes suggeriert wird, ist der eines polemischen, vielleicht bierseligen Agitators, der sein Publikum zu einer Haß-Stimmung gegen Juden aufstachelt und von diesem dafür zustimmenden Beifall erhält. Wieder erscheinen »die Juden« in Anführungsstrichen, als sei diese Kollektivbildung ein durchgängiges Zitat in der Hohmann-Rede. Und wieder werden die Menschen, die Hohmann applaudierten, eben weil sie in seinen Äußerungen nichts Antisemitisches erkannten, in den Skandal eingemeindet: Wer Hohmann applaudierte, ist entweder selbst ein Judenhasser oder schlicht zu dumm, um die Hetze zu durchschauen.

3. Als nächstes wird Hohmanns Rede mit unbestritten antisemitischen Delikten gekoppelt. So schreibt Wolfgang Benz in der *Frankfurter Rundschau*:

> »Entgegen der im Hohmann-Skandal oft und gern geäußerten Vermutung, Antisemitismus sei in Deutschland ein in kontinuierlichem und neuerdings raschem Wachstum befindliches Phänomen, zeigen seriöse Meinungsumfragen keinen solchen Trend. Im Gegenteil. Freilich steht der langfristigen tendenziellen Abnahme die Vehemenz einzelner Manifestationen gegenüber, sei es durch Gewalt- und Propagandadelikte, sei es durch die bislang einzigartige Artikulation antisemitischer Stereotypen durch einen Angehörigen der politischen Elite des Landes, den nunmehr fraktionslosen Abgeordneten Martin Hohmann.«[129]

Hier werden Gewalt- und Propagandadelikte, Schändungen von Friedhöfen und rassistische Schmierereien in einem Atemzug mit Hohmanns Rede genannt. Durch die sprachliche Verknüpfung in einem Satz wird inhaltlich Nähe hergestellt. Dazu dient auch der Superlativ einer »bislang einzigartige Artikulation antisemitischer Stereotypen«, in der die Vorwürfe durch Steigerung argumentatives Gewicht erhalten. Waren aber nicht Möllemanns Äußerungen laut Presse bereits das Unüberbietbare gewesen?

So viel Vernichtungswille ist gefährlich, denn ein solcher Gegner konnte nicht unbekämpft bleiben. Nicht umsonst sprach Andrea Seibel in der *Welt* vom 1. November 2003 von »bösartigem Denken« und die *Berliner Zeitung* vom 4. November 2003 von »geifernder Rankünе«. »Er zündelt, schürt bedenkenlos antisemitische Stimmungen« schrieb die *Westdeutsche Allgemeine Zeitung* vom 1. November 2003 über Hohmann und nannte ihn in der Titelzeile einen »Brandstifter«. Die Nähe zu den tatsächlichen rassistischen Brandanschlägen der letzten 15 Jahre, in die Hohmanns Rede gerückt werden sollte, ist deutlich.

Noch unverhohlener koppelte Jan Bielicki in der *Süddeutschen Zeitung* vom 8. November 2003 freie Rede und rassistische Gewaltverbrechen:

> »Erst vor zwei Monaten nahm die Polizei eine Gruppe von Neonazis hoch. Die Beamten fanden Waffen, Sprengstoff und Beweise dafür, dass die Rechtsterroristen einen Anschlag auf die Baustelle

planten, womöglich sogar während des Festakts. (...) Doch fast mehr noch als der Terror rechter Extremisten haben (Zentralratsvorsitzende Charlotte) Knobloch die antisemitischen Tiraden des CDU-Abgeordneten Martin Hohmann erschreckt - und die Reaktion darauf: Dass Leute solche Reden „widerspruchslos hinnehmen und die Verantwortlichen die Konsequenzen daraus nicht ziehen wollen, das bestürzt mich".«

Festhalten an Meinungsfreiheit: gefährlicher als ein Bombenanschlag. In dassselbe Horn stieß einen Tag später die *Neue Osnabrücker Zeitung*, die Hohmann implizit als »noch gefährlicher als diese Täter« bezeichnete, da er und andere »Kräfte« ihnen vermeintliche Rechtfertigung lieferten. *Die Welt* vom 10. November 2003 sah in den gerade noch aufgedeckten Attentatsplänen und dem Skandal um Hohmann eine »doppelte Herausforderung«. Die *Berliner Zeitung* vom 2. Dezember 2003 sprach von Hohmanns »Sympathisanten« - einem Begriff, der hierzulande üblicherweise auf die Anhänger von Terroristen angewendet wird.

»Hohmann habe sich mit seinen Äußerungen in eine Reihe mit „rechtsextremen, antisemitischen Brandstiftern" gestellt« zitierte die *Süddeutsche Zeitung* am 10. November 2003 Paul Spiegel, um dieses Bild in den Köpfen ihrer Leser zu verfestigen. Am selben Tag durfte *Spiegel* Hohmanns Worte in die Nähe der ersten massiven Judenprogrome des Dritten Reiches rükken: »Es rieche wieder nach Kristallnacht«.

Es sind dies nun nur die krassesten Beispiele für die Maßstabslosigkeit der Hohmann-Kommentatoren. Das Verstörende ist: Fast keinem Journalist - und in den Leitmedien tatsächlich keinem! - fiel auf, daß eine Steigerung der Warnung nach einer solchen Berichterstattung kaum mehr möglich sein würde: Hohmann war das denkbar Schlimmste, Zwischenstufen auf dem Weg zur Rampe konnte es nicht mehr geben.

»Derartige Verbrechen dürfen sich nie wiederholen«, verkündete deshalb konsequent die *Westdeutsche Allgemeine Zeitung* vom 10. November 2003 mit Blick auf die Judenverfolgung im Dritten Reich:

> »Die Parteien bleiben gefordert, den Anfängen zu wehren. Insofern ist es blamabel, daß die große Volkspartei CDU einem Politiker wie Martin Hohmann, der zweifelsfrei in einer Rede antisemitische Ansichten vertrat, weiter eine politische Heimat bietet.«

»Ist der selbst ernannte Tätervolk-Experte denn ein Einzeltäter?« fragte die *Berliner Zeitung* vom 3. November 2003 weiter und wandte damit den Begriff »Täter« unbekümmert in einem Satz gleichermaßen auf die Beteiligten an einem Völkermord und auf einen Bundestagsabgeordneten an.

»Die Staatsanwaltschaft Fulda hat unterdessen Vorermittlungen gegen den hessischen Politiker eingeleitet.« vermeldete die *Thüringer Allgemeine* vom 4. November 2003 im Schlußabsatz eines Artikels, als ob diese Ermittlungen der Beleg für die Gefährlichkeit der Äußerungen Hohmanns wären. Tatsächlich wurden die Ermittlungen wenig später eingestellt, weil kein Grund für sie vorlag. Da half auch der Hinweis des bayrischen Ministerpräsidenten Edmund Stoiber nichts, der Hohmanns Äußerungen laut *Welt* vom 10. November 2003 »außerhalb unseres Verfassungsbogens« sah und behauptete, Hohmann habe sich »schuldig an Opfern und Lebenden« gemacht.

Heribert Prantl schließlich vollzog in seinem Kommentar »Die Juden und ihre Feinde«, veröffentlicht in der *Süddeutschen Zeitung* vom 7. November 2003, einen wahren Parforce-Ritt, um Hohmann als äußerste Bedrohung darzustellen. Bei der Grundsteinlegung für das Neue Jüdische Zentrum in München, so Prantl, könnte man »die Kriminalstatistiken über rechtsextremistische Gewalttaten und geschändete jüdische Friedhöfe« ebenso deponieren wie »die knapp 14 Seiten der mittlerweile berüchtigten Hohmann-Rede«. Dessen »Geschichtsbild« nämlich sei so »wahnwitzig wie das von Bin Laden«. Ihm und seinen »braunen Brüdern im Geiste« könnte man vieles antworten. Prantl entschied sich dafür, den Abschiedsbrief eines jüdischen, weißrussischen Mädchens an seinen Vater zu zitieren.

Vom Holocaust über den Terror der Al-Qaida bis hin zu rechtsextremen Gewalttaten und Grabschändungen ließ Prantl nichts aus, um die vermeintlichen Wurzeln des Denkens von Martin Hohmann freizulegen.

4. Nach der Fehlinterpretation der Rede (Phase 1), der Simplifizierung und Emotionalisierung (Phase 2) und der Koppelung an antisemitische Straftaten (Phase 3) folgte in einem vierten Schritt der Angriff auf die Persönlichkeit Martin Hohmanns selbst. Entsprechende Herabwürdigungen fanden dabei nicht erst nach der geschilderten Eskalation, sondern bereits zu einem recht frühen Zeitpunkt der Debatte statt. So wurde Hohmann - wie oben erwähnt - von der *Westdeutschen Allgemeinen Zeitung* als »Brandstifter« bezeichnet. Die *Berliner Zeitung* schimpfte Hohmann einen »charakterlosen Lump«. Die *Ostsee-Zeitung* empörte sich bereits am 1. November 2003 darüber, daß »der Braungeist seine hirnrissige Erklärung über die jüdische Schuld an Stalins Terror hinaus posaunt«. Bettina Gaus polemisierte aufs Neue in der *tageszeitung* am 3. November 2003:

> »Rassisten und Idioten gibt es überall. Aber wenn in einer deutschen Volkspartei das Gefühl dafür verloren gegangen sein sollte, daß ein Antisemit sie nicht repräsentieren kann, dann wäre das eine dramatische Entwicklung.«

Im selben Kommentar wendet Gaus sich übrigens dagegen, gerichtlich klären zu lassen, ob sich Hohmann tatsächlich irgendeines Vergehens wie etwa Volksverhetzung schuldig gemacht habe, da dabei auch ein Freispruch möglich wäre. Die *Stuttgarter Zeitung* insistiert am 10. November 2003, es gehe »nicht um Meinungsfreiheit, sondern darum, daß ein Politiker mit einem derart schrägen und abstrusen Geschichtsbild seine intellektuelle und moralische Inkompetenz klar vorgeführt« habe. Mathias Wedel nennt Hohmann im *Neuen Deutschland* vom 18. November 2003 einen »notorischen Judenhasser«, Roger Boyes im Berliner *Tagesspiegel* vom 8. November 2003 einen »antisemitischen Hanswurst«.

Das Boulevardblatt *Bild* - Deutschlands meistgelesene Zeitung - beteiligte sich erst relativ spät an der Herabwürdigung Hohmanns, dann allerdings besonders massiv: »CDU-Politiker fordern: Der Hetzer muß die Partei verlassen« lautete eine Schlagzeile, »Merkel wirft CDU-Hetzer raus!« eine andere. Der Sprachwissenschaftler Fritz Hermanns schuf für solche Etikettierungen die Bezeichnung »Stigmawort«[130]: Stigmaworte erheben anders als Schimpf- oder Schmähworte den Anspruch einer objektiven Darstellung. Die in ihnen enthaltene Abwertung wird also nicht mehr als persönliche Einstellung und Wertung des Wortbenutzers erkennbar, sondern erscheint als Begriffsinhalt, der »sachlich« festgestellt wird: Boris Becker ist ein Tennisspieler, Thomas Gottschalk ein Showmaster und Martin Hohmann ein Hetzer. Aus einem Mann, der Äußerungen tätigte, die manche für antisemitisch hielten, andere nicht, sollte für die öffentliche Wahrnehmung so das Bild des »Hetzers Hohmann« geschaffen werden.

Die Ausgrenzung erreichte nun eine beängstigende Nähe zur medialen Vernichtung eines Menschen.

Aber auch das Stigmawort »Hetzer« ist noch steigerbar, wie Burkhard Müller-Ulrich in der *Frankfurter Rundschau* bewies. Er stellt fest:

> »Daß zu den frühen Führern der Sowjetunion auch etliche Juden zählten, ist nicht gerade eine Neuigkeit; das konnten ausgeschlafenere Antisemiten als der MdB aus Neuhof bereits vor 85 Jahren konstatieren.«

Hohmann könne »in aller Öffentlichkeit monströse Dinge sagen« beklagt Müller-Ulrich und fragt sich: »Gibt es in einer so hoch entwickelten Organisation wie der CDU kein Alarmsystem, das anschlägt, wenn eines der avancierteren Mitglieder durchknallt?«[131] Der CDU-Abgeordnete wird hier wenigen Sätzen zum »Antisemiten« ernannt, der »durchgeknallt«, also geistesgestört ist. In ähnlicher Weise verkündete am 11. November 2003 Andreas Thewalt für das *Hamburger Abendblatt* über Hohmann: »Ein solch wirrer Geist darf in einer demokratischen Partei keinen Platz haben.« Oben bereits erwähnt wurde Franz Josef Wagners *Bild*-Kommentar, in dem es über Hohmann hieß: »Der Mann ist verrückt. Wir müssen ihm psychotherapeutisch helfen.«

Die Mediengewalt beließ es nicht dabei, Hohmanns Charakter und seinen Geisteszustand zu diffamieren. Sie hob auch auf sein Äußeres ab und erreichte mit ihrer Rhetorik nahezu *Stürmer*-Niveau, wenn es etwa in einem Artikel der *Bild* vom 11. November 2003 hieß: »Das hochmütige Lächeln im hageren Gesicht des Hetzers gefriert. Hohmann kneift die schmalen Lippen zusammen.« Immer zweifelhafter erschien, ob den verantwortlichen Redakteuren überhaupt noch klar war, welcher Mittel sie sich inzwischen bedienten. Wären ähnliche Formulierungen auf Juden angewendet worden, dann wäre der Vorwurf eines antisemitischen Stils nicht ausgeblieben: Auf ebenso plumper wie eindringlicher rhetorischer Ebene (etwa mit den Alliterationen »hochmütige«, »hagere«, »Hetzers«, »Hohmann«, die eine enge Verbindung schaffen sollen) zeichnete der Journalist Hohmanns Gesicht als häßliche, abstoßende Grimasse nach, die - natürlich - auf den dahinter liegenden verdorbenen Charakter hinweisen sollte. Auch die ständige Verwendung des Wortes »Hetzer« sagt mehr über den Rufer aus als über den so Bezeichneten, wie der Linguist Michael Kinne in anderem Zusammenhang herausstellte: »Was auch immer gegen die Nazis geäußert wurde, alles wurde als „Hetze", die ausführenden Personen stets als „Hetzer" bezeichnet.«[132] Pikanterweise greifen die lautstarken Mahner und Warner vor rechtsradikalem Gedankengut unbekümmert immer wieder zu radikaler Rhethorik. Ihre Argumentation gegen Hohmann richtet sie selbst, denn sie lautet ja: Wer sich nationalsozialistischer Sprache und Methoden bedient, und sei es auch aus Unwissenheit und Naivität, der muß seinen Aufgabenbereich sofort und selbstverständlich niederlegen. Es würde zu einigen Kündigungen in deutschen Redaktionsstuben führen, wenn die Kritiker ihre eigenen strengen Maßstäbe auch an sich selbst anlegen würden.

Aus Martin Hohmann war mittlerweile ein minderwertiges menschliches Wesen konstruiert worden, dem man neben dem erwähnten Ekel nur noch Verachtung entgegenbringen konnte. Instinkte der Mitmenschlichkeit sollten ausgeschaltet werden. »Jedem in CDU und CSU muß klar sein: Es darf mit diesem Politiker weder Mitleid noch falsche Solidarität geben!« forderte so etwa Einar Koch in der *Bild*-Zeitung vom 11. November. In ihrer Unerbittlichkeit waren ausnahmsweise sogar *Bild* und *taz* einer Meinung. Letzere verkündete am 14. November 2003, ein Entschuldigungsschreiben Hohmanns sei »mit dicken Tränen des Selbstmitleids getränkt« gewesen, der Abgeordnete selbst »wehleidig«. Mit Blick auf den Selbstmord Möllemanns witzelte die *taz*, »daß der Stellvertretende Vorsitzende der CDU-Bundestagsfraktion, Wolfgang Bosbach, gestern in einem internen Rundschreiben allen CDU-Abgeordneten strikt das Fallschirmspringen untersagte«. Das *Neue Deutschland* verglich Hohmann am 18. November 2003 mit Göring vor den Nürnberger Kriegsverbrecherprozessen und beschrieb das Lächeln des Abgeordneten als »ein Lächeln, an dem man ihn auch noch nach seinem menschlich anständigen Ableben zweifelsfrei identifizieren würde«. Für viele Leser dürfte hier die Grenze vom bloß Geschmacklosen bis zur offenen Menschenverachtung als überschritten gelten.

Hohmann war hier schon längst zu einem Unmenschen geschrieben worden, der absurderweise weder durch eine Entschuldigung, noch durch eine Verteidigung den erwartbaren Schuldspruch abmildern konnte. Als Hohmann in der *Fuldaer Zeitung* erklärte, tatsächlich habe er das Gegenteil von dem gesagt, was man ihm öffentlich vorwerfe, reagierte die Unionsspitze laut *Welt* vom 4. November 2003 mit »massivem Unmut«. Angela Merkel bekundete gar, mit »einem Wort mehr« würde Hohmann »sich selbst ausschließen«.[133] Während selbst einem wegen Mordes Angeklagten vor Gericht ein letztes Wort zugestanden wird, interpretierte die CDU-Spitze jeden Verteidigungsversuch Hohmanns als Unbelehrbarkeit. Hohmann versuchte dieser Zwickmühle zu entgehen, indem er andere für sich sprechen ließ. Auch dies trug jedoch nur zu den Vorwürfen gegen ihn bei. Mit dem Vorzeigen des Günzel-Briefes habe er »einen General auf dem Gewissen«[134], und als er sich auf seine zahlreichen anderen Fürsprecher berief, wird auch dies zu einem Beleg für seine Bösartigkeit umgedeutet.

> »Hohmann habe der Fraktionsspitze gedroht, er werde Hunderte von Zuschriften veröffentlichen, in denen er sehr viel Zuspruch für seine antisemitischen Thesen erfahren habe«

hieß es in den *Bremer Nachrichten* vom 5. November 2003. Und die *Stuttgarter Zeitung* argumentiert am selben Tag:

> »Allem Anschein nach ist Hohmann ein unbelehrbarer Überzeugungstäter. Das beweist nicht zuletzt sein ebenso unverfrorener wie peinlicher Versuch, Kronzeugen zu präsentieren und sich in aller Öffentlichkeit als aufrechter Märtyrer zu präsentieren.«

Hohmann habe sich »auf eine Entschuldigung beschränkt«, aber »die Selbstanklage des Irrläufers« sei ausgeblieben, bekundete die *Frankfurter Allgemeine Zeitung* am 11. November 2003 und bringt damit die Logik des Mediengerichtes auf den Punkt. Für diesen Beschuldigten sind weder Verteidigung noch Entschuldigung akzeptabel, sondern allein die Selbstanklage.

Allein Volker Zastrow fiel in der *Frankfurter Allgemeinen Zeitung* vom 20. November 2003 (also nach Hohmanns Ausschluß aus der Unionsfraktion!) auf, welcher Pervertierung hier das so selbstgerecht vorgebrachte Gerechtigkeitsdenken unterliegt. Zastrow nannte es »Treibjagd«, »Hexenjagd« und »Mobbing«, wenn

»eine Gruppe sich in die Auffassung hineinsteigert, der Betroffene habe keine oder nur geminderte Rechte, und schon die Frage nach diesen Rechten als unmoralische Entscheidung zu seinen Gunsten ausgibt. Dadurch entsteht ein Gesinnungsdruck, der selbst die Voraussetzungen für das gewünschte Ergebnis schaffen kann. Solche Prozesse setzen den Schutz, der jedem Menschen in einer Gruppe durch deren Zusammenhalt gewährt wird, außer Kraft. Nicht von ungefähr begründete der Parteigeneralsekretär Meyer die Entscheidung der Abgeordneten, die gegen Hohmanns Ausschluss gestimmt hatten, mit deren „menschlichen" Regungen, die demnach offensichtlich überwunden werden sollten.«

Daß Hohmann rasch auch auf die Stufe eines Tieres gestellt wurde, war abzusehen. Das geschah in der *Welt* vom 6. November, in der ihn ein Redakteur namens Alan Posener mit einem Hund verglich, der »ohne Anlaß immer wieder zu jenen zwölf braunen Jahren« zurückkehre »wie ein Hund zu seinem Erbrochenen«. Und selbst zur rhetorischen Ausmerzung war es da nicht weit, weil das *Handelsblatt* vom 12. November über Hohmann schrieb: »Sein Abgang hinterläßt (...) ein Lücke, die ihn zur Genüge ersetzt.« Hohmann stand jetzt nicht mehr mal auf der Stufe eines Tieres, sondern auf der Stufe eines Nichts.

Wohlgemerkt: Dieser brutale, gnadenlose Umgang mit einem Menschen blieb keine Ausnahme, gegen die sich die Mehrheit der Medienleute verwahrte. Die Frage drängt sich auf, warum es gegen diese Form der Berichterstattung nicht quer durch alle politischen Lager Proteste gab, vor allem aber aus der CDU selbst. Zunächst aber waren 42 Prozent der Gesamtbevölkerung - die Umfragen wurden bereits oben erwähnt - der Meinung, Hohmann habe nichts Schlimmes gesagt oder getan. Vielen Befragten dürfte die Hohmann-Rede im einzelnen überhaupt nicht bekannt gewesen sein, sondern nur die Berichterstattung, also Schlagworte wie Antisemit, Hetzer, durchgeknallt. Wieviel Prozent der Bevölkerung hätten sich wohl erst hinter Hohmann gestellt, wenn diese Emotionalisierung nicht stattgefunden hätte, sondern so etwas wie eine faire, aber harte Auseinandersetzung?

Im Sommer 2001 wurde erstmals Herlinde Koelbls Dokumentarfilm »Die Meute - Macht und Ohnmacht der Medien« ausgestrahlt. Wie keine andere Sendung zeigte er das »Herdenproblem«[135] des Massenjournalismus auf. Jemand besetzt ein bestimmtes Thema, gibt die Stoßrichtung vor, und etliche andere Journalisten überbieten sich in ihrem Eifer, daraus noch schneller den noch größeren Skandal, die noch größere Story zu machen. In diesem Wettbewerb gehen die Maßstäbe gelegentlich verloren. »Schreibe so, daß du dem, über den du schreibst, in die Augen schauen kannst« nennt *FAZ*-Korrespondent Karl Feldmeyer seine Maxime. In der Berichterstattung über Hohmann ist dieses Gebot ebenso schwer verletzt worden wie in der Berichterstattung über Jürgen Möllemann.

»Hauptsache, Sie verlieren als ehemaliger Fallschirmjäger jetzt nicht die Nerven« unkte Tobias Kaufmann höhnisch in einem weiteren mit »Tschüss, Herr Hohmann« betitelten offenen Brief, der unter anderem im *Kölner Stadtanzeiger*, in der *Jüdischen Allgemeinen* und auf der Homepage Henryk M. Broders veröffentlicht wurde. Möllemanns Selbstmord und die Gefahr, daß Hohmann dazu getrieben werden könnte, sich ebenfalls etwas anzutun, verkommen hier zur makabren Schlußpointe. Beklagen darf man sich darüber vermutlich nicht, weil es sonst wieder heißt, man würde gegen »die bösen Juden« hetzen. Diese Leichtfertigkeit und Respektlosigkeit, mit denen immer wieder mit Menschen umgegangen wird, ist typisch für den bundesdeutschen Journalismus der Gegenwart, dem medienethische Maßstäbe abhanden gekommen sind.

Unter Hunderten von gesichteten Artikeln wiesen allein die *Bremer Nachrichten* vom 11. November 2003 darauf hin, daß die aktuelle Auseinandersetzung auch eine menschliche Komponente hätte und für Hohmann eine enorme Belastung darstellte. »Da Hohmann erst seit fünf Jahren im Parlament sitzt, hätte der Familienvater noch keinen Anspruch auf die übliche Altersversorgung.« Die Warnung eines Fraktionsmitglieds - »Er wäre arbeitslos und würde ins Bodenlose fallen« - wird ebenso zitiert wie die Sorge des baden-württembergischen CDU-Landesvorsitzenden Brunnhuber: »Man darf jemanden nicht so lange treiben, bis er am Ende von einer Brücke springt«. Viele Journalisten und Politiker, die sich als Hüter und Bewahrer der Mitmenschlichkeit aufspielten, hatten da offenbar überhaupt keine Bedenken. Wie zu sehen war, war ein potentieller Selbstmord Hohmanns von manchen Kommentatoren sogar schon einkalkuliert und zum Teil eines Witzes gemacht worden.

Insgesamt betrachtet, leisteten die Medienmacher wenig kritische Reflexion über ihr eigenes Handeln. Wenn doch, dann beklagten sie groteskerweise, daß Journalisten nicht schnell und hart genug reagiert hätten. In dieser Weise äußerte sich beispielsweise Wolfgang Kapust, Korrespondent des *WDR* im *ARD*-Hauptstadtstudio Berlin:

> »Die Angelegenheit Hohmann, einer der schlimmsten antisemitischen Politikerfälle im Nach-Nazideutschland, ist ein besonderer Fall für die Massenmedien. Denn während die sonst bei Politsensationen fast immer ziemlich schnell und mit großen Buchstaben bei der Sache sind, hat es in dieser Sache drei Wochen gedauert, bis der Fall zum öffentlichen Thema wurde. (...) Ohne öffentlichen Druck würde Martin Hohmann wohl weiter über die Juden als Tätervolk phantasieren, und die CDU-Spitze wäre wahrscheinlich bei ihrer Rüge geblieben, ohne ihn als Konsequenz aus Fraktion und Partei auszuschließen. Für die Medien ist der Fall Hohmann keine Superleistung. Denn am Anfang half lediglich der Zufall, wo es doch eigentlich auch möglich gewesen wäre, den Skandal dieser Rede früher aufzudecken.«[136]

Journalistische Appelle zu mehr Differenziertheit, Mäßigung und Besonnenheit gab es in der Hohmann-Berichterstattung hingegen in nur homoöpathischer Dosis.

Medien erzählen Geschichten, während sie versuchen, sich der Wirklichkeit anzunähern. Die Geschichte, die viele Journalisten im Fall Hohmann erzählen wollten, war zweifellos die eines antisemitischen Hetzers, dessen Treiben rechtzeitig aufgedeckt wurde, und der mit einem Ausschluß aus der Bundestagsfraktion bestraft werden müßte: Das ist also gerade noch einmal gutgegangen. Die alte Ordnung wurde wiederhergestellt. Die Botschaft hinter der Geschichte lautet allerdings anders: Sie handelt von einem Mann, der über historisch belegte, von Juden begangene Verbrechen sprach, damit ein Tabu brach und der durch massiven Druck zum Schweigen gebracht werden mußte. Diese Geschichte hätte der Bekämpfung des Antisemitismus einen Bärendienst erwiesen.

Kardinal Lehmann wies die Behauptung als falsch zurück, er habe Hohmann einen Sündenbock geheißen. Dabei wäre dieser Vergleich gar nicht so falsch gewesen. Der Sündenbock war ein Tier, das mit der Schuld einer ganzen Gemeinschaft beladen und hinaus in die Wüste geschickt wurde, um stellvertretend für alle zu büßen. Das war exakt die Rolle, die Hohmann für viele erfüllte. Auf ihn als Einzelnen wurde projiziert und stellvertretend ausgetrieben, womit andere nicht fertig wurden und werden. Denn es mochte gut möglich sein, daß auch Hohmanns Kritiker lediglich versuchten, mit der Last der deutschen Schuld fertig zu werden: Indem sie besondere Verve und Erbarmungslosigkeit darauf verwendeten, einen Menschen niederzumachen, dessen Äußerungen auch nur in die Nähe von Judenfeindschaft kamen, versicherten sie sich ihrer eigenen absoluten Unschuld. Vielleicht kann man in diesen Überreaktionen einen aus der Bahn geratenen Versuch verstehen, Buße zu tun. Dieser Versuch wird aber weder dem Menschen Hohmann noch dem Problem Antisemitismus gerecht.

4.3 Die Reaktion der Politik

Eine Medienanalyse des Falles Hohmann kann das Handeln auf der politischen Bühne nicht außen vor lassen. Die Vermutung liegt nahe, daß die journalistische Berichterstattung über den Fall auf das Handeln politischer Entscheidungsträger großen Einfluß hatte. Ohne die fortgesetzte öffentliche Skandalisierung hätte beispielsweise die Fraktionsvorsitzende Angela Merkel es vermutlich bei einer Rüge Hohmanns belassen, statt seinen Ausschluß aus der Fraktion in die Wege zu leiten.

Es gibt verschiedene Spekulationen darüber, warum Angela Merkel in dieser erschreckenden Weise überreagierte. So berichtet das *Haller Tagblatt* von publizistischem Druck der Verlegerwitwe Friede Springer auf die CDU-Vorsitzende: Springer habe damit gedroht, die *Bild*-Kampagne gegen »Hetzer Hohmann« noch über Wochen fortzusetzen, wenn Merkel gegen diesen keinen harten Kurs einschlage.[137] Eine andere These geht dahin, Merkel habe ihren innerparteilichen Konkurrenten Roland Koch damit bloßstellen wollen, daß er erstens seinen hessischen Landesverband nicht im Griff habe und zweitens im Gegensatz zu Merkel nicht in der Lage sei, harte, aber notwendige Entscheidungen zu treffen.[138]

Politisches Handeln ist in unserer Gesellschaft häufig auch Medienhandeln, ein Handeln also, das auf die Medien und die Berichterstattung durch

Medienvertreter ausgerichtet ist. Konkret formuliert: Wenn Angela Merkel Martin Hohmann auf die eine oder andere Weise sanktioniert, kann das nicht allein (und vielleicht nicht einmal hauptsächlich) als »reine« Handlung betrachtet werden. Es ist gleichzeitig (oder vor allem) eine Botschaft nach außen, die einem Zeitungsartikel oder Kommentar gleichkommt: »Liebe Leser und Zuschauer, wir von der CDU/CSU dulden nicht einmal ansatzweise Antisemitismus in unseren Reihen. Unsere Partei soll sauber bleiben.« Diese Botschaft kann aber auch völlig anders gelesen und verstanden werden: »Bevor ich mich von der Opposition und parteiinternen Kritikern weiter vorführen lasse, entferne ich lieber diesen Störfaktor und hoffe, daß bald Gras darüber wachse.«

Es ist lehrreich, zu untersuchen, wie sehr sich das Verhalten von Politikern im Falle Hohmanns und Jürgen Möllemanns ähnelte. Ebenso lehrreich ist die beängstigende Diagnose, daß die Eskalation der Fälle auf politischer Ebene ihre Entsprechung (oder ihren Vorreiter) in der Aufbereitung und Skandalisierung durch die Medien hatte. Vier Eskalationsstufen lassen sich ausmachen: a) Pauschalisierung anstelle sachlicher Debatte, b) Atmosphäre einer latenten Anklage, c) Androhung von Säuberungen unter Sympathisanten, d) Eine »Herrschaft des Verdachts« etabliert sich.

a) Pauschalisierung anstelle sachlicher Debatte

»Dies ist der schlimmste Fall von Antisemitismus, den ich in den letzten Jahrzehnten erlebt habe« erklärte Paul Spiegel als Vorsitzender des Zentralrats der Juden in Deutschland. Sehr ähnlich hyperbolische Vorwürfe wurden gegen Möllemanns Kritik an der israelischen Militärpolitik und dem Auftreten Michel Friedmans erhoben. Auch Dieter Graumann, Vorstandsmitglied der jüdischen Gemeinde Frankfurts, erkennt bei Hohmann »tiefbraune Gesinnungen«, von denen sich die CDU distanzieren müsse.[139] Der Landesverband der Jüdischen Gemeinden in Hessen stellte gegen den Abgeordneten gar Strafanzeige wegen »ungeschminktem Antisemitismus, Aufstachelung zum Rassenhaß, Volksverhetzung und der Störung des inneren Friedens in der Republik«. Ebenfalls von einer solchen Strafanzeige betroffen war der gesamte Vorstand der CDU Neuhof. Angegriffen wurden in diesem Zusammenhang »Hohmanns perfide Hetze« und sein »widerlicher Antisemitismus«.

Spiegels und Graumanns Äußerungen waren für die politische Opposition der CDU eine Steilvorlage. Rot-Grün, und im Gefolge PDS und Liberale, konnten Diktion und Betroffenheit einfach übernehmen. Mitglieder der CDU-Führung erkannten wiederum rasch, daß ihre ersten Versuche einer Beendigung des »Falls« lediglich als ein Herunterspielen antisemitischer Entgleisungen interpretiert würde: Die Union geriet in Gefahr, als Partei gebrandmarkt zu werden, die den Antisemitismus als Bedrohung nicht ernst genug nähme. Einen Ausweg fand sie in der radikalen Distanzierung von Hohmanns Rede und schließlich von Hohmann selbst als politischer Persönlichkeit. Und so verkündete der stellvertretende Bundesparteichef Jürgen Rüttgers bald, daß Hohmann »antisemitisches und nationalsozialistisches Gedankengut vorgetragen« und die geschichtliche Wahrheit »in unerträglicher Weise« verfälscht habe.[140]

So schwer diese Vorwürfe wogen, so wenig lieferte Rüttgers dafür Belege auf der Sachebene. Er widerlegte die Erkenntnisse aus Biebersteins »*Jüdischer Bolschewismus*«, auf die sich Hohmann bezogen hatte, mit keiner Silbe. Nebenbei bemerkt: Was ist eine »geschichtliche Wahrheit«? Ist es nicht bei Historikern wie bei allen anderen Wissenschaftlern so, daß sie über eben diese Wahrheit unterschiedlicher Auffassung sind und ihre Position in der Diskussion miteinander vertreten und durchsetzen müssen? Kann eine »geschichtliche Wahrheit« quasi von oben verordnet werden? Einer solchen Auseinandersetzung auf der Sachebene entziehen sich Rüttgers, Merz und Merkel bewußt, indem sie mit Vokabeln wie »unmöglich«, »unglaublich« und »indiskutabel« hantieren. Das, was man eigentlich erwarten sollte, nämlich eine *sachliche* Auseinandersetzung, erscheint plötzlich als Zumutung. So entsteht bei vielen Beobachtern der begründete Verdacht, daß die Betreffenden Hohmann auf der Sachebene wenig entgegenzusetzen haben.

b) Atmosphäre einer latenten Anklage

Politik ist ein Machtkampf mit allen Mitteln. Wer in der Sache nicht recht hat, ist etwa versucht, den politischen Gegner persönlich anzugreifen oder sich moralisch zu überheben. Insofern fällt bei der Hohmann-Debatte auf, daß die Kritik nicht bei einzelnen Passagen seiner Rede stehen blieb, auch nicht bei der Rede insgesamt, auch nicht beim Menschen Hohmann: Die Angriffe waren auf seine Partei, auf die CDU als Hohmanns politische

Heimat gezielt. Attackiert wurden die rechtskonservativen Strömungen in der CDU, speziell der hessischen CDU. Schnell wurden Analogien zu anderen Vorfällen gezogen, die man auf irgendeine auch noch so entfernte Weise als »rechtsaußen« oder »antisemitisch« etikettieren konnte: Roland Kochs Unterschriftenkampagne gegen die doppelte Staatsbürgerschaft, seinen Judenstern-Vergleich und die Bezugnahme auf in Wahrheit nicht existente jüdische Vermächtnisse im Parteispenden-Skandal. So sehr die Vergleiche hinkten: Es entstand durch ihre Verflechtung der Eindruck eines schwarzbraunen Sumpfes.

Auf diese Weise konnte natürlich politischer Druck erzeugt werden, und auch hierin ähnelt die Eskalationskurve des Falls Hohmann der des Falls Möllemann: Wenn damals der FDP insgesamt vorgeworfen worden war, rechtsradikalen Strömungen nicht energisch genug entgegenzutreten, geschah nun dasselbe der Union. In einem *Spiegel*-Artikel über die Bundestagsdebatte zum Antisemitismus-Problem hieß es:

> »Hohmanns CDU-Parteifreund Norbert Lammert war erst auf Nachfragen der Grünen Claudia Roth bereit zu versichern, er werde entschlossen gegen jene Kräfte in seiner Partei vorgehen, die Hohmanns Äußerungen in Zeitungsanzeigen zu relativieren versuchten. Roth bedankte sich, indem sie sagte, sie sehe die Union „nicht unter Generalverdacht". Die Partei habe auf die Aussagen Hohmanns reagiert, „aber wie ich finde sehr spät".«

Machtpolitik hin oder her - ein solches Vorgehen ist ethisch heikel, und es erinnert in der Tat an die Kommunistenverfolgung unter McCarthy in den USA der fünfziger Jahre. Eine Person wird als Anhänger einer als bedrohlich wahrgenommenen Außenseitergruppe dargestellt: Wer diesen Vorwurf als unsinnig empfindet und sich schützend vor den Betreffenden stellt, muß erkennen, daß diese Verteidigung ihn nun selbst verdächtig gemacht hat. Man wirft ihm vor, er verteidige nicht, er verharmlose, »leugne« und »relativiere«. Die einzige Möglichkeit, sich vor diesem Vorwurf zu schützen, ist eine eindeutige Distanzierung von demjenigen, den man eigentlich verteidigen wollte.

c) Androhung von Säuberungen unter Sympathisanten

Um die CDU von den Vorwürfen gegen sich zu reinigen, sahen sich ihre Führungspersonen gezwungen, nicht nur Hohmann gegenüber zu entschiedenen Sanktionen zu greifen, sondern gegenüber allen, die ihm auf die eine oder andere Weise den Rücken stärkten. Sachliche Argumentation spielte auch bei diesen Nebengefechten keine Rolle. Einige Beispiele:

- Auf dem Leipziger Parteitag der CDU Anfang Dezember 2003 erklärte der 71-jährige Delegierte Leo Lennartz während der Debatte um den Fall Hohmann, es sei ein Klima der Vorverurteilung entstanden, das dem Angeklagten die Chance eines fairen Verfahrens genommen habe. Die Partei- und Fraktionsführung habe bezüglich Hohmann »Anwalt, Richter und Vollstrecker in einer Person gespielt«. Überdies habe sich niemand für sein Denken zu rechtfertigen. Während Lennartz Redebeitrag riefen mehrere andere Abgeordnete »Aufhören! Aufhören!«, und Jürgen Rüttgers schimpfte als Vorsitzender des nordrheinwestfälischen CDU-Landesverbandes, dem Lennartz angehört: »Gott sei Dank ist dies Ihr letzter Parteitag. Ich will mit solchen Leuten wie Ihnen nicht in einer Partei sein.«[141] Dieser Ausdruck von Selbstgerechtigkeit wurde in zahlreichen Presseartikeln fast triumphierend zitiert. In der Regel nicht zitiert wurde Lennartz schlagfertige Antwort: Er stellte Rüttgers die Möglichkeit offen, dann eben aus der Partei auszutreten. Daraufhin beschloß die Landes-CDU zu prüfen, ob sie gegen Lennartz vorgehen könne, und ihr Generalsekretär Hans-Joachim Reck bezeichnete dessen Rede als »Entgleisung«. Es sei zu überlegen, ob man Schritte gegen ihn einleiten müsse. Die *Berliner Zeitung* vom 2. Dezember 2003 beschrieb Lennartz als »leicht desorientierten Verteidiger Hohmanns«.
- Der CDU-Ratsherr Hans Knoblauch aus Recklinghausen (ebenfalls Nordrhein-Westfalen) hängte Hohmanns Rede in das Schaufenster seines Wahlkreisbüros: Jeder Bürger sollte sich selbst eine Meinung bilden können. Seine eigene Meinung bekundete er offen mit dem Schild »Man darf in Deutschland nicht mehr die Wahrheit sagen.« Darauf reagierte Lothar Hegemann, Kreisverbandschef der Union, mit der Ankündigung eines Parteiausschlußverfahrens gegen Knob-

lauch, insbesondere da dieser auch nach Rücksprache bei seiner Auffassung geblieben sei und somit »keine Einsicht gezeigt« habe. Die »braune Soße« in der CDU müsse »trockengelegt« werden. Als Knoblauch sich einen Anwalt nahm, geriet prompt auch dieser unter Antisemitismusverdacht.[142]

- Der 32jährige Thorsten Thümler aus Niedersachsen konnte einem Fraktionsausschluß nur entgehen, indem er sich von der Hohmann-Rede distanzierte. Zuvor hatte er mit fünfundzwanzig weiteren CDU-Mitgliedern eine Solidaritätsanzeige für Hohmann unterschrieben. Thümler erklärte ausdrücklich, sich weder die Auffassung zu eigen machen zu wollen, daß die Juden ein Tätervolk, noch daß die Greueltaten der Nationalsozialisten mit anderen Greueltaten vergleichbar seien. Er habe lediglich das Verfahren zu Hohmanns Parteiausschluß kritisiert. In der fraglichen Anzeige wurde allerdings auch die Auffassung vertreten, daß Hohmanns Rede nicht antisemitisch sei. Kultusminister Bernd Busemann und Parlamentspräsident Jürgen Gansäuer (beide CDU) interpretierten die Rede anders und drohten Thümler mit »ernsthaften Konsequenzen«, wenn dieser bei seiner Meinung bleibe. Die Fraktion sprach ihm gegenüber eine deutliche Mißbilligung aus.
- Das Parlament der Stadt Frankfurt verurteilte - diesmal gegen die Stimmen der CDU, sondern mit der Mehrheit von SPD, Grünen, PDS, Europa Liste und Ökolinx - den Unions-Stadtverordneten Patrick Schenk. Dieser hatte in einem Leserbrief von einer »Hexenjagd« auf Hohmann geschrieben und befunden, daß »die deutsche Bevölkerung trotz historischer Aufarbeitung immer noch nicht in der Lage ist, mit ihrer Geschichte verantwortungsvoll und ideologiefrei umzugehen«. Daraufhin wurde Schenk vorgeworfen, den »politischen Konsens der Demokraten« verlassen zu haben. In der Stadtverordnetenversammlung distanzierte sich Schenk schließlich ohne jegliche Einschränkung von Hohmanns Rede.
- Michael Oelmann, ein Unterzeichner der Initiative »Kritische Solidarität mit Martin Hohmann« wurde vom Redakteur einer Lokalzeitung als »Rechtsaußen« mit »antisemitischen Tendenzen« gebrandmarkt. Geschäftliche Boykottsdrohungen gefährdeten nicht nur ihn, sondern auch die Arbeitsplätze seiner Angestellten.[143]

- Der CSU-Abgeordnete Norbert Geis bekundete am 12. November im *Bayrischen Rundfunk*, wenn man den Text der Rede im Zusammenhang lese, könne man nicht zu dem Eindruck gelangen, Hohmann sei Antisemit. Zwar habe es sich um keine gute Rede gehandelt, aber ein abschließendes Urteil sei noch nicht getroffen. »Ich will nur, daß man nicht immer einen Menschen durch die Gegend treibt, ihn hetzt und zum Schluß kaputtmacht, bloß weil man sich fixe Vorstellungen macht und aus diesen fixen Vorstellungen nicht wieder herauskommt.« Prompt forderte die bayrische SPD einen Ausschluß von Norbert Geis aus der Union.[144]

Zusammengefaßt zeigt sich wieder und wieder dasselbe Muster: Einzelne Politiker weichen in ihrer Interpretation von Sachverhalten von der Parteilinie ab und mißachten Machtstrukturen oder Führungsvorgaben. Für diesen Verstoß haben sie sich zu rechtfertigen und werden mit Sanktionen bedroht, wenn sie von ihrer Auffassung nicht abrücken. Die gegen sie ergriffenen Maßnahmen haben zugleich Signalwirkung an alle anderen, die derselben Meinung sind, diese aber noch nicht öffentlich kundgetan haben. Dadurch bleibt die Zahl der Abweichler klein und beherrschbar.

Exkurs: Sippenhaft für eine ganze Region

Das Prinzip der Sippenhaft wurde allerdings nicht nur von Politikern, sondern auch von Journalisten angewendet - in gewisser Weise sogar wesentlich stärker. Ins Fadenkreuz gerieten nicht nur Menschen, die Hohmann tatsächlich in irgendeiner Weise gestützt hatten, sondern praktisch der gesamte Landkreis, in dem er lebte. Am 9.November 2003 zitiert die *Frankfurter Allgemeine Sonntagszeitung* den Geschichtswissenschaftler Paul Nolte damit, dass schon »in den siebziger Jahren des 19. Jahrhunderts« - also vor über 130 Jahren! - »Hessen eine der Hochburgen des populären ländlichen Antisemitismus« gewesen sei. Ähnlich wie zuvor der ostdeutsche Ort Sebnitz ins Zwielicht gerückt wurde, bevor sich die Meldung, Neonazis hätten dort vor aller Augen einen Jungen ertränkt, als Ente herausstellte, richtet sich nun die Aufmerksamkeit der Medien auf die Gemeinde Neuhof, in der Hohmann vor gerade mal 130 Zuhörern seine Rede gehalten hatte, ohne dass jemand die Polizei verständigte oder anderweitig eingeschritten war. Diese Unterlassung reicht manchen Journalisten aus, um ein von Rechtsradikalismus quasi durchtränktes Nest zu zeichnen. »Eine Stadt steht unter Generalverdacht, und auf einmal sollen alle ihre Bewohner verkappte Nazis und Antisemiten sein« meldet die *Welt* am 14. November 2003.

Fast erscheint es überflüssig zu erwähnen, daß die ermittelnden Journalisten nichts dergleichen finden. Keine Fackelzüge, keine Skinheads, keine Hakenkreuzschmierereien, nichts auch nur irgend Vergleichbares. Neuhof ist einfach ein Städtchen in der tiefsten Provinz wie etliche andere. Hier scheinen es verschiedene Reporter als Aufgabe zu betrachten, dann eben mit stilistischen Mitteln eine Atmosphäre von unterschwelligen Ressentiments, Wegsehen und Duckmäuserei zu suggerieren.

Dieses Spiel eröffnet Esther Kogelboom für den Berliner *Tagesspiegel* am 3. November 2003 mit einem einigermaßen perfiden Artikel, in dessen Überschrift »Ein Mann, ein Ort« die Gleichsetzung der Sippenhaft bereits zum Ausdruck kommt. Kogelboom macht zunächst aus ihrer Abneigung gegen die Provinz keinen Hehl: Die Neuhofer sprechen bei ihr Dialekt (in Presseartikeln sonst üblicherweise auf Hochdeutsch geglättet), sie waschen am Samstagnachmittag alle miteinander ihr Auto und sitzen am Sonntagmorgen beim Frühschoppen. Die Autowäsche gerät zu einer durchgehenden Metapher für eine ideologische Reinwäsche (»Der Schaum sickert durch das Bodengitter der Waschanlage. ... Neuhof ist sauber«), ohne daß erklärt wird, was es da eigentlich im politischen Sinne reinzuwaschen gibt. Einen Neuhofer namens »Dietmar« hat Kogelbloom scheinbar als ihren Prototypen des Wegsehers (von was?) auserkoren: »Politik interessiere ihn nicht«, er »erklärt noch schnell, er habe selbstverständlich nichts gegen Juden und Ausländer« und lässt »seine Reifen gerade so kurz quietschen, daß es unabsichtlich wirkt«.

Der Ort erscheint in erster Stelle langweilig; über eine Seite hinweg schildert Kogelbloom, daß sie nichts von Bedeutung findet. Das aber schlachtet sie in den seltsamsten Andeutungen aus: »Ein Gedenkstein erinnert an die Postkutschenstation. Sonst zählt das Erinnern nicht zu den ausgewiesenen Stärken der Dorfbewohner. Man ist zufrieden mit dem, was man hat, und mit dem, was man ist.« (Und das unglaublicherweise trotz des Holocaust und der Hohmann-Rede, klingt immer wieder als Subtext an.) »Drei Wochen lang hat kein Neuhofer was gesagt. Wie würde einer auch dastehen, der den Herrn Bundestagsabgeordneten angreift? Im Dorf hätte der nicht mehr viel zu sagen.« (Daß Hohmanns Rede nicht wegen einer totalitären Dorfgemeinschaft unkritisiert blieb, sondern weil seine Zuhörer Kogelblooms Antisemitismus-Vorwürfe schlicht nicht teilen, kommt der Journalistin scheinbar gar nicht in den Sinn.) »Schauen sie weg, die Neuhofer? Das wohl nicht, sie wissen alle, was passiert ist. In der Ortspresse ist von der Angst um den guten Ruf der Region zu lesen.« Man könnte beim Lesen all diesen unheilvollen Geraunes meinen, es sei wenige Wochen zuvor zu regelrechten Massenmorden unter der Dorfeiche gekommen, und jetzt werde hurtig der Mantel des Stillschweigens darüber gebreitet. Von Anfang bis Ende nennt der Artikel indes keinen einzigen klaren Vorwurf, sondern bleibt vollkommen nebulös.

Spätere Medienbeiträge werden diese Haltung des unterschwelligen Generalverdachts gerne aufnehmen. Gerade daß die Neuhofer Bürger sich darüber zunehmend gereizt zeigen und sich schließlich gar nicht mehr äußern wollen, wird ihnen zum Vorwurf gemacht. »Nein, man dreht mir ja doch nur das Wort im Mund herum« wird einer von ihnen in der *Berliner Zeitung* vom 14. November 2003 zitiert. Woraufhin der Autor des Artikels folgert: »Erste Einsicht: Martin Hohmann macht wortkarg.« Die Neuhofer schweigen, »so wie sie auch nichts gesagt haben, als Hohmann am 3. Oktober eine Rede zum Tag der Deutschen Einheit hielt«. Aus medienunerfahrenen Bürgern, die sich vor einer kollektiven Hexenjagd, Vorverurteilungen und entstellenden Zitaten schützen wollen, soll vor dem Auge des Lesers so eine Gemeinde der Duckmäuser entstehen. War es nicht auch schon im Dritten Reich so, daß keiner den Mund aufgemacht hat und eingeschritten ist? »Die wichtigsten Männer aus der in dieser Gegend großen Schar von Christdemokraten ducken sich noch immer. Keiner ist zu sprechen in dieser Angelegenheit« heißt es am 10. November 2003 in der *Stuttgarter Zeitung*. Und weiter: »In Hohmanns Heimatdorf verstehen die meisten gar nicht, warum der Rest der Welt sich so aufregt.« Der Rest der Welt? Oder nicht doch eher eine überschaubare elitäre Kaste von Journalisten und Politikern? Der Kunde eines Friseursalons »schimpft«, es gebe doch wohl so etwas wie Meinungsfreiheit. Klar. Wenn in diesen Artikeln schon einmal erwähnt wird, dasß eine Freiheit der Meinung existiert (und übrigens auch eine Freiheit, seine Meinung nicht jedem Journalisten mitzuteilen, der danach fragt), dann muß ein solcher Satz natürlich »geschimpft« werden. Spießig, feige und feindselig - das ist die Karrikatur, das von den Neuhofern in der Berichterstattung gezeichnet wird. Kurz und gut: der häßliche Deutsche wie aus dem Klischee.

Die *Neue Zürcher Zeitung* vom 21. November 2003 erkennt immerhin den Unsinn, der in solchen Formen der Berichterstattung steckt: »Der Lieblingsverdacht solcher „Investigationsmedien" wurde bedient: Gerade hinter gutbürgerlichen Fassaden verberge sich neonazistischer Unrat, die rechte Gefahr komme „aus der Mitte der Gesellschaft". Das sind die bekannten Denunziationen, die in den Endlosschleifen der „antifaschistischen" Folklore immer wiederkehren und außerhalb einschlägiger Milieus mittlerweile zu fortschreitender Ertaubung führen.«

Zurück zur Rolle der Politik: Wie die oben aufgeführten Beispiele zeigten, wurden Politiker, die Hohmanns Rede verteidigten oder sich bloß gegen den denunziatorischen Umgang mit ihm verwahrten, dazu gezwungen, sich nicht nur eindeutig von Hohmann selbst, sondern darüber hinaus von den eigenen Verteidigungsversuchen zu distanzieren: Nur so konnten sie innerhalb der Gemeinschaft verbleiben, die entschlossen war, Hohmann zu verstoßen. Auch Hohmann selbst wurde anfangs dazu gedrängt, sich zu »entschuldigen«: Nur so könne er einem Fraktionsausschluß entgehen. Hohmann erkannte die Perfidie dieser Forderung, die ihn dazu bringen sollte, sich für etwas zu entschuldigen, das er nicht getan hatte. Entschuldigung würde Anerkennung der Schuld sein. Seine Erklärung enthielt denn auch einschränkende Formulierungen, die die Möglichkeit nicht ausschlossen, daß er unwissentlich jemanden gekränkt habe.

Im Grundsätzlichen aber blieb Hohmann hart, indem er erklärte: »Ich sagte im Grunde das Gegenteil von dem, was man mir öffentlich vorwirft.«[145]. Diese Hartnäckigkeit trug dazu bei, ihm politisch das Genick zu brechen. Hohmann distanzierte sich nach all dem erfahrenen Druck zwar von seinen Äußerungen, war aber der CDU-Bundesvorsitzenden Angela Merkel zufolge nicht »zu einer glaubwürdigen, öffentlich vorgetragenen Entschuldigung bereit gewesen«, weshalb sie seinen Fraktionsausschluß weiterhin betrieben habe.[146] Hohmanns Selbstgeißelung ging ihr schlichtweg nicht weit genug. Diese Einschätzung teilte ein Kommentator der *Süddeutschen Zeitung* am 4. November 2003, indem er beklagte, daß Hohmann sich lediglich »distanziert« und nicht etwa um »Vergebung« gebeten hätte. Es ist vermutlich kein Zufall, daß hier die Sprache des Religiösen durchschimmert. Hohmanns Tabubruch (vgl. Kapitel 1) forderte religiöse Reflexe heraus.

Wie sehr selbst der Parteivorstand der CDU reflexartig handelte, zeigt, daß er ohne genaue Kenntnis der Rede über erste Konsequenzen beriet. Der Berliner *Tagesspiegel* vermeldete am 4. November 2003:

> »Helmut Sauer bat um Aufklärung. Ob man nicht einmal diese Rede des Abgeordneten Hohmann im Wortlaut verteilen könne, regte der Vorstand der Ost- und Mitteldeutschen Vereinigung der CDU am Montag im Parteivorstand an. Der Vorschlag des Vertriebenenfunktionärs stieß nicht auf Gegenliebe. So weit komme das, grummelte hinterher ein Vorstandsmitglied, daß derlei Zeug zur offiziellen Tischvorlage der Christdemokraten gemacht werde!«

Die *tageszeitung* zitiert am selben Tag Roland Koch, man wolle »diesen Unsinn nicht noch weiterverbreiten«. Deutlich wird aus solchen Zitaten, wie gering die Faktenlage noch wog, nachdem Hohmann das Tabu berührt hatte: Seine Verurteilung war beschlossene Sache.

Die intendierte Medienwirkung solcher Handlungen ist so offensichtlich, daß sie nicht aufwendig erläutert werden muß. Angela Merkel, Edmund Stoiber oder Roland Koch zeigten mit ihrer harten Gangart gegen Hohmann, daß sie das Tabu als solches erkannt hätten und seine Zone zu wahren wüßten. Sie hielten mit dieser Botschaft Anschluß an die überwältigende Mehrheit in den Reihen der Meinungsmacher in Medien und Gesellschaft, die ebenfalls alle den richtigen Reflex zeigten. Ähnlich wie bei Möllemann war es aber auch hier das »anarchistische«, also kaum steuerbare Medium Internet, das deutlich machte, wie viele Menschen sich dieser Inszenierung entzogen. Die Webseiten der Wochenzeitung *Junge Freiheit* (die differenziert berichtete) oder der Initiative »Kritische Solidarität mit Martin Hohmann« um den ehemaligen *ZDF*-Moderator Fritz Schenk bildeten Plattformen unabhängiger und nonkonformer Berichterstattung.

Die Journalisten der traditionellen Medien reagierten auf die Meinungsvielfalt im Internet jedoch wiederum reflexartig und machten beispielsweise »Rechte Parolen im CDU-Onlineforum« aus, in dem es etwa hieß: »Viele sehen Hohmann als Opfer einer Verschwörung von linker Kampfpresse und einem internationalen Judentum. (...) Diese Argumentation erinnert fatal an die des verstorbenen FDP-Politikers Jürgen W. Möllemann.«[147]

e) Die »Herrschaft des Verdachts« etabliert sich.

Als es zur Abstimmung um Hohmanns Ausschluß aus der Unionsfraktion kam, war der Druck auf die Stimmberechtigten so groß geworden, daß eine Auseinandersetzung um den Inhalt der Rede oder gar um die Rolle der Medien nicht mehr möglich schien. Die *Frankfurter Allgemeine Zeitung* vermeldete am 6. November 2003 über eine Sitzung der CDU-CSU-Bundestagsfraktion:

> »Verstimmung sei darüber spürbar gewesen, daß man nicht offen seine Meinung zu den Ereignissen habe sagen können - nicht weil es die Vorsitzende verboten hätte, sondern weil ihr Ton signalisiert habe, daß sie keine weitere Erörterung wünsche - und niemand den Mut aufgebracht habe, durch eine kritische Äußerung „quasi geächtet" zu werden.«

Der *Kölner-Stadt-Anzeiger* gab am 8. November 2003 zu bedenken, daß »der Meinungsstreit genau dort nicht statt (fand), wo er eigentlich hingehört hätte«, liefert aber auch gleich eine Begründung: »Eine Diskussion hätte leicht aus dem Ruder laufen können.« Dieser Befürchtung schlossen sich die *Kieler Nachrichten* am 10. November 2003 an: »Möglicherweise könnten sogar Delegierte auftreten, die Hohmann (...) in einem positiveren Licht erscheinen lassen, wurde geargwöhnt. Allein der Gedanke läßt die Parteispitze erschauern.« Verteidiger Hohmanns waren in der CDU-Führung offenkundig ebenso unerwünscht wie in den Medien.

Am 11. November 2003 brachte dann die *Berliner Zeitung* die vorherrschende Geisteshaltung auf den Punkt: »Hohmanns Rede ist einfach nur indiskutabel (...). Einen Zweifel kann es nicht geben.« Das deckte sich mit der Auffassung des Zentralratsvorsitzenden Salomon Korn, wie ihn die *tageszeitung* vom 11. November 2003 zitierte: »Mit Menschen wie Hohmann dürfe man nicht argumentieren, man müsse handeln.«

Immerhin fiel der *tageszeitung* am nächsten Tag auf, daß das so erzeugte Diskussionsklima von dem ansonsten als historisches Übel beklagten McCarthyismus nicht mehr weit entfernt sei:

»In dem für die eigene Klientel so schrecklichen Reformherbst hätte Rot-Grün gar nichts Besseres passieren können als der Fall Hohmann. Endlich wurde nicht mehr über Sozialkürzungen und Kompromisse mit der Union geredet. Endlich gab es wieder ein Thema, bei dem Gut und Böse wunderbar zu trennen waren. Hier die moralisch saubere Regierung, da die moralisch fragwürdige Union. Ein schlichtes Bild, zu dem die Union selbst beitrug, das aber von der SPD nach Kräften gepflegt wurde - insbesondere durch Fraktionsgeschäftsführer Wilhelm Schmidt. Er griff die Union pauschal an und verlangte im Stil des amerikanischen Kommunistenjägers McCarthy, alle CDU-Abgeordneten auf rechtes Gedankengut zu überprüfen.«

Das *Neue Deutschland* konnte sich am 13. November 2003 nicht ganz entscheiden, ob es die CDU wegen der von einzelnen Mitgliedern geäußerten »rechten« Ansichten kritisieren sollte oder wegen dem in dieser Partei vorherrschenden Druck auf Abweichler. Immerhin zitiert es den nach eigener Einschätzung »rechtskonservativen« Historiker Arnulf Baring, der im bayrischen Fernsehen mit Blick auf die CDU von einem »Armutszeugnis« und einer »Gesinnungsdiktatur« gesprochen und dabei scharf kritisiert hatte, daß die Partei »vor einer angeblichen politischen Korrektheit« zurückgewichen wäre.

Karl Feldmeyer hingegen räumt in der *Frankfurter Allgemeinen* vom 14. November 2003 den Kritikern des Umgangs mit Hohmann viel Raum ein.

»Zu Wort meldeten sich nicht nur die notorischen „Rechten“, auch nicht nur solche, die sich als Parteimitglieder zu erkennen gäben und Hohmanns Standpunkt teilten. Der Kern der Empörung sei vielmehr das Aufbegehren dagegen, dass man seine Meinung - egal wie sie aussehe - nicht freimütig sagen könne, ohne von schwersten Sanktionen betroffen zu sein.«

Feldmeyer erinnert auch noch einmal daran, daß den CDU-Mitgliedern der beanstandete Text von Hohmanns Rede nicht zugänglich gemacht worden war, was bei einem der Parteivorsitzenden ebenfalls großen Unmut hervorgerufen habe:

»Was sei das für eine Art, Zustimmung zu etwas zu fordern, ohne den Sachverhalt selbst zu vermitteln, um den es gehe? Und dann die These zum Schluss des Schreibens Merkels, „das Wohl der Union habe Vorrang vor den Interessen eines einzelnen“. Das komme ihm doch fatal bekannt vor.«

Recht eindringlich schildert die *Frankfurter Allgemeine* am 15. November 2003 die Atmosphäre in der Unionsfraktion während der Abstimmung über Martin Hohmann:

»Die Hälfte derjenigen, die (Merkels) Antrag unterstützten, taten das gegen ihre innere Überzeugung. Die Stimmung war fast wie in einer Diktatur. Keiner wagte, sich anderen zu erkennen zu geben, wie er abstimmen würde. Jeder misstraute jedem.«

Der *Welt* vom 11. November 2003 zufolge sorgten sich einige Parlamentarier, daß jeder von ihnen, der die Meinungsfreiheit hochhalten würde, »als Beleg für inhaltliche Hohmann-Sympathien in der Fraktion herangezogen« werde würde. Wenige Tage später zeigte sich, daß diese Befürchtung berechtigt war. Nachdem zwanzig Prozent von Hohmanns Parteikollegen gegen seinen Ausschluß gestimmt hatten, fiel der *Berliner Kurier* am 15. November 2003 tatsächlich auf die Diffamierungskampagne der Unionsgegner herein und erkannte nicht, daß Meinungsfreiheit gerade auf Ansichten angewendet werden muß, die man selbst nicht teilt. So heißt es zu eben diesen zwanzig Prozent von Mitgliedern, die Hohmann stützten: »Die Frage, die sich aufdrängt: Wie viele Hohmänner gibt es in der CDU/CSU-Fraktion und in der Partei?« In fast genüßlicher Hysterie wird der Generalverdacht vom *Berliner Kurier* aufgenommen:

»Bei der SPD schrillen die Alarmglocken. Fraktionsgeschäftsführer Wilhelm Schmidt: „Wir haben immer gesagt, Herr Hohmann steht in der Fraktion nicht allein“. Offensichtlich gebe es eine ganze Reihe von Vertretern der CDU/CSU, die aus Grundüberzeugung heraus Hohmann gestützt haben.«

Ebenfalls am 11. November 2003 sprach die *Thüringer Allgemeine* davon, daß »zum Jahrestag der Pogromnacht die Redner der gesamten Union unglaubwürdig erschienen«. Bezeichnenderweise fehlte bei dieser kühnen

Behauptung nicht nur eine Begründung, sondern erneut das semantische Subjekt. Wem erschienen die Redner der Union unglaubwürdig, und weshalb sollte das der Fall sein? Dem Generalverdacht fehlte nach wie vor jegliche Substanz. Dennoch konnte der *Focus* vom 17. November 2003 feststellen, daß die Herrschaft des Verdachts auf die Abgeordneten der Union Wirkung zeigte: »Viele fragen sich, wie es ihnen ergehen würde, wenn sie einen Fehler machten, hat ein Fraktionsvize registriert.«

Patrick Bahners erkannte in der *FAZ* vom 12. November 2003 folgende Schwachstellen des innerparteilichen Umgangs mit Hohmann:

> »Wie hätte (seine) Glaubwürdigkeit bewiesen werden sollen? Die Antwort liegt auf der Hand: durch künftig erträgliche und akzeptable, völlig akzeptable Reden. Die Fraktionseinpeitscher streuten zur Charakterisierung ihres Umgangs mit dem Getadelten Begriffe aus dem Arbeits- und Strafrecht: Von „Abmahnung" und „Bewährung" war die Rede. Nun ist die Vorstellung, dass ein direkt gewählter Abgeordneter sich einem Resozialisierungsregiment unter Aufsicht seiner Kollegen unterwerfen solle, mit der Freiheit des Mandats ohnehin schwer vereinbar. Hohmann aber hat die Bewährungsauflagen nicht gebrochen. Denn mit dem Wiederholungsfall, der sich nicht ereignen dürfe, war ein neues öffentliches Ärgernis gemeint. Wenn der Verdacht nicht die Macht übernehmen soll, kann die Rechenschaftspflicht des Partei- und Fraktionsgenossen sich nur auf Worte und Taten, nicht auf Gedanken erstrecken. (...) Es stehe dahin, welche Gesinnung sich in diesen Methoden ausspricht. Demokratischer Gesinnung entsprechen sie nicht.«

Am vielleicht besten brachte der in Washington ansässige Theologe und Journalist Uwe Siemon-Netto die Debatte auf den Punkt:

> »Um Mißverständnissen vorzubeugen: Ich wünschte sehr, Hohmann hätte dieses Minenfeld nie betreten. Aber nicht er war der Hetzer. Die Hetzer saßen in deutschen Redaktionen. Und Angela Merkels CDU kuschte vor ihnen und warf Hohmann aus der Bundestagsfraktion. Die deutschen Massenmedien und ihr Pudel, die CDU, bestätigten in den letzten Tagen ein altes Vorurteil gegen die Deutschen - daß sie kein Maß kennen. Zudem plagt uns wieder

einmal die Neigung, uns im Gleichschritt zu bewegen - diesmal im Medientakt.«[148]

4.4 Abweichende Ansichten: Wider die Herrschaft des Verdachts

Dem FDP-Ehrenvorsitzenden Otto Graf Lambsdorff wird folgendes Zitat zugeschrieben: »Natürlich darf es rechte Politiker und Parteien geben. Es ist Aufgabe politischer Führung, besonnen zu reagieren und Hysterie nicht zu schüren!«[149] Ähnlich äußerte sich der Politikwissenschaftler Arnulf Baring hinsichtlich der Hohmann-Debatte in der *Münchner Runde* auf Bayern 3: »Eine liberale Gesellschaft muß aushalten können, daß jemand Problematisches oder schlechthin Falsches sagt.« Dazu war die deutsche Demokratie jedoch nicht in der Lage, ohne mit den geschilderten Prozessen des Ausgrenzens zu reagieren. So bekundete auch die jüdische Publizistin Sonja Margolina in einem Beitrag für das Feuilleton der *Berliner Zeitung* vom 7. November 2003 in bemerkenswerter Deutlichkeit: »Daß sich Hohmann, unabhängig davon, ob er recht hat, (...) als Politiker erledigt hat, versteht sich in Deutschland von selbst.« Bemerkenswert an diesen Äußerungen ist, daß den drei Zitierten ein gerüttelt Maß an Mut zugestanden werden muß, obwohl sie ja bloß Selbstverständlichkeiten von sich gaben.

Sie gehören aber zu den Wenigen, die aus dem Gleichschritt von Politik und Medien ausscherten und eine Gegenposition ins Spiel brachten. Der bereits erwähnte Kardinal Lehmann ließ zwar seinerseits keinen Zweifel daran, daß er Hohmanns Rede ebenfalls für unsäglich hielt; gleichzeitig aber zeigte er, daß ihn die Art, wie dieser Konflikt geführt wurde, ebenfalls wenig glücklich machte.[150] Ähnlich äußerte sich Wolfgang Kubicki bei Sabine Christiansen:

> »Was ich befürchte, ist die Form der Stigmatisierung. Diese Form der Stigmatisierung, wie sie derzeit zu beobachten ist, bewirkt das genaue Gegenteil von dem, was wir brauchen, nämlich eine rationale Auseinandersetzung. Es wäre einfach zu sagen, daß das, was Herr Hohmann gemacht hat, ahistorisch war, nicht nur dumm. Es wäre einfach zu sagen, daß es tatsächlich anschließt an das, was die Nazis gemacht haben mit der jüdisch-bolschewistischen Weltrevolution.

> Aber stattdessen wird Herr Hohmann stigmatisiert, stattdessen wird das instrumentalisiert im politischen Meinungskampf zulasten der Union, die soll hier von Sozialdemokraten und Grünen vorgeführt werden.«

Auch unter den Journalisten gab es nur einige wenige, die gegen die gezielte Stigmatisierung Hohmanns offen Widerstand leisteten: Dazu gehört zum einen Rudolf Walther, der in der Berliner *tageszeitung* vom 14. November 2003 vermerkte:

> »Das zur deutschen Manie und fast schon Mode gewordene Herumfuchteln mit Antisemitismusvorwürfen wirkt erkenntnishemmend und insofern verblödend. Klar - es gibt in Hohmanns Rede einige Passagen, die auch in antisemitischen Zusammenhängen notorisch auftreten. Aber Hohmanns Botschaft ist nicht ein Antisemitismus, und was sich an Restspuren davon in seiner Rede abgelagert hat, zeugt nur von intellektueller Dumpfheit. Wieder einmal versuchte sich ein Hobbyhistoriker an einem Thema, das ihn schlicht überfordert.«

Alexander Gauland wiederum befand am 13. November 2003 in der *Welt*, daß in unseren Nachbarländern dieselbe Rede von den Medien völlig unbeachtet geblieben wäre. Hierzulande sehe es anders aus:

> »Schon im Fall Möllemann funktionierte jener Schulterschluss der Eliten, dass auch der Verdacht des Antisemitismus in Deutschland nicht entschuldigungsfähig ist, ganz gleich, ob eine Analyse dem Vorwurf standhält oder nicht.«

Volker Zastrow gibt sich in der *Frankfurter Allgemeinen* vom 14. November 2003 bedenklich darüber, daß über die Rechte des Abgeordneten Hohmann gar nicht mehr gesprochen werde, »weil festgestellt wurde, daß Hohmann Antisemit sei oder Antisemitismus praktiziert oder dem Antisemitismus Vorschub geleistet habe - was durchweg behandelt wird, als sei es jeweils dasselbe.« Zastrow sieht die Notwendigkeit, auch Hohmann »vor dem Mob zu schützen, in den sich jede Gruppe verwandelt, die sich selbst von einem Individuum bedroht, gar existentiell bedroht sieht.« Ohne es ausdrücklich zu thematisieren, folgt Zastrow hier den Thesen Gehlens von überdeterminierten Institutionen und der Ausgrenzung derjenigen, die sich nicht an die dort geltenden Spielregeln halten. Er verwendet sogar eine religiöse Wendung, wenn er von einem »Akt der Exkommunikation« spricht. Dabei bezieht sich Zastrow auf eine Analyse des Bielefelder Rechtsprofessors Erwin Quambusch über den Umgang der FDP mit Jürgen W. Möllemann und erkennt Parallelen zum Umgang der CDU mit Martin Hohmann - etwa wenn in beiden Fällen »der Abgeordnete der Öffentlichkeit als dringend eliminierungsbedürftiger Störenfried präsentiert wird« und eine »Rechtswidrigkeit schon dadurch hergestellt worden sei, daß ohne hinreichende Anhörung des Betroffenen vollendete Tatsachen getroffen wurden.«

Wie aus den vorhergehenden Passagen des vorliegenden Kapitels deutlich hervorgeht, ist dieser Analyse zuzustimmen: Hohmann wurde ja zu verstehen gegeben, daß ihn jede weitere Wortmeldung nur zusätzlich belasten würde, und weder durch Entschuldigungen noch Verteidigungen konnte er auf die Maßnahmen gegen ihn Einfluß nehmen. Beschämend ist, daß die Medien in ihrer weit überwiegenden Mehrheit nicht das Unrecht thematisierten, das mit diesem Vorgang verbunden war, sondern zusätzlich skandalierten, daß alles nicht noch viel schneller und gänzlich ohne Anhörung des »Angeklagten«, quasi als Automatismus über die Bühne gegangen war. Wer sich am meisten über angebliche Parallelen zum Dritten Reich echauffierte, schien am wenigsten daraus gelernt zu haben. Es ist kein Zufall, daß deutliche Worte in einer Zeitung außerhalb Deutschlands, in der Schweiz, veröffentlicht wurden, in einem Land also, das auf seine Unabhängigkeit und seinen grundsätzlichen Liberalismus viel Wert legt. Die *Neue Zürcher Zeitung* befand am 22. November 2003 zutreffend:

> »Wer bewusst oder auch nur fahrlässig gedankenlos den Verdacht riskiert, sich ins Umfeld antisemitischer Denkmuster zu begeben, muss wissen, dass dies ein öffentliches Scherbengericht zur Folge hat, an dessen Ende der Ausschluss aus dem Kreis der Zurechnungsfähigen steht. (...) Hohmann als Wiedergänger von Goebbels zu dämonisieren ist nicht nur falsch, sondern zeigt auch eine intellektuelle Faulheit und die Weigerung, sich auf neue, gegenwärtige Herausforderungen einzustellen.«.

Konrad Adam schließlich brachte in seinem Artikel »Vom Recht auf Dummheit für die Welt« vom 17. November 2003 die Crux dieser Debatte auf den Punkt, indem er darauf verwies, daß in Israel der umstrittene Film »Djenin, Djenin« auf einstimmigen Beschluß des obersten Gerichts des Landes doch noch gezeigt werden durfte, was ihm Gelegenheit zu einer Analogie bot:

> »Die Richter befanden, dass das hohe Gut der Meinungsfreiheit durch ein Verbot im Übermaß verletzt würde. Der Schutz der Grundrechte, so könnte man den Spruch verallgemeinern, ist wichtiger als die Empfindlichkeit einer Gruppe, die Interessen einer Partei oder die Ruhe im Lande. Jeder, der den Versuch macht, im Falle des Bundestagsabgeordneten Martin Hohmann Vernunft und Augenmaß zu bewahren, wird das Urteil dankbar zitieren. Und nicht nur dies eine Urteil, denn das Bundesverfassungsgericht hat seinerzeit ähnlich entschieden, als es in seinem natürlich gleichfalls umstrittenen Soldaten-sind-Mörder-Urteil die individuelle Meinungsfreiheit höher stellte als den Ehrenschutz einer Berufsgruppe, in diesem Fall: der Bundeswehr, deren Angehörige sich durch das öffentlich zur Schau gestellte Tucholsky-Zitat herabgewürdigt fühlten. Tatsächlich ist die Meinungsfreiheit als der historische Ursprungsort der Menschen- und Bürgerrechte kaum zu überschätzen. Mit dem ihm zugeschriebenen Ausspruch, er werde die Ansichten seines Gegners mit aller Energie bekämpfen, aber sein Leben dafür einsetzen, dass er sie äußern dürfe, hat Voltaire diese Freiheit als erste Voraussetzung für das herausgestellt, was wir eine Bürgergesellschaft nennen. Das Grundgesetz zog daraus nur die fällige Konsequenz, als es Beschränkungen der Rede- und Meinungsfreiheit nur in den allerengsten Grenzen zuließ.«

Außerhalb dieser hier zitierten Artikel wurde im *mainstream* der Medienberichterstattung Meinungsfreiheit als zentraler Wert entweder gar nicht erst erwähnt (dies geschah lediglich in der Berichterstattung von verfemten Journalen wie der *Jungen Freiheit*) oder aber entwertet, indem er lediglich in den Zitaten von Personen erschien, die von den Journalisten als Stammtischler und Ewig-Gestrige charakterisiert wurden. Ansonsten wurde dieser politische Wert ausschließlich in Leserbriefen hochgehalten, etwa wenn

Dr. Hans-Wolfram Gaig, Direktor beim Gerichtshof der Europäischen Gemeinschaften im Ruhestand, in der *Welt* vom 21. November 2003 zu verstehen gibt:

> »Wir leisten der guten Sache der Bekämpfung des Antisemitismus einen Bärendienst, ja, wir handeln geradezu kontraproduktiv, wenn wir Begriffe wie „Antisemitismus" oder „Fremdenfeindlichkeit" inflationär verwenden, denn das bringt nicht nur bei einfachen Gemütern den Eindruck auf, man dürfe bestimmte Bevölkerungsgruppen überhaupt nicht kritisieren, sie stünden sozusagen unter Naturschutz. Das Grundrecht der Meinungsfreiheit schützt - in den Grenzen des Rechts - aber auch irrige Meinungen und gestattet Kritik an jedermann.«

Solche Äußerungen heben sich merklich von denen eines Heribert Prantls oder einer Bettina Gaus ab, für die allem Anschein nach nur in ihren Augen »würdige« Meinungen von diesem Grundrecht gedeckt sind. Wieder und wieder wurden so in der Berichterstattung zwei Dinge miteinander vermischt, die stets auseinandergehalten werden müssen: Die inhaltliche Kritik der Rede Martin Hohmanns hat mit der Frage der grundsätzlichen Meinungsfreiheit nichts zu tun. Wer für die Freiheit zu »Meinen« und zu »Reden« eintrat, konnte inhaltlich dennoch Hohmanns Äußerungen für ungeschickt, falsch, unangemessen halten. Die Initiative, die sich für Hohmanns Meinungsfreiheit einsetzte und noch immer einsetzt, trägt zur deutlichen Kennzeichnung dieser Scheidelinie den Namen »Kritische Solidarität«.

Aber solche Differenzierungen halfen in der »heißen Phase« der Kampagne nichts, Beispiele für den politischen und persönlichen Druck gegen Mitunterzeichner der Initiative sind im vorhergehenden Kapitel aufgeführt. Nicht wenige im eigentlichen Sinne »zivilcouragierte« Unterstützer der »Kritischen Solidarität« wurden selbst in die Nähe des Antisemitismus gerückt. Die Signalwirkung, die davon ausging und ausgeht, ist unmißverständlich, das Minenfeld ist sozusagen gekennzeichnet. Zuletzt hat ein Kreisverband der JU Mecklenburg-Vorpommern die Warntafeln übersehen: Als dieser im Januar 2005 Martin Hohmann zu sich einlud, damit er dort über »Die Entwicklung des CDU-Zeitgeistes« referiere, schlagzeilte die *Bild*-Zeitung »CDU-Nachwuchs stärkt Juden-Beschimpfer«. Andere

Zeitungen, so etwa die *Rheinische Post* vom 24. Januar 2005, griffen diese falsche Apostrophierung auf. Charlotte Knobloch, Vizepräsidentin des Zentralrats der Juden in Deutschland, empörte sich darüber, dass es die Verantwortlichen in der CDU nicht schafften, Hohmann »den Mund zu verbieten«.[151] SPD-Landeschef Till Backhaus rügte Hohmanns Einladung in Verbindung mit dem 60. Jahrestag der Befreiung von Auschwitz und sprach von einer Geschmacklosigkeit, die sich nicht mehr als Dumme-Jungen-Streich abtun lasse. Die JU habe sich damit »ins rechte Abseits« gestellt. Als Folge solcher Anfeindungen mußte der Kreisverband seine Einladung an den Verfemten wieder zurückziehen. Nicht genug damit: Der Kreisvorsitzende Steffen Bokunewitz sah sich durch politischen Druck des JU-Bundesvorsitzenden Philip Mißfelder sowie Mecklenburg-Vorpommerns CDU-Vorsitzenden Eckhardt Rehberg zum Rücktritt veranlaßt.[152] Vincent Korkert, Landesvorsitzender der JU in Mecklenburg-Vorpommern, bekundete zu dem Versuch, Hohmanns Ausgrenzung zu beenden und Meinungsfreiheit wieder zuzulassen: »Wir können (...) davon ausgehen, daß es die Tat eines Einzelnen war.«[153] Die Parallelen zum McCarthyismus in den USA der fünfziger Jahre sind unübersehbar.

Falls tatsächlich manche Medienmacher und Politiker gezielt mit der Unterstellung des Antisemitismus gespielt haben, um damit Auflage oder Quote zu erzielen oder sich vor ihren Wählern zu profilieren, dann war dieses Spiel ein brandgefährliches. Parallel zur Skandalisierung Martin Homanns stieg nämlich die Zahl echter antisemitischer Drohungen und Pöbeleien an, wie Paul Spiegel am 12. November 2003 dem Berliner *tagesspiegel* mitteilte. Ähnliches sei schon bei der Möllemann-Debatte der Fall gewesen. Was sich Spiegel ebensowenig zu fragen scheint wie andere Warner und Mahner der Republik, ist, wie sehr dieser Anstieg der rücksichtslosen Kampagne gegen den für sich genommen völlig ungefährlichen Martin Hohmann geschuldet ist. Fuldas Oberbürgermeister Gerhard Möller brachte die fatale und bewußte Verkennung von Ursache und Wirkung in der *Frankfurter Allgemeinen Zeitung* vom 12. November 2003 auf den Punkt: In seiner Stadt gebe es zwar »wahrhaftig keine antisemitische Grundstimmung«. Aber, so Möller weiter: »Wir haben nach der Affäre mehr Antisemiten in Deutschland als zuvor. Ich fürchte, wir werden alle schweren Schaden nehmen.«

5 Killervorwurf Antisemitismus oder inflationäre Entwertung? Weitere Debatten und Skandale

5.1 Reinhard Günzel: »ein verwirrter General«?

Der Skandal um Martin Hohmann weitete sich noch einmal aus, als Hohmann Reportern des *ZDF*-Magazins *Frontal 21* den Brief des Brigadegenerals Reinhard Günzel zeigte und vorlas. Der Brief war nicht lang, sein Wortlaut sei dokumentiert:

> »Sehr geehrter Herr Abgeordneter,
> für Ihren Vortrag zum Nationalfeiertag bedanke ich mich sehr herzlich. Eine ausgezeichnete Ansprache, wenn ich mir dieses Urteil erlauben darf, wie man sie mit diesem Mut zur Wahrheit und Klarheit in unserem Land nur noch sehr selten hört und liest.
> Und auch, wenn sich all diejenigen, die sich dieser Auffassung anschließen oder sie gar laut und deutlich artikulieren, von unserer veröffentlichten Meinung sofort in die rechtsradikale Ecke gestellt werden, können Sie sicher sein, daß Sie mit diesen Gedanken der Mehrheit unseres Volkes eindeutig aus der Seele sprechen.
> Ich hoffe, dass Sie sich durch Anwürfe aus dem vorwiegend linken Lager nicht beirren lassen und mutig weiterhin Kurs halten.
> Mit einem herzlichen Gruß
> bin ich Ihr Reinhard Günzel, Brigadegeneral.«

Der Kern dieses Briefes ist also jenseits der verschiedenen Höflichkeitsgesten und Bekundungen von Sympathie eine einfache Textinterpretation: Günzel befand, daß Hohmanns Rede wahr und mutig, der Mehrheitsmeinung in der Bevölkerung entsprechend und keinesfalls rechtsradikal sei. Günzels Brief sprach persönliche Auffassungen aus, sie beleidigten keinen Dritten, waren nicht kämpferisch, sondern bloß höflich und herzlich. Dennoch ging noch am Abend der Sendung folgende Pressemitteilung des Bundesministeriums für Verteidigung (BMVg) heraus:

> »Verteidigungsminister Struck erklärte am 4. November 2003, dass Brigadegeneral Reinhard Günzel, Chef des Kommandos Spezial-

kräfte (KSK), aus seinem Amt entlassen worden ist. Dies erfolgte wegen seiner Zustimmung zu der als antisemitisch kritisierten Rede des Bundestagsabgeordenten Martin Hohmann.
Struck bat außerdem Bundespräsident Johannes Rau, Günzel in den einstweiligen Ruhestand zu versetzen. Der Verteidigungsminister bezeichnete die Äußerungen des Generals als „unerträglich". „Sie kennzeichnen auch überhaupt nicht die Meinung der Bundeswehr, schon erst recht nicht die Meinung der Spezialkräfte, denen er bis jetzt vorgestanden hat." Günzel habe das Ansehen der Bundesrepublik Deutschland beschädigt. Der Brigadegeneral führte die Spezialeinheit der Bundeswehr knapp drei Jahre lang.
Hohmann hatte in einer Rede am Tag der Deutschen Einheit die Frage gestellt, ob auch die Juden als Tätervolk bezeichnet werden dürften. Laut *ZDF*-Informationen bedankte sich Günzel bei dem Abgeordneten in einem Brief für die „ausgezeichnete Ansprache".«

Die Pressemitteilung macht erfrischenderweise nicht den geringsten Hehl daraus, daß Günzels Entlassung deshalb stattfand, weil er einer Rede zugestimmt hatte, die jemand anderes als antisemitisch kritisiert hatte. Wieder wird nicht genannt, wer dieser Kritiker ist und wem damit offenbar eine solcherart starke Definitionshoheit zugesprochen wird, daß man seiner Deutung nicht widersprechen darf, ohne seinen Beruf zu verlieren. Offenkundig handelt es sich ja nicht um die Ansicht des Bundesverteidigungsministeriums selbst. Dann wäre von der »antisemitischen Rede des Bundestagsabgeordneten Martin Hohmann« die Rede gewesen. Diese Formulierung wird in der Pressemitteilung zugunsten einer viel umständlicheren Wendung jedoch auffällig vermieden. Günzels Entlassung wird schon dadurch gerechtfertigt, daß er eine entsprechend kritisierte Rede unterstützt habe.

Etwas tückischer wird dieser Zusammenhang in der Anmoderation zur Sendung *Sabine Christiansen* am darauf folgenden Sonntag verkürzt werden. Dort hieß es:

»Da hält ein CDU-Abgeordneter aus Hessen eine Rede, die nach Ansicht des Antisemitismus-Forschers Benz so „geschlossen antisemitisch ist wie keine zuvor in der Geschichte der Bundesrepublik".

Dafür bedankt sich ein hoher Bundeswehr-General: Der Christdemokrat habe „dem deutschen Volk aus der Seele gesprochen".«

Hier wird mit Wolfgang Benz eine urteilende Instanz benannt. Benz wird als Experte ausgewiesen; sein starkes Urteil erscheint nicht als Meinung eines Einzelnen, sondern sozusagen als fachmännische Beschreibung. Weiter geht es mit »Dafür bedankt sich ein hoher Bundeswehr-General«. Die Formulierung, die hier in so hohem Tempo verlesen wird, daß der durchschnittliche Fernsehzuschauer gar keine Zeit hat, sie zu analysieren, ist irritierend zweideutig. Wofür bedankte sich Günzel? Für eine antisemitische Rede? Oder für eine Rede, die einige als antisemitisch erachteten und andere (darunter Günzel selbst) nicht? Die Aussage der Anmoderation Sabine Christiansens lautet jenseits aller Formulierungskünste: Hohmann hat eine antisemitische Rede gehalten, und Günzel befand, dieser Judenhaß werde von den meisten Deutschen geteilt. Richtig ist: Hohmann hatte eine umstrittene Rede gehalten, Günzel hielt sie nicht für rechtsradikal und ging davon aus, daß eine Bevölkerungsmehrheit dies ebenfalls so sehen würde.

Noch knapper und unverblümt verfälschend formulierten Reymer Klüver und Susanne Höll in der *Süddeutschen Zeitung* vom 5. November 2003: »Günzel hatte in einem Brief an den CDU-Bundestagsabgeordneten Martin Hohmann ausdrücklich dessen antisemitischen Äußerungen begrüßt.« Immerhin durfte in der Christiansen-Sendung der Freidemokrat Wolfgang Kubicki den Finger auf die Wunde legen:

> »Zunächst einmal glaube ich, dass die Reaktion mehr über uns selbst sagt, als über das, was vorgefallen ist. Ich halte es für völlig unangemessen, dass der oberste Dienstherr von General Günzel ihn in der Öffentlichkeit vor jeder Anhörung, vor jedem Verfahren als verwirrten General bezeichnet, das ist übrigens auch einmalig in der Geschichte der Bundesrepublik Deutschland. Herr Kollege Schily, wir beide haben uns immer dafür eingesetzt, dass rechtstaatliche Verhaltensweisen Platz greifen sollen und dazu gehört eben, dass jedermann das Recht hat, sich in einem ordnungsgemäßen Verfahren zu verteidigen, und nicht bereits öffentlich hingerichtet wird, bevor er überhaupt die Möglichkeit hat, sich zu äußern. Das ist mein wesentlicher Kritikpunkt.«

Solche moderaten und abgewogenen Einschätzungen hätten indes auch anderen Wortführern in der Debatte gut angestanden.

In der oben zitierten Presseerklärung des Verteidigungsministeriums hieß es weiter, daß Günzels Meinung nicht der Meinung der Bundeswehr entspreche. Selbst angenommen, Minister Struck hätte mit dieser Vermutung recht: Es war für die binnen Stunden erfolgte, unehrenhafte Entlassung völlig irrelevant, ob zehn, dreißig oder achtzig Prozent der Generalität oder der Soldaten insgesamt die Meinung Günzels geteilt hätten. Normalerweise nämlich legt die Bundesrepublik Deutschland viel Wert auf den mündigen und selbständigen »Staatsbürger in Uniform«, der sich eben dadurch auszeichnet, daß er sich sein eigenes Urteil bilden könne und sich eben nicht nach Mehrheiten richte, schon gar nicht nach einer von oben verordneten Weltsicht.

Die von Struck vermittelte Botschaft griff den Kern des »Staatsbürgers in Uniform« an. Sie lautete: Halte den Mund, wittere den Zeitgeist und gehorche. Günzels ganzes Vergehen war: Er hatte in einem persönlichen Brief an einen Bundestagsabgeordneten dessen öffentliche Rede gelobt. Er erhielt daraufhin kein Disziplinarverfahren, nicht einmal eine Anhörung. Er wurde suspendiert, die Ehrenbezeichnungen, die ihm als altgedientem General zugestanden hätten, wurden ihm wie einem Straftäter verweigert.

Während dieses Verfahren schon moralisch höchst zweifelhaft ist, sind seine Auswirkungen auf politischer Ebene verheerend: Zum einen schafft es eben jenen Kadavergehorsam, den die Erfinder der »Inneren Führung« und des auch politisch mündigen Soldaten gerade nicht wollten; zum anderen baute es General Günzel für konservative und rechte Gruppierungen als eine Märtyrerfigur auf.

Ob Verteidigungsminister Struck gerne in einer totalitären Gesellschaft leben möchte, ob er Menschen gerne als Spielfiguren benutzt, um eine moralische Überlegenheit seiner Partei zu suggerieren, oder ob er aus anderen Motiven gehandelt hat: In jedem Fall hätte man erwarten können, daß durch zahlreiche Medienorgane des Landes ein Aufschrei der Entrüstung über diese obrigkeitsstaatliche Einschränkung der Meinungsfreiheit gehen würde. Dies um so mehr, nachdem Struck Günzel öffentlich als »verwirrten General« bezeichnet hatte und somit Geisteskrankheit dort feststellte, wo es um banale Meinungsunterschiede ging. Der Aufschrei in den Medien blieb jedoch aus. Statt dessen lautete der allgemeine Tenor, so etwa in der *Welt* vom 5. November 2003, Günzels Suspendierung »hätte keine Sekunde länger dauern dürfen«. Im selben Artikel hieß es, was Günzel geschrieben habe, sei schlimmer als das, was Hohmann gesagt hatte; es handele sich um »modernen Antisemitismus«.

Selbst die ehrverletzenden Ausfälle des Ministers wurden in manchen Medienbeiträgen noch einmal geadelt, so etwa in einem Artikel Kurt Kisters in der *Süddeutschen Zeitung* vom 4. November 2003. Betitelt mit »Ein General, dumm wie ein Abgeordneter« verbleibt dieser Kommentar fast durchgehend bei persönlichen Angriffen auf unterstem Niveau:

> »Daß der Brigadegeneral Günzel dem Dummkopf Hohmann in einem Brief beigesprungen ist, zeigt zweierlei: Erstens fehlt es dem Privatmann Günzel offenbar an Wissen und an Intellekt. Zweitens gebricht es dem General Günzel an der Fähigkeit, sein Handeln und die Folgen seines Handelns einschätzen zu können. (...) Günzel hat sich als besonders schlechter Offizier erwiesen, weil er auch das Ansehen der Bundeswehr mit seinem Applaus für die rassistischen Gedanken Hohmanns beschädigt hat. Es ist nun einmal so, daß in weiten Teilen der Öffentlichkeit derartige Äußerungen eines Generals nicht nur als Gelalle eines Privatmanns, sondern als Worte eines Repräsentanten der Armee wahrgenommen werden.«

Die Niveaulosigkeit des Beitrags ist erschreckend: Andere Meinungen mit Wörtern wie »Dummkopf« und »Gelalle« abzutun, ist keine Argumentation mehr, sondern unflätige Beschimpfung.

Auch andere Artikel in der Günzel-Debatte sind auffällig von persönlichen Herabsetzungen und fast hysterischen Übersteigerungen geprägt: »Zu unglaublich schien aber die Vorstellung, dass ein hoher Offizier die Dummheit besitzen könnte, seine ungeheuren Ansichten schriftlich niederzulegen« heißt es etwa in der *tageszeitung* vom 5. November 2003. Bettina Gaus schreibt dazu in einem begleitenden Kommentar:

> »Der Bundeswehrgeneral Reinhard Günzel muß gehen, weil er sich als Antisemit zu erkennen gegeben hat. (...) Ein Saalpublikum mag noch so feige, ignorant und gelangweilt sein - die Tatsache allein ist dennoch ein Hinweis darauf, bis zu welchem Grad antisemitische

Äußerungen inzwischen als normaler Teil des akzeptablen politischen Spektrums gelten. Man stelle sich vor, ein Redner riefe zum Mord an einem Spitzenpolitiker auf. Die Meldung liefe binnen Minutenfrist über alle Nachrichtenagenturen. (...) Jedes Augenzwinkern ist in diesem Zusammenhang fast ebenso ekelhaft wie die Tat selbst. (...) Aber man wird doch wohl noch seine Meinung sagen dürfen? Und verdient eine Rede wie die von Hohmann nicht wenigstens eine sachliche Erwiderung? Nein, das tut sie nicht. Auch die Behauptung, der Mond sei aus Käse, muß nicht jedes Mal widerlegt werden.«

Einige wenige Artikel fallen aus der Arie der Hysterisierungen und Beschimpfungen heraus. So weist *Bild am Sonntag* vom 9. November 2003 am Ende eines Artikels darauf hin, daß Günzel als KSK-Kommandeur immer die Zusammenarbeit mit Israelis gefördert habe, »weil es fantastische Menschen und Soldaten sind«, daß er insbesondere mit einem israelischen General eng befreundet sei und erst im Jahr vor der Debatte um Hohmann an der israelischen Holocaust-Gedenkstätte Yad Vashem einen Kranz niedergelegt habe. Und der *Focus* vom folgenden Tag verweist darauf, daß als Folge der medialen Hetzkampagne gegen Günzel »Kübel an Bösartigkeiten« über seine Familie ausgeschüttet würden und man seine Frau am Telefon als »Nazi-Sau« beschimpfe.

Der generelle Trend in Politik und Medien weist in dieser Debatte allerdings auf die Unterstützung einer Meinungs- und Gesinnungsdiktatur. So zitiert die *Süddeutsche Zeitung* am 5. November 2003 den SPD-Politiker Rainer Arnold, der darüber nachsinnt, wie man strukturell verhindern könne, daß Männer mit Auffassungen wie Günzel es überhaupt erst zum General brächten. Daß es bedenklich sein könnte, Beförderungen weniger von den Fähigkeiten eines Menschen als seiner Weltanschauung und seinem Bekennermut abhängig zu machen, problematisiert der Artikel nicht. Ähnlich unkritisch-naiv kommentiert Andrea Seibel in der *Welt* vom 7. November 2003:

»Was wäre gewesen, wenn Angela Merkel Stärke und Risikobereitschaft gezeigt hätte? Der Fall Günzel wäre nicht zu einem Fall ‚braune Bundeswehr' stilisiert worden. Die Regierung hätte nicht die

> Union einem generellen Antisemitismus-Verdacht aussetzen und einen Gesinnungs-TÜV fordern können.«

Ist es aber wirklich ein Zeichen von »Stärke und Risikobereitschaft«, wenn man seinen eigenen Abgeordneten die Solidarität entzieht und eilfertig die Meinungsfreiheit von sich aus eingrenzt, weil man Angst hat, andernfalls vom politischen Gegner mit Schmutz beworfen zu werden? Es wehte in diesen Tagen mehr als nur ein Hauch von McCarthy durch unsere Republik.

5.2 Rogalla von Bieberstein: »Rechtfertigung der nationalsozialistischen Vernichtungspolitik«?

Als geistiger Vater einiger zentraler Thesen in Hohmanns umstrittener Rede gilt der Bielefelder Universitäts-Bibliothekar Rogalla von Bieberstein. Dieser hatte in dem Werk »*Jüdischer Bolschewismus*« - *Mythos und Realität* (Edition Antaios) über die Beteiligung von Juden an der russischen Oktoberrevolution gesprochen, worauf sich Hohmann bezogen hatte.

Nun gibt es hierzulande einerseits die Freiheit der Wissenschaft. Jeder Forscher hat selbst die Möglichkeit zu entscheiden, worauf er sein Augenmerk richten möchte, und für seine Schlußfolgerungen hat er sich in der Regel nur vor seinen Fachkollegen zu rechtfertigen. Schwierig wird es, wenn die Fachkollegen die Auseinandersetzung nicht führen, weil sie Pseudo-Wissenschaftlichkeit vermuten. Gefährlich wird es zuletzt, wenn das Argument der Pseudo-Wissenschaftlichkeit denunziatorisch angewendet wird, wenn also das argumentative Gewicht fachwissenschaftlicher Instanz zur Unterdrückung einer eigentlich diskutablen und wissenschaftlich belegten These eingesetzt wird.

Die Frage, welche Thesen Wissenschaftler im vergangenheitspolitischen Bereich vertreten »dürfen«, wurde im »Historikerstreit« um Ernst Nolte, Michael Stürmer und Andreas Hillgruber gestellt. Nolte hatte 1986 in einem in der *Frankfurter Allgemeinen Zeitung* veröffentlichten Artikel eine kausale Verknüpfung zwischen dem »Klassenmord« der Bolschewiki und dem »Rassenmord« der Nazionalsozialisten hergestellt und vermutet, daß sich Hitler durch diese von Juden begangene Taten bedroht gefühlt und darauf reagiert habe. Noltes Kritiker, darunter Jürgen Habermas, warfen ihm daraufhin eine Relativierung, wenn nicht Entschuldung der Greueltaten des Dritten Reiches vor. Nolte gab zur Replik, er sei seiner Aufgabe als Historiker nachgekommen, die geschichtlichen Ursachen für bestimmte Geschehnisse zu erforschen.[154] Dies hatte man in der Tat ja auch davor schon getan. Nur hatte man dabei die Juden ausschließlich in der Opferrolle belassen und etwa auf den christlich geprägten Antisemitismus des Mittelalters zurückgegriffen. Noltes Fragestellung war ein Tabubruch, und folgerichtig begegneten ihm seine Kritiker nicht nur auf der Sachebene: Er wurde als Person diskreditiert und erhielt in der Folge keinen Zugang mehr zu den Spalten der großen Zeitungen, in denen er vorher selbstverständlich veröffentlicht hatte.

Auch in der Hohmann-Debatte tauchte in den Medien vereinzelt Ernst Noltes Name auf. So kritisierten Matthias Drobinski und Cathrin Kahlweit in der *Süddeutschen Zeitung* vom 11. November 2003 Hohmann als »nationalkonservativ und geschichtsklitternd - etwa da, wo der Historiker Ernst Nolte oder der reaktionäre Hobbyhistoriker Alexander Solschenizyn als Zeugen gegen jüdische Missetaten herangezogen werden«. Mit der Vokabel »geschichtsklitternd« wies die *Süddeutsche Zeitung* bereits aus, wie wenig sie von Auffassungen in der historischen Forschung hält, die sich von ihrer eigenen unterscheiden.

Bieberstein äußerte sich zur Hohmann-Debatte in einem Leserbrief an die *Frankfurter Allgemeine Zeitung*, veröffentlicht am 21. November 2003, in dem er auf eine Mahnung in seinem Buch hinwies: »Nur Ignoranten könnten somit den Juden noch immer kommunistische und stalinistische Verbrechen als gewissermaßen erbliche Kollektivschuld anlasten.« Hohmann habe »mit diesem Argument tabubrecherisch gespielt«.

Nun erfuhren auch Biebersteins Erkenntnisse nicht allein in jenem Rahmen Kritik, wo sie angemessen gewesen wäre, nämlich innerhalb der geschichtswissenschaftlichen Sachdebatte. Stattdessen forderte der Allgemeine Studentenausschuß der Universität Bielefeld Biebersteins Entlassung - was mit Hohmann und Günzel funktioniert hatte, mußte doch auch bei anderen möglich sein? -, und die Antifa-AG beschuldigte ihn der »nachträglichen Rechtfertigung der nationalsozialistischen Vernichtungspolitik«. Dieser Vorgang wurde nur in zwei Artikeln der Massenpresse ausführlich behandelt - und dies auffällig unterschiedlich.

Der *Spiegel* vom 15. November 2003[155] betitelte seinen Artikel mit »Hohmanns Steilvorlage aus der Uni.« Als Biebersteins Ankläger zitiert er den Studentenvertreter Stefan Bröhl mit harten Worten: »Bieberstein verbreitet unter dem Deckmäntelchen der Wissenschaft strukturellen Antisemitismus und liefert neonazistischen Gruppen Material.« Der Leiter des Interdisziplinären Zentrums für Gewalt- und Konfliktforschung in Bielefeld, Wilhelm Heitmeier, rückte mit seinen Aussagen Bieberstein in die Position eines Sonderlings: Er sei »bislang von Historikern kaum wahrgenommen worden« und lediglich mit »abstrusen Thesen« aufgefallen. Heitmeier begründete seine Abschätzigkeiten nicht, kam jedoch zu einem denunziatorischen Urteil: »Aber kümmern muß man sich schon um diese Leute, auch wenn sie nicht das Kaliber von Hohmann darstellen.« Auch wie dieses »kümmern« aussehen sollte und wie das Wort »Kaliber« gemeint war, blieb offen.

Die Universität als Verteidiger Biebersteins wird nur indirekt zitiert:

> »In einer Stellungnahme räumte sie Parallelen zwischen Biebersteins Buch und Hohmanns Rede ein, verwies aber auf die wissenschaftliche Meinungsfreiheit. Bieberstein sei nicht für eine wissenschaftliche Tätigkeit angestellt, sagte der für Personalfragen zuständige Prorektor Christoph Gusy. Beamtenrechtliche Versäumnisse könne man dem Bibliothekar wahrscheinlich nicht anlasten. Seine private Publikation habe er außerhalb der Dienstzeit verfasst. Anders läge der Fall, sofern er seine „Forschungserkenntnisse" innerhalb seiner Arbeitszeit als Bibliothekar gewänne. Man wolle dem umstrittenen Autor aber kein öffentliches Forum bieten. (Daher) will die Hoch-Sschule offensichtlich keine weiteren Schritte unternehmen - wohl auch mit Blick auf das Alter Biebersteins: Mit seinen 63 Jahren steht der Beamte der Besoldungsgruppe A15 kurz vor der Pension.«

Kurz: Nicht die Freiheit der Forschung und Sachargumente wurden zu Biebersteins Verteidigung ins Feld geführt. Der Leser gewann eher den Eindruck, nur formaljuristische, bürokratische Hürden und eine Art universitärer Gnade stünden seiner Entlassung im Weg, die andernfalls gerechtfertigt sei. Die »Forschungserkenntnisse« Biebersteins werden durch die Anführungszeichen ins Zwielicht gerückt. Der *Spiegel* zitierte den Prorektor Gusy schließlich mit den Worten: »Es gibt in der Wissenschaft gelungene, weniger gelungene und abwegige Thesen«. Darin lag kein klarer Vorwurf, alles blieb auf der Ebene von Andeutungen.

Anders allerdings ging Andreas Rosenfelder in der *Frankfurter Allgemeinen Zeitung* vom 21. November 2003 das Thema an. Er stellt sachlich und ausführlich die Situation an der Bielefelder Universität dar und zeichnet ein kleines Porträt des Historikers. Abschließend schrieb er:

> »Und auch im AStA der Uni, wo bereits ein „Giftschrank" für rechte Literatur gefordert wird, heißt es nachdenklich, man müsse das Buch womöglich doch erst einmal lesen. Die Hochschule verkündete am Mittwoch, sie habe den „Jüdischen Bolschewismus" durch zwei ungenannte Experten auf strafrechtliche Tatbestände wie Holocaustleugnung prüfen lassen und sehe für „dienstrechtliche Maßnahmen" keinen Anlaß. Auch im Fall des Bibliothekars von Bielefeld sind Mythos und Realität nur durch Lektüre zu unterscheiden.«

Seit sich Biebersteins Kritiker zu dieser Lektüre seines Werkes zurückgezogen haben, ist von ihnen bezeichnenderweise kein neuer Antisemitismus-Vorwurf mehr zu hören.

5.3 Roland Koch: »kalkulierter Mißbrauch des Holocaust«?

Auch außerhalb der Debatten um Möllemann und Hohmann kam es in den letzten Jahren zu Skandalen im Zusammenhang mit einem behaupteten antisemitischen Kontext. Nicht immer hatte die Persönlichkeit, der Entsprechendes vorgehalten wurde, überhaupt etwas über Juden ausgesagt, und schon gar nichts Feindseliges. Am 12. Dezember 2002 etwa kam es zu einem Eklat um Hessens Ministerpräsident Roland Koch. In der letzten Landtagssitzung vor den Wahlen warf er Frank Bsirske, dem Vorsitzenden der Gewerkschaft *verdi* vor, reiche Deutsche in einer Debatte über die Vermögenssteuer namentlich genannt zu haben. Dies sei »eine neue Form des Sterns an der Brust« sowie »eine schlimme Parallele zu anderen Zeiten«. Wegen der entstehenden Tumulte mußte die Sitzung unterbrochen werden. Danach entschuldigte sich Koch: Er habe sich in der emotionsgeladenen Debatte »vergallopiert«. Dennoch forderten ihn Spitzenpolitiker von SPD und Grünen sowie *verdi*-Sprecher Zoller zum Rücktritt auf. Sie warfen ihm eine Verharmlosung des Holocaust vor. Manche spekulierten laut *tageszeitung* vom 13. Dezember 2002, Koch habe seine Worte »bewußt gesetzt«, um so vor der Wahl noch einmal in die Schlagzeilen zu kommen. Der Grünen-Fraktionschef Bütikofer sah in Kochs Worten eine »brutalstmögliche Entgleisung«, Hessens SPD-Fraktionschef Gerhard Bökel kündigte an, er wolle zum Wahlkampfthema machen, daß Koch »den demokratischen Konsens in grober Weise verlassen« habe. Einen »kalkulierten Mißbrauch des Holocaust« unterstellte Niedersachsens Ministerpräsident Sigmar Gabriel - woraufhin die gesamte CDU-Fraktion unter lautem Protest den Plenarsaal verließ. Roland Koch gab seiner Einschätzung Ausdruck, die Opposition mißbrauche hier eine mißglückte Äußerung, um sich einer Niederlage in der Sachdebatte, also der Auseinandersetzung um die Vermögenssteuer, zu entziehen.

Auch in dieser Debatte schloß sich der Zentralrat der Juden in Deutschland den Protesten an. Michel Friedman befand, solche fahrlässigen Vergleiche sollten nicht »zur Banalisierung und Relativierung der unmenschlichen Vorgänge im Dritten Reich beitragen«. Auch der jüdische Historiker Michael Wolffsohn sprach von einer Verhöhnung der Opfer: »Die Situation der Wohlhabenden in diesem Land läßt sich mit der der Juden in Nazi-Deutschland nun wirklich nicht vergleichen.« Paul Spiegel sah in Kochs Äußerung eine Beleidigung aller Opfer und Überlebenden des Nazi-Terrors. Kochs Entschuldigung nahm Spiegel lediglich zur Kenntnis und erklärte laut *Rhein-Zeitung* vom 12. Dezember 2002 einem Journalisten: »Wenn ich Sie morgen umbringe und mich danach bei Ihrer Frau entschuldige - was würde die mir wohl sagen?«

5.4 Norbert Blüm: »Rassismus pur«?

Der ehemalige Bundesarbeitsminister Norbert Blüm hatte mehrfach Kritik am Vorgehen der israelischen Regierung geäußert. Zuletzt geschah das im Sommer 2003, was jedoch von der Debatte um Jürgen Möllemann überlagert wurde. Blüm war zu diesem Zeitpunkt bereits vorgeworfen worden, er trage zu einer Verwischung von Tätern und Opfern bei, indem er auf das israelische Vorgehen gegen die Palästinenser den Begriff »Vernichtungskrieg« anwende: Dieser Begriff sei bisher eindeutig der deutschen Armee im Zweiten Weltkrieg zugeordnet worden. Blüm erklärte daraufhin in einem Interview mit dem *Stern*:

> »Ich kann in den Aktionen der israelischen Militärs keinen Abwehrkampf gegen den Terrorismus sehen, sondern nur Vernichtung. Wenn Kinder getötet werden, wenn eine Mutter mit ihrem lebensgefährlich erkrankten Kind nicht in die Klinik darf, dann nenne ich das Vernichtung«.

Beide Seiten seien so von Rachegelüsten geblendet, daß alle humanitären Rücksichten und Regeln des Völkerrechts ignoriert würden. Blüms Meinung nach sei »provokative Kritik geboten, sonst kommt man nie 'raus aus dem Teufelskreis von Selbstmordattentaten, die ich verabscheue, und maßloser Vergeltung Israels, bei der ebenfalls der Tod von Kindern in Kauf genommen wird«. Diplomatisches Zureden sei nicht hilfreich, statt dessen müßte die israelische Regierung erkennen, daß es für ihr Vorgehen bald nicht mehr die Spur einer Unterstützung gebe. Leider werde der Vorwurf des Antisemitismus auch als Knüppel benutzt, um jeden Hinweis auf die Mißachtung der Menschenrechte totzuschlagen.

Daraufhin ging die CDU in Gestalt ihres stellvertretenden Vorsitzenden Jürgen Rüttgers auf Distanz zu Blüm: Israel habe das Recht, sich gegen Selbstmordattentäter zu wehren. Der Präsident des Zentralrats der Juden, Paul Spiegel, nannte Blüms Kritik ungeheuerlich. Blüm habe jeden Realitätssinn verloren, beweise durch das Übergehen des palästinensischen Terrors eine beispiellose Doppelmoral und zeige in seinem Versuch, Israel als den eigentlichen Übeltäter darzustellen, Rassismus pur. Blüms Worte seien »eine Beleidigung sämtlicher Holocaust-Opfer«.[156] Der israelische Satiriker Ephraim Kishon warf Blüm »blanken Antisemitismus« vor (»Er übertrifft damit sogar Jürgen Möllemann bei weitem.«[157]) und drohte mit der Rückgabe seines »Ordens wider den tierischen Ernst« des Aachener Karnevalvereins. Blüm spreche die Sprache der Nazis. Kishon setzte seine Drohung schließlich in die Tat um.

In der *Aachener Zeitung* vom 23. August 2002 verteidigte sich Blüm gegen die Vorwürfe, er sei ein »geschworener Antisemit« und »einer, der den Holocaust rechtfertigt«. Er habe die industriell organisierte Ermordung von Juden immer als Verbrechen herausgestellt, sich in den verschiedensten Zusammenhängen weltweit gegen Rassismus ausgesprochen und das Existenzrecht Israels ebenso verteidigt wie die Selbstmordattentate verurteilt. Aber der Zweck heilige auch für Israel nicht die Mittel:

»Wer mit Panzerabwehrraketen auf Kinder schießt, bekämpft nicht den Terrorismus. Wer Kinder mit Scharfschützen ermordet, (...) bekämpft keine Terroristen. Wer in Dschenin die Kinder eines Bauern, der bei der Gartenarbeit war, von Panzern erschießen läßt und den Bauern nackt auszieht, fesselt und ihn zwei Stunden bei einem sterbenden und einem toten Kind sitzen läßt (so der Bericht des israelischen Journalisten Levi), bekämpft keine Terroristen. Wer einer Mutter mit ihrem sterbenden Kind den Zugang zum Krankenhaus versperrt, bekämpft keine Terroristen.«[158]

Immerhin erhielt Norbert Blüm in Evelyn Hecht-Galinski, der Tochter des ehemaligen Zentralratsvorsitzenden Heinz Galinski, eine prominente jüdische Fürsprecherin. Sie stellte in einem am 19. Juni 2003 in der *Süddeutschen Zeitung* veröffentlichten Leserbrief fest:

»Paul Spiegel wirft Norbert Blüm „Rassismus pur" vor. Was ist Rassismus pur? Sind es nicht die ständigen Maßregelungen des jetzigen Zentralrats der Juden in Deutschland unter Spiegel, Friedman und Knobloch? (...) Dieser Zentralrat hat es von Anfang an verstanden, medienwirksam auszuteilen. Liegt das nun an Paul Spiegels Künstleragentur oder am Talkmaster und selbst ernannten Journalisten Michel Friedman? (...) Durch die „Machtfülle", wie sie nach meiner Meinung nur in Deutschland möglich ist, gelingt es dem Zentralrat nun, jegliche Kritik an der israelischen Politik als Rassismus oder Antisemitismus abzuschmettern. (...) Solange sich der Zentralrat als diplomatische Vertretung Israels aufführt, ist wohl jegliche Objektivität zu vermissen. (...) Auch für die deutschen Politiker und Medien wäre es an der Zeit, anstatt ständig der derzeitigen israelischen Regierung und dem Zentralrat Solidarität zu bekunden, sich etwas objektiver mit der desolaten Lage der Palästinenser zu beschäftigen. Außerdem ist es gefährlich und unerträglich, wie Friedman die Antisemitismus-Angst bei den Juden schürt. Auch das ist kalkulierte Selbstdarstellung.«[159]

Die Kontroverse zwischen Blüm und dem Zentralrat der Juden wurde von den Medien so gut wie nicht wahrgenommen und debattiert, da die Skandalierung um Jürgen Möllemann sie fast völlig überlagerte.

Am Rande soll hier erwähnt werden, daß es auch in einem Nachbarland Deutschlands zu Geschehnissen kam, die im Schatten des Möllemann-Friedman-Konflikts von den deutschen Medien kaum bis gar nicht wahrgenommen wurden: Im Jahr 2002 hatte eine Gruppe Überlebender in Belgien eine Klage gegen Israels Ministerpräsident Ariel Scharon wegen den Massakern in den palästinensischen Flüchtlingslagern von Sabra und Shatila angestrengt.[160] Sie war mit der Begründung abgelehnt worden, Scharon halte sich nicht auf belgischem Staatsgebiet auf. Im Februar 2003 traf der Oberste Gerichtshof Belgiens eine Entscheidung, der zufolge auch im Ausland lebende Personen wegen Völkermord und ähnlich schwerer Menschenrechtsverstöße belangt werden können. Parallel dazu wurde von den Senatoren der Regierungsparteien eine entsprechende Änderung des belgischen Genozid-Gesetzes angestrebt. Auf dieser Grundlage wäre es möglich, neben anderen angeklagten Staatschefs (beispielsweise Saddam Hussein) auch Scharon in Abwesenheit den Prozeß als Kriegsverbrecher zu machen, sobald er aus dem Amt geschieden ist und keine politische Immunität mehr genießt. Israel reagierte auf diese Entwicklung entrüstet und beorderte seine Botschafter zwecks Beratungen aus Brüssel zurück. Außenminister Benjamin Netanjahu bekundete, Belgien schade damit nicht nur Israel, sondern der gesamten freien Welt, und zog einen Zusammenhang mit europäischem Antisemitismus im Mittelalter. Justizminister Meir Schitrit beklagte eine Schande für das belgische Rechtssystem. Der israelische Präsident Mosche Katzav sprach in einem Brief an König Albert Belgien »jegliches moralisches Recht« ab, israelische Führer und Armee-Offiziere vor Gericht zu stellen. Menschenrechtsorganisationen wie Amnesty International und Human Rights Watch hingegen begrüßten das neue Gesetz.[161] Im Juli 2003 wurde es nach Protesten aus Israel und den USA dennoch wesentlich entschärft.[162]

5.5 Martin Walsers Paulskirchenrede: »geistige Brandstiftung«?

Bereits in der Einleitung dieses Buches wurde Walsers Paulskirchenrede als eine der Wegmarken beschrieben, was einen veränderten Diskurs im Zusammenhang mit der deutschen Vergangenheit anging. Walser hielt diese Rede im Oktober 1998 anläßlich der Verleihung des deutschen Friedenspreises und äußerte dabei etwas, was er selbst als »Geständnisse« bezeichnete: Er sei inzwischen nicht länger bereit, sich immer wieder mit Übeln auseinanderzusetzen, für deren Beseitigung er ohnehin nicht das Geringste tun könne. »Unerträgliches muß ich nicht ertragen. (...) Ich käme ohne Wegschauen und Wegdenken nicht durch den Tag und schon gar nicht durch die Nacht.« Walser äußerte den Verdacht, daß diejenigen, die ihn und andere Deutsche unaufhörlich und immer wieder mit bestimmten Schrecken konfrontierten - Schrecken, denen man nicht Herr werden konnte, da sie bereits geschehen waren - dies aus mehreren Gründen täten: Zum einen, um sich selbst und anderen im Sinne einer verdienten Strafe wehzutun. Zum anderen, um sich dadurch selbst zu entlasten:

> »Könnte es sein, daß die Intellektuellen, die sie uns vorhalten, dadurch, daß sie uns die Schande vorhalten, eine Sekunde lang der Illusion verfallen, sie hätten sich, weil sie wieder im grausamen Erinnerungsdienst gearbeitet haben, ein wenig entschuldigt, seien für einen Augenblick sogar näher bei den Opfern als bei den Tätern? (...) Ich habe es nie für möglich gehalten, die Seite der Beschuldigten zu verlassen.«

Ein dritter Grund wäre, Auschwitz zu gegenwärtigen Zwecken (»Immer guten Zwecken, ehrenwerten.«) zu instrumentalisieren, beispielsweise als Argument für eine fortbestehende Teilung Deutschlands. Gegen diese von ihm wahrgenommene Instrumentalisierung wehre er sich:

> »Auschwitz eignet sich nicht, dafür Drohroutine zu werden, jederzeit einsetzbares Einschüchterungsmittel oder Moralkeule oder auch nur Pflichtübung. Was durch Ritualisierung zustande kommt, ist von der Qualität des Lippengebets. Aber in welchen Verdacht gerät man, wenn man sagt, die Deutschen seien jetzt ein ganz normales Volk, eine ganz gewöhnliche Gesellschaft?«

Walser zufolge erzeugt die Dauerpräsentation von Auschwitz zwei bedenkliche Folgen: eine allgemeine Abstumpfung durch eine rituell inszenierte Trauerkultur sowie ein anhaltendes Klima der »Verdächtigung oder schon Beschuldigung (...).Und wenn eine Beschuldigung weit genug geht, ist sie an sich schon schlagend, ein Beweis erübrigt sich da.« Gerade mit diesem Satz nahm Walser den Ablauf einiger Antisemitismus-Debatten der letzten Jahre fast prophetisch vorweg.[163]

Walser erhielt für seine Worte Stehbeifall und zustimmendes Lob bis hin zu dem Rhetoriker Walter Jens, der von einer »vorzüglichen, präzis strukturierten Rede« sprach. Das Institut für Allgemeine Rhetorik der Universität Tübingen kürte sie zur »Rede des Jahres 1998«, da Walser »in der Tradition der großen humanistischen Beredsamkeit in Deutschland für die ideologisch verfestigten Meinungsschranken unserer Mediengesellschaft die Augen« geöffnet sowie den »Meinungsbetrieb als Instrument der ideologischen Machtausübung, als profitables Mediengeschäft und intellektuelle Inszenierung erkennbar gemacht« habe.

Nun war es zu erwarten, daß Walser auch Widerspruch und Kritik ernten würde. Ihm selbst war das klar, wie aus einigen seiner Sätze deutlich wurde, aber ihm war es auch wichtig, zu der besonderen Gelegenheit einer Rede als neuer Träger des Friedenspreises keine trivialen, inhaltsleeren Floskeln von sich zu geben. Er wollte eine neue Ebene der moralischen Diskussion erklimmen. Hier ist bemerkenswert, daß einige auf Walsers Darlegungen eben nicht mit argumentativer Kritik reagierten, sondern mit »lähmendem Erstaunen« wie Ralph Giordano oder dem Vorwurf »geistiger Brandstiftung« wie Ignatz Bubis, der damalige Vorsitzende des Zentralrats der Juden in Deutschland. Demonstranten in Berlin bezeichneten Walser gar als »rechtsextremistischen Schriftsteller«.[164] Die »*Neue Zürcher Zeitung*« gelangte deshalb am Freitag, dem 13. Januar 1998 zu der Einschätzung:

> »Walser beklagte, dass eine differenziertere, den Schablonen der Betroffenheit ausweichende Auseinandersetzung mit der deutsch-jüdischen Geschichte schnell dem Vorwurf der Verharmlosung anheimfalle - und musste erleben, wie ihm in der Reaktion auf seine Rede genau dieser Vorwurf gemacht wurde.«

In der *Süddeutschen Zeitung* vom 10. November 1998 konnte Bubis genauer ausführen, womit er den Vorwurf der geistigen Brandstiftung begründete: Walser predige einer »Kultur des Wegschauens und des Wegdenkens« das Wort, »die im Nationalsozialismus mehr als üblich war«. Wer die negativen Seiten seiner Geschichte verdränge, müsse darauf gefaßt sein, daß sie sich wiederholten. Die Verbrechen der Nationalsozialisten würden durch Wegsehen nicht ungeschehen. Auschwitz sei weder Drohroutine, noch Einschüchterungsmittel, noch Pflichtübung, und Behauptungen wie die, Auschwitz werde instrumentalisiert, kämen üblicherweise von Rechtsextremen, die sich jetzt auf Walser berufen könnten: »Dieser Trend in der Rede Walsers ist neuerdings deutlich spürbar. Der intellektuelle Nationalismus nimmt zu und ist nicht ganz frei von unterschwelligem Antisemitismus.«

Eine ähnliche Argumentation verfolgten auch nichtjüdische Personen des öffentlichen Lebens, so etwa der Journalist Klaus Harpprecht in der *Zeit* Nr. 43/1998:

> »Der Beifall des Hauses Frey wird Martin Walser nicht erspart bleiben. (...) Wer steckt (...) hinter der „Drohroutine"? Wer droht wem? Drohen New Yorker Anwälte, die von der Deutschen Bank Aufklärung über Arisierungsgewinne und von der Allianz Auskunft über unterschlagene Versicherungen fordern? Droht der Jüdische Weltkongreß? Israel?«

Bubis und Harpprechts Redeanalyse geht hier in mehrfacher Hinsicht fehl. Walser kritisiert eine ritualisierte Dauerpräsentation der Schande, die ihn überfordere. Bubis übersteigert dieses Argument ins Groteske hinein, so als ob Walser fordere, in Zukunft jegliche Auseinandersetzung mit dem Nationalsozialismus und seinen Opfern zu vermeiden und grundsätzlich nur noch wegzusehen. Bubis und Walser sind sich darin einig, daß Auschwitz weder Drohroutine, noch Einschüchterungsmittel noch Pflichtübung sein sollte - eben daß es dazu gemacht werde, beklagt Walser ja als unangemessen. Man kann sich des Eindrucks schwer erwehren, daß Bubis und Walser hier komplett aneinander vorbeireden. Das mag an teilweise diffusen Formulierungen Walsers gelegen haben, wohl aber auch an einer eigentümlichen Rezeptionshaltung seiner Kritiker, die Walser Gedanken unterstellen, die er nie geäußert hat und die in seinem Gesamtwerk auch sehr fremdartig wären (»Droht der Jüdische Weltkongreß?«). Und natürlich fehlt auch das (Schein-)Argument des befürchteten Beifalls von der falschen Seite nicht, das fast jede differenzierte Aussage außerhalb von Schwarz-Weiß-Schemata unmöglich macht.

Die Argumentationen, mit denen Walser Antisemitismus nachgewiesen werden sollte, wurden immer phantasievoller. So bezog sich Micha Brumlik in seinem Buch *Apologie und Unmoral* auf die in Walsers Rede geäußerte Frage, ob es außer der literarischen Sprache noch eine gebe, die ihm nichts verkaufen wolle. »Verkaufen«, so Brumlik, sei »der Sphäre des Geldes unlöslich verbunden. Also auch der Sphäre von Handel und Kaufleuten - von Juden.« Walser reproduziere »ohne Namen und konkrete Verhältnisse zu nennen, ein antisemitisches und antijudaitisches Deutungsmuster«, wenn er die »vermeintliche Reinheit und Wahrhaftigkeit seiner Sprache gegen die vermeintliche Moral und die Verblendung durch eine vom Geld beherrschte Gesellschaft in Stellung« bringe. Ist also jeder, der einen zu großen Stellenwert von Geld und Konsum beklagt, ein versteckter Antisemit? Mancher mag den Eindruck haben, daß niemand einer solch gewagten Interpretation ernsthaft noch folgen könne. Tatsächlich aber zitiert sie beispielsweise Lars Rensmann Jahre später in seinem Werk *Demokratie und Judenbild* zur Stütze seiner eigenen Thesen.[165]

In der *Frankfurter Allgemeinen Zeitung* vom 14. November 1998 trat der SPD-Politiker Klaus von Dohnanyi nachdrücklich an die Seite Walsers. Dieser habe gesprochen »über den allzu häufigen Versuch anderer, aus unserem Gewissen eigene Vorteile zu schlagen. Es zu mißbrauchen, ja zu manipulieren«. Jeder, der Walser gelesen habe, würde ihn niemals verdächtigen, Fremdenhaß zu beschönigen. Aber daß der Holocaust instrumentalisiert werden könne und es auch in Israel selbst Kritik an einer wachsenden »Holocaust-Industrie« gebe, sei unbestreitbar.

> »Erinnern darf nicht zur bequemen Routine werden. Gegen diese Gefahr hat Walser gesprochen. Bubis müßte hier ganz auf seiner Seite stehen. (...) Ich finde auch, man muß es jedem einzelnen überlassen, wieviel von den Verbrechen zu sehen er ertragen kann und wie oft er sie sehen will. (...) Ich weiß, was war, und meine seelische Konstitution hält das einfach nicht aus. (...) Mag aber auch sein, dass ich die letzte Würde der Opfer verletzt sehe, wenn diese in ihrem

> Leid und Schrecken von bequem gekuschelten Zuschauern bei Popcorn und Cola im Kino begutachtet werden.« Walser wolle nicht von Menschen bedrängt werden, die dies möglicherweise vor allem deshalb täten, »um sich durch die Identifikation mit den Opfern selbst für einen Augenblick aus der Reihe der Täter-Erben zu stehlen«.

Auch diese Stellungnahme von Dohnanyis führte weder zu einer Klärung, noch zu einer Deeskalation. Statt dessen sprach Bubis in einem Interview mit dem *Spiegel* erneut von Antisemitismus und las jetzt Walsers Worte ebenso wie von Dohnanyis Interpretation vor einer bestimmten Folie. Der Versuch anderer, das deutsche Gewissen zu manipulieren, könne im Klartext nur heißen: »Die Juden machen aus allem Geld, sogar aus dem schlechten Gewissen der Deutschen.« Walser solle »nicht sagen, er wolle mit Auschwitz nichts mehr zu tun haben.« Auf den Einwand des Interviewers, das habe Walser nie gesagt, entgegnet Bubis: »Er unterstellt uns Juden, daß wir ihn wie alle Deutschen bewußt verletzen wollen.«

Bubis unterschiebt Walser hier dreimal hintereinander in schneller Folge Aussagen, die dieser nie getätigt hatte. Es scheint für Bubis geradezu zwingend zu sein, daß Walser, wenn er den Vorwurf der Instrumentalisierung von Auschwitz mache, damit niemand anderen als »die Juden« angreifen wolle. Ein Grund dafür mochte sein, daß zum Zeitpunkt der Kontroverse Holocaust-Überlebende gegenüber deutschen Banken, Konzernen und Versicherungen gerade Entschädigungsansprüche stellten. Hier muß man einräumen, daß Walser vieles hätte entschärfen können, wenn er spätestens zu diesem Zeitpunkt der Diskussion mit einigen Beispielen deutlich gemacht hätte, auf wen er mit seinen Vorwürfen eigentlich abgezielt hatte. Indes mag es vielleicht gerade sein Interesse gewesen sein, keinen Einzelnen persönlich anzugreifen, sondern etwas abstrakt zu konstatieren, was er als gesellschaftliche Fehlentwicklung wahrnahm.

Bemerkenswert bleibt es jedenfalls, daß Bubis den Vorwurf einer angeblichen Instrumentalisierung von Auschwitz so völlig selbstverständlich mit einer Schuldzuweisung an die Juden assoziierte. Walser selbst hatte Auschwitz als mißglücktes Argument gegen die deutsche Einheit benannt. Später wird er auf Nachfragen erwidern, er habe auch von Wendungen wie »KZ-Hühner« gesprochen und von dem Vergleich des Schwangerschaftsabbruchs mit dem Holocaust. Teile der Friedensbewegung würden der rotgrünen Bundesregierung bald vorwerfen (oder hatten es zum Zeitpunkt dieser Kontroverse gar schon getan), daß Auschwitz mißbraucht würde, um einen militärischen Angriff Deutschlands auf Jugoslawien zu rechtfertigen. Der jüdische Journalist Henryk M. Broder hatte schon Jahre zuvor in seinem typisch pointierten Stil kritisiert, daß

> »ein paar zeitgeistig durchgestylte Aasgeier, bei denen es weder zu einem Taxischein noch zu einer ordentlichen Professur gereicht hat, im Begriff sind, Auschwitz in einen Freizeitpark mit pädagogischem Anstrich zu verwandeln«.[166]

Auch der an der Universität Tel Aviv tätige Historiker Gulie Ne´eman Arad wies in einem Artikel in der *Frankfurter Rundschau* vom 14. Mai 1996 darauf hin, daß »die Mittler des Gedenkens (...) selten eine neutrale Rolle (spielten). Sie zögern selten, die Vergangenheit für ihre eigenen Interessen und Zwecke einzusetzen.«

Monika Maron, die in der DDR die Verfolgung durch die Stasi erlebt hatte, kam in der *Zeit* auf das 1998 in Deutschland von ihr empfundene Klima zu sprechen, indem sie bekannte, daß sie zittere, wenn sie Walser verteidige, und sich fragte: »Wo lebe ich, daß ich mich fürchte zu sagen, was ich denke?« Ob es damals wirklich schon Grund zum Zittern gab, darüber mag man streiten. Zumindest war Walser im Jahr 1998 in einer gänzlich anderen Position, als es wenige Jahre später für alle anderen in diesem Kapitel Porträtierten aussehen würde - einschließlich erneut Martin Walser. So gab es gegen ihn keine einhellige Schelte durch Journalisten und Politiker, keine Ausgrenzung, keine Zensur, keine in Massenmedien vorgetragene Anzweiflung seines Charakters. In der *Süddeutschen Zeitung* vom 18. November 1998 hieß es über Walser:

> »Er weigert sich, sein Gewissen zur öffentlichen Sache zu machen. Er schämt sich der Versuchung, sich nicht nur auf die Seite, sogar schon auf den Blickpunkt der Opfer zu mogeln; schämt sich aggressiv der Anmaßung, im Namen der Opfer sprechen zu sollen. Aggressiv gegen wen? Gegen jene, die diese Anmaßung nicht scheuen, denen sie zur Gewohnheit geworden ist.«

Das ist eine wohlwollende Interpretation von Walsers Worten, die von keinerlei Verdächtigungen und Unterstellungen geprägt ist. Der Publizist Rafael Seligmann schloß sich dieser Deutung an:

> »Die Zeremonien verkamen zur Routine. Selbst Gutmeinende verloren die Kraft und Geduld. Diesem Nicht-Mehr-Können hat Martin Walser in seiner Rede Ausdruck verliehen. Sein Mut, dies zu tun, verdient Respekt.«

Auch Salomon Korn wandte sich gegen den von Walser kritisierten »in floskelhaften Redewendungen kanalisierten Jargon der Betroffenheit.« Und *Spiegel*-Herausgeber Rudolf Augstein kommentierte zurückhaltend, aber klar:

> »Was Walser im Oktober sagte, mag er bei falscher Gelegenheit gesagt haben, es bleibt trotzdem richtig. Es bestätigt sich, was wir erst jüngst von einigen New Yorker Anwälten erlebten und was selbst Bubis, wenngleich in anderer Form, kritisierte: Auschwitz wird instrumentalisiert.«

Der ehemalige Bundespräsident Richard von Weizsäcker gab seinem Empfinden Ausdruck, daß Bubis mit seinem Vorwurf der geistigen Brandstiftung Walser persönlich zu nahe getreten sei. Und der jüdische Buchkritiker Marcel Reich-Ranicki kritisierte Bubis Behauptung, Walsers Rede habe antisemitische Untertöne, sogar als den »größten Unsinn«, der diesem in den letzten Jahren unterlaufen sei. Bei dieser Gelegenheit befand Reich-Ranicki die Vokabel »Antisemitismus« als so gefährlich, daß sie nur in Ausnahmefällen verwendet werden sollte.[167]

So kam es, daß Bubis schließlich den Vorwurf der geistigen Brandstiftung zurücknahm und sich, wenn auch halbherzig, nicht wirklich zufriedengestellt und mehr aus diplomatischen Gründen denn aus Überzeugung, mit Walser versöhnte.[168] Studiert man die Kontroverse zwischen den beiden Männern mit einigem zeitlichen Abstand, kann man leicht zu dem Eindruck gelangen, daß es Bubis war, der hier die größere menschliche Reife zeigte. Dennoch bleibt zurück, daß ein Staatsmann mit Bubis Integrität Walser tatsächlich mit offenbar bestem Wissen und Gewissen dem

Verdacht des Antisemitismus aussetzte und daß es zwar zu der geschilderten »Versöhnung« kam, aber nicht wirklich zu einer Klärung.

So konnte der von Bubis geäußerte Verdacht vier Jahre später von dem Staatsminister für die Kultur und ehemaligen Chefredakteur der *Zeit*, Michael Naumann, im Vorwort des von ihm herausgegebenen Buches *Es muß doch in diesem Lande wieder möglich sein ... Der Neue Antisemitismusstreit* (Ullstein 2002) wieder aufgegriffen werden:

> »Von Martin Walsers fataler Rede zum Friedenspreis in der Paulskirche bis zu Jürgen Möllemanns antisemitischen Ausbrüchen (...) zieht sich eine gerade Linie. (...) Daß (Walser) mit seinem Wort von der „Auschwitz-Keule" die Büchse der Pandora öffnete, hatte er womöglich nicht bedacht. Spätere Historiker werden ihn (...) in die Verantwortung dafür nehmen, daß in Deutschland Politiker vom Schlage eines Möllemann mit nacktem Zynismus genau jenen eine Stimme verleihen konnten, die in Deutschland kein Forum mehr hatten.«[169]

5.6 Martin Walsers »Tod eines Kritikers«: »ein Buch, das gegen die Juden hetzt«?

Im Sommer 2002 karikierte Martin Walser den jüdischen Buchkritiker Marcel Reich-Ranicki in dem Roman *Tod eines Kritikers.* In Walsers Roman soll die scheinbare Ermordung des schwer ertragbaren, aber medienwirksamen Buchkritikers Ehrl-König geklärt werden, der sich schlußendlich als quicklebendig erweist. Obwohl nicht einmal geklärt ist, ob es sich bei ihm überhaupt um einen Juden handelt, werden in den Medien der Walserschen Romanwelt Antisemitismus-Vorwürfe munter hin- und hergeschleudert.

Die *Frankfurter Allgemeine Zeitung*, für deren Feuilleton der angegriffene Reich-Ranicki regelmäßig schreibt, wies einen zunächst ins Auge gefaßten Vorabdruck zurück, da der verantwortliche Redakteur, Frank Schirrmacher, Walsers Erzählung als antisemitisch interpretierte und diese Einschätzung öffentlich machte. In einem offenen Brief an Walser in der *Frankfurter Allgemeinen* vom 29. Mai 2002 bezeichnete Schirrmacher Walsers Buch als »Dokument des Hasses (...) Es geht um den Mord an einem

Juden.« Reich-Ranicki sei einer von wenigen europäischen Juden, die Adolf Hitler überlebt hätten:

> »Verstehen Sie, daß wir keinen Roman drucken werden, der damit spielt, daß dieser Mord fiktiv nachgeholt wird? Verstehen Sie, daß wir der hier verbrämt wiederkehrenden These, der ewige Jude sei unverletzlich, kein Forum bieten werden?«

Walsers Figur Ehrl-König zähle zu seinen Vorfahren auch Juden, »darunter auch Opfer des Holocaust«. Dieses »darunter« sei Schirrmacher zufolge besonders hervorzuheben, »als wäre die große Mehrheit der europäischen Juden eben nicht Opfer gewesen.« In einem Interview mit dem *Spiegel* vom 3. Juni 2002 zeigte sich Schirrmacher »angewidert«. Walser wirkte über diese Vorwürfe bestürzt und bestritt in mehreren Interviews jeglichen Zusammenhang zwischen seinem Roman und dem Holocaust. Reich-Ranicki bezeichnete das Buch in seiner Sendung »Reich-Ranicki Solo« als »in hohem Maße antisemitisch«. Als er die Ehrendoktorwürde der Münchner Ludwig-Maximilians-Universität verliehen bekam, verglich Reich-Ranicki Walsers Roman mit dem nationalsozialistischen Propagandablatt *Stürmer* und äußerte »Trauer und Sorge« über Deutschland: »Das ist ein Buch, das gegen die Juden hetzt. (...) Ein solches Buch ist nach 1945 in deutscher Sprache noch nicht veröffentlicht worden. (...) Wenn solch ein Buch in Deutschland im Jahr 2002 möglich ist, was ist dann noch alles möglich?«

Im Laufe der dadurch entstandenen Debatte fand Schirrmachers und Reich-Ranickis Interpretation Unterstützung etwa durch Walter Jens und Ralph Giordano. Nicht jeder hatte das Buch vorher gelesen - sondern lediglich Schirrmachers Anklage -, bevor er zu einem sehr weitgehenden Urteil gelangte. So befand Jan Philipp Reemtsma in der *Frankfurter Rundschau* vom 1. Juni 2002: Schirrmachers »Entscheidung dürfte richtig sein«, denn Walser phantasiere, »so hören wir«, von der Ermordung eines alter ego von Reich-Ranicki. Reemtsmas Fazit zu dem von ihm nicht gelesenen Buch: »Es ist eine literarische Barbarei.«

Manche Kritiker griffen weit zurück: Klaus Briegleb argumentierte in der *Welt* vom 2. Juli 2002, Walser habe schon bei einer Veranstaltung 1961 nach dem Genuß einiger Flaschen Alkohols in Anwesenheit Reich-Ranickis den Satz geäußert: »Die Literaturkritiker aller Länder und Zeiten sind Lumpenhunde.« Dazu Briegleb: »Welche Bedeutung allein „Hund“ im antisemitischen Wortschatz habe, hat Walser im Rausch wohl übersehen.«

Eine große Zahl anderer Leser konnte sich dieser Interpretation von Walsers Werk indes in keiner Weise anschließen. In verschiedenen Ausformungen lautete die zentrale Frage immer wieder: Wie hätte man denn Reich-Ranicki parodieren können, ohne als antisemitisch hingestellt zu werden? Der Literaturpapst sei beispielsweise in erster Linie durch einen Akzent identifizierbar, der vor allem Juden zugeordnet wird. Hätte er einen anderen Dialekt gesprochen, dann hätte Walser eben diesen parodiert. Auch andere Attacken Walsers hätten dem Kritiker gegolten, nicht dem Juden.

Joachim Kaiser, Duzfreund von Reich-Ranicki und Walser gleichermaßen, vertrat seine Auffassung nach der Lektüre des Buches in der *Süddeutschen Zeitung* vom 5. Juni 2002:

> »Frank Schirrmacher mag stolz darauf sein (...), einen „Scoop“ gelandet, eine Debatte losgetreten zu haben über den der Öffentlichkeit noch gar nicht zugänglichen Text und über Walsers dort lauerndes Repertoire antisemitischer Klischees. Kein infolge dieser Vorankündigung Erschrockener kann den Walser-Text noch halbwegs unbefangen zur Kenntnis nehmen. Wer Walsers Buch nun liest, ist unaustilgbar konditioniert zu selektiver Wahrnehmung. (...) Und dann liest man, und dann ist alles ganz anders. Und dann fragt man sich im Hinblick auf die Riesen-Entrüstung: „Ja, sind die denn alle verrückt geworden?“(...) (M)an kann immer nur blinde oder überscharfsichtige Wut aus manchen Worten herauslesen. Doch keinerlei Antisemitismus. Es sei denn - die Walser-Gegner selbst betrachteten gewisse intellektuelle, egomanische, negativ-kritische Haltungen als etwas typisch Jüdisches. (...) Walser rechnet, alles in allem, heftig und haßvoll mit einem Kritiker ab, den er für eine bloße literarische Show-Figur hält. Man darf dieses Pamphlet, zumal als Betroffener, kritisieren. Aber nicht aus dem Verlag verstoßen. Die Zeit solcher Säuberungen ist doch vorbei.«

Als Erwiderung auf diesen Artikel formulierte Reemtsma in der *Frankfurter Allgemeinen* vom 27. Juni 2002, daß Kaiser »die antisemitischen Muster des

Textes partout nicht wahrhaben oder wahrnehmen will«. In dieser rhetorischen Wendung wird eine andere Deutung als sie die Anklage vertritt erneut zu einer Frage des Willens. Reemtsma tut hier so, als sei gar nicht die Frage, ob es solche Muster gäbe oder nicht, sondern als ob die Muster unstrittig vorhanden wären und es nun zwei Sorten Menschen gibt: Die einen wollen sie wahrnehmen, die anderen nicht.[170]

Manche anderen Repliken auf die Verteidiger Walsers waren ebenso heftig wie substanzlos. »Wie verwirrt die Geister sind«, schrieb etwa Micha Brumlik in der *Frankfurter Rundschau* vom 7. Juni 2002, »zeigt schließlich ein Artikel der *Jüdischen Allgemeinen Wochenzeitung*, die Walser bescheinigt, gar kein antisemitisches Buch geschrieben zu haben. Es wäre ein leichtes, mit strikt literaturtheoretischen und literaturhistorischen Mitteln zu zeigen, wie judenfeindlich dieses Buch ist.« Obwohl es doch angeblich »ein leichtes« wäre, leistet Brumlik dies in seinem Artikel keineswegs. Das verwundert nicht: Es gibt keine literaturanalytische Methode, mit der man zeigen kann, daß lediglich eine bestimmte Deutung eines Textes die einzig richtige ist. Brumlik zieht sich aus der Affäre, indem er von »verwirrten Geistern« spricht: Die Herabsetzung erspart ihm das nicht erbringbare Argument. Ulrich Greiner urteilte in der *Zeit* -Ausgabe 24/2002:

> »Wollte man dem Urteil der FAZ folgen, dann wäre jeder, der Walsers Roman nicht für antisemitisch hält, ein Antisemit. Schlösse man sich der Selbsteinschätzung Walsers an, dann wäre jeder ein Antisemit, der seinen Roman für antisemitisch hält. So gesehen, gibt es nur noch Antisemiten in Deutschland.«

Der Literaturbetrieb werfe »mit dem Antisemitismus-Verdacht derart um sich, daß es Judenhassern eine Freude sein muß«. Tatsächlich stammten sämtliche antisemitischen Formulierungen des Buches von Figuren, die als verachtenswert gezeichnet würden. Walsers Roman an sich sei »keineswegs antisemitisch. Antisemitisch wäre er, wenn er Reich-Ranicki kritisierte und karikierte, weil er Jude ist. Er kritisiert und karikiert ihn aber, obwohl er Jude ist.« Das Buch könne allerdings den Antisemitismus befördern, da es bestimmte »widerwärtigen Sätze«, die latenten Antisemitismus bloßstellen sollen, überhaupt erst an die Welt befördere. Unter anständigen Menschen gehöre es sich nicht, Schmutz abzubilden und ihm dadurch Raum zu geben. Reich-Ranicki sei zwar selbst alles andere als zurückhaltend (»Auch dieser Zeitung hat er, weil sie ihn seinerzeit als festen Redakteur nicht engagieren wollte, antisemitische Motive unterstellt.«), aber das gebe niemandem das Recht, es ihm mit üblerer Münze zurückzuzahlen.

Greiners Urteil fällt mithin einerseits sehr differenziert aus, seine These, »anständige« Literatur dürfe keinen »Schmutz« abbilden, folgt allerdings einer seit über 200 Jahren überkommenen Auffassung von einer Kunst, die nur das Wahre, Schöne, Gute spiegeln und darstellen dürfe. Selbstverständlich zieht sich die Abbildung gerade der Schattenseiten des Lebens und der Gesellschaft durch die verschiedensten Unter-Epochen der Moderne.

Wie antisemitisch ist Walsers Roman? Die bei weitem größte Zahl an Bewertungen von ideologisch breit gestreuten »Durchschnittslesern« wird man wohl auf den Seiten der Online-Buchhandlung *amazon.de* finden. Dort hat Tod eines Kritikers zum momentanen Zeitpunkt 62 Rezensionen gesammelt. Etliche davon sind herbe Verrisse - aber in keiner einzigen (!) wird der Antisemitismus-Vorwurf geteilt. Statt dessen reagieren darauf diejenigen Rezensenten, die sich überhaupt dazu äußern, mit Einschätzungen wie »lächerlich«, »haltlos« und »blühendster Unsinn«.

Dennoch sieht sich Walser seit dieser Auseinandersetzung gebrandmarkt, wie er in einem aktuellen Text für die *Edition Isele* darlegte: »Wenn ich heute irgendwo erscheine, um aus einem Buch zu lesen, treten junge Frauen und Männer auf und rufen und brüllen einzeln und im Chor: Antisemit.«[171]

5.7 Ted Honderich: »philosophischer Judenhaß«?

Im Sommer 2003 nahm der Suhrkamp-Verlag das Buch eines hierzulande wenig bekannten Autors ins Programm: den Traktat *Nach dem Terror* des kanadisch-britischen Philosophen Ted Honderich. In diesem Werk, das seine Veröffentlichung in deutscher Übersetzung auch der Fürsprache des deutschen Philosophen Jürgen Habermas verdankte, legt Honderich eine moralische Rechtfertigung für bestimmte Formen des Terrorismus vor. Suhrkamp nahm das Buch wieder vom Markt, nachdem der Antisemitismus-Forscher Micha Brumlik (Leiter des Fritz-Bauer-Instituts in Frankfurt) vor seinem Urlaub in einem offenen Brief ebenso eilends wie lautstark seine »Empörung« geäußert hatte:

> »Ich habe meinen Augen nicht getraut, als ich in dem (...) Buch von Ted Honderich (...) Auslassungen über den Staat Israel und den Zionismus lesen mußte, die alles, was der inzwischen zu Tode gekommene Jürgen Möllemann von sich gegeben hat, bei weitem übertreffen.«

Honderichs Darstellung, auf arabischem Land seien zwischen 1989 und 1991 zwischen 250.000 und 400.000 Juden angesiedelt worden, sei ebenso »hanebüchener Unsinn« wie die Behauptung, daß »der Zionismus zu Recht von den Vereinten Nationen als rassistisch verurteilt« wurde. Auch kritisierte Brumlik Honderichs Auffassung, daß »die Palästinenser mit ihrem Terrorismus gegen die Israelis ein moralisches Recht ausgeübt haben«. Brumlik kam zu dem Schluß, daß Suhrkamp nach der Veröffentlichung von Walsers »antisemitischem Roman« nun ein Werk publiziere, daß »antisemitischen Antizionismus« beziehungsweise »philosophischen Judenhaß« verbreite und »dabei die Ermordung jüdischer Zivilisten in Israel« rechtfertige. Der Brief schließt mit den Worten »Ich fordere Sie daher auf, das Buch von Ted Honderich unverzüglich vom Markt zu nehmen. Hochachtungsvoll, Prof. Dr. Micha Brumlik«.[172]

Honderich reagierte auf Brumliks öffentliche Anschuldigungen nun seinerseits mit Empörung und Fassungslosigkeit. Er fragte:

> »Wie konnten die Herausgeber von „Nach dem Terror" bei den Verlagen der University of Edinburgh und der Columbia University New York sowie der deutschen Übersetzung beim Suhrkamp Verlag meinen Antisemitismus übersehen? (...) Sicherlich wird Brumliks Anklage nun psychoanalytische Untersuchungen der Fragen nach sich ziehen, warum ich mit einer jüdischen Frau verheiratet war, warum ich mich wegen des Holocaust weigerte, in Deutschland Vorträge zu halten usw..«[173]

Im Oktober 2003 sandte der Philosoph Norman Peach nach der Lektüre von Honderichs Buch seinerseits einen offenen Brief an Brumlik. Darin beklagte Peach, der »Vorwurf des Antisemitismus« habe sich

> »wie ein Virus in die Palästinadebatte eingenistet, der jede kritische Auseinandersetzung mit dem, was sich in Palästina und Israel inzwischen zur Katastrophe entwickelt hat, deformiert und zersetzt. Mit der Indizierung des Buches von Ted Honderich erlebt der Vorwurf nun einen seltsamen Exzess.«

Peach äußerte Zweifel daran, ob Brumlik vor seinem Urlaub Honderichs Buch überhaupt in seiner Gänze gelesen habe: »Die sofort applaudierenden Medien - offenbar nicht minder ahnungslos und unbelesen - und die Reaktion des Suhrkamp-Verlages haben Ihnen aber hoffentlich die weitere Lektüre nicht als überflüssig erscheinen lassen.« Honderich habe nicht speziell palästinensischen Terror auf eine moralische Basis gestellt, sondern

> »Terrorismus in allen seinen Varianten (...) jüdischen wie palästinensischen Terrors, was Ihnen offensichtlich entgangen ist. (...) Das alles hat aber überhaupt nichts mit Antisemitismus zu tun und bedarf dringend der offenen wissenschaftlichen Auseinandersetzung. (...) Ich frage mich, was Sie dazu bewogen hat, mit dem Hammer dreinzuschlagen. Stört Sie vielleicht seine unverblümte und bei uns ebenfalls tabuisierte Ansicht, daß sich neben Milosevic, Reagan und Thatcher auch Ariel Sharon vor einem echten Gerichtshof für Verbrechen gegen die Menschlichkeit einfinden müßte? (...) Sie beschneiden eine wissenschaftliche Diskussion, die angesichts des weltweiten Ausgreifens des Terrorismus kontrovers und deshalb ohne Tabus geführt werden muß. Ist Ihnen einmal der Gedanke gekommen, daß eine derart exekutivische Gedankenzensur dem Antisemitismus, der in unserer Gesellschaft ja unleugbar besteht, neuen Auftrieb geben könnte? Ihre Intervention führt in die Irre und ist zutiefst antiaufklärerisch.«[174]

Es kann im Rahmen der vorliegenden Analyse nicht darum gehen, das Für und Wider von Honderichs moralphilosophischer Argumentation zu durchleuchten. Bemerkenswert ist, daß diese Auseinandersetzung nicht so geführt wurde, wie man es von wissenschaftlichen Auseinandersetzungen normalerweise kennt: daß eine Auffassung gegen die andere gestellt und beide durch Argumente untermauert werden, bis sich eine von beiden durchsetzt. Ein solcher fairer Streit fand nicht statt. Statt dessen forderte eine Instanz mit Rückgriff auf das Etikett »Antisemitismus« das Verbot einer bestimmten Meinung. Der Umstand, daß Suhrkamp auch Bücher einiger Zionisten veröffentlichte und damit Vertretern einer von Honderich deutlich verschiedenen Auffassung Raum gab, mithin wahre intellektuelle Meinungsfreiheit praktizieren wollte, ließ Brumlik sich in seinem Brief vor Empörung fast überschlagen: »(W)eiß die Linke nicht, was die Rechte tut? Gibt es überhaupt noch eine verantwortliche Kontrolle über das Lektorat?«[175]

Nun wurde die Entscheidung Suhrkamps, Honderichs Gedanken nicht zu veröffentlichen, von führenden Medienorganen wie etwa der *Frankfurter Rundschau* und der *Süddeutschen Zeitung* ausdrücklich befürwortet.[176] Peachs Forderungen nach einer offenen, freien Kontroverse ohne Gedankenzensur erhielten so von der Medienelite keine Rückendeckung. Als Argumente wurde in den entsprechenden Artikeln ausgebreitet, inwiefern Honderichs Gedanken unsinnig seien. Wie selbstverständlich floß bei dieser Argumentation das Axiom ein, daß Texte, die bestimmte Menschen für unsinnig halten, nicht veröffentlicht gehören und daß die wissenschaftliche wie die Meinungsfreiheit nur für erklärtermaßen »würdige« Texte gelte.

Ironischerweise war es ein jüdischer Verleger, Abraham Melzer, der Honderichs Buch schließlich in seinem Programm herausbrachte und in einem Nachwort zu der Debatte Stellung bezog:

> »Mit seinem Buch „Nach dem Terror" wollte Ted Honderich u.a. die moralische Berechtigung zum Widerstand, auch durch Terror, zur Diskussion stellen. In Deutschland wurde daraus dank einer perfiden und heuchlerischen Einmischung des Direktors des Fritz Bauer Instituts, Prof. Micha Brumlik, eine Diskussion über Antisemitismus und Antizionismus, eine Fortsetzung derselben Debatte, die genau vor einem Jahr in Deutschland schon stattgefunden hat, als der Entertainer, Publizist und selbst ernannte Moralapostel Michel Friedman die Kritik des FDP-Politikers Jürgen Möllemann an der brutalen und menschenrechtsverletzenden Politik Israels stoppen wollte. In beiden Fällen genügte der mittlerweile banale Vorwurf des Antisemitismus bzw. „antisemitischen Antizionismus", um die couragierte Anklage einer bankrotten Politik im Keime zu

ersticken. Kritiker, Philosophen, Politiker und alle möglichen und unmöglichen Größen aus dem öffentlichen Leben haben ihren Kotau vor Friedman und Brumlik gemacht und waren sehr emsig bemüht, sich so darzustellen, daß jeder Schatten eines Verdachtes, sie seien Antisemiten, von ihnen abfällt. Das hat jeder ernsthafte Diskussion vorgebeugt; gleichwohl aber überzeugt, daß eine öffentliche Debatte über die Ereignisse unerläßlich ist. (...) Ich klage deshalb (...) die Presse und die Öffentlichkeit an, daß sie schweigend und ohne Protest diese Demütigung erduldet hat und damit einverstanden war, daß in Deutschland Bücher wieder verbrannt werden, diesmal aber nicht von einer barbarischen, kulturlosen Machtelite, sondern von Intellektuellen, Verlegern, Journalisten und Philosophen.«[177]

Abraham Melzer ist nicht der einzige, der die Entscheidung des Suhrkamp-Verlages, Ted Honderichs Buch vom Markt zu nehmen, aus moralischen Erwägungen für sehr bedenklich hält. Auch die bekannte US-amerikanische Rhetorik-Professorin Judith Butler wendet verschiedene Bedenken ein. Zunächst einmal müsse man dann auch viele andere Bücher von der Veröffentlichung zurückziehen, die gewaltsamen Widerstand gegen repressive Systeme unterstützten. Aber sollten sich nicht gerade jene mit solchen Auffassungen inhaltlich auseinandersetzen, die gewaltfreie Alternativen formulieren wollten? Wer Honderich vorwerfe, er nehme bei seiner Argumentation Gewalt gegen Zivilisten in Kauf, müsse dieselbe Kritik auch an die USA im Afghanistan- und im Irak-Kritik richten sowie an die israelische Regierung im Konflikt mit den Palästinensern. Des weiteren werde das hohe Gut der freien Wissenschaft in Frage gestellt: »Suhrkamp hat die Kritik, die von einigen Intellektuellen, darunter einige Juden, vorgebracht wurde, akzeptiert, was bedeutet, daß diese Position als die „richtige" bevorzugt worden ist und damit die gewaltige intellektuelle Verpflichtung, Zensur und Antiintellektualismus zu bekämpfen, übergangen wird, die so viele jüdische Denker mit den Grundsätzen des politischen Liberalismus verbindet.« Schließlich könnte die Entscheidung des Suhrkamp-Verlages sogar den Verschwörungstheorien von Judenhassern dienlich sein: »Wenn Leser des weiteren denken, daß „Juden" die Macht haben, ein Buch zu unterdrücken, stärkt diese Tatsache die antisemitische und paranoide

Überzeugung, daß Juden die letzte Kontrolle über Verlage und Medien ausüben - was eindeutig falsch ist.«[178]

Die von Melzer und Butler attackierte Geisteshaltung scheint jedoch unter veränderten Zeichen im deutschen Journalismus fortzubestehen: Die HR-Redakteurin Esther Schapira etwa beklagte bereits die fortdauernde Veröffentlichung einer weiteren ihr mißliebigen Schrift.[179]

5.8 Attac: »Positionen, die sonst nur von Rechtsextremen ventiliert werden«?

Wie schon die Angriffe auf Blüm und Walser zeigten, beschränken sich Vorwürfe des Antisemitismus inzwischen längst nicht mehr auf die »üblichen Verdächtigen« der Neuen Rechten, sondern können praktisch jeden treffen, der zu bestimmten Streitfragen (Nahostkonflikt, deutsche Schuld, deutsch-jüdisches Verhältnis) jenseits fest vorgeprägter, fast neurotischer Strukturen Stellung bezieht.

So sah sich auch die globalisierungskritische Initiative Attac entsprechenden Anschuldigungen ausgesetzt.[180] Attac tritt für eine demokratische Kontrolle der internationalen Finanzmärkte ein, sieht sich seit dem Vorabend des Irakkrieges 2003 auch als Teil der Friedensbewegung und ist inzwischen Teil eines umfassenden gesellschaftlichen Netzwerks zwischen Gewerkschaften, Umweltschützern und Kapitalismuskritikern.[181]

Im Herbst 2003 behauptete der Göttinger DGB-Regionalchef Sebastian Wertmüller, selbst Mitglied von Attac, auf den Internetseiten dieser Vereinigung erschienen Positionen, die sonst nur von islamistischen Gruppen und Rechtsextremen ventiliert würden. Insbesondere in der Attac-Arbeitsgemeinschaft »AG Globalisierung und Krieg« spielten »antisemitische Gedanken eine dominierende Rolle«. Wertmüller gelangte zu dieser Einschätzung, nachdem die erwähnte Arbeitsgemeinschaft dafür eingetreten war, keine Waren aus den von Israel besetzten Palästinensergebieten in die Europäische Union zu importieren, um damit ein politisches Zeichen zu setzen. Wertmüller fühlte sich dadurch an den nationalsozialistischen Aufruf »Kauft nicht beim Juden« erinnert. Er stellte seine Argumentation in einem Interview mit der Berliner *tageszeitung* am 5. September 2003 dar.

Zwei Tage später reagierte in dieser Zeitung die von Wertmüller kritisierte AG mit einer Stellungnahme, in der sie Wertmüller »politischen Rufmord« vorwarf. Barbara Fuchs stellte als Sprecherin der Arbeitsgemeinschaft klar: »Wir werden weiterhin deutlich machen, wo der palästinensische Terror seine Wurzeln hat - nämlich in der Besatzungspolitik der israelischen Regierung.« Dem unbenommen hatte die Arbeitsgemeinschaft den entsprechenden Aufruf und eine damit verbundene Unterschriftenliste eilfertig vom Netz genommen, wogegen am 13. September 2003 der Internet-Journalist Anis Hamadeh mit einem Leserbrief energisch protestierte:

> »Den Boykott illegaler Siedlungen zu „Kauft nicht beim Juden" zu wenden, ist unter der Gürtellinie und zeigt die horrenden Auswüchse der Antisemitismusdebatte. Hier soll auf Kosten der Palästinenser legitime Kritik am Staat Israel unterbunden werden, und das kann nicht hingenommen werden.«

Auch in den folgenden beiden Jahren wurde Attac immer wieder in Verbindung mit Judenfeindlichkeit gebracht. So wies Daniel Kilpert vom Zentrum für Antisemitismusforschung darauf hin, daß Attac-Referenten die Politik Israels mit dem Vorgehen der Nationalsozialisten im Warschauer Ghetto verglichen hätten.[182] In einem Interview mit der Zeitschrift *Jungle World*[183] äußerte sich Astrid Kraus als Mitglied des Koordinierungskreises von Attac Deutschland zu den von ihrer Organisation gestarteten Aufrufen für einen Boykott israelischer Waren oder einen Tag zum Gedenken an die Besetzung in Palästina mit der Einschätzung: »Das sind chiffrierte Antisemitismen, die auf unbewußter Ebene existieren, nicht bloß bei Attac-Leuten, sondern überall.« Sie plädierte für eine Ausgrenzung von Menschen mit solchen Positionen, wobei sie zugleich befand, daß bei einem solchen »emotional so hoch belasteten Thema« die dafür nötigen Mehrheiten kaum herzustellen seien, da »Leute schon Angst haben, sich zu äußern, weil sie nicht als Antisemiten hingestellt werden wollen«. Der Internet-Journalist Anis Hamadeh interpretierte diese Äußerungen als Beleg für die »Obrigkeit der Antisemitismusvorwerfer«. Wenn keine anderen Lösungen für den Konflikt genannt würden als die Beschuldigten zu stereotypisieren und sodann auszuschließen, obwohl eine Beweisführung nicht möglich sei, da der Begriff Antisemitismus nicht genügend trennscharf umrissen sei, ließe sich jede Form von Kritik an der Besatzung als »chiffrierter Antisemitismus« deuten, woraus ein Verurteilungsmonopol entstünde, das sich selbst legitimiere.[184]

Schließlich sah sich die Initiative Attac zu einer Stellungnahme auf ihrer Website veranlaßt: »Die Positionen von Attac sind nicht antisemitisch. Es gab und es gibt bei Attac keinen Platz für Antisemiten. Wir betrachten die Auseinandersetzung mit Antisemitismus, Rassismus, Nationalismus und anderen reaktionären Ideologien als eine ständige Aufgabe. (...) Die ständige Negierung der Rechte der Palästinenserinnen und Palästinenser durch die israelische Regierung drückt sich unter anderem in der fortwährenden Besatzung, den wiederholten Bombardements der Lager, der systematischen Zerstörung ziviler Einrichtungen und dem aktuellen Mauerbau aus. Wir sind jeden Tag entsetzt, wie der Staat Israel die Verfolgung und Unterdrückung der Palästinenserinnen und Palästinenser weiter verschärft und wie die mehrfache Verurteilung seiner Politik durch die UNO folgenlos bleibt. (...) Wir anerkennen das Recht der Palästinenserinnen und Palästinenser auf Widerstand. Doch wir lehnen die entsetzlichen Selbstmordattentate ab und verurteilen entschieden deren Instrumentalisierung.«[185]

Auf die Vorhaltungen Sebastian Wertmüllers, der die Antisemitismus-Vorwürfe gegen Attac angestoßen hatte, reagierten mehrere Personen mit offenen Briefen. So wies die Hamburger Attac-Unterstützerin Marie-Dominique Vernhes Wertmüller darauf hin, daß die Vollversammlung der Vereinten Nationen die israelische Besatzungspolitik jedes Jahr als illegal verurteilt habe, daß sowohl israelische Bürger selbst als auch Juden in ganz Europa gegen diese Besatzung Widerstand leisteten und daß damit auch ein Aufruf an alle Regierungen, die UNO und die EU verbunden sei, auf die israelische Regierung entsprechenden Druck auszuüben.[186] Der Neurologe Professor Dr. Rolf Verleger zeigte sich im September 2003 über Wertmüllers Antisemitismusvorwürfe entsetzt:

> »Wollen Sie denn jede Hoffnung für Israel zunichte machen? Meine beiden Geschwister sind nach Israel ausgewandert und haben dort ihre Familien - mein Bruder ist gerade Großvater geworden. Zur Zeit ist mein Sohn in Israel für ein Gastsemester. Also man kann mir wirklich nicht unterstellen, daß ich mit Israel nicht verbunden bin. Ebenso habe ich eine Ahnung davon, was Antisemitismus ist, da mein Vater in Auschwitz war und meine Mutter nach Estland deportiert war. Seit Rabins Ermordung haben israelische Regierungen die Oslo-Verträge nicht eingehalten und sich immer mehr in die

Sackgasse des Krieges hineingesteigert. Scharon hat den jetzigen Zustand mutwillig herbeigeführt und tut freiwillig nichts, um ihn zu beenden. Stimmen der Vernunft sind marginalisiert (...). Offensichtlich muß hier, wie im Falle Südafrika, massiver Druck von außen gemacht werden, da die terrorisierten Bevölkerungen Israels und Palästinas von alleine nicht mehr die Kraft für einen Neuanfang haben. Deshalb begrüße ich ausdrücklich, wenn junge Leute zu einem Boykott von Waren aus den besetzten Gebieten aufrufen. Das ist eine selbstverständliche Konsequenz des permanenten Bruchs des Völkerrechts, den diese Siedlungen darstellen.«[187]

Auch die jüdische Initiative »Jewish Voice for Peace« wies die Anschuldigung, Boykottkampagnen gegen Israel seien unweigerlich antisemitisch, mit Nachdruck zurück. Die israelische Regierung sei eine Regierung wie jede andere, und den Mißbrauch ihrer Macht zu verdammen sei in keiner Weise vergleichbar mit einem Angriff auf das Judentum an sich.[188]

5.9 Hans Leyendecker: »Volksverhetze« eines »Stürmer - Nachfolgers«?

Hans Leyendecker gilt als einer der bekanntesten und renommiertesten Journalisten Deutschlands. Diesen Ruf erwarb er dadurch, daß er (zum Beispiel für den *Spiegel*) mit ebenso gründlicher wie wagemutiger Recherche hieb- und stichfeste Informationen für Skandale zusammentrug, die einige Mächtige dieser Republik zu Fall brachten, wenn sie in unsaubere Geschäfte verwickelt waren. Für viele stellt er in der deutschen Medienwelt inzwischen eine Institution dar. Mit diesem Hintergrund dürfte er davor gefeit sein, in Antisemitismusverdacht zu geraten, zumal er derzeit auch noch für die *Süddeutsche Zeitung* arbeitet - ein Presseorgan, das mit Kommentatoren wie Heribert Prantl eines der ersten ist, wenn es darum geht, Äußerungen von Politikern als antisemitisch zu etikettieren.

Tatsächlich aber stellten weder beruflicher Lorbeer noch Arbeitsplatz einen Schutz für Leyendecker dar: Am 10. Dezember 2003 verfaßte Leyendecker für die *Süddeutsche Zeitung* den Artikel »Träumer des Absoluten« über den neuen Terrorismus. In diesem Artikel fand sich der Satz:

»Das Netzwerk der islamistischen Terroristen hingegen, das durch die derzeitige Politik der USA und Israels bedauerlicherweise immer mehr Knoten bekommt, braucht keine Rechtfertigungen mehr.«

Allein damit geriet Leyendecker ins Visier einer 2002 entstandenen Initiative namens »Honestly Concerned«, deren Mitglieder laut Eigendarstellung auf ihrer Website »alarmiert von Israel-feindlichen Presseberichten wie antijüdischen Äußerungen von Politikern und öffentlichen Persönlichkeiten in Deutschland und Europa, beschlossen (...) zu handeln«.[189] Leyendecker wurde an den Pranger gestellt, und über Mailinglisten wurde eine konzertierte Aktion gegen ihn eingeleitet. Man warf dem Journalisten Volksverhetzung vor. Menschen wie er, Hohmann und Möllemann machten sich auf niederträchtige Weise schuldig daran, daß die Bevölkerung beeinflußt werde wie im Dritten Reich. Die *Süddeutsche Zeitung* sei inzwischen eines der größten Hetzblätter gegen Israel; Vergleiche mit dem *Stürmer* und dem *Völkischen Beobachter* wurden gezogen (die Redakteure der letztgenannten Publikationen hätten wenigstens offen zu ihrem Antisemitismsus gestanden). Die Texte Leyendeckers dürften nicht ungeahndet bleiben.[190]

Leyendecker reagierte auf diese massenhaften, geradezu unflätigen Anwürfe mit einer sachlichen Erwiderung, die er an viele seiner Kritiker gleichzeitig versandte. Darin wies er noch einmal auf seine Verurteilung des Terrorismus hin, aber auch darauf, daß dieser sich sämtlichen Experten zufolge auch aus den Fernsehbildern aus Palästina speise. Es helfe nicht weiter, diese Beobachtung als antisemitisch zu diskreditieren.

Daß Leyendecker sich nicht mit jedem seiner Kritiker auf eine persönliche Diskussion per Mail eingelassen hatte, legte man ihm nun als beleidigend aus. Er verteile per Knopfdruck eine Standardantwort so, wie man Bomben oder Zyklon B per Knopfdruck auslösen könne. Wenn Leyendecker sich eine Anzeige wegen Volksverhetzung ersparen wolle, bei der das Ermittlungsverfahren zwar eingestellt, dem Journalisten bis dahin aber Zeit und Mühe kosten würde - wäre es da nicht besser, wenn er eine persönliche Stellungnahme abgeben und in der *Süddeutschen Zeitung* eine Gegendarstellung veröffentlichen würde?[191]

Am 4. und 5. Juni 2004 lud die Journalistenvereinigung Netzwerk Recherche ein zu einer Medienkonferenz unter dem Motto »Luxusgut Recherche - wie teuer darf Wahrheit sein?« Dazu waren auch Vertreter von »Honestly Concerned« eingeladen, die so eine Gelegenheit erhielten, ihre Ansichten den Medienvertretern zu unterbreiten. Dabei zeigte sich allerdings, daß ihre Position auch unter jüdischen Mitgliedern der Bevölkerung alles andere als unumstritten war. So berichtet der ebenfalls eingeladene Verleger Abraham Melzer:

> »Ich habe mich daneben gestellt mit einem schnell angefertigten Schild, daß ich mich als Jude für diese widerliche Propaganda schäme. (...) Am Ende haben eine ganze Anzahl von Journalisten es bedauert, daß man dieser widerlichen, McCarthischen Organisation, die zur Denunziation, Diffamierung und zum Terror gegen kritische Journalisten aufruft, ein Forum geboten hat. (...) Wenn der Antisemitismusvorwurf schon dabei beginnt, wenn ein Journalist, eine Zeitung schreibt der „Hardliner Sharon", dann wissen wir, daß diese Leute keine ernsthaften Argumente und Beweise haben.«[192]

Überbordende Kritik an Leyendeckers Formulierungen gab es indes auch von anderen Publikationsorganen als Honestly Concerned. So veröffentlichte die *Jüdische* zu der zitierten Passage den Artikel »Antisemitismus in der Süddeutschen«. Darin führt ein Dr. Heinz Gess aus:

> »Sofern Leyendecker glaube, der arabische Terrorismus richte sich gegen die wirklichen Fehlentwicklungen und die wirklichen „üblen Zustände", die ihn hervorgebracht haben, dann muss Leyendecker, wie die Terroristen selbst, die USA und Israel für eine „Fehlentwicklung" halten. Was man mit Fehlentwicklungen, mit „kranken Zweigen" am ansonsten gesunden Baum, macht, ist ja bekannt: sie werden abgeschnitten und verbrannt. (...) Dann aber wären aus (Leyendeckers) Sicht die USA und Israel eine „Fehlentwicklung" die mit allen, auch terroristischen Mitteln, zu bekämpfen wäre. Wäre dass nicht eine schlimme Form von Antisemitismus, die derjenigen der Terroristen sehr nahe kommt, sozusagen „Schreibtischterrorismus"? (Leyendecker) ist, so wie er sich äußert, ein Antisemit oder ein propagandistischer Ignorant, der in einer schlechten deutschen Tradition steht.«[193]

5.10 ARD-Magazin »Panorama«: »Vernichtung der Kritiker deutscher Medien«?

»Mir wurde Antisemitismus vorgeworfen, was ungeheuerlich ist«, schilderte Hans Leyendecker in dem *ARD*-Magazin *Panorama* am 5. August 2004 seine Erfahrungen. »Und je mehr ich mich wehrte, um so heftiger wurden dann die Reaktionen darauf. Ich hatte erst gar nicht verstanden, was da stattfand. Ich dachte, da haben die Leute etwas missverstanden. Bis ich dann merkte, es war eine gelenkte Aktion, die tatsächlich auch einschüchtern sollte.«

Nachdem sich zuvor schon das Medienmagazin *Zapp* aus dem dritten Programm des Norddeutschen Rundfunks diesem Thema gewidmet hatte, stellte jetzt auch *Panorama* in dem Beitrag »Unter Verdacht - Israelkritiker als Antisemiten?« die Frage, wo die Grenzlinie zwischen berechtigter Israelkritik und Antisemitismus verliefe. Bei Möllemanns Kritik am Vorgehen der israelischen Regierung hatten sich die deutschen Medien fast einheitlich mit dem Antisemitismus-Vorwurf solidarisiert; jetzt, als dieser einen ausgeschrieben linken Journalisten traf, kam es erstmals zu einer Problematisierung. So zitierte der fragliche *Panorama*-Beitrag auch einen Trailer der britischen *BBC* zu der Sendung *Israel´s Secret Weapon*, der da lautete: »Welches Land im nahen Osten hat nicht registrierte Atomwaffen? Welches Land im nahen Osten hat nicht registrierte biologische und chemische Waffen? Welches Land im nahen Osten hat keine Inspektorenkontrollen? Welches Land im nahen Osten sperrte einen Informanten 18 Jahre lang ein?« In diesem Zusammenhang wies *Panorama* darauf hin, dass Israels Regierung diesen Trailer mit dem nationalsozialistischen *Stürmer* verglich, da er Juden diffamiere, und den Kontakt zur BBC daraufhin für einige Wochen abbrach. Was das deutsche Hausieren mit dem Antisemitismus-Vorwurf bei jeder Form von Israelkritik anging, erwähnte *Panorama* die Initiative »Honestly Concerned« und ließ auch ihren Gründer und Leiter Sacha Stawski im Interview zu Wort kommen.

Die Reaktionen waren so vorhersagbar, dass man darauf hätte hohe Wetten abschließen können: Kaum war der Beitrag ausgestrahlt worden, erhielt *Panorama* selbst das Etikett des Antisemitismus aufgeprägt. In einer ersten Stellungnahme der »Honestly-Concerned«-Redaktion, ebenfalls noch vom 5. August 2004, setzte sich diese zunächst einmal mit »den Juden« gleich und polemisierte: »Leyendecker und die Redakteure von Panorama bemerken schnell, daß hier eine üble jüdische Verschwörung am Werke ist: eine gelenkte Kampagne. (...) Endlich wissen wir, woher die wahre Gefahr herrührt, wer in Deutschland Hetze betreibt, wer angesehene Journalisten oder Politiker niedermacht, wer Pressekampagnen betreibt: die Juden natürlich!« Damit habe *Panorama* einen Beitrag produziert, der »bewußt den Antisemitismus« schüre, einen »nach allen Regeln der Kunst (...) eindeutig antisemitischen Fernsehbeitrag«.[194]

In einer weiteren Stellungnahme von »Honestly Concerned« führte Thomas Schreiber aus:

> »Das Resultat war die Darstellung einer jüdischen Verschwörung, die Gefahr für unbescholtene deutsche Journalisten und Politiker bedeutet. *Panorama* ging noch dazu mit dem klassischen Mittel der übelsten Judenhasser seit dem Mittelalter vor. Sie suchten sich jüdische Kronzeugen, damit die das aussprechen mögen, was sie selber wohl ungern offen sagen: dass nämlich Juden, die Antisemitismus anprangern, ungleich gefährlicher seien als die angeblich nicht mehr existenten Antisemiten. (...) Mit anderen Worten, *Panorama* bestätigte mal wieder, dass die Juden an allem Schuld sind und dass sie eine wahre Gefahr für Deutschland bedeuten. Das freilich ist Antisemitismus pur.«[195]

Mit dem »jüdischen Kronzeugen« war offensichtlich Uri Avnery, der Träger des alternativen Friedensnobelpreises, gemeint, der die israelische Militärpolitik scharf kritisiert hatte. In einer weiteren Replik auf den *Panorama*-Beitrag bezeichnete Samuel Laster in der *Jüdischen* vom 5. August 2004 Avnery als »Hausjuden deutscher Bundespräsidenten« und warf *Panorama* die versuchte »Vernichtung der Kritiker deutscher Medien« vor. Welch immense Projektion und Übertragung mit dem Wort »Vernichtung« hier verbunden ist, nur weil überbordende Vorwürfe einer Internet-Initiative problematisiert werden, während man sich über tatsächlich existentiell geschädigte Menschen wie Hohmann und Möllemann als »Märtyrer« lustig machte, verlangt fast schon nach einer eigenen psychologischen Analyse.

Es gab weitere gleichermaßen heftige Repliken auf den *Panorama*-Beitrag. Im von dem *ARD*-Magazin geschalteten Internetforum wurde

Panorama als »Stürmer light« bezeichnet: »Wenn man einen Beweis benötigt für Antisemitimsus in den deutschen Medien, dann haben wir mit dieser Sendung einen eindeutigen.« Mehrere Verfasser von Leserbriefen an die *Panorama*-Redaktion behaupteten, durch die »Hetzbeiträge« des *ARD*-Magazins erhielten gewalttätige Übergriffe auf Juden eine Rechtfertigung. Ein Student phantasierte eine rechtsradikale Bande, die einen Juden entführen und ihn gewaltsam zwingen würde, sich den »antisemitischen« Beitrag anzusehen. Auch weitere Gleichsetzungen mit dem *Stürmer* blieben nicht aus.[196]

5.11 Die Bundeszentrale für politische Bildung: »Hort des Antisemitismus«?

Eine andere Zielscheibe für die Kritik von »Honestly Concerned« war die Bundeszentrale für politische Bildung, einer aufklärend tätigen Organisation des Bundesinnenministeriums. Diese Institution hatte das Institut für empirische Medienforschung eine Studie erstellen lassen, die sich mit dem von der israelischen Botschaft geäußerten Verdacht beschäftigen sollte, deutsche Medien würden in ihrer Berichterstattung über den Nahostkonflikt die Position Israels einseitig abwerten. Tatsächlich ergab eine semantische wie inhaltliche Analyse der Hauptnachrichten eine ausgewogene Darstellung im Text. Lediglich in der Bildberichterstattung zeigte sich ein durch die besondere Art und Weise des Konflikts entstandenes Ungleichgewicht, wie Thomas Krüger als Präsident der Bundeszentralstelle ausführte: Da man im Fernsehen nie eine terroristische Handlung von Palästinensern sah, sondern lediglich deren Folgen, wohl aber israelische Panzer, die in Flüchtlingslager rollten, entstünde an dieser Stelle »der Eindruck, Israel sei Täter, Palästina sei Opfer«.

Da die Studie keine weitergehenden Belege für eine Diskriminierung Israels erbringen konnte, wurde der Bundeszentralstelle für politische Bildung vorgeworfen, es handele sich bei ihr um einen »Hort des Antisemitismus«. Krüger verwahrt sich gegen diese Behauptung:

> »Mir fällt wirklich keine Institution in Deutschland ein, die so viel für die Auseinandersetzung, zeitgeschichtlich als auch aktuell, mit dem Land Israel unternommen hat, durchaus auch in parteiischer

Weise für den Staat Israel. Aber an dieser öffentlichen Debatte sieht man, daß wir es mit einem zugespitzten, nachhaltigen Konflikt zu tun haben, in dem die sachliche Auseinandersetzung subordiniert wird und es sozusagen auch mit einem gehörigen Maß um Rechthaberei geht.«

Krüger warnt vor einem falschen Alarmismus: Die bisherige Debatte habe

»den Verdacht in den Raum gestellt, daß der Antisemitismus eine Riesengefahr in Deutschland sei. Bei aller Existenz von Extremismus und auch von Antisemitismus muß man im internationalen Vergleich sagen, daß die deutsche Gesellschaft nicht der Avantgardist des Extremismus und Antisemitismus ist. Es gibt eine hohe Sensibilität aufgrund der eigenen Geschichte und auch aufgrund der offensiven, in der Zivilgesellschaft geführten Auseinandersetzung mit dem Rechtsextremismus, so daß eine Gefahr der Entzündung der Gesellschaft derzeit eigentlich mit gutem Gewissen nicht annonciert werden kann. Wir haben einen breiten Konsens in der Gesellschaft für Demokratie und gegen Antisemitismus, und das muß auch immer wieder betont werden.«[197]

5.12 Konrad Löw: »Ansammlung antijüdischer Klischees«?

Neuerliche Vorwürfe des Antisemitismus trafen die Bundeszentrale für politische Bildung, nachdem sie in der Ausgabe 2/2004 ihrer Zeitschrift »Deutschland Archiv« den Aufsatz »Deutsche Identität in Verfassung und Geschichte« des anerkannten Bayreuther Staatsrechtlers und emeritierten Professors für Politikwissenschaft Konrad Löw veröffentlichte. Löws Vater war Mitglied der Vereinigung der Verfolgten des Naziregimes, Konrad Löw selbst fühlt sich dadurch politisch geprägt.

Inhaltlicher Kern von Löws Aufsatz ist eine Argumentation gegen die Kollektivschuldthese, die Löw unter anderem von Außenminister Joseph »Joschka« Fischer und Salomon Stein, Vizepräsident des Zentralrats der Juden, vertreten sieht. Steins Klage, er werde als Jude in Deutschland für das Vorgehen Israels gegen die Palästinenser in Kollektivhaft genommen, erklärt Löw für berechtigt (»zumal kein deutscher Jude die israelische

Regierung gewählt haben dürfte«). Er sieht aber eine ebensolche unsinnige Kollektivhaft, wenn im Zusammenhang mit den Greueltaten des Dritten Reiches immer wieder von »den« Deutschen gesprochen werde. Löw belegt unter anderem anhand des Einflusses von Juden im Bank- und Pressewesen im Deutschland der zwanziger Jahre, daß man weniger von einer allgemeinen antisemitischen Grundstimmung in der Bevölkerung als von antisemitischer Kriminalität im Zusammenhang mit der NSDAP sprechen konnte:

> »Je intensiver man die zeitgeschichtlichen Aufzeichnungen heranzieht, um so deutlicher zeigt sich, warum Hitler die Vernichtung der Juden mit allen Mitteln geheimhalten wollte. Das Volk, das ihn mehrheitlich über Jahre hinweg fast abgöttisch verehrte, hatte kein Verständnis für seine brutale Judenpolitik. (...) Für Hitlers rasanten Aufstieg gibt es nur eine Erklärung, nämlich die sprunghaft steigende Arbeitslosigkeit, die schier unvorstellbare Not, gegen die die etablierten Parteien offenbar kein Rezept hatten; Hitlers Antisemitismus spielte eine untergeordnete Rolle. In ihrer Verzweiflung versuchten es die Massen mit Hitler, der eine rasche Besserung versprach (...).«

Der Hitler in den ersten Jahren seiner Macht gewährte Jubel habe seinen innen- und außenpolitischen Erfolgen gegolten und nicht dem damals noch gar nicht geplanten Holocaust. Zwar dürfe »nicht übersehen werden, dass das „Dritte Reich" vom ersten Tag seines Bestehens an schwere Menschenrechtsverletzungen begangen hat. Aber, verglichen mit später, ab Kriegsbeginn, waren die Zahlen gering; die Medien durften nicht darüber berichten.«

Auf die Reichspogromnacht sowie die Verfolgung und Stigmatisierung von Juden habe die Bevölkerung vor allem mit stummem Entsetzen und Scham reagiert - Gefühle, die mangels Schutzes durch Gerichte, Behörden oder Nachbarn kaum artikulierbar waren.

Löw führt zum einen den anerkannten Chronisten Victor Klemperer an, der im Blick auf die Zahl der Anhänger Hitlers befand, »auf einen solchen Gläubigen kommen doch wohl schon fünfzig Ungläubige«. Zum anderen zitiert er eine vom Berliner Zentrum für Antisemitismusforschung herausgegebene Untersuchung, in der es über Menschen hieß, die Juden vor der Verfolgung versteckten:

> »Es zeichnet sich auch ab, daß für jede untergetauchte Person bis zu zehn, bisweilen auch erheblich mehr, nichtjüdische Helfer aktiv wurden, um das Überleben im Untergrund zu ermöglichen. Hinzu kamen oft zahlreiche Mitwisser, die zwar nicht selbst den Mut oder die Gelegenheit zur Hilfe hatten, die aber die Rettungsaktion deckten, indem sie schwiegen.« In diesem Hinblick, so Löw, verwundere es nicht, wenn »sich die Sympathisanten der Juden und jene, die aus Anstand ihr Wissen nicht der Gestapo preisgaben, nach Kriegsende nicht schuldig fühlten«.

Auch sie seien durch Angst, Krieg und Not zu Opfern geworden, »Opfer freilich in nicht so schrecklichem Ausmaße wie das Gros der Juden«. So gelangt Löw zu seiner Folgerung

> »Wir dürfen nicht zögern, die Verbrechen des NS-Regimes als wichtigen Teil der deutschen Geschichte, der deutschen Identität zu bekennen. Aber wir sollten jenen entgegentreten, die allgemein von deutscher Schuld sprechen, wenn damit gemeint ist, dass die große Mehrheit der damals lebenden Deutschen mitschuldig gewesen sei an einem der größten Verbrechen in der Menschheitsgeschichte. Ein solcher Vorwurf ist ungeheuerlich, wenn er nicht bewiesen wird. Dieser Nachweis wurde bis heute nicht erbracht.«

In *passim* erwähnt Löw schließlich, daß zu Hitlers Helfern auch Juden zählten, etwa »als Häscher, als Polizisten, in den Gaskammern«. Grund sei bei ihnen »sicherlich ausnahmslos Angst um das eigene nackte Leben« gewesen und nicht wie bei anderen Tätern »überwiegend Mordlust oder Sadismus« sowie falscher Kadavergehorsam gegenüber Befehlen und ebenso falsch verstandene Gruppensolidarität. Antisemitismus sieht Löw für die begangenen Greueltaten nicht als Hauptmotiv, da diese Verbrechen gegenüber geistig Behinderten, Polen, Russen, Sinti und Roma ebenso barbarisch begangen worden seien.

Nach Erscheinen des Artikels verständigten Mitarbeiter der Bundeszentrale für politische Bildung deren Präsidenten Thomas Krüger aufgebracht in seinem Spanien-Urlaub. Der reagierte sofort, ließ etwa tausend Ausgaben der Zeitschrift einstampfen und distanzierte sich in einem an die 5.500 Abonnenten versandten Rundbrief aufs Schärfste von jedem Versuch, die deutschen Verbrechen während der nationalsozialistischen Diktatur zu verharmlosen, zu relativieren oder »deren deutsche Urheberschaft und die deutsche Schuld daran abzustreiten«.[198]

Löws Ansichten seien mit denen der Bundeszentrale nicht vereinbar. Man sehe die eigene seit Jahrzehnten betriebene Auseinandersetzung mit Nationalsozialismus und Antisemitismus durch diesen Beitrag desavouiert. Die Führungen von Bundeszentrale und Verlag hätten von der Veröffentlichung keine Kenntnis gehabt. Alle, die sich durch Löws Text verunglimpft fühlten, wurden um Verzeihung gebeten. Für die nächstmögliche Ausgabe wurde ein korrigierender Beitrag von Professor Wolfgang Benz vom »Zentrum für Antisemitismusforschung« versprochen.

Nun ist dieser Vorgang in mehrfacher Hinsicht bemerkenswert. Zunächst einmal fällt auf, daß auch hier die ansonsten unhinterfragten Grundregeln der wissenschaftlichen Auseinandersetzung komplett ignoriert wurden. Man ließ nicht auf der einen Seite Löws Argumentation stehen und setzte auf der anderen die von Benz dagegen, sondern suchte Löws Text materiell (durch Einstampfen) und diskursiv (durch mit extremem Nachdruck vorgebrachte Distanzierungen) auszumerzen, quasi ungeschehen zu machen. Es wurde von führender Position vorgegeben, welche Auffassung als richtig und welche als falsch zu gelten hatte.

Bemerkenswert ist dieser Vorgang aber auch, weil die führenden deutschen Presseorgane nicht etwa die stattgefundene Zensur und das Unterbinden wissenschaftlicher Freiheit zum Skandal machten, sondern Löws Text angriffen und damit das Verhalten der Bundeszentrale stützten. Die *Süddeutsche Zeitung* schrieb von »unverhohlenem Antisemitismus«[199], die *Welt* schlagzeilte am 15. April 2004 »Eine Ansammlung antijüdischer Klischees«, fand dann zunächst Ansätze zu einem fairen Verhalten (»Bevor lamentiert wird, sollte man den strittigen Text lesen«), um dann aufatmend zu notieren, daß man diesen Text eben nicht mehr lesen könne: »Die Bundeszentrale für politische Bildung hat lediglich die Notbremse gezogen; zu spät gewiß, aber immerhin. (Löws) Aufsatz sollte dem Vergessen anheim fallen.« Wer es hier wagt, von Zensur zu sprechen, wird ohne jeden Beleg als rechtsradikal verunglimpft:

> »Ein Skandal? Ein Anschlag auf die Meinungsfreiheit? Schon hebt Geraune an, bestimmte „Tatsachen“ dürfe „man“ eben hier zu Lande nicht publizieren, weil „man“ sofort vom („man“ sagt es nicht, meint es aber: „jüdischen“) „Meinungskartell“ in die „rechtsextreme Ecke“ gestellt werde.«

So wie Auseinandersetzungen mit anderen Texten innerhalb der Antisemitismusdebatte überschlägt sich auch der *Welt*-Artikel mit Abwertungen: Löws Aufsatz sei »kruder Unsinn«, »peinlich«, »Unfug«, eine »intellektuelle Selbstentleibung«. Das oben angeführte Zitat Victor Klemperers wird Löw als dessen eigenes untergeschoben. Daß Löws Behauptungen »antijüdische Klischees« seien, wird mit Verve behauptet, aber nicht begründet.

Möglicherweise wird nicht jeder, der bis hierhin gelesen hat, überhaupt erfaßt haben, auf welcher Grundlage die Empörung über Löws Aufsatz überhaupt herrührt. Das verwundert nicht: Zahlreiche Leser dieses Aufsatzes bekundeten über diese Interpretation Verständnislosigkeit bis Befremden, wie Löw in einer Dienstaufsichtsbeschwerde an die Bundeszentrale für politische Bildung berichtet. Darin erwähnt Löw auch, daß der Chefredakteur des *Deutschland Archivs*, der sich nach der vorgebrachten Kritik mit Distanzierungen geradezu überschlug, ihn zuvor gründlich gelesen und redigiert habe, was er anhand der Korrekturfahnen leicht nachweisen könne. Schließlich sei durch keinerlei Zitate belegt worden, was zu dieser nachträglichen Empörung geführt habe; statt dessen habe ihm die Bundeszentrale mitgeteilt: »Nach unserer Einschätzung kann es bei der Würdigung des Beitrages von Prof. Löw nicht um den Nachweis einzelner Stellen gehen, sondern nur um den Gesamtaufsatz.« Wenn aber den Vorwürfen jede Substanz fehle, könne er sich auch nicht dagegen verteidigen. Löw:

> »Das Verhalten der bpb ist skandalös, stellt einen Anschlag auf die Meinungsfreiheit des Grundgesetzes dar, erinnert an die dunkelsten Tage der deutschen Geschichte (Bücherverbrennung - Makulierung), und schadet dem Ansehen der Bundesrepublik Deutschland.«[200]

Einen möglichen Schlüssel zu der Frage, worauf sich dieser Unmut gründete, gibt das per Internet zugängliche *Lexikon Rechtsextremismus*, in dem die Auffassung, daß Löws Aufsatz »genaue Lektüre antisemitische Stereotypen offenbarte« bereits als feststehende Tatsache ausgegeben wird. Die Begründung: Löw hatte von deutschen Opfern ebenso gesprochen wie von jüdischen Tätern: »Daß die Opfer die Täter sein sollen, ist gängiges Klischee antisemitischer Hetze.«[201] Daß Löw im selben Atemzug, in dem er von jüdischen Tätern sprach, erwähnte, daß diese eben nicht wie andere Täter aus »Mordlust oder Sadismus«, sondern »sicherlich ausnahmslos aus Angst um das eigene nackte Leben« gehandelt hätten, bleibt unerwähnt. Möglicherweise unterliegt also bereits ein Minimum an Differenzierung, nämlich daß es auch deutsche Opfer und jüdische Täter gegeben habe, einem Tabu. Ebenso möglich ist es allerdings, daß die hier vorgebrachte Begründung, eben weil sie so zweifelhaft ist, nur einen Vorwand darstellt, um die eigene Ursache für die Ablehnung nicht zu artikulieren: Löws Infragestellen der Kollektivschuldthese.

Inzwischen ereilten die Bundeszentrale für politische Bildung die ersten Protestschreiben gegen die vorgenommene Zensur. »Derartige administrative Eingriffe erinnern fatal an längst überwundene Zeiten, an Zensur und Bücherverbrennung«, befand etwa der Ehrenvorsitzende der Sektion Berlin-Brandenburg des Bundes Freiheit der Wissenschaft, Hans-Eberhard Zahn. »Sie sind ein Indiz dafür, daß der wissenschaftliche Diskurs nun auch schon vom Virus der *political correctness* infiziert worden ist.«[202]

Auch Löw selbst spricht im Interview mit der *Jungen Freiheit* (in ihrer Ausgabe vom 24. April 2004) von einem »Ungeist, den wir doch seit 1945 überwunden zu haben gehofft hatten. Offensichtlich soll verhindert werden, daß sich Dritte noch eigenständig ein Bild von dem Beitrag machen können«. Immerhin beurteile man in der Chefredaktion der *Welt* inzwischen den eigenen Artikel als nicht mehr vertretbar: »denn ich habe von dort telefonisch Nachricht bekommen, man werde diese Attacke gegen mich zurücknehmen«. Löw zitiert an dieser Stelle erneut die anerkannten Tagebücher Victor Klemperers (»Fraglos empfindet das (deutsche) Volk die Judenverfolgung als Sünde«) als Argument gegen Goldhagens Thesen von den Deutschen als Hitlers willigen Vollstreckern. Man entlaste aber die wirklichen Täter, wenn man sie auf eine Stufe mit den Unwissenden oder den Ohnmächtigen stelle. In der Ablehnung der Kollektivschuld stimme er auch mit Martin Hohmann überein: »Hätte man seinen Text nur zur Gänze gelesen! Daß gleiche Maßstäbe für alle gefordert werden, ist es, was die „politisch Korrekten" auf die Palme treibt.«

Löw urteilte abschließend über die aktuellen Auseinandersetzungen:

> »Es wird offensichtlich versucht, die Deutschen hinter einem Tabu einzumauern« »Die gesellschaftliche Ächtung ersetzt heutzutage ansatzweise die staatliche Verfolgung.« Es sei zu befürchten, »daß wir am Anfang einer großen Kampagne gegen die Meinungs- und Wissenschaftsfreiheit stehen. Zumindest kann man all diese Fälle von Nolte über Jenninger und Walser - die meisten Opfer bleiben unbekannt - bis hin zu Löw in eine Reihe stellen.«

5.13 Udo von Busekist: »eine subtile Form der Auschwitzleugnung«?

Die Frage, inwieweit der Massenmord an den Juden im Dritten Reich unter Mitwissen, Billigung oder Unterstützung aller Deutschen geschah, steht seit längerem im Zentrum wissenschaftlicher wie politischer Auseinandersetzungen und kann hier nicht en passant beantwortet werden. Immerhin fällt auf, daß in den letzten Jahren differenziertere Auseinandersetzungen mit dieser Frage erscheinen, die über die pauschale Verurteilung insbesondere vieler 68er gegen ihre Vätergeneration hinausgehen.[203] So erklärt beispielsweise W. Michael Blumenthal, Direktor des Jüdischen Museums in Berlin:

> »Die Behauptung, Hitlers Verbrechen seien erst dadurch möglich geworden, daß das deutsche Volk einem besonderen, eliminatorischen Antisemitismus gefolgt sei und daß deshalb viele dafür disponiert gewesen seien, die Vernichtung zu tolerieren oder gutzuheißen, ist eine grobe Vereinfachung und Übertreibung. (...) Es gibt keinen Beweis, der belegt, daß die Mehrzahl der Deutschen von der Judenvernichtung wußte, und nichts in der deutschen Geschichte weist darauf hin, daß sie sie gebilligt hätten, falls sie es denn gewußt hätte. Den Einfluß der Juden auszuschalten war eine Sache, sie physisch zu vernichten, also zu ermorden, eine ganz andere. (...) Es

> mangelt (...) an eindeutigen Beweisen dafür, daß das Gros der deutschen Bevölkerung die physische Gewalt gegen ihre jüdischen Nachbarn billigte. Deutlich wird dies zum Beispiel an amerikanischen Diplomatenberichten aus Leipzig und Stuttgart, in denen es heißt, die Öffentlichkeit habe auf die Übergriffe in der „Kristallnacht" schockiert reagiert. Auch die fassungslos verstummten Zuschauer, die ich in der Nähe der brennenden Synagoge in Berlin beobachten konnte, bezeugten das. (...) (S)chwere Ausschreitungen und Mord fanden bei den Allerwenigsten Zustimmung. Dies liefert selbstverständlich keine Erklärung dafür, weshalb „hunderttausend oder mehr" sich aktiv an der Judenvernichtung beteiligten. Aber so schrecklich und unverständlich es auch ist, damit standen die Deutschen nicht allein. Viele verrohte, haßerfüllte Menschen anderer Nationalitäten gingen den Mördern eilfertig zur Hand. Auch bei jedem anderen Holocaust der Geschichte fehlte es leider nicht an willigen Helfershelfern.«[204]

Aufschlußreich in diesem Zusammenhang ist auch eine wissenschaftliche Monographie des Sozialpsychologen Fritz Süllwold, in der dieser *Deutsche Normalbürger 1933-1945* (so der Titel des Werkes) auf ihre Befindlichkeiten untersuchte. Dabei stellte er fest, daß »(z)wischen den Erinnerungen der Zeitgenossen und zugehörigen Vorstellungen von Nachge-borenen (...) manchmal Diskrepanzen von geradezu atemberaubendem Ausmaß« bestünden.[205]

Unter anderem gelangte Süllwold zu folgenden Erkenntnissen:

- Juden und »die Judenfrage« spielten im Bewußtsein der meisten Deutschen eine weit geringere Rolle als in rückwärtiger Projektion angenommen werde. Das habe »nur wenig mit einem heute immer wieder beschworenen Wegsehen und einem Defizit an moralischer Sensibilität zu tun«.[206] Ursächlich waren Süllwold zufolge vielmehr andere Gründe: In vielen Landstrichen lebten kaum Juden oder waren gar nicht als solche erkennbar. Zu dem Zeitpunkt, als die Verfolgungen der Juden mörderische Ausmaße erreichten, waren viele Normalbürger geistig und emotional selbst von existenziellen Problemen in höchstem Maße in Anspruch genommen: Sorge und

Angst um Ehemänner, Söhne, Brüder, Väter und Freunde im Krieg, die lebensbedrohlichen Bombenangriffe, das mühselige Leben in den Trümmerlandschaften ohne die Unterstützung der zur Front abkommandierten Männer. »Derartige Rahmenbedingungen der Wahrnehmung (...) werden bei ahistorischer Betrachtungsweise immer wieder übersehen oder ausgeblendet.«[207] Von den Deportationen bekamen viele Bürger nichts mit, weil die Abtransporte nicht an den Orten stattfanden, wo diese Menschen lebten. Häufig geschahen solche Deportationen auch »in formell geordneter Form und unter möglicher Vermeidung von öffentlichem Aufsehen«. Deshalb bezweifelten die meisten Normalbürger die behördliche Auskunft einer Umsiedlung der Juden nach Osten nicht.[208]

- Kenntnisse über Massentötungen über Juden in der Normalbevölkerung werden von 68 Prozent der Zeitzeugen verneint, 30 Prozent sprechen von unglaubwürdig erscheinenden Gerüchten und nur zwei Prozent befanden, daß viele über zuverlässige Informationen verfügten. Süllwold erkennt die damals gemeinhin fehlenden Kenntnisse über die grauenvollen Verbrechen der Nationalsozialisten als »Folge der sowohl rigorosen und brutalen als auch raffinierten Geheimhaltungspolitik in der NS-Epoche, namentlich in der Kriegszeit. Dieser geringe Kenntnisstand wird heute von Nachgeborenen und von politisch interessierten Kreisen oft in Zweifel gezogen. Man bemüht das spekulative psychoanalytische Konstrukt der individuellen oder gar kollektiven „Verdrängung"(...), spricht - ohne eigentliche wissenschaftliche Beweisführung - von psychischen Mechanismen der Schuldabwehr, von Tendenzen zum Verschweigen, zur Selbstrechtfertigung und zur Selbsttäuschung oder schlicht von Einbildung.« Diese Posthoc-Theorien seien indes nicht mit den Ergebnissen wissenschaftlicher psychologischer Befragungen in Übereinklang zu bringen.[209] Süllwold formuliert hier eindeutig: »Das Unterstellen (entsprechender) Ahnungen oder gar der Möglichkeit zur richtigen Voraussicht ist wissenschaftlich nicht zu begründen und ausgesprochen unseriös.«[210]
- Tatsächlich müsse davon ausgegangen werden, daß die meisten Bürger bei entsprechender Kenntnis die Verbrechen in den Vernichtungslagern keineswegs schweigend hingenommen hätten - und dies

nicht einmal allein aus moralischen Gründen: »Viele Bürger waren zweifellos intelligent genug, um sofort zu erkennen, welch unermesslicher Schaden dem Ansehen ihres Landes durch Massentötungen von Juden in Vernichtungslagern zugefügt werden würde. Allein aus patriotischer Gesinnung und dem damals verbreiteten Streben nach nationaler Reputation und nationaler Ehre hätte sich der Widerstand gegen die kriminellen Machenschaften formieren können, wie es in Einzelfällen ja auch geschehen ist. Die damaligen deutschen Normalbürger waren in der Regel emotional keineswegs verdorrt oder erkaltet und auch nicht moralisch verkommen.«[211]

- Auch eine Kritik, es hätte selbst nach dem Ende des Dritten Reiches und dem Aufdecken seiner Verbrechen keine angemessene Reaktion der Bevölkerung gegeben, ist Süllwold zufolge von Fehleinschätzungen geprägt. Tatsächlich fehlte bei den meisten Bürgern eben deshalb ein persönliches Schuldgefühl, weil sie an den beklagten Untaten nicht beteiligt waren: »Persönliche Schuldgefühle hätten auch nicht von Medien oder Politikern suggeriert werden können, wenn die kurz zuvor erlebte Realität im Gegensatz zu den Inhalten der Suggestionsbemühungen stand.« Insbesondere weil die Untaten so unvorstellbar grausam waren, weil sie »trotz gelegentlicher räumlicher Nähe« unbemerkt geblieben waren und weil »damals die antideutsche Propaganda weltweit auf höchsten Touren gelaufen wäre«, reagierten viele Bürger zunächst mit Unglauben und der Verweigerung, sich mit diesen Vorwürfen auseinanderzusetzen.[212]

Wenn Süllwolds Erkenntnisse hier solcherart ausgebreitet werden, dann natürlich in Bezug auf die Antisemitismusdebatten der Gegenwart. Süllwold führt dazu aus, daß während die Deutschen der vierziger Jahre Luftangriffe, Vertreibung und die harten Bedingungen des Aufbaus geradezu stoisch ertragen hätten, viele Zeitbeobachter in den letzten Jahrzehnten des zwanzigsten Jahrhunderts »eine auffällige Häufung massenhysterischer Erscheinungen konstatiert« hätten: »Manche meinen sogar, die Deutschen seien „ein Volk von Hysterikern" geworden. Hysterische Aufwallungen kann man in der Tat in vielfältigen Formen auf gesellschaftlicher Ebene und im politischen Bereich beobachten, wenn eine Thematik in absurder Weise ausgeweitet und mit theatralich anmutender affektiver Erregung öffentlich präsentiert wird.«[213] Dies gelte insbesondere, »wenn ein Thema auf irgendeine Weise mit der NS-Epoche in Beziehung gebracht wird. Die Beziehungssetzung ist oft willkürlich, interessengeleitet, sachlich fragwürdig und nicht selten auch eindeutig falsch.«[214]

Während ohne jeden vernünftigen Zweifel »die physische Vernichtung von Juden für die deutsche Normalbevölkerung nicht in Betracht« gekommen sei, sei es »sozialpsychologisch (...) sehr bemerkenswert, daß die gegenteilige These heute immer wieder mit einem gewissen Effekt bei nachgeborenen Deutschen suggeriert werden« könne.[215] Dabei machten Zeitzeugen des Dritten Reiches häufig die »rational nicht zu erfassende Erfahrung, daß Nachgeborene sie darüber belehren oder ihnen sogar vorschreiben wollen, was sie in jener Epoche erlebt haben.«[216] Werden ihre Aussagen über »unmittelbare persönliche Gewissheiten in Frage gestellt oder gar zum Gegenstand von Verdächtigungen«, ja, wollen Nachgeborene ihnen vorschreiben, was sie damals tatsächlich erlebt hätten, während sie die eindringlichen und konkreten Erinnerungen der Betroffenen als »Einbildungen« beiseite fegten, reagierten viele Zeitzeugen der Hitlerzeit verständlicherweise mit Empörung oder Verbitterung, häufig mittlerweile allerdings auch mit Resignation.[217] Süllwold stellt dazu befremdet fest: »Erstaunlicherweise wird dabei der moralische Aspekt des Beschuldigens individuell und faktisch Unschuldiger (...) kaum thematisiert.«[218]

Insbesondere vor dem Hintergrund des letzten Absatzes kann ein Vorfall um Udo von Busekist und Paul Spiegel sowie seine Skandalierung betrachtet werden. Über die tatsächlichen Geschehnisse berichtet in angemessener Knappheit und Sachlichkeit die *Frankfurter Allgemeine Zeitung* vom 13. November 2002:

> »Im November 2000 hatte Spiegel bei einem Festessen über das Judentum in Deutschland und seine eigene Biographie gesprochen. Der Rechtsanwalt von Busekist meldete sich zu Wort. Seine Schwester, so hatte Spiegel berichtet, sei im zarten Alter von sieben Jahren „unbemerkt" in Auschwitz vergast worden. Unbemerkt war das Stichwort. Busekist erinnerte sich, daß er selbst im Alter von etwa 15 Jahren als Flakhelfer an einer Hydrieranlage in der Nähe des Konzentrationslagers stationiert gewesen sei. Dort habe er zwar Menschen gesehen, die offensichtlich Juden waren, aber nichts von

> ihrer Vernichtung. Erst nach dem Krieg habe er von den Greueltaten erfahren. Ein anderer Rechtsanwalt zeigte den Fall an. Bei genauem Hinhören konnte nun aber auch die Staatsanwaltschaft keine „vorsätzliche und bewußte“ Leugnung der Judenvernichtung erkennen. Auch das Andenken der Opfer sei nicht verunglimpft worden.

Busekist hatte lediglich seine lebensgeschichtliche Erinnerung geschildert. Daraufhin hatte Paul Spiegel ihm eine »subtile Art der Auschwitzlüge« vorgeworfen. Diese angebliche »Verunglimpfung des Andenkens Verstorbener« führte zu einem Strafbefehl in Höhe von 36.000 DM.[219] Tatsächlich forderten in dem Prozeß bald Verteidiger und Oberstaatsanwalt gleichermaßen Freispruch, und der verhandlungsführende Richter ließ erkennen, daß es gar nicht erst zu einem solchen Prozeß hätte kommen dürfen.[220]

Bis dahin war Busekist nicht nur der immensen Anspannung eines Gerichtsverfahrens unterzogen worden, er war auch öffentlich als Verursacher eines Eklats benannt worden, der in Zusammenhang mit Auschwitzleugnung und Antisemitismus stand. Die von Süllwold geschilderten Erkenntnisse erscheinen vor diesem Fallhintergrund als gerechtfertigt, sowohl was die »Hysterisierung« anbelangt, als auch was die »Verbitterung« betrifft, die solche Vorkommnisse bei vielen Zeitzeugen bewirken dürften. Unter dem Druck entsprechender Repressalien kann so die Äußerung tatsächlicher Erinnerungen unterbunden und eine »politisch korrekte« Geschichtsschreibung durchgesetzt werden.

Aus medienwissenschaftlicher Perspektive ist es aufschlußreich, daß über das hier skizzierte Ereignis eben gerade nicht durchgehend in jener Knappheit und Sachlichkeit wie in dem oben zitierten Artikel aus der *Frankfurter Allgemeinen* berichtet wurde. Stattdessen kam es zu einer emotionalen Aufladung und einiger rhetorischer Kunstgriffe, die Busekist selbst nach seinem Freispruch noch im Schatten des Verdachts belassen sollten. Exemplarisch dürfte hierfür die von Wilhelm Heitmeyer bei Suhrkamp herausgegebene Reihe »Deutsche Zustände« sein, die laut ihrer Selbstdarstellung auf dem Backcover untersuchen möchte, inwiefern »gruppenbezogene Menschenfeindlichkeit« wie beispielsweise Antisemitismus zu einem elementaren Bestandteil eben jener deutscher Zustände geworden sei. Von dieser Reihe sind bis heute drei Bände erschienen. Sowohl in Band 1 und in Band 2 der Reihe (erschienen 2002 und 2003) findet sich als Beleg für Antisemitismus jeweils eine von Ingrid Müller-Münch rhetorisch geschickt gestaltete Nacherzählung des »Eklats« um Busekist. Schon daß in zwei aufeinanderfolgenden Bänden in zwei verschiedenen Jahren, und zwar auch nach dem erfolgten Freispruch Busekists, praktisch dieselbe Geschichte erzählt wird, um offenbar die Virulenz von Antisemitismus aus der Mitte unserer Gesellschaft zu belegen, läßt einiges an Rückschlüssen zu. Nicht minder interessant sind aber die von Müller-Münch verwendeten rhetorischen Mittel, von denen hier einige analysiert werden sollen:

- Zunächst einmal eröffnet Müller-Münch ihren ersten Beitrag mit der Bemerkung, es habe sich in den Tagen kurz vor dem fraglichen Festessen herausgestellt, daß der Brandanschlag auf die Düsseldofer Synagoge entgegen der ersten Annahme nicht von Rechtsradikalen verübt worden war und daß im ostdeutschen Sebnitz entgegen entsprechender Pressemeldungen ein kleiner Junge keineswegs von Skinheads ertränkt worden war. Statt dies aber zu nutzen, um vor Vorverurteilungen und öffentlichen Hysterisierungen zu warnen, polemisiert Müller-Münch: »Wer schon lange die Nase voll hatte von der täglichen Nachrichtenschwemme über rechtsradikale Übergriffe, sah sich nun bestätigt.« Dies verknüpft sie mit dem Fall Busekist mittels »In diesem politischen Klima fand das Martinsgansessen der Deutschen Bank in Düsseldorf statt.« Damit ist der Diskurs des Leugnens und Verharmlosens ins Spiel gebracht, ohne daß seine Anwendbarkeit auf Udo von Busekist im Geringsten belegt wäre. Tatsächlich war diesem für seinen Einsatz gegen den Rechtsextremismus sogar eine Ehrung der Initiative »SOS Rassismus« zugekommen,[221] und er hatte seiner Darstellung vor Gericht zufolge »niemals und niemandem gegenüber (...) die Naziverbrechen gegen Juden geleugnet«, ja sogar »dafür Prügel bezogen, daß er Zweiflern entschieden entgegengetreten sei«. Auch sein Verhalten gegenüber dem Ehepaar Spiegel erscheint bei nüchterner Betrachtung absolut untadelig: Nachdem er deren Bestürzung bei dem Festessen bemerkt hatte, schickte er ihnen gleich am Tag danach einen Blumenstrauß und eine Entschuldigung, übernahm die volle Verantwortung für seine Äußerungen und bekundete, dass etwaige Verletzungen keineswegs in seiner Absicht gelegen hätten. Es tue ihm »bitterleid«. Spiegel kommentierte dieses Schreiben mit einer kühlen Abwertung: »Wenn jemand, dessen Handwerk das Wort ist, bei einem öffentlichen Auftritt nicht mehr Herr seiner Sprache ist, dann hat er ein Problem. Ein sehr gewaltiges Problem.«

- Müller-Münch räumt ein, daß unklar ist, was Busekist überhaupt sagte, weil »(d)ie Schilderungen darüber (...) variieren.« Bemerkenswerterweise erstatte keiner der Anwesenden die Strafanzeige gegen Busekist, sondern zwei »Rechtsanwälte aus dem Ruhrgebiet«, die in der Zeitung über den Fall gelesen hatten. Dennoch beschreibt Müller-Münch Busekists ungeklärte Äußerungen als »brüskierend und verletzend«. Als Hauptbeleg dafür führt sie immer wieder die Reaktion des Ehepaars Spiegel an. Paul Spiegel sei »erschüttert« gewesen, seine Frau habe »weinend den Saal verlassen«, sei »in Tränen aufgelöst« gewesen, wolle ihren Mann in Zukunft nicht mehr auf öffentliche Veranstaltungen begleiten. Ob diese Reaktion überzogen ist oder ob hier schlicht ein Missverständnis vorlag, wird von Müller-Münch nicht ernsthaft in Erwägung gezogen. Schuldig ist in ihrer Darstellung allein Busekist, weil dieser Frau Spiegel mit seinen Worten traumatisiert habe. Das allerdings ist ein Kindergartenverständnis von zwischenmenschlicher Kommunikation.
- Tatsächlich gibt es starke Belege für das Vorliegen eines Missverständnisses. So sagte Busekist in der Verhandlung aus, er habe noch am Abend des Festessens gesagt: »Erst nach Kriegsende haben wir erschüttert und betroffen davon erfahren, was sich wirklich (in Auschwitz) zugetragen hat, gewissermaßen vor unseren Augen.« Vom Vorwurf der Auschwitzleugnung, der schon zuvor konstruiert war, konnte nun erst recht keine Rede mehr sein. Obwohl auch Müller-Münch zugesteht, daß mehrere Anwesende an diesem Abend diese klaren Worte Busekists vernommen hatten, schildert sie sie wie eine nachträglich zurechtgelegte Schutzbehauptung: Er habe »als erfahrener Jurist den Angriff« pariert: »Gleich am ersten Verhandlungstag behauptete er plötzlich ...« formuliert Münch und schreibt von »der korrekten Haltung eines alten Kämpen, dem plötzlich einfällt, wie er aus dem Schlamassel wieder herauskommt.« Tatsächlich leugne Busekist »den Holocaust aus juristischer Sicht nicht länger«. Sowohl die

Einschränkung »aus juristischer Sicht« als auch das »nicht länger« sind natürlich grober Unfug. Busekist hatte den Holocaust auch zuvor nicht geleugnet, sondern lediglich geschildert, davon als 15jähriger Flakhelfer nichts mitbekommen zu haben. Ebenso unsinnig ist das mehrmalige »plötzlich«, das entgegen der Zeugenaussagen einen nachträglichen Einfall Busekists suggeriert.

- Daß keiner der anderen Anwesenden an diesem Abend ähnlich empört wie Paul Spiegel und seine Frau reagierte, ließ Spiegel bezeichnenderweise nicht an der Richtigkeit seines Antisemitismusvorwurfs zweifeln, sondern verstärkte diesen nur noch: »Für ihn blieb (...) der Eindruck zurück, v. Busekists Position sei keine Einzelmeinung.« Hier spielt hinein, daß Busekist auch das Verhalten Spiegels kritisierte, indem er diesen fragte, ob es »nach immerhin zwei Generationen einwandfrei praktizierter Demokratie« der Normalisierung des Verhältnisses zwischen Juden und Nicht-Juden nicht zuwiderlaufe, wenn Spiegel immer wieder auf die Verbrechen des Dritten Reiches verweise. Spiegel bewertete diese Äußerung offenbar nicht als konstruktiv gemeinte Kritik an seinem Verhalten, sondern als Kritik an seiner Existenz. Er sei »als Mitauslöser von Antisemitismus genannt« worden. Die Richtung sei gewesen, »wenn es keine Juden in Deutschland gäbe, gäbe es keinen Antisemitismus.« Müller-Münch übernimmt diese eigenwillige Interpretation Spiegels und seine hier scheinbar mangelnde Kritikfähigkeit, ohne diesen Punkt zu problematisieren.
- Den Freispruch Busekists, ja daß vom Richter und selbst von der Oberstaatsanwaltschaft das gesamte Verfahren als unsinnig erklärt wurde, erfaßt Müller-Münch nicht als Zeichen der vollständigen Rehabilitation Busekists. Stattdessen erklärt sie, Spiegel durfte »damit erneut eine Erfahrung machen, die ihm nicht unbekannt ist. Vor Gericht erklärte er seinerzeit, daß er viele Beleidigungsbriefe und Bedrohungen zugeschickt bekomme. Nach ein paar Wochen gehe dann stets die Mitteilung der Staatsanwaltschaft bei ihm ein, das Verfahren gegen die Absender oder gegen Unbekannt sei eingestellt worden.« Hier rückt Müller-Münch Busekist in die Nähe der Verfasser von Beschimpfungen und Drohbriefen. Sein Freispruch gilt in ihrer Rhetorik nicht als Wiederherstellung seines untadeligen Rufes; stattdes-

sen wird die deutsche Justiz mit eingemeindet in eine Gesellschaft, die es mit der Antisemitismusbekämpfung nicht ernst genug meint.

- Schließlich tritt Müller-Münch nach dem Freispruch Busekists mit Bemerkungen nach, die ihrerseits kränkend, wenn nicht beleidigend sind. Busekist »habe (...) die Grenze von Takt- und Geschmacklosigkeit überschritten, hieß es nun. (...) Außerdem - so war nunmehr zu hören - sei v. Busekist nichts weiter als `ein taktloser, angetrunkener, alter Wichtigtuer.« Hier fällt auf, daß Müller-Münch für diese Herabsetzungen selbst keine Verantwortung übernimmt, sondern sie unter der Vortäuschung sachlicher Berichterstattung gleich zweimal auf ungenannte Quellen zurückführt (»hieß es nun«, »so war zu hören«). Einziger Grund für diese Schmähungen war, daß Busekist Erinnerungen schilderte, die nicht in das Weltbild der Autorin paßten.[222]

Müller-Münch und Heitmeyer sind im übrigen nicht die einzigen, die Busekist weiter mit dem Makel eines angeblichen Judenhasses behaftet sehen wollen. Auch die Düsseldorfer »Stattzeitung« (sic!) *Terz* berichtet in eigenwilliger Art über den Vorfall:

> »Deutsche Bank, deutsches Brauchtum und eine feine deutsche Ge-sellschaft - da darf eine Reminiszenz an die Zeit, als Deutschland am deutschesten war, nicht fehlen. Beim traditionellen Martinsgans-Essen der Deutschen Bank am 16. November 2000 reagierte ein Düsseldorfer Rechtsanwalt auf die Tischrede Paul Spiegels zum Judentum in Deutschland mit antisemitischen Ausfällen. Von den Anwesenden, unter ihnen Uni-Direktor Gert Kaiser, Regierungspräsident Jürgen Büssow, Stadtmuseumschef Dr. Wieland König und Oberbürgermeister Joachim Erwin, widersprach niemand dem »Klassenkameraden«. Ein Nachspiel hatte die Sache aber doch noch. Mitte Januar musste sich der Jurist wg. des Verdachtes der Verunglimpfung des Andenkens Verstorbener vor dem Düsseldorfer Amtsgericht verantworten. (...) Und wenn schon in Auschwitz selbst der Massenmord unbemerkt bleiben konnte, dann musste er sich ja wohl auch der Kenntnis der Volksgemeinschaft draußen im Lande entziehen, legte der Jurist nahe. Also Freispruch für das deutsche

Volk! (...) Das Gericht hatte erst vor, in der Tonlage der feinen Abend-Gesellschaft zu bleiben und „die Sache ohne große Öffentlichkeit durchzuziehen“, wie der Oberstaatsanwalt Markus Caspers anmerkte. Ein einfacher Strafbefehl an Udo von Busekist über 30.000 DM sollte es richten. Eine Richterin machte dabei jedoch nicht mit und beraumte eine Verhandlung an. (...) Der Vorsitzende des Zentralrats der Juden in Deutschland hat die Einlassungen v. Bs. als „subtile Form der Auschwitz-Lüge“ aufgefasst. Wie der Jurist sie selbst wohl gemeint hat - dieser Aufforderung der Richterin, in die Gedankenwelt des Angeklagten hineinzutauchen, verweigerte sich Spiegel berechtigterweise. Er lehnte es auch ab, sich auf den Diskurs einzulassen, wieviel man in Auschwitz von Auschwitz gesehen haben konnte. (...) Zu allem Übel sah Paul Spiegel sich während des Prozesses auch noch den Anmaßungen des Verteidigers ausgesetzt. Da der Angeklagte seine rechten Ausfälle zur deutschen Vergangen-heit in Form der rhetorischen Frage vorgetragen hatte, ob es denn der Versöhnung diene, wenn dieses Thema ständig angesprochen werde, beabsichtigte der Rechtsanwalt, Spiegel zu der Konzession zu veranlassen, sein Mandat (sic!) habe bei dem Essen eine echte Besorgnis um das deutsch-jüdische Verhältnis umgetrieben. Und wie der Anwalt wollte auch die Richterin Udo von Busekist wörtlich nehmen. Sie legte es darauf an, den genauen Wortlaut des Gesagten zu rekonstruieren, um zu überprüfen, inwieweit es den Tatbestand der Auschwitz-Lüge erfüllt. Überschritte es diese Grenze nicht, wäre es nicht justiziabel, egal wie antisemitisch und beleidigend für Spiegel es gewesen sein mochte. Ihr entging auf diese Weise, dass es Udo von Busekist gar nicht auf die konkreten Inhalte ankam. Als strammer Rechter fühlte er sich schon durch die Anwesenheit des Zentralratsvorsitzenden der Juden in Deutschland provoziert und sah sich gedrängt, seinen Ressentiments Ausdruck zu verleihen. (...) Aber der geistige Horizont von Busekists interessierte das Gericht

> nicht, nur dasjenige, was er davon im November 2000 zu erkennen gegeben hatte.«[223]

Der hier, gekürzt aber weitestmöglich ausführlich zitierte Artikel weist etliche Kennzeichen auf, die sich auch bei der Analyse der Reaktionen auf andere Antisemitismusvorwürfe ergaben. Der Verfasser beklagt geradezu empört, daß vor Gericht nur die tatsächlichen Äußerungen des Beschuldigten zählten und nicht das, was der Verfasser diesem an geistiger Haltung unterstellte. Daß der Verteidiger solche Voranahmen hinterfragt, gilt dem Autor des Textes geradezu als »Anmaßung«, und zu ergründen, wie ein Sprecher seine Worte wohl gemeint habe, muß »berechtigterweise« zurückgewiesen werden. Die Definition des Gesagten als »antisemitische Ausfälle« erscheint im Text insofern wie selbstverständlich als Tatsachenbehauptung. Daß etliche Anwesende mit bestem Leumund die entrüstete Bewertung des Verfassers offenbar nicht teilten, nimmt dieser keineswegs zum Anlaß, sein eigenes Urteil zu hinterfragen; stattdessen weitet er seine Anklage auf all diese Menschen einschließlich des Gerichtes aus. Es entsteht so die Wahnidee einer antisemitischen Verschwörung der »feinen deutschen Gesellschaft«. Auch die entrüstete Interjektion »Also Freispruch für das deutsche Volk!« weist darauf hin, daß das Festhalten an einer Kollektivschuldthese ein zentrales Anliegen des Autors darstellt. Eine kritische Selbstreflexion, ob ein solcher Artikel für den betroffenen Rechtsanwalt nicht höchst kränkend und ehrverletzend im Sinne bleibender Rufschädigung sein könnte, läßt der Duktus selbstgerechter Empörung beim Verfasser dieses Beitrags ebenso wenig erkennen wie bei Ingrid Müller-Münch und Wilhelm Heitmeyer.

5.14 Papst Johannes Paul II: »nachträglicher Angriff auf Überlebende der Konzentrationslager«?

Im Jahr 2005 ereilte der Vorwurf des Antisemitismus zwei Würdenträger der katholischen Kirche. Der erste war der Kölner Erzbischof Kardinal Joachim Meisner. Dieser hatte sich in einer Predigt am Dreikönigstag scharf gegen Abtreibungen ausgesprochen: »Zuerst Herodes, der die Kinder von Bethlehem umbringen lässt, dann unter anderem Hitler und Stalin, die Millionen Menschen vernichten ließen, und heute, in unserer Zeit, werden ungeborene Kinder millionenfach umgebracht.« Darauf erklärte Paul Spiegel, Meisner beleidige mit seiner Gleichsetzung von Abtreibung und dem durch die Nationalsozialisten begangenen Völkermord Millionen Opfer des Holocaust und müsse sich davon »unverzüglich« distanzieren. Es habe schon Personen des öffentlichen Lebens gegeben, »die haben auf Grund solcher Äußerungen von ihren Ämtern zurücktreten müssen«.

Die Grünen-Vorsitzende Claudia Roth schloß sich dieser Sichtweise an und forderte eine Entschuldigung Meisners. Das ökumenische Netzwerk »Initiative Kirche von unten« sprach von »volksverhetzenden Äußerungen«, die nordrhein-westfälische FDP von einer »schlimmen Entgleisung«. Kardnal Meisner entschuldigte sich wenig später und zog seinen Vergleich mit Bedauern zurück. Wenn er geahnt hätte, solcherart mißverstanden zu werden, hätte er diese Äußerung unterlassen. Die entsprechende Passage werde in der Dokumentation seiner Predigt getilgt.[224]

Geradezu unmittelbar darauf brachte allerdings das Oberhaupt der katholischen Kirche, Papst Johannes Paul II., in seinem Buch *Erinnerung und Identität - Gespräche an der Schwelle zwischen den Jahrtausenden* Abtreibung und den Holocaust ebenfalls miteinander in Verbindung. Erneut protestierte Spiegel scharf. Offenbar habe die katholische Kirche nicht begriffen oder wolle nicht begreifen, daß es einen gewaltigen Unterschied gebe, »zwischen einem fabrikmäßigen Völkermord und dem, was Frauen mit ihrem Körper tun«. Kritische Nachfragen, ob er nicht zu empfindlich sei, wies Spiegel zurück: »Es ist für uns unzumutbar, dass der Holocaust in Relation gesetzt wird zu anderen Verbrechen. (...) Wie soll das auf Überlebende des Holocaust wirken? Solche Vergleiche sind ein nachträglicher Angriff auf Überlebende der Konzentrationslager.«[225]

Wieder erhielt Spiegel Unterstützung durch die Grünen, diesmal durch deren Ersten Parlamentarischen Geschäftsführer der Bundestagsfraktion Volker Beck, der dem Papst Mangel an moralischer und ethischer Orientierung vorwarf und ihn aufforderte, sein Buch zurückzuziehen.[226]

Schließlich kam es zu einer Aussprache zwischen Paul Spiegel und dem Vorsitzenden der Deutschen Bischofskonferenz, Kardinal Karl Lehmann. Diese mündete in eine gemeinsame Presseerklärung über immerhin drei zentrale Punkte, bei denen grundsätzliche Einigkeit hergestellt werden konnte: Man dürfe kritische Worte des Zentralrats der Juden nicht als Ursache für wachsenden Antisemitismus begreifen, die Einzigartigkeit des

Holocaust nicht relativieren und seine Thematisierung erfordere eine besondere Sensibilität in der Sprache. Allerdings bezeichnete es Hans Joachim Meyer, Präsident des Zentralkomitees der deutschen Katholiken, als »unvermeidlich«, daß der Holocaust auch zu anderen historischen Geschehnissen in Beziehung gesetzt werde, was keineswegs eine Verharmlosung darstelle.[227]

Von manchen Kirchenvertretern bekam Spiegel auf seine Anwürfe aber auch ungewöhnlich starken Gegenwind. »Es kann so nicht weitergehen, dass Spiegel-Äußerungen quasi nicht mehr diskutierbar sind«, äußerte sich etwa der Regensburger Bischof Gerhard Ludwig Müller laut *Kölner Stadt-Anzeiger* vom 23. Februar 2005. Der Oberhaider Pfarrer Stefan Hartmann befand in einem Online-Kommentar, Spiegel scheine bei seiner Kritik des Papstes »seinem eigenen Ressentiment aufgesessen« zu sein. Er habe »auch von jüdischer Seite schon hören müssen, dass dieses reflexartige Verhalten genau das Gegenteil bewirkt und gerade nicht zur Eindämmung von Antisemitismus und Rechtsextremismus beiträgt.«[228] Das »Forum deutscher Katholiken« warf Spiegel in einer Stellungnahme vor, Inhalt und Form der päpstlichen Worte zu verdrehen:

> »Paul Spiegel verharmlost mit seinen Äußerungen den millionenfachen Mord an ungeborenen Kindern. Er verschweigt, dass die vom Parlament beschlossene Abtreibungsregelung gegen die Verfassung verstößt, die das Recht auf Leben garantiert. Er versucht, dem Oberhaupt der Katholischen Kirche das Recht abzusprechen, sich zu moralischen Fragen zu äußern. Paul Spiegel trägt mit seinen Äußerungen insgesamt dazu bei, dass in Deutschland allmählich das Klima eines offenen Kulturkampfes entsteht.«[229]

Und Claudia Kaminski, die Bundesvorsitzende der »Aktion Lebensrecht für Alle«, befand, daß sich weder aus Kardinal Meisners Worten, noch aus denen des Papstes »ein Vergleich des strategisch geplanten Völkermordes an den Juden mit der massenhaften Tötung ungeborener Kinder im Mutterleib konstruieren« lasse. Kaminski befand:

> »Mit seinen Paranoia verdächtigen Äußerungen schadet Spiegel den Juden in Deutschland, die durch den wieder aufflammenden

> Rechtsradikalismus ernsthaft bedroht werden, statt ihnen zu nutzen. Es kann nicht sein, dass international anerkannt moralische Autoritäten wie der Papst und der Erzbischof von Köln nicht auch andere Verbrechen geißeln dürfen, nur weil sie zuvor bereits den Holocaust verurteilt haben.«

Kaminski warf Spiegel vor, daß er die »vorgeburtliche Kindstötung« als etwas verharmlose, »was Frauen mit ihrem Körper tun«. Noch habe zwar niemand in Deutschland wegen solcher Äußerungen zurücktreten müssen, aber das demonstriere lediglich, wie schlecht es hierzulande um den Schutz ungeborener Kinder bestellt sei.[230]

6 Aufsehenerregende Umfragen: Sind wir Deutschen antisemitisch?

Im Dezember 2003 ging folgende Meldung durch die Nachrichtenagenturen:

> »Jeder fünfte Deutsche ist einer *Stern*-Umfrage zufolge latent antisemitisch. Wie das Magazin am Mittwoch mitteilte, ließen sich nach einer Umfrage des Forsa-Instituts 23 Prozent von 1.301 Befragten dem Lager der Deutschen mit latent antisemitischen Einstellungen zuordnen. Das waren drei Prozentpunkte mehr als 1998, als die Studie schon einmal mit gleicher Fragestellung durchgeführt wurde.«[231]

Wie zu erwarten, griffen etliche Zeitungen dieses Thema für entsprechende Meldungen und Kommentare auf. Alles andere hätte mangelnde Sensibilität für diese Problematik bedeuten können. In den für dieses Buch gesichteten zahlreichen Presseartikeln war allerdings kein einziger zu entdecken, der die Substanz dieser Umfrage kritisch beleuchtete.

Statt dessen kam es zu weiteren Skandalierungen. Unter der Überschrift »Fünfzig Jahre Demokratie bedeuten gar nichts« erklärte etwa der Historiker Julius Schoeps im Interview mit dem *Stern*[232]: »Es gibt eine Form von Antisemitismus im Alltag, die selbstverständlich geworden ist.« Auf die Frage nach einem Beispiel erläuterte er:

> »Die Schändung jüdischer Friedhöfe steht heute unter Vermischtes in der Zeitung. Seit der Wende hat sich die Zahl solcher Vorfälle verdreifacht. Was sagt uns das? Als die Alliierten aus Deutschland abzogen und die Deutschen ihre volle Souveränität wiedererlangten, entdeckten sie auch den Antisemitismus wieder für sich.«

Um etwas später hinzuzufügen, daß »wir es in Deutschland zu tun haben mit einer kollektiven Bewußtseinserkrankung. Die ist nicht heilbar.« An die Stelle des minderwertigen jüdischen Volkes im Weltbild der Nationalsozialisten tritt hier das verworfene deutsche Volk im Weltbild Schoeps.[233] Es sei noch einmal daran erinnert, daß Martin Hohmann unter anderem mit dem Argument kritisiert wurde, außerhalb von extremrechten Kreisen würde doch ohnehin niemand von einem deutschen »Tätervolk« sprechen, ohne daß es zu lautstarkem Widerspruch käme. Daß Schoeps krude Argumentation in einem der meistgelesenen deutschen Magazine großen Raum erhielt, beweist das Gegenteil.

Woran genau krankt Schoeps Argumentation? Zunächst einmal konstruiert er ein Kollektiv: »Die Deutschen« hätten »den Antisemitismus wieder für sich« entdeckt. Er begründet dieses Kollektiv im ersten Schritt damit, daß sich die Zahl der Schändungen jüdischer Friedhöfe seit der Wende verdreifacht hätte. Darin stützt ihn unter anderem der Berliner *Tagesspiegel*, der am 12. November 2003 vermeldet: »Die Deliktzahlen des Bundeskriminalamtes sind erschreckend. Im vergangenen Jahr wurden 1594 antisemitische Straftaten registriert. Alle elf Tage schändeten Neonazis oder andere Täter einen jüdischen Friedhof.«[234] Man wird der Wertung zustimmen, daß solche Störungen des Gedenkens und der Totenruhe beschämende und verachtenswerte Handlungen sind. Aber aus 1594 Vergehen dieser Art einen kollektiven Antisemitismus »der Deutschen« zu konstruieren, ist absurd. Mit derselben Logik könnte man Deutschland zu einer Nation der Totschläger und Vergewaltiger erklären.

Um die Zahl dieser Delikte in eine Relation zu stellen: Avi Primor, dem früheren israelischen Botschafter in Deutschland, zufolge gab es etwa im Jahre 2001 in den USA 1688 antisemitische Vorfälle. Primor konstatiert: »Darüber spricht man in Israel nicht, weil die Vereinigten Staaten ein Freund und Verbündeter sind.« Gleichzeitig, so berichtet Primo weiter, haben in Israel lebende Juden den Eindruck, sie seien in Deutschland ihres Lebens nicht sicher, sobald sie im öffentlichen Raum unterwegs seien.[235]

Zusätzlich problematisch wird diese Argumentation dadurch, daß einer Studie zufolge, die das Zentrum für Antisemitismusstudien im Auftrag der Europäischen Beobachtungsstelle für Rassismus und Fremdenfeindlichkeit (EUMC) erstellt hatte, »physische Attacken gegen Juden sowie die Schändung und Zerstörung von Synagogen häufig von Muslimen ausgeführt« werden. Die Ergebnisse dieser Studie wurden von der EUMC übrigens nicht nur sorgsam unter Verschluß gehalten; es wurden auch ständige Nachbesserungen im Sinne eines »erheblichen Perspektivenwechsels« gefordert. »Wir sind an die Grenzen des Möglichen gegangen, irgendwann war das aber nicht mehr mit wissenschaftlicher Korrektheit vereinbar.«

klagten mittlerweile die für diese Untersuchung verantwortlichen Forscher.[236]

Thomas Immanuel Steinberg erklärt in der Zeitung *junge welt* vom 16. Dezember 2003, welche weiteren entscheidenden Schwächen diese Untersuchung aufweist:

> »Neben einleuchtenden Schilderungen enthält der Gesamtbericht einige grobe sachliche Fehler, die die Sonntags-*FAZ* schnell entdeckt hat. Wer den Begriff „Massaker" auf israelische Vergeltungsaktionen anwende, so der Bericht, setze Israel mit den Nazis gleich. Das ist Unsinn, meint auch die *FAZ*. Ein anderes Beispiel aus der Untersuchung: Auf einer ATTAC-Demonstration gegen Bush sei ein antisemitisches Flugblatt verteilt worden. Zu sehen gewesen sei Uncle Sam mit jüdischer Hakennase, der die Strippen zum Rest der Welt ziehe. Die *FAZ* korrigierte: Die gleiche „jüdische" Nase hatte schon der Original-Sam, ein Selbstporträt des - nichtjüdischen - Schöpfers der Symbolfigur. (...) Diesen Strukturmangel haben die Autoren bemerkt und genannt: Zwischen Kritik an Israel und Antisemitismus sei in den Länderstudien nicht immer klar unterschieden worden, beide seien auch schwer zu unterscheiden, müßten aber unterschieden werden. Um genau diesen Punkt tobte der Streit im Untersuchungszeitraum 2002, nicht nur in Deutschland. Heftig ging es auch in Frankreich zu. Der EUMC-Bericht zählt die innerdeutsche Auseinandersetzung um Walser, Möllemann und Karsli her, erwähnt Paul Spiegel und Friedman, begnügt sich aber inhaltlich damit zu behaupten: „Die Grundfrage, welche Art von Kritik (an Israel) gerechtfertigt sei, ohne Gefahr zu laufen, Antisemit genannt zu werden, bleibt unbeantwortet." Ist das wirklich die Frage? Hätte im Bericht nicht durchgängig geklärt werden müssen, was antisemitisch ist?«

Eben daß diese Klärung nicht erfolgt, sondern statt dessen in der aktuellen Debatte immer wieder unscharfe Begriffe wie »Neoantisemitismus«, »sekundärer«, »larvierter«, »chiffrierter«, »latenter« oder »struktureller« Antisemitismus verwendet werden, erlaubt eine Ausweitung dieses Vorwurfs fast ins Grenzenlose.[237]

Schoeps zweites Argument, daß die von ihm benannten Taten lediglich unter »Vermischtes« in der Zeitung landeten, ist ebenfalls kein Hinweis für die Richtigkeit seiner Behauptung, sie würden deshalb als alltäglich betrachtet. Es gibt zahlreiche Gewaltverbrechen gegen andere Minderheitsgruppen, etwa gegen Obdachlose oder Transsexuelle, die es nicht einmal in die Rubrik »Vermischtes« schaffen. Die Schlagzeilen und Spitzenmeldungen einer Zeitungsausgabe sind täglich nur einmal zu besetzen, und wenn bestimmte Verbrechen und Vergehen darin keinen Einzug finden, heißt das nicht, daß sie moralisch hingenommen werden. Daß Martin Hohmanns Rede über Monate hinweg die Schlagzeilen beherrschte, weil einige darin Antisemitismus zu erkennen glaubten, ist ein sehr starker Beleg dafür, daß es hierzulande eine extrem große Sensibilisierung für das Problemfeld Antisemitismus gibt. Selbst linke Kommentatoren erkannten hier eher eine Übergewichtung im Vergleich zu den Deutschland wirklich bedrückenden Problemen wie Arbeitslosigkeit und Reformstau.

Man kann Schoeps Ausführungen noch weitere Irrgänge nachweisen. Wie sinnvoll ist es etwa, von einer »nicht heilbaren« kollektiven Bewußtseinserkrankung zu sprechen? Dieser Logik nach könnte man den Kampf gegen Antisemitismus aufgeben, weil er aussichtslos wäre. Wie fundiert ist Schoeps spätere Aussage, Antisemitismus sei ein »europäisches Phänomen«? Gibt es etwa keinen weit verbreiteten US-amerikanischen, arabischen oder japanischen Antisemitismus? Hier erscheinen einige Gedanken als recht unausgegoren.

Zurück zu der vom Meinungsforschungsinstitut Forsa für den *Stern* durchgeführten Umfrage, die diese Diskussion neu anheizte: Der in den Medien allgemein vorherrschenden Deutung nach äußerten darin »23 Prozent der Befragten judenfeindliche Einstellungen«.[238] Der *Kölner-Stadt-Anzeiger* befand dazu: »Tiefere Ursache für solche Ansichten ist offenkundig die Neigung, komplizierten Fragen mit einfachen Antworten zu begegnen.« Diese Einschätzung könnte sehr wohl zutreffen - allerdings anders als vom Autor dieses Artikels intendiert.

Es ist der Umfrage immerhin zugute zu halten, daß sie es den Antwortenden ermöglichte, auf einer siebenstufigen Skala von »trifft überhaupt nicht zu« bis »trifft voll zu« zu antworten statt nur mit »ja« oder »nein«. Allerdings sind einige der sechs Fragen so gehalten, daß man sie kaum sinnvoll beantworten kann, ohne einen kleinen Aufsatz darüber zu schreiben. Dazu gehören etwa »Versuchen die Juden, finanzielle Vorteile aus dem Holocaust zu ziehen?« oder »Sind Juden durch ihr Verhalten an ihren Verfolgungen nicht ganz unschuldig?« Die einzige sachlich angemessene Reaktion auf solche Fragen ist, sie zurückzuweisen und ihre Beantwortung auf einer siebenstufigen Skala zu verweigern - und sei es nur wegen schon in der Fragestellung untergeschobenen Präsuppositionen wie »die Juden« im ersten Beispiel. Angenommen, jemand ist gerade besonders empört über israelische Kriegshandlungen und kreuzt daraufhin auf die zweitgenannte Frage eine »5« an, schon gilt er als latent antisemitisch.

Natürlich werden die Veranstalter der Umfrage argumentieren, das sei ja gerade die Crux: das Gleichsetzen »der Juden« mit beispielsweise der israelischen Regierung oder dem israelischen Militär. So lautet ja auch eine weitere Frage »Fühlen sich die Juden in erster Linie Israel verbunden?« Hierzu argumentiert der jüdische Verleger Abraham Melzer:

> »Die Vertreter der deutschen Juden kritisieren es zu Recht, wenn Nichtjuden sie als Israelis ansprechen, und sehen in solchen Erklärungen Zeugnisse für fehlende Akzeptanz und latenten Antisemitismus. Wir erinnern uns an den Eklat in Rostock, als Bubis von einem Stadtverordneten gefragt wurde, ob Israel seine Heimat sei. Wenn sich aber die Vertreter der Juden überall und immer so verhalten, als wären sie die Vertreter Israels, darf man sich über solche Fragen nicht wundern und erst Recht nicht als Zeichen für Antisemitismus bewerten.«[239]

Der New Yorker Professor für Europäische Geschichte Tony Judt geht in seiner Argumentation sogar noch weiter:

> »Israel ist nicht der Staat aller seiner Bürger, und noch weniger aller seiner Einwohner: Es ist der Staat der (beziehungsweise aller) Juden. Israels politische Führung gibt vor, für Juden überall zu sprechen. Sie kann also kaum überrascht sein, wenn ihr Verhalten eine Rückwirkung provoziert - und zwar gegenüber Juden. So hat Israel selbst erheblich zum Wiederaufleben des Antisemitismus beigetragen (...). Das ist ein Ergebnis, mit dem viele israelische Politiker keineswegs unglücklich sind: Es rechtfertigt ihr eigenes schlechtes Verhalten im nachhinein - und trägt dazu bei, daß, wie sie stolz feststellen, die

> Zahl der europäischen Juden, die nach Israel einwandern, ansteigt.«[240]

Hätte ein nicht-jüdischer deutscher Politiker oder Publizist diese Zusammenhänge angesprochen, hätten ihm die deutschen Medien fast unisono Antisemitismus vorgeworfen, weil er behauptet habe, »die Juden« seien selbst am Antisemitismus schuld. Darüber hinaus sei, so Judt, wer Israels Verhalten beschämend finde, gezwungen zu schweigen, um nicht selbst der Judenfeindschaft beschuldigt zu werden.[241]

Moshe Zimmermann zufolge steht Israel nun vor der Wahl der geeigneten Gegenstrategie:

> »Entweder es trennt selbst deutlich die Begriffe, indem es zwischen Israelis und Juden differenziert. Oder es nutzt die Verschmelzung beider Begriffe aus, um jede Kritik an Israel als antisemitisch und damit als unannehmbar zu brandmarken. Die israelische Politik zieht seit langem die zweite Alternative vor, ohne zu merken, daß man damit mit dem eigentlichen Gegner kollaboriert und der Kampf gegen den wahren Antisemitismus zu kurz kommt.«[242]

Der jüdische Poltikwissenschaftler Norman Finkelstein äußerte sich bei *Sabine Christiansen* am 9. November 2003 auch zu den Ergebnissen der diskutierten Meinungsumfragen:

> »Aber jetzt gerade fragten Sie, ob es eine Zunahme des Antisemitismus in Deutschland und in Europa gäbe. Das kommt darauf an, wie Sie den Terminus definieren. Ist Kritik an der Politik Israels antisemitisch? Wenn Sie ja sagen, dann sage ich: Ja, Sie haben eine Zunahme des Antisemitismus. Wenn ein Widerstand gegen den Angriff der USA gegen den Irak Antisemitismus ist, wenn das zutrifft, sage ich ja, es gibt einen zunehmenden Antisemitismus. Wenn dies aber nicht so ist, dann nimmt auch der Antisemitismus nicht zu. Da haben Sie ein Definitionsproblem. Das räume ich ein. Ich habe aber keine Angst vor der Wahrheit. Deshalb sage ich ganz offen: Das Problem heißt wie folgt: Jeder Deutsche weiß und versteht, dass das Verhalten der Nazis antideutsche Gefühle hervorgebracht hat und jeder Amerikaner weiß, dass das Verhalten und die Maßnahmen der

Bush-Regierung dazu führt, dass es zu antiamerikanischen Gefühlen kommt. Und ganz analog dazu muss ich sagen, dass das Verhalten eines selbsternannten jüdischen Staates auch zu antijüdischen Gefühlen führt. Das ist doch keine radikale Position. George Soros, Sie kennen ihn, wahrscheinlich haben Sie ihn interviewt in der letzten Woche, er hat in New York eine Rede gehalten und gesagt: Ja, es stimmt, der Antisemitismus erlebt eine Zunahme in Europa, und lesen Sie nach bei ihm im Internet. Dann hat er in der Folge gesagt: Das nimmt zu aufgrund der Politik der Scharon-Regierung und der Bush-Administration. Das führt zu dieser Zunahme des Antisemitismus. Wenn sie sich auf eine rücksichtslose und brutale Weise verhalten. Wenn sie am Völkerrecht vorbeihandeln und dieses ignorieren. Wenn amerikanische jüdische Organisationen Europa erpressen mit den Wiedergutmachungen für den Holocaust. Dann führt das zu Antisemitismus.«[243]

Vielleicht wäre eine deutlichere Distanzierung etwa des Zentralrats der Juden in Deutschland von den Handlungen der israelischen Regierung hilfreich dabei, daß viele Deutsche lernen, das von ihnen gebildete Kollektiv der Juden bzw. Israelis zu hinterfragen.[244] Aber solch eine Distanzierung findet ja gerade nicht statt. Statt dessen kommt es zu einer heftigen Verteidigung selbst hochproblematischer israelischer Vorgehensweisen bis hin zu damit verbundenen ehrverletzenden Äußerungen gegen Jürgen Möllemann und Norbert Blüm. Wenn Durchschnittsbürger daraufhin den Eindruck entwickeln, daß zwischen deutschen Juden und Israelis eine besondere Nähe besteht, gelten sie als antisemitisch, und viele Zeitungsmacher stricken aus der gewohnten »Der-Schoß-ist-fruchtbar-noch-Rhetorik« ihre Schlagzeilen. Woraufhin sich Historiker wie Schoeps beklagen, Antisemitismus würde in den deutschen Medien nicht ernst genug genommen.

Im November 2003 lagen auch die Ergebnisse einer weiteren Umfrage vor, die vorgeblich Manifestationen von Antisemitismus in der Bevölkerung belegten, diesmal jedoch nicht allein in Deutschland, sondern in ganz Europa. Die Bürger der Europäischen Union hatten bei den Ländern, die ihrer Ansicht nach eine Gefahr für den Weltfrieden darstellten, Israel mit 59 Prozent den Spitzenplatz gegeben - noch vor dem Iran, Nordkorea und den USA. Prompt kam es zu einer Welle der Empörung:

Das Simon-Wiesenthal-Center zeigte sich entsetzt. In dem Ergebnis werde deutlich, wie tief der Antisemitismus in Europa verwurzelt sei.[245] Der israelische Jerusalem-Minister Natan Scharansky betrachtete die Bewertung als Beleg dafür, daß hinter politischer Kritik an Israel reiner Antisemitismus stehe:

> »Wie in der Vergangenheit, als Juden als der Satan und schuldig an allem Bösen der Welt beschrieben wurden, macht die aufgeklärte Welt von heute Israel für alle Krankheiten der Welt verantwortlich«.[246]

Israels Ministerpräsident Ariel Scharon verkündete in einem Interview mit dem *online*-Informationsdienst *EUpolitix.com*, den Menschen in Europa wohne kollektiver Antisemitismus inne, ein »Antisemitismus, der schon immer existiert hat, und der kein wirklich neues Phänomen ist«. Eine Unterscheidung von Antisemitismus und der Kritik an der israelischen Regierung gebe es nicht: »Der Staat Israel ist ein jüdischer Staat und die Haltung gegenüber Israel ist entsprechend.«[247]

Eben jene enge Verknüpfung von Israel und Judentum, die in der Forsa-Umfrage als Beleg für Antisemitismus herbeigezogen wurde, wird hier von Israels Regierungschef als zutreffend bezeichnet. Der Europäer erscheint als »ewiger Antisemit« - eine befremdliche Analogiebildung zum Bild des »ewigen Juden«. Zu behaupten, Europäern wohne Antisemitismus inne, befindet sich inhaltlich auf demselben Niveau wie zu behaupten, Juden wohne Habgier inne. Schließlich bekundete Scharon, daß die zunehmende Zahl von Muslimen in der EU »ganz sicher das Leben von Juden« bedrohe. Auch hier entsteht wieder ein Kollektiv, diesmal das der lebensgefährlichen Anhänger des Islam. Scharon erklärte nicht, was die Europäer gegen diese Muslime unternehmen sollten, um seiner Ansicht nach wieder moralisch akzeptabel zu werden.[248]

Die Bedrohung der Juden durch ein judenfeindliches Europa wurde vielfach aufgegriffen. Der Antisemitismus nähere sich mittlerweile einem Punkt, an dem er so schlimm sei wie in den dreißiger Jahren, befand etwa im Februar 2004 Rockwell Schnabel, der US-amerikanische Botschafter in der EU, bei einem Dinner des »American Jewish Committee« in Brüssel.[249] Gleichsetzungen der aktuellen Situation mit dem Dritten Reich hatte es auch zuvor schon gegeben. So entwickle sich einem Beitrag des *Washington-Post*-Kolumnisten George Will von Mai 2002 zufolge der Antisemitismus in Europa momentan zur zweiten und finalen Phase der »Endlösung der Judenfrage«.[250] Auf solchen Alarmismus gab es jedoch auch von jüdischer Seite entschiedenen Widerspruch. Antony Lerman, der ehemalige Direktor des Londoner Instituts für Jewish Policy Research, erklärte den angeblichen Anstieg von Antisemitismus in Europa für überbewertet infolge »einer Mischung von Verfolgungswahn und dem Wunsch, Israel vor Kritik zu schützen. Europas Juden hätten niemals eine solche Freiheit und einen solchen Wohlstand genossen.«[251] Ran Ha Cohen, Dozent an der Universität von Tel Aviv, schließt sich dieser Bewertung an: »Es ist höchste Zeit, es laut auszusprechen: Im gesamten Verlauf der jüdischen Geschichte, seit dem babylonischen Exil im sechsten Jahrhundert vor Christi, gab es kein Zeitalter, das mit weniger Antisemitismus gesegnet war als das unsere. Es gab niemals eine bessere Zeit für Juden als die unsere.«[252] Ähnlich argumentiert Omer Bartov mit Bezugnahme auf Leon Wieseltier: »Es ist offensichtlich, dass wir nicht vor der Gefahr eines zweiten Auschwitz stehen. Die Hysteriker müssen sich daran erinnern, dass Hitler und das „Dritte Reich“ Geschichte sind. Deutschland hat sich entschuldigt und großzügige Wiedergutmachung geleistet. Die Nazis wurden vor Gericht gestellt oder versteckten sich, einige wurden gute Demokraten. Der Staat Israel wurde gegründet. Noch nie sind die Juden wohlhabender, erfolgreicher und sicherer gewesen, als sie es heute in den USA sind. Das gilt ebenso für die nervösen Juden Westeuropas.«[253]

Bezeichnenderweise übernahmen die Regierenden Europas jedoch die Position der »Hysteriker«. So hatten sich etwa der amtierende EU-Ratsvorsitzende und italienische Ministerpräsident Silvio Berlusconi sowie Italiens Außenminister Franco Frattini in einem Telefongespräch mit Scharon rasch von ihrer Bevölkerung distanziert sowie »Empörung« und »Enttäuschung« geäußert. EU-Kommissionspräsident Romano Prodi bekundete in New York, die Umfrage-Ergebnisse deuteten auf eine »anhaltende Voreingenommenheit hin, die zu verurteilen ist«. Antisemitismus dürfe nicht toleriert werden.[254]

Man erkennt bei dieser außenpolitischen Debatte nur unschwer Gegebenheiten wieder, die die innenpolitische Diskussion in Deutschland spiegeln: eine Kluft zwischen der politischen Elite und der Bevölkerung sowie das rasche Abfertigen von Israelkritik als »antisemitisch«. Jenseits dieser Reflexe wird sich mit den Ergebnissen dieser Umfrage kaum auseinandergesetzt. Sind sie denn wirklich so absonderlich? In so gut wie jeder Analyse über die weltpolitische Bedrohungslage wird der Nahost-Konflikt als Krisenherd Nummer Eins ausgemacht. Der Nahost-Konflikt fokussiert sich im Kampf der Israelis gegen die Palästinenser. Will man aber nach Ländern fragen, die eine Gefahr für den Weltfrieden darstellen, dann kann man nicht »Palästina« als Antwort zulassen, eben weil es sich bei Palästina um keinen Staat handelt.[255] Möglicherweise sahen manche der Befragten Israel weniger als einen Täter denn als indirekte Bedrohung in Folge eines Domino-Effekts: Würde Israel ernsthafter als bisher angegriffen, würden die USA diesem Land zur Hilfe eilen, und das könnte zu einer Eskalation führen. Oder es handelte sich schlicht um eine mehr oder weniger laienhafte Deutung der aktuellen politischen Weltlage: Als Ursache für den Haß der arabischen Welt, insbesondere islamistischer Terroristen, würde demnach die israelische Herrschaft über Heiligtümer des Islam und die Okkupation ursprünglich arabischer Gebiete betrachtet.[256] Vielleicht verurteilten die Befragten auch die mit der israelischen Siedlungspolitik verbundenen Militäraktionen. Aber wäre das dann zwangsläufig antisemitisch? Oder würde sich dieselbe Kritik nicht auch gegen beispielsweise Eskimos richten, wenn es Eskimos wären, die solche Handlungen begingen?[257]

Der jüdischstämmige Publizist Alfred Grosser erklärte in diesem Zusammenhang:

> »Man muß Antisemitismus bekämpfen, aber auch die bekämpfen, die von Antisemitismus sprechen, wenn man die Politik von Israels Premier Scharon brandmarkt und wenn man sagt, daß Israel heute Menschenverachtung praktiziert und Akte vollbringt, die nach jeder Definition Kriegsverbrechen sind. Wenn jemand Israel kritisiert, ist das kein Antisemitismus. Genauso wie es kein Antiamerikanismus ist, wenn man die Politik Bushs furchtbar findet.«[258]

Ausführliche Warnungen vor Philosemitismus, einer Haltung, der zufolge sämtliche von Juden ausgeübten Handlungen per se nicht zu hinterfragen seien, erscheinen hierzulande bezeichnenderweise weit weniger in der bürgerlichen als fast ausschließlich in der linken Presse:

- So führt Michal Bodemann in der *tageszeitung* vom 9. Februar 2003 aus: »In panischem Philosemitismus stellt man sich vermutlich vor, was der Zentralrat der Juden zu diesem oder jenem sagen würde, und macht sich diese Vorstellungen, jüdisch affiziert, zu Eigen. Was dabei freilich zumeist herauskommt, ist auf Israel bezogen unendlich monoton - und ähnelt eher einer Rechtfertigung der Politik von Ariel Scharon. Weshalb hört man in Deutschland eigentlich so wenig auf die israelische Friedensbewegung? Warum versucht man nicht, sie stärker zu unterstützen? (...) Ohne viel von Juden und Judentum zu verstehen, wird in übersteigerter Mimikry versucht, jüdische Positionen jüdischer als jüdisch darzustellen.«
- Werner Pirker wird in der *jungen welt* vom 6. Dezember 2003 noch etwas deutlicher: »Die Bewertung israelkritischer Meinungen als „antisemitisch" ist skandalös - obwohl längst ein zentraler Bestandteil der offiziellen Meinungsproduktion. (...) Je mehr die israelische Staatsmacht ihre rassistische Politik gegenüber den Palästinensern forciert, desto stärker macht sich in der veröffentlichten Meinung des Westens die Tendenz bemerkbar, den Kritikern der Besatzungspolitik antisemitische Motive zu unterstellen. Noch nie war die Politik einer israelischen Regierung so unpopulär wie die der Scharon-Leute. Und noch nie ist der Antisemitismus-Vorwurf an Gegner der israelischen Unterdrückungspolitik so massiv erhoben worden, wie das gegenwärtig der Fall ist. (...) Deutlicher kann ein Freibrief für die Gewaltpolitik Israels gegenüber den Palästinensern nicht ausfallen: Je brutaler die israelische Besatzer agieren, desto eingeschränkter die Freiheit, dies so zu benennen, ohne als antisemitisch verdächtigt zu werden.«
- Michael Schneider befindet in der Wochenzeitung *Freitag* vom 26. September 2003: »Bekanntlich leiden nicht nur die Kinder und Nachfahren der Holocaust-Opfer an einem Verfolgungstrauma, das ihnen gleichsam reflexhaft gebietet, jedwede Kritik an der Politik des Staates Israels als Infragestellung seiner Existenz zu deuten und diese sogleich als „antisemitisch" oder „antijudäisch" zu verdächtigen; auch die Kinder der Tätergeneration leiden offenbar an einem Schuldkom-

> plex, den sie durch einen moralisch unanfechtbaren Philosemitismus und eine hundertprozentige Identifikation mit dem Staate Israel zu kompensieren suchen.«

Demonstrativer Philosemitismus in den *mainstream*-Medien wird inzwischen auch von jüdischer Seite kritisiert. Beispielsweise protestierte der Verleger Abraham Melzer in einem Leserbrief an die *Süddeutsche Zeitung* gegen deren seiner Auffassung nach

> »peinlichen, falschen und perfiden Ton (...), den ich als Jude inzwischen restlos satt habe. Dieser weinerliche, philosemitische, antiarabische Ton, der uns Juden am liebsten in Watte einpacken und unter Denkmalschutz im Museum ausstellen würde. Man hat manchmal den Eindruck, Deutschland kommt nicht klar mit seinen lebenden Juden; am liebsten würde es sich nur noch mit den toten Juden beschäftigen.«[259]

Ein Problem der Debatte scheint zu sein, daß es keinerlei verbindliche und unumstrittene Definition für Antisemitismus gibt, keine klare Eingrenzung dieses Reiz- und Stigmawortes. Allerdings weist auch der Antisemitismusforscher Hermann Kurthen darauf hin, daß harte Israelkritik allein keineswegs automatisch antisemitisch gefärbt sein müsse oder daß die Zunahme dieser Kritik einen Beleg für wachsende Judenfeindlichkeit darstelle:

> »Tatsächlich attestieren Lily G. Feldman und Michael Wolffsohn für Deutschland und Smith für die Vereinigten Staaten, dass die Meinung über Israel von dem politischen Kontext der Nahost-Politik gefärbt wird, unabhängig von der Bewertung der Juden (...). Bis 1967 drückte die deutsche Öffentlichkeit mehr Sympathie für Israel aus als für dessen arabischen Nachbarn. Seitdem ist die Prozentzahl derer angestiegen, die weder Israel noch den Arabern den Vorzug geben, ähnlich zur Meinung in den USA und westeuropäischen Staaten. In einer vom *Spiegel* im Dezember 1991 durchgeführten Umfrage, kurz vor dem von den USA angeführten Angriff der UN auf irakische Truppen in Kuwait, waren vorurteilsfreie deutsche Befragte pessimistischer im Blick auf einen anhaltenden Frieden im

Nahen Osten. Sie zeigten eine Distanz gegenüber beiden Konfliktparteien und erwarteten, dass die israelische Regierung die ersten Schritte in Richtung Frieden einleitete. Ein Fingerzeig auf diese Verschiebung stellt die Tatsache dar, dass Personen mit einem niedrigen Anteil von Antisemitismus (zum Beispiel jüngere, gebildetere und politisch links stehende Befragte) im Gegensatz zu früheren Jahrzehnten kritischer eingestellt gegenüber Israels Politik im Nahen Osten waren. Die Leiden der Holocaustopfer und der Generationen des Zweiten Weltkriegs werden nicht länger als Entschuldigungen für die harsche israelische Politik gegenüber den Palästinensern und Arabern akzeptiert.«[260]

Dieser Argumentation folgend gibt es inzwischen neben Norman Finkelstein, Shraga Elam und Uri Avnery noch weitere Juden, die es als unbefriedigend erachten, wenn als Reaktion auf Israelkritik immer wieder Antisemitismus als Motiv unterstellt wird:

- Finkelstein selbst zitiert in einem seiner Werke den renommierten israelischen Wissenschaftler Uriel Tal, der bereits 1982 anläßlich des Einmarsches Israels im Libanon befand: »Die bitteren Klagen, der Antisemitismus erhebe auf der ganzen Welt wieder sein hässliches Haupt, sollen darüber hinwegtäuschen, dass nicht die Position des Judentums, sondern die Israels ins Wanken geraten ist. Die Antisemitismus-Vorwürfe dienen lediglich dazu, die israelische Öffentlichkeit aufzuheizen, Hass und Fanatismus zu schüren, und die paranoide Besessenheit zu pflegen, die ganze Welt sei hinter uns her, alle anderen Völker der Welt seien verdorben und nur wir makellos und unbefleckt.«[261] In einem anderen Buch zitiert Finkelstein den Haáretz-Kolumnisten Ari Shavit, der nach einem Massaker der israelischen Armee im Libanon feststellte, Israel könne in solchen Fällen straflos handeln, weil »wir (...) Yad Vashem sowie das Holocaust-Museum haben.«[262]
- Die israelische Menschenrechtlerin Felicia Langer stellt in ihrem Buch *Brücke der Träume* (S. 186) fest: »Wer behauptet, dass man die Menschenrechtsverletzungen Israels, die dem Völkerrecht zuwiderlaufen, nicht anprangern dürfe - also etwas nicht tun dürfe, was die

Menschenrechtsorganisationen in Israel und in der Welt schon seit Jahren tun -, weil das Antisemitismus sei, der lügt wissentlich, frech und erpresserisch, um die Stimmen der Kritik zum Schweigen zu bringen.«

- Der Oberrabbiner Moishe Arye Friedman von der Orthodoxen Jüdischen Gemeinde Österreichs befindet es laut der *Frankfurter Allgemeinen* vom 2. Dezember 2003 als »schlimm, dass es in Deutschland nicht möglich ist, sich gegenüber Israel, dem Zionismus oder auch den vom Glauben abgefallenen jüdischstämmigen Bolschewisten kritisch zu äußern«. Israel trage »die Verantwortung für eine katastrophale Politik der ethnischen Säuberungen, des Terrors und der Apartheid.«
- Reuven Moskovitz, Historiker und Aktivist in Sachen israelisch-palästinensischer sowie deutsch-israelischer Aussöhnung, wendet sich in seinem »Brief aus Jerusalem« an die deutsche Bevölkerung: »Ich bitte euch ausdrücklich, euch nicht verführen zu lassen von falschen Hoffnungen und euch und eure Bekannten nicht vergiften zu lassen von dem Gift der Schuldgefühle, das so viele gute Menschen in Deutschland lähmt. Laßt euch nicht einschüchtern von der verbrecherischen Propaganda, die eure edlen und ehrlichen Versuche im Einsatz für Frieden und Gerechtigkeit als Antisemitismus anprangert.«[263]
- Ran Ha Cohen, Dozent an der Universität Tel Aviv, schreibt in seinem Brief aus Israel vom Oktober 2003: »Kein anderer Genozid kommt rund um die Welt an nahezu 250 Gedenkmuseen und Forschungsinstitutionen, die dem Holocaust gewidmet sind, und keine anderen Genozidüberlebenden sind finanziell so kompensiert worden wie verfolgte Juden. Wer in solch einer Welt zweimal pro Tag „Antisemitismus“ schreit, trägt eine schwere Bürde des Beweises auf seiner Schulter. (...) Der Mißbrauch von angeblichem Antisemitismus ist moralisch verabscheuungswürdig. Es waren Hunderte von Jahren nötig und Millionen von Opfer, um Antisemitismus - eine spezielle Form von Rassismus, die historisch zum Genozid führte - in ein Tabu zu wandeln. Menschen, die dieses Tabu mißbrauchen, um Israels rassistische und genozidale Politik gegenüber den Palästinensern zu unterstützen, tun nichts anderes, als die Erinnerung an jene jüdischen Opfer zu schänden, deren Tod aus humanistischer Pers-

pektive nur insofern Sinn hat, als er eine ewige Warnung an die Menschheit ist vor allerart von Diskriminierung, Rassismus und Genozid. (...)«[264]

- Avi Primor, der frühere israelische Botschafter in Deutschland, merkt an, daß niemand auf den Gedanken kam, Kritik an Griechenland während der Militärdiktatur in den 60er und 70er Jahren als »antigriechisch« zu bezeichnen. Er gelangt zu dem Urteil: »Wenn sich Israelis mit der Kritik auseinandersetzen, sollten sie sich bemühen, die kritischen Thesen gegen ihre Politik mit Argumenten zu widerlegen. Die historische Empfindlichkeit der Juden führt aber dazu, dass sie sich schnell als Juden angegriffen fühlen und oft hinter jeder Kritik Antisemitismus wittern.«[265]
- Moshe Zimmermann schließlich, Leiter des *Richard-Koebner-Centers for German History* an der Hebräischen Universität in Jerusalem, zeigt sich der *Süddeutschen Zeitung* vom 13. November 2003 zufolge befremdet über israelische Stellungnahmen, denen zufolge »wenn die israelische Politik kritisiert wird, (...) dahinter zwangsläufig Antisemitismus zu vermuten« sei. Daß die israelische Regierung etwa die Hohmann-Affäre kaum beachtete, führt Zimmermann auf mehrere Gründe zurück, darunter daß ein nicht gegen Israel gerichteter Antisemitismus wenig zähle, »weil er als Ablenkungsmanöver schwer einsetzbar ist«, und daß man die Aufforderung fürchte, vor der eigenen Tür kehren zu müssen, da in der israelischen Regierung »etliche rechtsradikale Rassisten« säßen. Ein israelischer Kollege Zimmermanns, Moshe Zuckermann vom Institut für deutsche Geschichte an der Universität Tel Aviv, bezeichnet Sharons Argumentation gar als »die Instrumentalisierung des Holocaust auf die perfideste Art. (...) In dem Augenblick, wo man Antisemitismus sagt, hat man sofort eine Kohäsionskraft, also eine Art Kittfunktion für die an sich sehr gespaltene israelische Gesellschaft. Denn Antisemitismus ist die von außen kommende Bedrohung, die dann natürlich sofort in diese Reaktion umgesetzt wird: Jetzt müssen wir zusammenhalten. (...) Die Tatsache, daß gegenwärtig wieder die Reihen geschlossen werden - man wieder aufschreit, wenn jemand einen kritischen Gedanken zum Holocaust-Gedenken anbringt - hat mit dem momentanen Zustand des um das Stammesfeuer versammelten Volkes Israel zu tun.«[266] Für Deutsch-

land und Israel stellt das Holocaust-Gedenken demnach gleichermaßen eine überdeterminierte Institution nach Gehlen dar, ein tabuisiertes Totem, das den Stammeszusammenhalt schützt.[267]

Dieser Stammeszusammenhalt indes beginnt allmählich auseinanderzubrechen. Immer mehr Juden in aller Welt können über die Untaten der israelischen Regierung nicht länger hinwegsehen. Im April 2002, einen Monat vor der kritischen Phase der Möllemann-Friedman-Affäre, wandte sich der den Grünen nahestehende Berliner »Arbeitskreis Nahost« gegen die »von Israel seit seiner Existenz verfolgte Politik der ethnischen Säuberungen mit Hunderttausenden Vertriebenen und Tausenden Toten«, die dem Holocaust-Überlebenden Fritz Teppich zufolge »weltweit neuen Judenhaß entstehen« ließen. Teppich verglich die Selbstmordanschläge jugendlicher Palästinenser mit dem Widerstand von Juden im Warschauer Getto und appellierte an Paul Spiegel, die israelische Aggression nicht länger zu unterstützen.[268]

Für viele gelten Analogien zwischen dem Dritten Reich und dem Handeln von Israelis als politisch inakzeptabel[269], insbesondere wenn sie von nicht-jüdischen Deutschen gezogen werden. Zu nahe liegt der Verdacht, daß das wahre Motiv bei solchen Verknüpfungen eine Verharmlosung des Holocaust und eine Exkulpierung der nationalsozialistischen Mörder sei. Andererseits drängen sich solche Assoziationen geradezu zwangsläufig auf, wenn man etwa die Äußerungen israelischer Siedler in Hebron liest, wie sie Christoph Reuter für seinen kisch-preis-gekrönten Beitrag »Unser Hass ist Gottes oberstes Gebot« (veröffentlicht im *Stern* vom 23. Oktober 2003) gesammelt hatte. Dazu gehören etwa Forderungen, dreieinhalb Millionen Araber umzubringen, denn diese seien »keine Tiere, aber auch keine Menschen, sondern sowas dazwischen«. Vermutlich habe Hitler deshalb alle Juden umbringen wollen, weil er erkannt habe, welches die wirklich überlegene Rasse sei. »Wir brauchen Bombardements ganzer Stadtviertel!« fordert ein anderer von Reuter befragter Siedler. »Wir wollen den totalen Krieg, so vernichtend, dass unsere Feinde wimmern und betteln darum, dass wir aufhören!« Solche Sätze sprechen für sich, aber welche historischen Verbrechen hier von jüdischer Seite wieder aufgegriffen werden, bleibt für viele in der Sphäre des politisch Unsagbaren.

Am 19. und 20. September 2002 trafen sich Vertreter von sechzehn jüdischen Friedensorganisationen unter dem Motto »Sag nicht, du hättest nichts gewußt« in Amsterdam und riefen die israelische Regierung zum Frieden auf.[270] Die Organisation »Europäische Juden für einen gerechten Frieden« fordert das Ende der Besetzung der palästinensischen Gebiete. Fanny-Michaela Reisin, Leiterin der deutschen Sektion, befindet, es

> »müsse endlich sichtbar gemacht werden, daß die gegenwärtige Politik der israelischen Regierung entgegen der Beteuerung von Sprechern großer jüdischer Gemeinden keineswegs von allen Menschen jüdischer Herkunft gestützt werde (...) Denjenigen, welche sich anmaßen würden, für alle Juden zu sprechen, rufe man zu: „Nicht in unserem Namen!"«[271]

Die österreichische Sektion dieser Organisation warnt ausdrücklich vor einer Gleichsetzung der Kritik an Israel mit Antisemitismus.[272]

Die zitierten Umfragen weisen darauf hin, daß es in Deutschland zunehmend Israelkritik gibt. Bei einem Fünftel der Bevölkerung geht dies einher mit einer negativen Einstellung Juden im Allgemeinen gegenüber. Während bei manchen Befragten tatsächlich eine antisemitische Einstellung zum Ausdruck kam, mögen bei anderen zusätzliche Faktoren die Antworten geprägt haben: etwa Finkelsteins Thesen von der Holocaust-Industrie oder eine wachsende Verärgerung über die ständige Konfrontation mit der nicht zu bewältigenden deutschen Schuld.

Einige mochten auch in den Möllemann- und Hohmann-Debatten den Eindruck gewonnen haben, der Zentralrat der Juden und einzelne jüdische Publizisten verstünden sich als eine Art Zensurinstanz und wollten darüber urteilen, was in Deutschland gesagt werden dürfe und was nicht. Diese Faktoren sind aber sämtlich Umstände, die aus einem heiklen gesellschaftlichen Konflikt heraus erklärbar sind und nichts mit einer »kollektiven Bewußtseinserkrankung« aller Deutschen zu tun haben. Noch einmal sei hier der Antisemitismusforscher Hermann Kurthen zitiert:

> »Im internationalen Vergleich weist Deutschland ein ziemlich positives Register auf, was das Wissen über den Holocaust, Antisemitismus, soziale Distanz und Besorgnis gegenüber Ressentiments

gegen Juden angeht. Zusätzlich belegen viele Indikatoren - nicht nur Meinungsumfragen -, so daß die deutsche Öffentlichkeit in den Jahrzehnten vor dem Fall der Mauer und nach der Wiedervereinigung ihre Anstrengungen, sich mit der Vergangenheit auseinanderzusetzen, eher noch verstärkt hat. Unter diesem Blickwinkel erscheint es paradox, daß Beschuldigungen fortbestehen, eine ernsthafte Auseinandersetzung mit der Vergangenheit sei gescheitert.«[273]

Eine ebenfalls im November 2003 durchgeführte Studie des »Emnid«-Institutes sorgte mit ihren weit weniger dramatischen Ergebnissen für keine große Resonanz in den Medien. In dieser Umfrage sagten nur zwei Prozent, sie hätten nicht gerne Juden als Nachbarn, und 79 Prozent bekundeten, ihrem Eindruck nach herrsche in Deutschland eine positive Einstellung gegenüber den Juden. Die Altersgruppe der 14- bis 29jährigen betrachtete den Einfluß der Vertretung der Juden als zu gering. Dem Antisemitismusforscher Wolfgang Benz zufolge zeige die Umfrage, daß »sich das Bewusstsein der Deutschen gegenüber ihren jüdischen Bürgern doch nachweislich normalisiert hat«. Bemerkenswert ist hier, daß insbesondere in der jüngeren Generation antisemitische Stereotypen verschwinden, derselben Umfrage zufolge aber auch die Fürsprache für Martin Hohmann zunimmt, je jünger die Befragten sind.[274] Möglicherweise hängt beides miteinander zusammen. Vielleicht ist ein Eintreten für die Meinungsfreiheit Hohmanns gerade nicht das von manchen Politikern suggerierte Zeichen für inhaltliche Übereinstimmungen, sondern für eine ausreichende eigene Distanz zu solchen Vorurteilen, daß man sich nicht selbst durch extrem harsche Reaktionen meint, davon reinigen zu müssen.

Im Juni 2004 veröffentlichten Kommunikationspsychologen der Universität Jena die Ergebnisse einer neuen Untersuchung zu antijüdischen Einstellungen in der Bevölkerung. Diese Studie macht einen differenzierteren Blick auf die Einstellungen der Deutschen zwischen berechtigter Israelkritik und einer antisemitischen Geisteshaltung möglich als die oben diskutierten Untersuchungen. Das liegt auch daran, daß die in dieser Studie gestellten Fragen deutlich nuancierter formuliert sind. So mußten die Befragten auf einer Skala Zustimmung oder Ablehnung gegenüber Aussagen äußern wie:

> »Als heute lebender Deutscher muß ich keine Verantwortung mehr gegenüber den Juden übernehmen« oder »Israel ist allein schuldig an der Entstehung und Aufrechterhaltung der Konflikte im Nahen Osten.«

Professor Wolfgang Frindte, der Leiter dieser Studie, erkennt eine weltweit gewachsene israelkritische Haltung, die sich vor allem auf die aktuelle israelische Regierungspolitik bezieht. Einerseits würden so im Gewand der Israelkritik und mit Bezugnahme auf »kalkuliert erzeugte Stereotype über Israel« manifeste antisemitische Einstellungen, die normalerweise tabuisiert wären, verdeckt geäußert. Andererseits werde aber auch aufgeklärte, konstruktive und berechtigte Israelkritik als »antisemitisch« abgewertet. Frindtes Fazit:

> »Es bleibt (...) besonders für Deutsche schwierig Kritik zu üben. Vermeidet man jedoch solche Themen in der öffentlichen Diskussion, so stärkt man wiederum dem Antisemitismus ungewollt den Rücken. Eine Zwickmühle.«[275]

Warum? Wenn Meinungsfreiheit und Zensur gleichermaßen Antisemitismus befördern, warum entscheidet man sich dann nicht einfach für jenes Gut, das in einer liberalen Demokratie als wertvoller gilt - vom Einsatz für die Menschenrechte der Palästinenser einmal ganz abgesehen? Kann als oberster Wert für das Abwägen darüber, ob eine Handlung moralisch ist oder nicht, wirklich die Frage gelten, ob sie unter Umständen bei Teilen der Bevölkerung Antisemitismus schüren könnte? Zählt das Leben von Zehntausenden nicht mehr? Und ist die von Frindte und anderen skizzierte Zwickmühle nicht ohnehin einer leicht neurotischen Wahrnehmung verschuldet, als ob es nur ein Entweder-Oder gäbe und nicht beides zugleich möglich sein könnte: der Abbau von Antisemitismus *und* Engagement gegen die aktuelle Militärpolitik Israels? Beispielsweise könnte das geschehen, indem in der Berichterstattung der Medien viel stärker jene Juden erscheinen, die sich gegen Scharons Vorgehen engagieren, statt weit überwiegend jene zu Wort kommen zu lassen, die sich hier gegen allzu deutliche Kritik verwahren.

7 Debatten über Holocaust, Israel und Antisemitismus - Zehn Thesen als Fazit

Den Abschluß der schwierigen Erörterung auf dem Feld des Antisemitismusvorwurfs sollen nun zehn Thesen bilden. Zentrale Frage dabei ist, ob der Holocaust einem rationalen Zugang überhaupt noch offen steht oder ob er - wie im Anfangskapitel dargestellt - längst in den Bereich des Quasi-Religiösen gerückt ist.

Der Begriff »Holocaust« (»Brandopfer«) stammt aus dem Alten Testament und wird heute fast ausschließlich als Bezeichnung für die NS-Verbrechen an den Juden verwandt.[276] Daß dieser historische Holocaust vielen Juden religiöse Ersatzdienste leistet, ist in vorhergehenden Kapiteln angerissen worden.[277] Für Rabbi Irving Greenberg, Gründer des us-amerikanischen Zentrums zur Erforschung des Holocaust, stellt der Holocaust ein »Offenbarungsgeschehen« dar. Der us-amerikanische Autor und Friedensnobelpreisträger Elie Wiesel bezeichnete eine versuchte »Entheiligung« oder »Entmystifizierung« des Holocaust als subtile Form des Antisemitismus. Aus diesem Grunde empörte sich Wiesel auch gegen die bekannte US-Fernsehserie »Holocaust«:

> »Der Holocaust ist einzigartig; kein Ereignis unter vielen. Die Serie behandelt den Holocaust, als sei er ein Ereignis unter vielen. (...) Auschwitz kann nicht erklärt oder in Bildern dargestellt werden. (...) Der Holocaust transzendiert die Geschichte (...) Die Toten besitzen ein Geheimnis, das zu erlangen wir Lebenden weder wert noch fähig sind (...) Der Holocaust (ist) das ultimative Ereignis, das ultimative Mysterium, das nie verstanden oder mitgeteilt werden kann.«

Eine Publizistin kritisierte die Serie als »Verstoß unter anderem gegen das hebräische Verbot von Götzenbildern.« Auch ansonsten werden dem Holocaust von jüdischer Seite Konnotationen wie »heilig« oder »Ehrfurcht« zugesprochen.Vor diesem Hintergrund verwundert nicht, daß der Historiker Peter Novick zu dem Urteil gelangte, der Holocaust sei zu einer »Mysterien-Religion« geworden, in der Überlebende eine geradezu priesterliche Autorität innehätten.[278] Vor dem Hintergrund der im Vorwort ausgeführten an Gehlen orientierten Terminologie könnte man von einem Totem und seinen Totemwächtern sprechen.

Nun scheint der Holocaust für viele Deutsche erstaunlicherweise als »Gründungsmythos« der Bundesrepublik eine vergleichbare Rolle zu spielen.[279] So wie es nur einen Gott gibt, neben dem keine anderen Götter stehen dürfen, gibt es für die Gemeinschaft der Gläubigen nur einen Holocaust, der nicht mit anderen Völkermorden verglichen werden darf.[280] So wie Gott und sein Wirken ewig unergründlich bleiben werden und auch gar nicht ergründet werden sollten, gelten der Holocaust und sein Geschehen trotz aller Forschung über »Strukturen« und »Intentionen« als unergründlich,[281] und die Versuche von Forschern wie Nolte und von Biberstein, ihn in eine Abfolge historischer Ereignisse einzuordnen, stoßen auf scharfen Protest.

Der Holocaust hat den Charakter einer Erbsünde angenommen, eines absoluten Bösen, das auch nachfolgende Generationen nicht entläßt, sondern zeichnet. Nicht an ihn zu glauben, ihn zu lästern, wird nicht als intellektuelle oder politische Torheit betrachtet; solche Ungläubigkeit stellt vielmehr die Verletzung eines Tabus dar, auf die die Gemeinschaft mit Acht und Bann reagiert.[282] Die von Martin Walser kritisierten Rituale, mit denen der Holocaust, man möchte fast sagen: zelebriert wird, haben einen fast schon religiösen Gestus angenommen.[283] Erst vor diesem Hintergrund wird klar, warum eine bestimmte Gruppe von Menschen auf die Äußerungen anderer, die sich oft nur minimal außerhalb des *common sense* im Bezug auf den Holocaust befinden, mit Entsetzen und Empörung reagieren und soziale Ächtung, Berufsverbot oder sogar die Anwendung des Strafrechts einfordern.

Wie das vorliegende Buch belegt, gilt dieses Reaktionsschema nicht allein für den Bereich des Holocaust selbst, sondern für alles, was irgendwie als antisemitistisch verstanden werden kann. Wer das Tabu verletzt (Hohmann, Möllemann, Walser oder Jenninger sind nur einige prominente Beispiele), wird zur Buße aufgefordert oder muß gar mit sofortiger Exkommunikation rechnen, oft ohne vorher selbst gehört worden zu sein. Die Abwehr einer haßerfüllten, vernichtenden und totalitären Ideologie und der aus ihr entstandenen Verbrechen nimmt so selbst haßerfüllte, vernichtende und totalitäre Züge an.

Vor dem Hintergrund dieser grundsätzlichen Überlegungen sind die folgenden zehn Thesen ausgebreitet.

1. Eine liberale Gesellschaft muß auch fragwürdig erscheinende Ansichten als Teil der Meinungsfreiheit ertragen, ohne mit Ausgrenzungen zu reagieren.

Der britische Historiker Eric Hobsbawm erkannte in seiner Autobiographie *Gefährliche Zeiten* zutreffend:

> »Selbst in Demokratien, wo keine autoritäre Macht mehr darüber bestimmt, was über die Vergangenheit und Gegenwart gesagt werden darf, nötigen die geballte Macht der Meinungsorganisatoren, die Drohung von Schlagzeilen, mißgünstiger Presse oder gar einer öffentlichen Hysterie zu Ausreden, Stillschweigen und zur öffentlichen Selbstzensur in Form der „political correctness".«

Eine solche Meinungsmacht von noch nicht einmal dazu gewählten Machthabern ist in einer liberalen Gesellschaft eigentlich ein Unding. Meinungsfreiheit wird ja nicht dort geprüft, wo ohnehin schon jeder übereinstimmt, sondern gerade dann, wenn Einzelne den ideologischen, moralischen und sachbezogenen Auffassungen der Mehrheit oder der meinungsbildenden Elite entgegenstehen. Die Grenzen der Meinungsfreiheit (Beleidigung, Volksverhetzung, Verleumdung) werden durch Gesetze gebildet und durch nichts anderes, jedenfalls ganz und gar nicht durch Diskreditierung.

Der Wert der Meinungsfreiheit dient dabei nicht nur dem schwachen Einzelnen, sondern auch der Gesellschaft insgesamt. Eine für alle ihre Mitglieder allgemeingültige politische Wahrheit kann es nicht geben. Sie muß immer wieder neu formuliert werden, und das kann nur im Diskurs geschehen. Wer sollte sich anmaßen, einen grundlegenden Meinungskonsens der Gesellschaft festzulegen, aus dem nicht ausgebrochen werden darf? Die Überwindung »schlechter« oder »falscher« Meinungen kann nicht durch Verbote oder Sanktionen geschehen, sondern allein dadurch, daß »bessere« (vernünftigere, überzeugendere) Meinungen dagegen gehalten werden. Die Linguisten und Sprachkritiker Siegfried und Margarete Jäger bringen es auf den Punkt:

> »Auch in den Medien wird - bei allem Bemühen und entgegen allen Beteuerungen - nicht die vermeintlich existente, objektive Wahrheit

gesagt oder geschrieben. Dies ist prinzipiell nicht möglich, da Medien (wie Individuen) nicht in der Lage sind, der Wirklichkeit „Wahrheiten" zu entlocken oder zuzuweisen. Wirklichkeit spiegelt sich nicht im Bewusstsein wider; sie wird immer nur (und oft sehr verschieden und äußerst subjektiv, also aus einer bestimmten Perspektive heraus) unter Zuhilfenahme von Wörtern, Begriffen oder auch ganzen Texten im Diskurs gedeutet, wobei der Wirklichkeit Bedeutungen zugeschrieben werden und damit Wirklichkeit produziert wird. (...) Dies berührt auch die Frage nach der Möglichkeit der Kritik der jeweiligen Deutungen. Sie kann immer nur im Diskurs vorgebracht werden und ist damit immer auch der Gegenkritik ausgesetzt. Man kann sich dabei auf Verfassungen oder auch die Menschenrechte beziehen, man kann dabei an allgemeine Moral appellieren. Aber auch dies geschieht immer nur im Diskurs.«[284]

Was nützen uns auch Politiker, die uns ihre wahre Meinung vorenthalten? Der Linguist Hans Jürgen Heringer stellt klar:

»Die freie Äußerung des Politikers, die freie Wahl der sprachlichen Mittel und die freie tendenziöse Darstellung der Sachverhalte, all dies sind ja Grundlagen der freien Entscheidung der Wähler. Politiker müssen alles sagen, alles sagen dürfen. „Sprich, daß ich dich sehe", so wird ein sprachkritischer Ausdruck Sokrates kolportiert. Nur so erkennen wir, mit wem wir es zu tun haben. Nur so können wir uns das Urteil bilden, das wir für die Wahl brauchen.«[285]

Insbesondere sollte diese Maxime für Antisemitismusdebatten unter Politikern, beispielsweise im Deutschen Bundestag, gelten. Ernsthafte und offene Debatten können fraglos nur dann stattfinden, wenn ein Redner nach einer Debatte wegen strittiger Äußerungen nicht Angst um seine Zukunft und sein Mandat oder seine Parteizugehörigkeit haben muß. Solange die Angst vorherrscht, von gegnerischen Parteien als außerhalb jeder moralischen Norm gebrandmarkt und von den eigenen Parteien daraufhin verstoßen zu werden, verbleibt die Auseinandersetzung mit diesem Thema bei einem bloßen Austausch der gängigen Textbausteine.[286]

Immer wieder in neuen Formulierungen zu bekunden, daß Antisemitismus zu verurteilen sei, führt zu keinem Erkenntnisgewinn. Dementsprechend ist die Frustration von Juden wie dem Zentralrats-Vizepräsidenten Salomon Korn verständlich, der sich im Dezember 2003 über die damalige Bundestags-Antisemitismusdebatte »desillusioniert« zeigte: »Die Mehrzahl der Redner habe die Situation des gegenwärtigen Antisemitismus zwar treffend geschildert, aber nichts Substantielles dazu gesagt, wie er zu bekämpfen sei.«[287] Möglicherweise wären die zuständigen Politiker auch in dieser Hinsicht kreativer, wenn sie nicht Angst haben müßten, sofort ausgegrenzt zu werden, sobald sie auch nur einen falschen Schritt tun.

Zuletzt sei angemerkt, daß es innerhalb einer liberalen Demokratie ein Unding ist, wenn bestimmte Zeitungen wegen ihrer von der herrschenden Klasse politisch unerwünschten Ausrichtung diskeditiert werden. Nach dem Motto »Wer ein Rechtsradikaler ist, bestimme ich« diffamierte beispielsweise Bundestagspräsident Wolfgang Thierse die Zeitung *Junge Freiheit*: Jeder, der sie lese, sei automatisch rechtsradikal. Die ehemalige DDR-Bürgerrechtlerin Vera Lengsfeld reagierte auf die einzig angemessene Weise: Sie gab der Zeitung demonstrativ ein Interview. Darin äußerte sie ihre Kritik daran, daß »prominente Vertreter aus der Mitte der Gesellschaft« angegriffen werden, »nur weil sie nicht links sind. (...) Diese Art von Gesinnungsdemokratie etabliert sich weiter. Sie schüchtert ein, und sie ist völlig einseitig.« Freie Debatten fänden seit Jahren nicht mehr statt: »Auf missliebige Themen reagiert das politisch-mediale Establishment nur noch mit Empörung, Hysterie, Einforderung von Buße oder Sanktionen.«

2. Auch und insbesondere die Wissenschaft ist frei.

Es gehört zur ureigenen Freiheit von Wissenschaft und Forschung, daß auch Ansätze vertreten werden dürfen, die dem herrschenden Paradigma deutlich widersprechen. Ohne diese Freiheit könnte es keine Weiterentwicklung wissenschaftlicher Erkenntnis geben. Sie erstreckt sich auf alle Zweige, also auch auf die Geschichtswissenschaft.

Nun gibt es im deutschen Recht bekanntlich einen Punkt, bei dem in diese Freiheit bewußt eingegriffen wird. Nach § 130 des Strafgesetzbuches kann die Behauptung, es habe keinen Holocaust gegeben (»Auschwitzleugnung« oder »Auschwitzlüge«), als Volksverhetzung mit einer Freiheitsstrafe bis zu fünf Jahren belangt werden.

Die Annahme, eine Leugnung des Holocaust sei deshalb zu Recht verboten, weil sie pseudowissenschaftlichen Unsinn und reine Ideologie in wissenschaftlicher Verbrämung darstelle, kann für sich genommen nicht überzeugen. Andere Annahmen, beispielsweise daß der Mond aus Käse bestehe (um mit Bettina Gaus zu sprechen), sind hierzulande auch nicht gesetzlich untersagt. Ebensowenig überzeugen andere vorgebrachte Begründungen, etwa daß diese Behauptung überhaupt nichts mit Wissenschaft zu tun habe, sondern einzig und allein zum ideologischen Arsenal von Neonazis gehöre.[288] Selbst wenn das stimmt, wäre das aber noch keine Rechtfertigung für ein Verbot. Bezeichnenderweise besteht in anderen Ländern kein juristisches Verbot der Holocaustleugnung. Es handelt sich um ein politisches Gesetz, und so bleibt es problematisch, wenn Wahrheit per Gesetz festgelegt wird. Dezidierter äußert sich hierzu Christian Bommarius in der *Berliner Zeitung* vom 27. April 2004:

> »Das Verbot der Auschwitz-Lüge ist bizarr. Nicht nur wird damit die vermeintlich bekämpfte Diskriminierung der Juden auf subtile Weise perpetuiert - in seiner Heimat vor antisemitischen Anwürfen geschützt werden zu müssen ist nicht weniger demütigend als die Anwürfe selbst. Aus diesem Grund hat sich der damalige Generalsekretär des Zentralrats der Juden in Deutschland, Hendrik van Dam, vor Jahren gegen die Absicht verwahrt, ausgerechnet in Deutschland einen „strafrechtlichen Naturpark" für Juden anzulegen. (...) Das Verbot des Holocaust-Leugnens schützt nicht die von antisemitischen Pöbeleien in ihrer Ehre verletzten Juden. Dafür würde der Verweis auf den Beleidigungsparagraphen des Strafgesetzbuchs genügen. Seit Jahrzehnten ist in der Rechtsprechung unbestritten, daß Juden als Kollektiv vor Beleidigung geschützt sind. Geschützt wird durch das Verbot der so genannten Auschwitz-Lüge vielmehr ein Rechtsgut, das in der Rechtsgeschichte demokratischer Staaten bis dahin aus guten Gründen unbekannt war: das staatlich verfügte Geschichtsbild.«

Heikel ist weiterhin, daß dieses Verbot einen Präzedenzfall darstellen kann, der auch die gesellschaftliche Tabuierung anderer Meinungen in diesem Themenfeld erleichtert. So definiert die von Eberhard Jäckel und anderen herausgegebene »Enzyklopädie des Holocaust« als »Auschwitz-Lüge« nicht allein die Leugnung des Holocaust oder die Kritik der behaupteten Opferzahlen als weit übertrieben, sondern auch eine Form der Äußerung, bei der »der Judenmord als Ergebnis gezielter Politik bestritten sowie die tendenziöse und trivialisierende Behauptung aufgestellt wird, daß dieser Vorgang nicht einmalig gewesen sei, sondern Vorläufer gehabt habe, die sogar als Vorbild gedient hätten.«

Hier mutiert die Geschichtsschreibung im Gegensatz zu jeder anderen Epoche von der wissenschaftlichen Auseinandersetzung mittels der Klärung durch Fakten und der sachbezogenen Kontroverse darüber zu einem Versuch, mit vermeintlich »moralischen« Ansprüchen durchzusetzen, was behauptet werden darf und was nicht.[289] In einer ironischen Replik auf diesen Lexikoneintrag spöttelt die *Berliner Zeitung*, daß Ernst Nolte und Theodor Mommsen in Zukunft in der Gefängniszelle miteinander debattieren könnten, wenn diese Definition Gesetz werden sollte:

> »Der Versuch einer dogmatisierenden Gleichschaltung der Geschichtswissenschaft mittels „Enzyklopädie" trägt unzweifelhaft die Handschrift des Mitherausgebers Jäckel, also des Historikers, der uns vor ein paar Jahren die Kujau´schen „Hitler-Tagebücher" als echt verkaufen wollte, der selbst Kujau-Fälschungen von „Hitler-Gedichten" in der Reihe des Instituts für Zeitgeschichte „wissenschaftlich"editierte.«[290]

Der Versuch, wissenschaftliche Arbeit durch eine moralische Haltung zu ersetzen, wird vor diesem Hintergrund zum Rohrkrepierer.

Die Argumentation mancher Forscher, daß eine Erklärung des Holocaust, insbesondere als Reaktion auf andere politische Geschehnisse, ihn automatisch relativiere, entschuldige oder verharmlose, mag reflexartig nachvollziehbar sein, sie bleibt aber zuletzt unbefriedigend. Gerade wenn man die Überzeugung besitzt, daß dergleichen nie wieder vorkommen dürfe, muß es möglich sein, die Ursachen vollständig (!) zu erforschen, die zu diesen Greueltaten führten. Den Holocaust als Singularität, die sich jeder Erklärung entzieht, in den Bereich des nahezu Mythischen, Unergründbaren zu erheben, nutzt einer zielführenden Auseinandersetzung damit wenig, wie auch Peter Novick ausführt:

»Als der Holocaust aus der Geschichte herausgenommen und zur Legende wurde, wurde er Träger „ewiger Wahrheiten“, die nicht an historische Umstände geknüpft sind. Unter anderem symbolisierte der Holocaust nun den natürlichen und unvermeidlichen Endpunkt des Antisemitismus. Ausgangspunkt: ein antisemitischer Witz; Endpunkt: Treblinka. Jede in der Öffentlichkeit ausgesprochene großmäulige Äußerung (...) war der erste Akt in der Julius-Streicher-Show. Der Nachdruck auf die Unbegreiflichkeit und Unerklärlichkeit des Holocaust förderte diese Neigung. Wenn der Holocaust sich einer rationalen Erklärung widersetzte, wer konnte wissen, welches triviale Ereignis der Vorläufer für „die Öfen“ sein könnte? Aufgrund dieser Denkweise konnte es nicht so etwas wie eine Überreaktion auf antisemitische Vorfälle oder so etwas wie die Übertreibung der allgegenwärtigen Gefahr geben.«[291]

So mußte sich jeder, der Möllemann, Hohmann oder andere verteidigte, implizit unterstellen lassen, die Lehre aus dem Holocaust nicht gelernt zu haben, womit automatisch weitere Vorwürfe verbunden waren: aus dem Massenmord resultiere dann keine moralische Weiterentwicklung der Menschheit, das Andenken der Verstorbenen würde geschändet, eine Wiederholung des Schreckens sei denkbar. In Wahrheit aber treffen all diese Vorwürfe nur, wenn man von einer rational-analytischen auf eine emotional-mythisierende Ebene wechselt, die einer tatsächlichen Bekämpfung von Antisemitismus einen Bärendienst leistet.

3. Die Forderung, »es müsse endlich ein Schlußstrich gezogen werden«, wird nicht zu erfüllen sein.

Verschiedene Persönlichkeiten des öffentlichen Lebens stellten in den letzten Jahren die Forderung auf, mehr als 50 Jahre nach dem Holocaust habe eine diskursive Zäsur zu erfolgen, bevor diese »Erbsünde« weiterhin anhaltend das Selbstbewußtsein der deutschen Nation untergrabe. Eine übermäßige Beschäftigung und Auseinandersetzung (»Fixierung«) mit der deutschen Schuld tue unserem Land nicht gut.[292] Diese Forderung macht aus mehreren Gründen indes wenig Sinn. Es geht hier nicht einmal um die bereits vielfach genannten Gründe: daß kein Volk seiner Geschichte ent-

wischen könne, daß derjenige in der Gefahr sei, Fehler der Vergangenheit zu wiederholen, der sich nicht mit ihnen auseinandersetze [293] oder daß das Begehren nach einem solchen „Schlußstrich" für viele Überlebende des Holocaust sowie ihre Nachkommen obszön klingen müsse. Dies alles ist richtig, aber der entscheidende Punkt ist doch die Macht des Faktischen: Es gibt keinerlei Instanz, die diesen „Schlußstrich" ziehen könnte. Solange Menschen das Bedürfnis haben, sich mit dem Holocaust auseinanderzusetzen, wird man es ihnen nicht verbieten können. Man sollte es ihnen natürlich auch nicht verbieten. Dieses Bedürfnis ist offenbar nach wie vor sehr stark. Vielleicht liegt aber auch gerade eine Chance darin, daß inzwischen die dritte Generation nach dem Holocaust ins Zentrum der Gesellschaft gerückt ist, also nicht länger die „Kinder der Täter", die hier eigene Konflikte aufzuarbeiten hatten, sondern deren Kinder. Ihre neue Perspektive könnte uns einen neuen Zugang vermitteln.
So wie einst die 68er-Generation bestimmte gesellschaftliche Tabus sprengte, werden jetzt vielleicht neue Redeverbote beseitigt werden. Ein „Schlußstrich" wäre hingegen nur eine neue Form der Tabuisierung.

4. Es gibt keine »deutsche Kollektivschuld« und keine spezifisch »deutsche Kollektivverantwortung«. Der Einsatz für Menschenrechte darf sich nicht einem irrationalen Schuldgefühl unterwerfen lassen.

Die These, daß es keine deutsche Kollektivschuld gebe, hat sich in der politischen Debatte weitgehend durchgesetzt.[294] Menschen werden durch Taten schuldig, und nicht durch ihre Angehörigkeit zu einem Volk oder einer Nation. Nicht zuletzt würde die Annahme einer Kollektivschuld zu einer Entlastung der wahren Täter führen: Wenn jeder ein bißchen schuldig ist, ist es schlußendlich so richtig niemand mehr.[295] Vielleicht auch damit sich Deutschland auf diese Weise nicht völlig exkulpiert, hat man der Weizsäcker-Rede vom 8. Mai 1985 folgend die Wendung von der »Kollektivverantwortung« geschaffen.[296] Wir Deutschen hätten in besonderer Weise dafür zu sorgen, daß dergleichen nie wieder vorkomme. Das mag zunächst schlüssig erscheinen, führt - zu Ende gedacht - jedoch zu einer gewissen Irritation: Bedeutet das, andere Länder könnten sich in diesem Zusammenhang eine größere Nachlässigkeit erlauben, hätten sozusagen einen ersten Fehltritt frei?

Insbesondere wenn man den Nahost-Konflikt und die ihn begleitende Rhetorik betrachtet, wird offenkundig, wie sehr uns »Gerade-wir-als-Deutsche«-Formeln in eine ethische Zwickmühle treiben. Einerseits stehe es gerade uns nicht zu, das Volk der ehemaligen Opfer, die Juden in Israel, allzu scharf zu kritisieren, insbesondere da es ja nur erneut um sein Überleben kämpfe.[297] Schon in den siebziger Jahren verwahrte sich Menachem Begin gegen Kritik an der israelischen Siedlungspolitik, damals vorgebracht von Bundeskanzler Helmut Schmidt: Ein Land, das sechs Millionen Juden umgebracht habe, solle Israel keine Ratschläge erteilen.[298] Andererseits kann man mit Fug und Recht argumentieren, »gerade wir als Deutsche« müßten auf als solche wahrgenommene Menschenrechtsverletzungen besonders sensibel reagieren, völlig gleich von wem sie begangen werden. Wie können wir einerseits auf Völkerrecht bestehen, andererseits Israel ausnehmen, weil wir sonst Antisemiten sind?[299]

Dieses Dilemma legte auch der deutsche Soziologe Ulrich Beck im November 2003 in der *Süddeutschen Zeitung* dar:

> »Gerade diejenigen, die den Antisemitismus mit Wort und Tat bekämpfen, geraten mit dem eskalierenden Atavismus des israelisch-palästinensischen Konfliktes in diese Zwickmühle: Sie wollen und können die israelische Gesellschaft nicht kritisieren, um ihren Anti-Antisemitismus nicht zu gefährden. Aber sie müssen die Politik Scharons kritisieren aus demselben Grund, um nämlich die moralischen Grundlagen ihres Anti-Antisemitismus nicht in Frage zu stellen. Diese klassische Double-bind-Situation wiederum enthemmt den ganz normalen Antisemitismus, der sich, anti-israelisch gewendet, legitimieren und entfalten kann.«

Bis zu welchem Punkt Israelkritik erlaubt ist, ohne als antisemitisch zu gelten, erfährt der Bürger nie. Stattdessen sieht er, daß Israelkritiker als Antisemiten gebrandmarkt werden, während gleichzeitig lautstark betont wird, daß »angemessene« Israelkritik selbstverständlich statthaft sei.[300]

Wenn man von einer besonderen Verantwortung der Deutschen sprechen möchte, so argumentiert Karl Lamers, der ehemalige außenpolitische

Sprecher der CDU/CSU-Fraktion im Deutschen Bundestag, dann erstrecke sich diese Verantwortung auch auf die indirekten Opfer des Holocaust:

> »Wir sind (...) auch verantwortlich für die Folgen, die die Gründung Israels nach sich zog. Zu diesen Folgen zählen die palästinensischen Flüchtlinge und das Schicksal des palästinensischen Volkes. (...) Wir haben aus der Geschichte gelernt. Deshalb sind wir nicht nur berechtigt, sondern sogar verpflichtet, deutlich zu werden. Denn ich bin fest davon überzeugt, dass die Politik Sharons den Interessen Israels schadet und auch denen des Westens. (...) Die Gleichsetzung von Kritik an Israel, an der israelischen Politik mit Antisemitismus ist ohne jeden Zweifel eine Instrumentalisierung - doch sie wird nicht weiterführen. (...) Hier versucht man, ein Tabu aufzurichten, obwohl man gleichzeitig bestreitet, daß es jemals ein Tabu gegeben hat.«[301]

Der israelische Schriftsteller Etgar Keret zieht in der *Frankfurter Rundschau* vom 25. Oktober 2003 eine Parallele zu dem

> »Schuldgefühl der früheren kolonialen Machthaber, die nun denken: Wir können die Leute, die wir früher misshandelt haben, nun nicht so hart kritisieren. So ähnlich verhalten sich manche Deutsche gegenüber Israel: Weil es den Holocaust gegeben hat, dürfen wir das und das nicht mehr sagen. Das ist nicht rücksichtsvoll, sondern wieder eine Diskriminierung: Denn keiner spricht über die Situation, über die Realität«.

Schon über zehn Jahre vor der aktuellen Debatte, in der *Zeit* vom 22. Februar 1991 nämlich, gab der jüdische Philosoph Ernst Tugendthat seiner Besorgnis Ausdruck, da die Deutschen ihre historische Schuld an den Juden nicht ausreichend bewältigt hätten, seien sie durch Forderungen und Vorwürfe der israelischen Regierung besonders gut beeinflußbar:

> »Wird die Schuld, die man empfindet, nicht bewusst aufgearbeitet ..., dann hat das zur Folge, daß man sich zu seinem Gegenüber so verhält, daß man alles tut, was er glaubt, was man zu tun hätte. Man

> gibt also die Autonomie des eigenen Urteilens preis, und das Gegenüber hat so die Chance, die eigene Schuld zu manipulieren. Es gibt Menschen und auch Staaten, die auf dem irrationalen Schuldgefühl eines anderen virtuos wie auf einem Klavier spielen können. So tun es auch die Israelis mit den Deutschen.«

Der Historiker Moshe Zuckermann ist in seiner ethischen Einschätzung des Sachverhalts klar und eindeutig:

> »Israel betreibt seit Jahrzehnten ein brutales Okkupationsregime und unterdrückt die Palästinenser (...) Jeder anständige Mensch muß das verurteilen. Wer es nicht tut, muß sich Rechenschaft darüber ablegen, von welchen heteronomen Motivationen er angetrieben ist. Die Frage der Solidarisierung steht zunächst nicht an, sondern lediglich die Feststellung, daß Israel an den Palästinensern ein historisches Unrecht begangen hat. (...) Deshalb sind sehr viele Bürger der Meinung, Kritik an Scharons Politik aus deutschem Mund sei nicht nur legitim, sondern auch notwendig. Sie pochen als mündige Bürger und Demokraten auf das Recht, offen ihre Meinung zu sagen. Sie akzeptieren keinen Maulkorb aus falsch verstandener Solidarität mit Israel. Viele Deutsche verspüren heute ein tiefes Unbehagen, weil sie sich dem pauschalen Verdacht ausgesetzt sehen, antisemitisch zu sein, obwohl sie mit Scharon einen Politiker tadeln, der mit seinem menschenrechtswidrigen Vorgehen den Westen diskreditiert.«[302]

Daß Mitglieder der israelischen Regierung gereizt reagieren, wenn ihnen ausgerechnet von Deutschen eine Art Nachhilfeunterricht in Menschenrechtsfragen angetragen wird, ist nachvollziehbar, kann ihnen aber nicht guten Gewissens erspart bleiben. Eine einfache Analogie hierzu: Wenn ich einen Menschen umgebracht habe, erwächst daraus keine Verpflichtung, seine Kinder bei Taten gewähren zu lassen, die ich ebenfalls als höchst verwerflich erachte.

Weltweit fordern moralische Instanzen dieser Erde ihre Mitmenschen zum Engagement gegen die »Apartheid« und die »Besatzung« in Israel auf. »Bei dieser Kampagne können - und sollten - ganz gewöhnliche deutsche

Bürger eine führende Rolle spielen« fordert der jüdische Politikwissenschaftler Norman Finkelstein.

> »Wie immer besteht die Herausforderung darin, überall mit dem gleichen moralischen Maß zu messen. Allen, die sich dem Erbe und Auftrag des Nazi-Holocaust wirklich verpflichtet fühlen, sollte das klare Gebot gelten: Nie wieder - gegen niemanden.«[303]

Womit zu klären wäre, in welcher Form sich die Proteste deutscher Bürger sinnvoll äußern können? Lichterketten gegen das Vorgehen des israelischen Militärs würden vermutlich vor allem als irritierend wahrgenommen werden. Außenminister Fischer plädiert in der *Frankfurter Allgemeinen Zeitung* vom 11. Mai 2002 für eine behutsame und mit Fingerspitzengefühl vorgetragene Kritik:

> »Die Tatsache, daß das Eis auch nach fünfzig Jahren noch immer dünn ist, hat jede Kritik in Deutschland zu akzeptieren, die nicht zerstören will, was seit Adenauer und Ben Gurion aufgebaut wurde. Sonst richtete diese Kritik nicht nur Schaden an, sondern würde Deutschland auch zunehmend politikunfähig bei der Suche nach einem gerechten Frieden im Nahen Osten machen.«

Einerseits mag man Fischer beipflichten: Ziel jeder Kritik sollte es sein, den beiderseitigen Terror im Nahen Osten zu stoppen. Es ist zwar verständlich, daß Zeugen dieser Geschehnisse besonders aufgewühlt und empört reagieren. Aber diese Empörung sollte, wenn sie an die Regierung Scharon gerichtet ist, gebremst werden, weil sie ansonsten die Unterstellung erleichtert, es ginge den Kritikern in Wahrheit gar nicht um die Situation im Nahen Osten, sondern darum, den Spieß des Tätervorwurfs gegen sämtliche Juden umzudrehen. Andererseits mag man einwenden: Würde diese Unterstellung nicht so oder so erfolgen? Wer richtet wirklich den von Fischer befürchteten Schaden an - derjenige, der Verbrechen gegen Menschen- und Völkerrecht begeht, oder derjenige, der dagegen protestiert? Ist es nicht kontraproduktiv, wenn sich Deutschland nur zurückhaltend und verklausuliert äußert und damit selbst zu dem Eindruck beiträgt, daß der stets unterstellte Antisemitismusverdacht schon seine Richtigkeit habe? Eine denkbare Möglichkeit könnte in einer Zusammenarbeit von jüdischen und nicht-jüdischen Teilen der Friedensbewegung liegen. Eine andere wäre, bei den Protesten die Anschläge der Palästinenser nicht außen vor zu lassen und auch Einfühlungsvermögen für die israelische Bevölkerung zu zeigen.

5. Eine Eingrenzung des Antisemitismus-Vorwurfs wäre sinnvoll.

Bezeichnenderweise findet man gerade in den aktuelleren Büchern, die in den letzten Jahren zum Thema Antisemitismus geschrieben wurden, keinerlei Definition oder Umgrenzung, was eigentlich Antisemitismus ausmacht. Eine Ausnahme stellt Philip Gesslers Buch *Der neue Antisemitismus* dar, in dem der Autor eine »international unter Wissenschaftlern akzeptierte Definition« der Antisemitismus-Forscherin Helen Fein vorstellt. Demnach sei Antisemitismus

> »eine anhaltende latente Struktur feindseliger Überzeugungen gegenüber Juden als Kollektiv, die sich bei Individuen als Haltung, in der Kultur als Mythos, Ideologie, Folklore sowie Einbildung und in Handlungen manifestieren - soziale oder rechtliche Diskriminierung, politische Mobilisierung gegen Juden und kollektive oder staatliche Gewalt - die dazu führen und/oder darauf abzielen, Juden als Juden zu entfernen, zu verdrängen oder zu zerstören«.[304]

Auffällig ist nun, daß diese Definition mit den meisten in den letzten Jahren öffentlich diskutierten Fällen von angeblichem Antisemitismus nicht in Übereinstimmung zu bringen ist (zumindest solange man nicht jede Kritik an einzelnen Juden oder der israelischen Regierung als »politische Mobilisierung« mit dem Ziel der Vernichtung wahrnimmt, was extrem gewagt sein dürfte). Damit die Rede vom »neuen Antisemitismus« trotzdem Bestand haben kann, muß Feins Definition auf eine Weise entgrenzt werden, die sich auch Gessler auf den folgenden Seiten seines Buches zu eigen macht, sodaß schließlich auch als Folge von semantischen Verwischungen, Mißverständnissen und/oder Unterstellungen ein »sekundärer Antisemitismus« konstatiert werden kann. Dieser entsteht aber häufig erst durch eine enorme Ausweitung des Begriffs und führt insofern fast zwangsläufig zur Kritik.

»Auch in der Auseinandersetzung mit der Frage, was Antisemitismus sei, sollte die Definitionshoheit nicht allein dem Zentralrat der Juden überlassen bleiben« fordert etwa der ARD-Nahostkorrespondent Marcel Pott.

> »Das wäre bequem, aber falsch. Weder verdeckter, offener oder subtiler Antisemitismus ist zu tolerieren. Aber auch die Trivialisierung des Antisemitismus-Vorwurfs ist zu kritisieren, weil das zwangsläufig zur Verharmlosung dieser gefährlichen Spielart des Rassismus führen würde.«[305]

Nun gehört der Zentralrat der Juden in Deutschland gar nicht einmal immer zu den ersten, die diesen Vorwurf erhebt. Verschiedene Angehörige der politischen Linken sind damit oft weit leichtfertiger bei der Hand. Sobald man einmal begonnen hat, sich mit diesem Thema zu beschäftigen, stößt man auf überraschend viele Personen des öffentlichen Lebens, denen auf die eine oder andere Weise bereits Judenfeindschaft nachgesagt wurde: Bundeskanzler Gerhard Schröder gehört ebenso dazu wie sein Außenminister Joschka Fischer oder der verstorbene *Spiegel*-Herausgeber Rudolf Augstein.[306] Selbst die linke *tageszeitung* blieb von diesem Vorwurf nicht verschont.[307] Heutzutage könne man als Antisemit gelten, beklagt Antony Lerman, der ehemalige Direktor des Londoner *Institute for Jewish Policy Research*,

> »ohne daß man auch nur irgend etwas von dem unterschreiben muß, was die Historiker stets als die Bestandteile einer antisemitischen Weltanschauung angesehen haben: den Haß auf Juden an sich, den Glauben an eine weltweite jüdische Verschwörung, den Glauben, daß Juden den Kommunismus geschaffen hätten und den Kapitalismus kontrollierten, den Glauben, daß Juden rassisch minderwertig seien und dergleichen mehr.«[308]

Stellenweise mag man den Eindruck gewinnen, daß dieser Vorwurf ein völlig gängiges Mittel der politischen Auseinandersetzung geworden ist. Dabei richten fahrlässige Beschuldigungen hier dreifachen Schaden an: Sie zerstören unter Umständen nachhaltig den Ruf des Attackierten. Sie verharmlosen den tatsächlichen Antisemitismus. Und schließlich ist, sobald innerhalb einer in Deutschland geführten Debatte der Antisemitismus-Vorwurf erhoben wird, diese Debatte rasch am Ende.[309]

Nichts machte das deutlicher als die Skandalierung Jürgen Möllemanns: Vom eigentlichen Thema, der Besatzungspolitik Israels, schwankte das mediale Hauptinteresse schlagartig auf die Fehde des FDP-Politikers mit Michel Friedman und anderen Zentralratsmitgliedern. Auch bei anderen der in diesem Buch dargestellten Fälle liegt der Verdacht einer Instrumentalisierung durch den politischen Gegner mindestens sehr nahe. Eine solche Instrumentalisierung ruiniert die politische Kultur. Wer sich der geforderten Empörung nicht spontan anschließt, gerät sogleich selbst unter Antisemitismus-Verdacht. Zuletzt fühlen sich etliche Bürger fast selbst schon als Krypto-Antisemiten, obwohl sie in ihrem ganzen Leben nie etwas gegen Juden gehabt haben.

Es wäre allerdings bei weitem zu kurz gegriffen, wenn man unterstellte, daß der Vorwurf des Antisemitismus grundsätzlich oder auch nur überwiegend erhoben werde, um den Andersdenkenden damit zu diffamieren. In vielen Fällen dürfte Sorge um das politische Gemeinwesen der Grund sein. Für die denunziatorischen Vorwürfe aber bietet der Frankfurter Psychoanalytiker Kurt Grünberg, der die Vorwürfe gegen Walser und Möllemann unterstützt, (unfreiwillig?) zugleich eine Erklärung für die vorherrschende Hysterie an:

Nachdem Judenhasser Strategien der Verleugnung und Rationalisierung anwendeten, würden Juden »hierzulande meist keine unmittelbaren Zeugen antisemitischer Äußerungen« und blieben von entsprechenden Konfrontationen verschont. Philosemitische Äußerungen hingegen gehörten durchaus zu ihrem Alltag. Antisemitismus erlebten Juden vor allem diffus und in Form von Gegenübertragungsreaktionen

> »etwa wenn man emotional erkaltet oder sich gelähmt fühlt, wenn einem inmitten bekannter Gesichter ganz plötzlich zumute ist, als sei man ganz allein, wenn Empfindungen von ohnmächtiger Wut, von Hass und Verzweiflung in einem aufsteigen.«

Insofern sei es für Juden sehr wichtig, den »nachweisbaren« antisemitischen Gehalt von Aussagen zu erschließen. Nun tätigt Grünberg seine Deutungen unter dem Axiom, daß diese Wahrnehmungen von Antisemitismus zutreffend sind. Das wird in manchen, vielleicht vielen Fällen ja auch so sein. Was aber, wenn nicht? Nur weil Judenhasser ihren Haß leugnen und rationalisieren, ist doch nicht jeder, der Judenfeindschaft mit vernünftigen Argumenten abstreitet, ein Antisemit.[310] Letztendlich haben wir es dann wiederum mit der Argumentationsfigur einer »Herrschaft des Verdachts« zu tun, die den bekannten Teufelskreis entstehen läßt: Nicht-Juden vermeiden aus Angst vor Verdächtigung und öffentlicher Demontage offene Worte, äußern sich also nurmehr verhalten und ritualisiert und wecken gerade dadurch in Juden den dann begründeten Verdacht, hier rede einer verdruckst und nicht frei heraus. Haben wir es hier mit einem Antisemiten zu tun, der seine Judenfeindschaft vor sich selbst und anderen schlicht nicht zugibt? Kein Wunder, daß viele Beobachter dieses Land zumindest in diesem Punkt für neurotisch halten.

Natürlich ist für viele jüdischen Mitbürger eine besonders ausgeprägte Sensibilität auch gegen kleinste Anzeichen von Antisemitismus aus bitterster Erfahrung wohlbegründet. Die jüdische Autorin Katja Behrens etwa berichtet in einem ihrer Texte von ihrem Freund Jehuda, der mit seiner großen Familie über Generationen hinweg in einem hessischen Dorf lebte. Seine Verwandten waren fast schon an etwas gewohnt, was sie als alltäglichen Antisemitismus, »die üblichen Gemeinheiten gegenüber Juden«, wahrnahmen. Sie hatten gelernt, sich damit zu arrangieren. Im Dritten Reich war Jehuda der einzige, der merkte, daß etwas anderes an die Stelle dieser »üblichen Gemeinheiten« getreten war. Er versuchte vergebens, seine Verwandten zur Emigration nach Israel zu überreden, ging schließlich alleine, und überlebte so aus seiner Familie als einziger.[311] Unter diesem Blickwinkel ist das Argument »Es kann keine Übersensibilität gegen Antisemitismus geben« nur allzu verständlich. Allerdings bedeutet allein die subjektive Wahrnehmung von Antisemitismus nicht automatisch bei jedem einzelnen Fall, daß diese Wahrnehmung auch zutrifft und nun selbst zu Ausgrenzungen berechtigt.

Immerhin besteht bei vielen Menschen, die sich dazu geäußert haben, durchaus ein erkennbares Problembewußtsein, was dieses Thema angeht. Sigrid Beyer betrachtet Antisemitismus als eine »heute (...) schnell benutzte Formel«, mit der man jemanden zur »Unperson« mache und aus der »Gemeinschaft« ausstoße, was »schlimm und unmenschlich« sei. Der Historiker John Bunzel befürchtet, der Vorwurf werde durch inflationären

Gebrauch kontraproduktiv, weshalb er »strenge Zulassungskriterien« als »Eintrittspreis« in das antisemitische »Reich des Bösen« fordert. Dem Suhrkamp-Verlagsleiter Günter Berg zufolge ist Antisemitismus der »populärste Vorwurf« überhaupt, den man heutzutage gegenüber einem Buch erheben könne, wobei dieser in Mode gekommene Kampfbegriff allzu »leichtfertig« wenn nicht gar »oft (...) beliebig« verwendet werde. Der Literaturkritiker Hellmuth Karasek spricht von dem »schlimmsten Verdacht«, den man gegen eine Person verhängen könne, die Journalistin Eva Manesse gar von einem »Totschläger-Wort«, der *FAZ*-Redakteur Eckhard Fuhr von einer »tödlichen Waffe«. Zugleich befand der israelische Literaturwissenschaftler Nathan Zach: »Wer Antisemitismus sucht, wird ihn finden.«[312] Geändert haben diese Mahnungen bislang jedoch wenig.

Dabei warnen inzwischen auch anerkannte Antisemitismusforscher wie Hermann Kurthen vor einer inflationären Verwendung des Antisemitismus-Vorwurfs:

> »Nicht jeder, der die Forderung nach einem „Schlusstrich" unterstützt und damit auf naive Weise versucht, den „Nazimakel" zu entfernen, ist ein überzeugter Antisemit mit einem zusammenhängenden ideologischen Weltbild über den Nationalsozialismus, Juden und Israel. Viele sind ermüdet von der Last der Schuld und pflegen ein ziemlich konservatives und patriotisches Weltbild, unterstützen aber die Demokratie.«[313]

Viele andere, könnte man hinzufügen, sind weder konservativ, noch patriotisch, sie sind den immer wiederkehrenden Wellen von Verdächtigungen und Hysterisierungen schlicht überdrüssig und solidarisieren sich mit dem in ihren Augen zu Unrecht Angegriffenen.

Die eigentlich angestrebte freundschaftliche Annäherung von jüdischen und nicht-jüdischen Deutschen wird paradoxerweise von eben jenen verhindert, die ununterbrochen in die Rolle des Tugendwächters schlüpfen und ständig darauf hinweisen, was denn jetzt schon wieder antisemitisch sei und was man erlauben könne und was nicht. Selbst von einem »jüdischen Volk« zu sprechen wurde inzwischen ja schon als Beleg für Antisemitismus angeprangert. Inzwischen wagen etliche nicht-jüdische Deutsche kaum noch, auf Juden zuzugehen, über Juden zu sprechen, gar zu streiten, weil sie sich von einem Feld unsichtbarer Landminen umgeben fühlen, bei dem jeder Schritt ihr letzter sein könnte. Nichts belegt diesen Vorgang besser als die völlig unnötigen Skandalierungen um Politiker wie Jenninger, Möllemann und Hohmann. »Solange der Philo-Semitismus die erzwungene Norm ist, ist das Verhältnis zu den Juden gestört«, äußerte der Historiker Arnulf Baring im *Focus* vom 10. November 2003. Einen Fortschritt in der Streitkultur habe es lediglich durch die Tabubrüche dieses Jahres gegeben: »Seit Möllemann und Walser darf man einen unsympathischen Menschen unsympathisch nennen, auch wenn er Jude ist.«[314]

Gelegentlich versuchen einige auch, ihre eigene politische Haltung durchzudrücken, indem sie der gegnerischen Auffassung antisemitische Hintergründe unterstellen. Norman Finkelstein nannte ein Beispiel in der bereits mehrfach angeführten Polit-Talkshow *Sabine Christiansen* am 9. November 2003:

> »Das Problem liegt doch dort, wo der Begriff mißbraucht wird, um hier Entschuldigungen zu finden, für immoralische und illegale Handlungsweisen, darum geht es doch hier. Die Friedensbewegung ist hier als antisemitisch kritisiert worden, man hat ihr das um die Ohren gehauen, weil sie gegen die kriminellen Aktivitäten der Vereinigten Staaten gegen den Irak waren. Das fand ich unmöglich. Das empfand ich als einen Mißbrauch des Begriffs Antisemitismus.«

In derselben Talkshow erläuterte der EKD-Ratsvorsitzende Wolfgang Huber:

> »Ich bin auch schon einmal ein Antisemit genannt worden, weil ich eine kritische Äußerung zur Politik des Staates Israel gemacht habe, und dann hatte ich eine Überschrift weg, die hieß: Antiisraelismus = Antizionismus =Antisemitismus. Insofern ist es, glaube ich, fair, zu sagen, solche Gleichsetzungen gibt es. Sie machen die Diskussion nicht leichter, sie machen die Diskussion schwerer.«

Die Sprachwissenschaftler Siegfried und Margarete Jäger (und nicht nur sie) sprechen inzwischen von dem bereits erwähnten »sekundären Antisemitismus«:

»Sekundärer Antisemitismus liegt vor, wenn Juden der Vorwurf gemacht wird, sie nutzten die Shoa bzw. Auschwitz aus, etwa um sich zu bereichern, um ihre Interessen durchzusetzen, um eigene Taten zu rechtfertigen etc., so etwa wenn von der „Holocaust-Industrie" die Rede ist.«[315]

Solche Definitionen sind problematisch, weil sie einen offenen Streit verunmöglichen und Juden in toto einen Heiligenschein verleihen. Ist es denn komplett auszuschließen, daß ein Jude jemals Auschwitz ausnutzt, um seine Interessen durchzusetzen? Und wenn das geschehen sollte, könnte man Kritik daran automatisch als antisemitisch zurückweisen? Immerhin gibt es eine große Zahl auch von Juden, die Scharon exakt das vorwerfen: eine Ausnutzung des Holocaust, um seine Untaten weiter durchführen zu können. Sind diese Juden allesamt Antisemiten, von »jüdischem Selbsthaß« getrieben? Diese Entgrenzung des Antisemitismus-Begriffs greift fehl.

Nicht zuletzt scheint es innerhalb der Debatte auch darum zu gehen, wer eine bestimmte Äußerung tätigt. So bekundete der jüdische Historiker Julius Schoeps im Interview mit der Zeitschrift *Stern* am 11. Dezember 2003, er habe einen bestimmten ostjüdischen Typus als Spekulanten und Geschäftemacher dargestellt, und räumte freimütig ein, wenn ein Nichtjude dasselbe gesagt hätte, »wäre wahrscheinlich der Teufel losgewesen«. Am 23. Mai 2004 bekannte der israelische Justizminister Josef Lapid, die Bilder nach einer vorangegangenen Militäraktion im Gazastreifen hätten ihn an den Holocaust erinnert. Hätte ein deutscher Politiker dieselbe Assoziation geäußert, wäre augenblicklich ein mit Rücktrittsforderungen verbundener Skandal durch die Republik gefegt: Von Relativierung und Verharmlosung der Shoa wäre die Rede gewesen. Welche Substanz hat eine Ethik, bei der (sprachliche) Handlungen unterschiedlich nach demjenigen bemessen werden, der sie ausführt?

»Kurz gesagt, man kann nicht zwei Dinge zugleich wollen«, erklärt der kanadische Professor für Philosophie Michael Neumann.

»Wenn man will, kann man die Definition von „Antisemitismus" aufblasen, bis sie selbst die jüdische Opposition gegen Israel umfasst. Aber man kann das nicht tun und „Antisemitismus" gleichzeitig als Begriff heftiger moralischer Verdammung behalten. Ge-

> nausowenig wird der inflationäre Gebrauch dieses Wortes die wirklich verabscheuungswürdigen Antisemiten erfolgreich isolieren. Der beste Weg, um „Antisemitismus" als Begriff der Verdammung zu bewahren ist es, ihn als Haß gegen Juden zu definieren - nicht für das, was sie tun, sondern für das, was sie sind. Es bedeutet, sie zu hassen, nur weil sie einer bestimmten ethnischen Gruppe angehören.«[316]

Dieser engen, aber angemessenen Definition nach hätte zum Beispiel Jürgen Möllemanns Kritik an Sharon und Friedman niemals als »antisemitisch« angefeindet werden dürfen, denn sie richtete sich ganz eindeutig nicht gegen eine Ethnie, sondern gegen ein ganz bestimmtes Verhalten. Neumanns Argumentation ist nachvollziehbar: Dauernder Antisemitismus-Vorwurf läßt die Adressaten abstumpfen. Wenn Paul Spiegel weiterhin in immer kürzeren Abständen von der ungeheuerlichsten Beleidigung seit dem Holocaust spricht, könnte er irgendwann auch dann nicht mehr ernst genommen werden, wenn der Furor berechtigt ist. Wer ständig »Feuer! Feuer!« schreit, findet kein Gehör mehr, falls es einmal wirklich brennt. Wenn allzuviel als »antisemitisch« gebrandmarkt wird, dann erscheint der Antisemitismus plötzlich als gar nicht mehr so schlimm.
Sonja Margolina, eine aus einer jüdischen Familie stammende Journalistin, erklärte am 7. November 2003 im Gespräch mit der *Jungen Freiheit*:

> »Man hat sogar versucht, das Strafverfahren gegen Friedman als Rache für den Tod Möllemanns zu interpretieren. Ich glaube, die jüdischen Repräsentanten fühlen sich nach dieser Affäre immer mehr von Antisemiten umzingelt und haben die Flucht nach vorn ergriffen. Das ist sehr traurig. Alle Juden wissen, daß der Antisemitismus nicht auszurotten ist. Die jüdische Gemeinde könnte viele Sympathien gewinnen, wenn sie ausgleichend, beschwichtigend und nicht so zuspitzend auf die Ausfälle reagieren würde. Aber das ist reines Wunschdenken, dafür müßte sich sehr viel in den Köpfen ändern.«

6. Die Versuche einer unstatthaften Stigmatisierung durch den Antisemitismus-Vorwurf müssen ausgehalten werden.

Im Laufe dieses Buches wurden zahlreiche Versuche analysiert, Menschen unterschiedlichster politischer und weltanschaulicher Couleur als Antisemiten zu stigmatisieren. In einigen Fällen, so bei Jürgen Möllemann und Martin Hohmann, war diese Stigmatisierung überaus erfolgreich. Es kam recht schnell nicht nur zu erwartbaren Angriffen vom politischen Gegner, sondern auch zu einer Entsolidarisierung seitens der eigenen Unterstützergruppe (die Parteien FDP und CDU). Letzeres geschah nicht zuletzt wohl auch, weil jeder, der die Dinge anders sah, bei entsprechender Wortmeldung das Risiko einging, selbst als Judenhasser, rechtsradikal oder ähnlich abgestempelt zu werden. Jene Beschuldigte, die von ihrer eigenen Unterstützergruppe Rückhalt bekamen (etwa Hans Leyendecker durch Journalistenkollegen), gingen aus entsprechenden Angriffen unbeschadet hervor.

Sich in solchen Fällen mit der nötigen Klarheit zu Wort zu melden ist speziell in unserem Land wahrlich nicht ohne Risiko, was die Gefahr der Ausgrenzung angeht. Der Betreffende hat dann, wie hier ebenfalls analysiert wurde, die gesamte Machtelite von Politik und Medien gegen sich, und seine wenigen Unterstützer werden aus dem Diskurs gedrängt. Dieser Entwicklung muß um der demokratischen Kultur willen Einhalt geboten werden, wie Judith Butler es am Beispiel Israelkritik ausführt:

> »Wenn man einen Einwand gegen Gewalt, die vom israelischen Staat ausgeübt wird, nicht aussprechen kann, ohne den Vorwurf des Antisemitismus auf sich zu ziehen, dann dient der Vorwurf dazu, den öffentlich akzeptablen Bereich der Rede einzugrenzen. Er dient auch dazu, die Gewalt Israels gegen Kritik zu immunisieren, indem er es ablehnt, die Integrität der Ansprüche gutzuheißen, die gegen diese Gewalt geltend gemacht werden. Man wird mit dem Etikett „antisemitisch" in derselben Weise bedroht, wie es einem in den USA das Etikett „Verräter" oder „Sympathisant von Terroristen" (...) einträgt, wenn man die jüngst geführten Kriege ablehnt. Es sind Drohungen mit tiefgreifenden psychologischen Folgen. Sie legen es darauf an, das politische Verhalten zu steuern, indem sie den Indivi-

duen unerträgliche, stigmatisierte Formen der Identifikation aufzwingen, mit denen sich die meisten Menschen um keinen Preis identifizieren wollen. Da sie die Identifizierung fürchten, wagen sie es nicht, ihre Meinung deutlich auszusprechen. Aber solche Drohungen einer Stigmatisierung können und müssen ausgestanden werden, und das kann nur mit Unterstützung anderer Akteure geschehen, die mit einem sprechen und die gegen die Drohung sind, welche die politische Rede mundtot machen will.«[317]

In dem Kommentar »Die Meute der Deuter«, veröffentlicht in der *Süddeutschen Zeitung* vom 4. Juni 2002, formuliert Thomas Steinfeld seine Kritik daran, wenn Texten interpretatorische Gewalt angetan wird, um damit eine behauptete Geisteshaltung des Verfassers zu belegen: »So fahnden die Deuter nach Stellen, suchen zwischen den Zeilen nach Andeutungen, wollen Formen, Klischees und Strukturen ermitteln.« Steinfeld fordert dagegen einen »Aufstand unter deutschen Literaten« zum Erhalt der Meinungsfreiheit ohne eine Kultur der Verdächtigungen, Diffamierungen, Ausgrenzungen und persönlichen Vernichtungen : »Denn bei Martin Walser können sie sehen, was ihnen im schlimmsten Fall zustoßen kann.«[318]

7. Wir brauchen keine Elite, die den Bürgern sagt, wie sie moralisch empfinden sollen.

»Ein Experte nach dem anderen erzählt den Menschen, was sie zu denken haben«, konstatiert das *Hamburger Abendblatt* vom 17. November 2003, »fast kein Wunder, daß inzwischen mancher Bürger glaubt, er dürfe nicht mehr äußern, was er denkt.« Fachleute in Sachen Antisemitismus können sehr hilfreich sein, sie können sich durch ihre Betriebsblindheit aber auch verrennen: Dementsprechend hatten wir in den Antisemitismus-Debatten der letzten Jahre fast schon Hysterie bei Journalisten und Politikern, hingegen Gleichgültigkeit, Unverständnis oder Gereiztheit in der Bevölkerung.

Wie bereits erwähnt, kam die Mehrheit der Bevölkerung im Gegensatz zu der Meinungselite in den klassischen Medien (außer in Leserbriefen und bei anonymen Befragungen) praktisch nur im neuen Medium Internet zu Wort. Durch dieses neue Medium wird derzeit zumindest teilweise jener

Mechanismus durchbrochen, den die Meinungsforscherin Elisabeth Nölle-Neumann als »Schweigespirale« beschrieben hat.[319] Nölle-Neumann zufolge besteht bei den Mitgliedern einer Gesellschaft eine große Angst davor, sich durch allgemein unbeliebte Ansichten von den anderen zu isolieren. Diese Angst vor der Ausgrenzung führt dazu, daß Menschen vom angenommenen Meinungskonsens abweichende Auffassungen selten bis gar nicht artikulierten, was diesen angenommenen Meinungskonsens betrifft. Was diese vermeintlich herrschende Meinung ausmacht, kann aber gesamtgesellschaftlich praktisch nur durch die Massenmedien erschlossen werden. Journalisten und Menschen, die auf Journalisten einen großen Einfluß haben, können also etwa durch Agenda-Setting, Dramatisieren und Verschweigen von Gegenpositionen eine eigene Medienrealität erzeugen und damit auch das gesamtgesellschaftliche Meinungsklima beherrschen. Wenn also etwa, wie im Kapitel über den Umgang der Medien mit Martin Hohmann ausgeführt, in Artikeln Wendungen auftauchen wie »Alle finden es unerträglich« oder »Die große Mehrheit der Deutschen sieht solche Entgleisungen mit Unverständnis« sind diese nicht deskriptiver Natur, sondern verkünden normative Absichten. Die fraglichen Journalisten beziehen sich ja gerade nicht beispielsweise auf die Ergebnisse von Meinungsumfragen, die in eine ganz andere Richtung weisen, sondern versuchen vorzugeben, wie die große Mehrheit der Deutschen zu denken habe. Daß dies mit geradezu dreister Selbstverständlichkeit geschieht, weist darauf hin, daß sich dieses Vorgehen über lange Jahre hinweg als erfolgreich gezeigt hat.

Jetzt wird es durch das neue Medium Internet unterwandert. Damit droht ein großer Machtverlust für den journalistischen Berufsstand, seine Meinungen als allgemeine Meinungen auszugeben und damit durchzusetzen. Die Strategie der journalistischen Meinungsmacher bestand zunächst im Ignorieren solcher auf Websites und in Internetforen getätigten Äußerungen. Nach dem Tod Jürgen Möllemanns sahen sich viele Redakteure aber offenbar veranlaßt, zu einer aggressiven Vorwärtsverteidigung überzugehen. Sie versuchten, die Besucher dieser Foren als mindestens Halb-Rechte und als Verschwörungsparanoiker hinzustellen.[320] Dazu war es immerhin notwendig, diese Form der Gegenöffentlichkeit zur Kenntnis zu nehmen, auch wenn es verwunderte, daß Journalisten mittlerweile sozusagen gegen die Bevölkerung anschrieben. Es entstand der Eindruck, daß hier der Teil einer Abwehrschlacht der alten gegen die neuen Medien stattfindet - eine Schlacht, die für die traditionellen Medien (vor allem Presse und Fernsehen) aktuell zu einem Pyrrhussieg geführt hat. Zwar war es ihren Machern gelungen, beispielsweise Möllemann ins Aus zu drängen, indem sie ein Meinungskartell bildeten und den Druck dermaßen erhöhten, daß sich die FDP-Spitze im Wahljahr nicht nervenstark genug zeigte, um ihm standzuhalten. Aber sämtliche Umfragen zeigten, daß die Mehrheit der Bevölkerung davon unbeeindruckt die Position Möllemanns teilte. Möllemanns Tod führte zu einer gestiegenen Verachtung gegenüber den Journalisten der alten Garde. Je mehr sich das freiheitliche Internet zum Medium Nummer eins entwickelt, desto weniger leicht wird ein solcher Kampagnen-Journalismus in Zukunft möglich sein. Die selbst herbeigeführte wirtschaftliche Krise, in der viele Zeitungen stecken, trägt ihren Teil zu diesem Machtverlust bei. Die Definitionshoheit, Motto »Wer ein Antisemit ist, bestimmen wir!«, ist außerhalb des journalistisch-politischen Elfenbeinturms inzwischen verloren gegangen.

Damit wird das Problem aber nicht gelöst, daß die journalistisch und politisch Herrschenden einerseits und die breite Bevölkerung andererseits quasi in zwei verschiedenen Welten leben. Fritz Schenk, Initiator des Appells »Kritische Solidarität mit Martin Hohmann« erklärte dazu im Interview mit der *Jungen Freiheit*:

> »Die demokratische Kluft zwischen CDU-Führung und der Basis ist aber nur die eine Seite des Problems, die andere Seite ist die demokratische Kluft zwischen Politik und Volk. Wenn die Politiker diese Gefahr weiter so ignorieren, wie sie das im Fall Hohmann tun, dann wird die Politikverdrossenheit der Bürger weiterwachsen. Und wenn den Menschen das als Demokratie vorgestellt wird, dann wird die Politikverdrossenheit irgendwann einmal in Demokratieverdrossenheit umschlagen. Dann aber gnade uns Gott!«

Die moralische Überheblichkeit der Politiker und Meinungsmacher gegenüber der breiten Bevölkerung blitzt zu den verschiedensten Gelegenheiten nicht nur durch, sondern wirft ein grelles Licht auf einen arroganten, beinahe verächtlichen Herrschafts-Stil: So etwa, als der Schriftsteller Martin

Walser vorschlug, zu dem geplanten Berliner Holocaust-Mahnmal die Bevölkerung zu befragen. Bei der regierenden SPD rief dieser Vorschlag nach mehr Demokratie, auch im Erinnern, augenblicklich Empörung hervor.[321] Vor dem Hintergrund von Gehlens Philosophie fühlt man sich an Priester und Schamanen erinnert, die ein Totem vor dem Zugriff der gewöhnlichen Stammesmitglieder schützen möchten. Bedeutungsträger dieses Totems ist übrigens nicht „der Holocaust“, sondern speziell nur „der Holocaust an den Juden“. Als Martin Hohmann und andere Mitglieder verschiedener Bundestagsparteien einwandten, man wolle die anderen Opfer der Vernichtungslager nicht ausgrenzen, sondern auch ihrer gedenken, wurde dies vom SPD-Fraktionsvorsitzenden Ludwig Stiegler als „unredlich“, „scheinheilig“, „für alle beschämend“ und insofern „indiskutabel“ zurückgewiesen.[322]

Der jüdische Publizist Rafael Seligmann fordert mehr „Mut zum mündigen Bürger“.[323] Der Mangel an diesem Mut fördere das verkrampfte Verhältnis zwischen jüdischen und nicht-jüdischen Teilen der Bevölkerung. Deutschland sei in dieser Hinsicht ein Irrenhaus: „Die einen wie die Mahnmals-Initiatorin Lea Rosh schwelgten in Belehrungen und Holocaust-Pathos, die anderen wie Hohmann hätten die Schlußstrichdebatte längst hinter sich gelassen und seien zu subtiler Hetze übergegangen.“ Seligmann wendet sich dagegen, daß Hohmanns Rede von Zeitungen nur in Auszügen gedruckt wurde und nicht im Wortlaut: „Antisemitische Machwerke“ wie Hohmanns Rede sollten statt dessen in den gymnasialen Oberstufen und an Universitäten „durchgenommen werden, damit junge Leute das Geschickt-Subtile an der Argumentationsstruktur erkennen lernen.“ Die Rede sei in ihrer Gesamtheit noch wesentlich schlimmer als jene wenigen Sätze, die in der Öffentlichkeit kursiert seien.

Nun ist Seligmann insofern nicht zuzustimmen, als er beim Durchgehen der Hohmann-Rede an deutschen Schulen bereits das gewünschte Ergebnis vorgibt: Sie soll als „antisemitisches Machwerk“ enttarnt werden. Wenn man aber so verfährt, fördert man gerade nicht politische Mündigkeit, sondern ideologische Indoktrination. Seligmann ist natürlich überzeugt davon, daß seine Interpretation der Rede die einzig richtige ist. Was aber, wenn ein Oberschüler oder Student die Rede ganz anders analysiert und bewertet und das auch noch treffend begründet? Soll ihm durch eine schlechte Benotung gezeigt werden, daß er einem „falschen Bewußtsein“ anhängt? Was man hingegen tun kann, wenn man aufklärerisch wirken möchte, ohne Meinungsfreiheit und Mündigkeit zu gefährden, ist aufzuzeigen, warum diese Rede bei jüdischen Rezipienten Ängste und Sorge hervorrief.

8. Eine offene Debatte über das aktuelle Verhältnis zwischen jüdischen und nicht-jüdischen Deutschen ist dringend notwendig.

Nicht nur Arnulf Baring beklagt einen eklatanten Philosemitismus unter den deutschen Meinungsbildnern.[324] Dieser Philosemitismus hat erkennbare Vorteile: Man entzieht sich selbst der Gefahr, von seinen Berufskollegen oder vom politischen Gegner allzu scharfe Widerworte zu erhalten (diese stünden dann ja selbst im Verdacht, »antisemitisch« gefärbt zu sein), und man kann sich zugleich im warmen Glühen moralischer Überlegenheit sonnen.

Aber hilft es der Debatte? Wäre es nicht viel sinnvoller, offen darüber zu diskutieren, ob beispielsweise Antisemitismus als Erklärungsmodell für viele Erscheinungen (beispielsweise scharfe Israelkritik und die wachsende Gereiztheit vieler gegenüber Michel Friedman und anderen Zentralratsvorsitzenden) überhaupt noch trägt? Haben wir es statt mit einem wachsenden Antisemitismus in unserer Gesellschaft vielleicht eher mit einer immer stärker werdenden Trotzreaktion zu tun? Bringen formelmäßig eingebrachte Vorwürfe wie »antisemitisch« die Diskussion wirklich voran - selbst wenn sie zutreffend wären?[325] Wie produktiv wäre eine der Bevölkerung aufgezwungene Hypersensibilität, die auf jede Kritik an Juden anfallsartig mit »Wehret den Anfängen!« reagiert? Ist ein verpflichtendes Schuldgefühl hinsichtlich des Holocausts sinnvoll oder könnte es auch kontraproduktiv sein, da die Spannung, unerlösbar schuldig zu sein, letztendlich zu einem Leugnen der Taten führt, weil das Leugnen der Vergangenheit leichter ist als das Tragen der Schuld?[326] Gäbe es zielführende Möglichkeiten zur Antisemitismusbekämpfung? Wenn ja, welche? All diese Fragen müssen zumindest einmal gestellt und diskutiert werden, ohne daß die Teilnehmer an einer solchen Debatte Angst vor gesellschaftlicher Ausgrenzung haben müssen. Die rituelle öffentliche Schlachtung von Sündenböcken wie Hohmann, um danach selbstgerecht wieder zur Tagesordnung überzugehen, wird nicht ausreichen.

»Ein verinnerlichtes Tabu, das sich nicht aufsprengen läßt, befreit sich (...) oft in einem Haßausbruch« warnte Peter Gronau in der Wochenzeitung *Freitag* vom 21. Juni 2002.

> »Die Israelis, aber auch die Juden in Deutschland werden in eine Illusion verstrickt. Sie nähren nur, wie der Zentralrat es gegenwärtig tut, ihre latenten Ängste, wenn sie philosemitische Heuchelei, die sie leider als solche nicht durchschauen, einfordern, und gefährden das Tabu, auf das sie ein gutes Recht haben, besonders dann, wenn sie es auf die gegenwärtige Politik Scharons ausdehnen ... Was wir brauchen, wozu aber offenbar auf allen Seiten der Mut fehlt, ist ein rückhaltlos offenes Gespräch. Nur so können seit je Menschen sich im anderen erkennen. Dazu gehört dann auch eine Kritik, die die Möglichkeit des eigenen Irrtums mit einbezieht.«

Marcel Pott schließt sich dieser Auffassung wegen der besonderen weltpolitischen Brisanz des Konflikts zwischen Israelis und Palästinensern an:

> »Die Diskussion über den Nahen Osten muß in Deutschland endlich offen geführt werden. Sie läßt sich nicht länger mit dem überstrapazierten Hinweis auf das besondere deutsch-israelische Verhältnis unterdrücken. Es gibt in der Demokratie keine kritikfreie Zone. Das widerspricht dem Verständnis einer offenen, pluralistischen Gesellschaft, die nicht daran vorbeikommt, sich auch mit unangenehmen Fragen kontrovers auseinanderzusetzen. Das Beschweigen von Themen, die mit der historischen deutschen Schuld zusammenhängen und aus Furcht vor Mißverständnissen ausgespart werden, schadet nur. Künstlich geschaffene Schutzräume nutzen keineswegs den vermeintlich Geschützten. Sie fördern allenfalls Ressentiments, bewirken mithin eine Verstärkung schlafender Vorurteile.«[327]

Die Grenze zweier entgegengesetzter Grundauffassungen in der Antisemitismus-Debatte, das ließ die bisherige Analyse klar erkennen, verläuft keineswegs zwischen Juden und Nicht-Juden. Sie verläuft vielmehr zwischen zwei Positionen, unter deren Vertretern sich Mitglieder beider Gruppen finden. Die eine lautet: Die Erfahrungen mit dem Holocaust verpflichten uns zu besonders extremer Zurückhaltung, wenn es darum geht, Juden in welcher Form auch immer zu kritisieren, ihr Handeln zu hinterfragen oder ihnen anderweitig nahe zu treten. Die andere Position befindet: Die Erfahrungen mit dem Dritten Reich verpflichten uns zu besonderer Wachsamkeit gegenüber Denk- und Sprechverboten und anderen Eingrenzungen der Freiheit sowie eine Gefährdung der Menschenrechte. Wie schwer beides miteinander zu vereinen ist, haben die letzten Jahre gezeigt. Ist es möglich, die jeweils gegenteilige Auffassung überhaupt stehen zu lassen, ohne ihre Vertreter moralisch zu diskreditieren? Zusammenfassend sei hier ein letztes Mal Hermann Kurthen zitiert:

> »Unglücklicherweise macht die wachsende zeitliche Distanz es trotz der besten pädagogischen Absichten schwerer und schwerer, das Leiden von Millionen wiederzubeleben oder sich auch nur vorzustellen. Aber die Auseinandersetzung mit der Vergangenheit sollte nicht ein zwanghafter, routinemäßig durchgeführter Akt der Selbstbeschuldigung sein, der als solcher auch nicht frei von Selbstgerechtigkeit ist. Jeder Versuch, die Erinnerung zu moralisieren und zu ritualisieren oder jene zu verdammen, die darauf nicht politisch korrekt reagieren, wird vermutlich nicht in dem gewünschten Ausgang resultieren. Pflichtübungen in Philosemitismus, sich rituell auf die Brust schlagen oder alarmistischem Anti-Antisemitismus werden auch keine große Hilfe sein. Man kann Schuldgefühle nicht übertragen, noch zu kollektiver oder individueller Trauer, Sensibilität, Mitgefühl und Verantwortung verpflichten. Der erste Schritt zu einer moralischen Entwicklung könnte ein wachsendes Gefühl der Verantwortung für die eigenen Handlungen sein, ohne andere zu beschuldigen oder andere als Mittel zur Selbstentschuldung zu benutzen. Solch ein ehrlicher Lernprozess könnte zu einer nichtheuchlerischen moralischen Sensibilität gegenüber den vielfältigen Seiten nationaler Geschichten führen, Stolz auf die Überwindung von engstirnigem Nationalismus und Ethnozentrismus sowie einer

kritischen Einstellung gegenüber kollektiven Ideologien und Verallgemeinerungen.«[328]

9. **Deutsche Meinungsmacher sollten überdenken, ob hinter ihrem moralischen Engagement für die Juden und Israel nicht auch ganz egoistische Interessen verborgen sind.**

Norman Finkelstein berichtet auf seiner Website, ein Freund habe ihm erklärt,

> »der Grund für die Besessenheit Deutschlands vom nationalsozialistischen Holocaust sei, daß die Deutschen „gerne eine Last tragen". Wo ich hinzufügen würde: zumal, wenn sie so federleicht ist. Einige Deutsche der Nachkriegsgeneration hatten zweifellos die Last der Schuld und die damit einhergehenden lähmenden Tabus gegenüber unabhängigem, kritischem Denken aufrichtig angenommen. Heute aber ist die deutsche politische Korrektheit zu einer Farce verkommen, die nur so tut, als ob sie die Bürde, ein Deutscher zu sein, annimmt, obwohl sie sie eigentlich ablehnt. Denn was sonst soll diese endlose öffentliche Selbstgeißelung anderes bedeuten, als die Welt ständig daran zu erinnern, daß „wir nicht wie die sind".«[329]

Hier deckt sich Finkelsteins Wahrnehmung in Teilen mit jener, die Martin Walser in seiner Paulskirchenrede vertrat. Finkelsteins Argumentation geht darüber hinaus schlicht gesagt dahin, daß etliche deutsche Journalisten dabei wegsehen, wenn die Regierung Scharon Völker- und Menschenrechte mit Füßen tritt, nur damit diese Medienvertreter sich selbst moralisch höherwertig als die deutsche Tätergeneration fühlen dürfen. Zugespitzt formuliert läuft es dieser Deutung nach auf einen Kuhhandel zwischen jüdischen Unterstützern Scharons und Gralshütern der politischen Korrektheit in Deutschland heraus, etwa nach dem Motto: »Liebe Juden, ihr entlastet uns von dem Vorwurf des Antisemitismus, obwohl wir Deutsche sind, und wir schauen dafür weg bei dem Völkermord, den Israelis an Palästinensern begehen.«

Der Politologe Max Höfer bietet allerdings noch eine alternative Deutung für jenes Phänomen, das Finkelstein als »die Besessenheit Deutschlands vom nationalsozialistischen Holocaust« bezeichnet:

»Das Verdikt, als Volk das „absolut Böse" hervorgebracht zu haben, wird nicht mehr abgewehrt oder relativiert mit dem Hinweis auf die Verbrechen anderer Völker, sondern wird als Auftrag wahrgenommen, fortan besonders gut, pazifistisch und human zu sein - und darin vielleicht sogar eine besondere Auserwähltheit zu besitzen.«[330]

Diese Deutung würde das Zusammentreffen insbesondere von Ansichten und Engagement prominenter deutscher Juden einerseits und Politikern sowie Journalisten in der Tradition der Alt-68er andererseits erklären: Vertreter beider Gruppen würden die Einzigartigkeit des Holocaust dann unter anderem auch deshalb betonen, um ihre eigene historische Auserwähltheit zu konstituieren.

Welche dieser beiden Deutungen richtig ist oder ob das für keine von beiden zutrifft, wird sich ebensowenig letztgültig klären lassen wie bei den Vorwürfen, die Möllemann und Hohmann gemacht wurden. Wenn man im einen Fall davon ausgeht, Äußerungen möglichst edle und nicht möglichst schäbige Motive zu unterstellen, dann sollte das im umgekehrten Fall auch gelten. Sinnvoll kann es nur sein, wenn die betreffenden Medienvertreter ihre eigenen Motive innerlich überprüfen.

Festzuhalten bleibt überdies auch: Eine große Zahl von Juden kritisiert die Regierung Scharon mit Worten, die an Deutlichkeit nichts zu wünschen übrig lassen. Diese Kritiker erhalten aber weit weniger Raum in den Medien als der scharonfreundliche Zentralrat. Wenn Israelkritik tatsächlich mit Rücksicht auf deutsche Interessen zum Tabu geworden wäre, würde unser Land damit erneut einen Sonderweg zementieren.

10. Die Beziehung der nichtjüdischen Deutschen zum Staat Israel und zu den Juden sollte sich vor allem vor einem positiven, nicht vor einem negativen Hintergrund entwickeln.

In der Berliner Wochenzeitung *Die Kirche* äußerte am 30. Januar 2005 der Rabbiner und Gouverneur der Weltunion für Progressives Judentum, Walter Homolka, kritische Worte, was in Deutschland den offiziellen Umgang mit Juden angeht. Diese seien seinem Eindruck nach »nichts als Statisten für die politische Correctness der Bundesrepublik«. Während »viel Aufwand für tote Juden« betrieben werde, stünde »wenig Geld für lebendiges

Judentum in seiner ganzen Vielfalt« zur Verfügung. Beispielsweise hätte man die finanziellen Aufwendungen für das Berliner Holocaust-Mahnmal wesentlich sinnvoller zum Aufbau einer Zukunft jüdischen Lebens verwenden können. »Aber in Tonnen gegossene Vergangenheit ist der deutschen Öffentlichkeit wichtiger als eine Zukunft aus Fleisch und Blut.«

Eine spontane Reaktion auf diesen Vorwurf mag ein resignierendes »Wie man´s macht, macht man´s verkehrt!« darstellen. Bei näherer Überlegung kann man Homolkas Worten eine tiefe Wahrheit jedoch wohl kaum absprechen. Sie lassen sich auch ausweiten. Unabhängig davon, daß man den Verbrechen in der deutschen Geschichte nicht aus dem Weg gehen kann (und sollte): Wenn man das eigene Denken, Handeln und Artikulieren bezüglich des Staates Israel und der Juden einzig und allein auf dieser Grundlage aufbaut, wird sich vermutlich weit weniger schnell eine gesunde Beziehung aufbauen, als wenn man sich positiven Zielen zuwendet. Konkret: Der Staat Israel verdient nicht deshalb jenseits aller berechtigten Kritik unsere grundsätzliche Solidarität und Unterstützung, weil wir uns »wegen der deutschen Geschichte« dazu verpflichtet fühlen (obwohl wir insgeheim gar nicht wollen), sondern weil er der bei weitem demokratischste Staat im Nahen Osten ist und weil seine Bürger in ständiger Bedrohung leben. Und auch die in Deutschland (oder andernorts) lebenden Juden sollten freundschaftliche Zuwendung nicht aus Verpflichtung und Schuldgefühl heraus erfahren, sondern aus aufrichtigem Interesse an Leben, Denken und Fühlen einer Minderheit, die mit der hier lebenden nicht-jüdischen Mehrheit auf vielfältige Weise verbunden ist. Dazu wird es nötig sein, der nicht-jüdischen Bevölkerung nahezubringen, was Judentum wirklich ausmacht - und das ist mehr, als Opfer des Holocaust geworden zu sein.

ANMERKUNGEN

1 Dies befindet etwa der *ARD*-Nahostkorrespondent Marcel Pott in seinem Buch »Der Nahost-Konflikt«, Kiepenheuer und Witsch 2004: »Offene Kritik an Israels Palästina-Politik aus der Mitte der bundesdeutschen Gesellschaft oder aus dem Munde eines seriösen Politikers war verpönt. Jahrzehntelang. Akzeptiert wurde nur eine einseitige, proisraelische Sichtweise auf den Nahost-Konflikt. Alles andere war politisch nicht korrekt. Das galt auch für den weit überwiegenden Teil der Medien. Wer von dieser Linie abwich und das Unrecht an den Palästinensern beklagte, geriet in den Verdacht, das staatliche Existenzrecht Israels in Frage stellen zu wollen. (...) Im bundesdeutschen Land der Täter war die kritiklose Parteinahme für Israel eine moralische Pflichtübung, ein Reflex der Vergangenheitsbewältigung.« (S. 84-85)

Der Deutsch-Syrer Jamal Karsli kommt in seinem im Eigenverlag herausgegebenen Buch »Maulkorb für Deutschland. Fakten, Analysen, Aufklärung zur Antisemitismusdebatte« zum selben Ergebnis: »Wir alle kennen die Bilder von weinenden Israelis auf den Titelseiten der großen Zeitungen, wenn wieder eines der grausamen Selbstmordattentate zu melden war. So schlimm diese Attentate sind: Gab es in vergleichbarer Form und Verbreitung Bilder über die Opfer der Massaker in Palästina? Allein die Wortwahl deutscher Journalisten offenbart die eindeutig pro-israelische Berichterstattung: Da wird von „blutrünstigen Morden" der „Terroristen in Palästina" gegenüber „Militäraktionen", „Vergeltungsschlägen" und „Terrorbekämpfung" der Israelis geschrieben. Bei (einem) Selbstmordattentat wurden auf der Titelseite einer überregionalen Tageszeitung 15 tote Israelis unter einem Foto des ausgebombten blutverschmierten Busses und weinender Menschen beklagt. In einer kleinen Meldung auf einer der nächsten Seiten wurde nüchtern berichtet, dass seither 90 Palästinenser der „Vergeltung dieser Terroraktion" zum Opfer fielen. Darunter waren hochschwangere Frauen sowie mehrere Kinder und Jugendliche! Darüber schrieb kaum eine Zeitung und schon gar nicht auf der Titelseite.« (Karsli, S. 240)

Argumente hingegen, denen zufolge die Israelberichterstattung auch der deutschen Leitmedien bis hin zur *Süddeutschen Zeitung* bereits antisemitische Züge trage, findet man in Tobias Kaufmanns und Manja Orlowskis (Herausgeber) Band »"Ich würde mich auch wehren ..." Antisemitismus und Israel-Kritik - Bestandsaufnahme nach Möllemann«, Potsdam 2002. Die zentralen der darin enthaltenen Beiträge sind auch online zu finden unter http://www.ajc.org/german/israel_medien.asp. Ähnliches leistet Siegfried und Margarete Jägers »Medienbild Israel. Zwischen Solidarität und Antisemitismus«, Münster 2003.

2 Ähnlich äußerte sich der israelische Schriftsteller Etgar Keret im Interview mit der *Frankfurter Rundschau* vom 25. Oktober 2003: »Jede Kritik an Israel wird von uns leicht als Ausfluß von Antisemitismus abgebucht. (...) Die Juden haben die Position des ultimativen Opfers, eines Volkes, das mehr gelitten hat als alle anderen auf der Welt. (...) Aber das macht es nicht einfacher. Wenn du dafür in einer Position steckst, in der alle Welt entweder ganz mit dir übereinstimmen muß, oder dich hassen muß, dann kannst du das Leiden der anderen auf einmal nicht mehr verstehen. Weil du ja weißt: Ich habe mehr gelitten als alle. Das macht unempfindlich für den Schmerz der anderen.«

3 Vgl. Goldhagen, Daniel Jonah: Hitlers willige Vollstrecker. Siedler 1996. Einen Überblick über die durch dieses Buch entstandene Kontroverse vermitteln Julius H. Schoeps (Hg.) »Ein Volk von Mördern?«, Hoffmann und Campe 1996, sowie Martin Kötts »Goldhagen in der Qualitätspresse«, Uvk 1999. In »Eine Nation auf dem Prüfstand«, Claassen 1998, werfen Norman Finkelstein und Ruth Bettina Birn Goldhagen unwissenschaftliches Arbeiten vor. Birn gilt als international führende Autorität der Archive, auf die Goldhagen bei seiner Recherche zurückgriff.
Friedemann Bedürftig weist in seinem Buch »Als Hitler die Atombombe baute. Lügen und Irrtümer über das dritte Reich« darauf hin, daß Goldhagen bei seiner Diskussionsreise durch Deutschland zwar in der faktenorientierten Sachdebatte mit anderen Historikern grundsätzlich unterlag, dafür aber mit seinen Thesen ebenso regelmäßig vor dem Publikum Triumphe feierte. Bedürftig erklärt diese Diskrepanz folgendermaßen: »Das in Rede stehende Thema ist so über alle Maßen mit Entsetzen aufgeladen, dass jeder, der sachlich zur Sache redet, schlechtere Karten hat als einer, der zu emotionalisieren versteht, indem er griffige, ja schmerzhafte Thesen vertritt. Wer an denen rüttelt, setzt sich sogleich dem Verdacht aus, er wolle verharmlosen.« (Hier nach der Piper-Taschenbuchausgabe 2004, S. 138.) Exakt dieser von Bedürftig skizzierte Mechanismus greift auch, was die Antisemitismusdebatten der Gegenwart angeht. Das wird im Verlauf dieses Buches noch näher zu zeigen sein.
Peter Novick führt aus, Goldhagens Thesen wurden unter anderem deshalb von Holocaust-Experten abgelehnt, weil der typische Täter als »erschreckend normal«und eben nicht als überzeugter Antisemit analysiert wurde. Somit war »eine Generationen umspannende systematische Sozialisierung im mörderischen Hass auf Juden« gerade keine notwendige Bedingung für den Völkermord. Wenn das so wäre, so Novick, »sind wir sehr viel sicherer, als viele von uns denken.« Jedoch sei der Wunsch, die Täter in der gewohnten Weise zu beschreiben, noch immer stark und habe Goldhagens Buch zum Langzeitbestseller gemacht. (Vgl. Novick, Peter: Nach dem Holocaust. Dva 2001, S. 184-185.)
Hinsichtlich der Auffassung, Goldhagen sei ein Vertreter der Kollektivschuldthese, muß allerdings klargestellt werden, daß Goldhagen selbst in einem offenen Brief an den Deutschen Buchhandel am 8. Mai 1996 erklärte, er behaupte an keiner Stelle seines Buches eine Kollektivschuld der Deutschen. Vielmehr lehne er diese Vorstellung entschieden ab. Dem unbenommen wurde sein Buch vielfach in dieser Art verstanden.
4 Ein ironisch mit »How to Lose Friends and Alienate People« betiteltes Interview mit Don Appatu, in dem Finkelstein seine zentralen Thesen ebenso deutlich machen kann wie seine Vorliebe für recht unverblümte Vorwürfe, steht online unter www.counterpunch.org/finkelstein1.htm. Darin berichtet Finkelstein unter anderem von einer an einen hohen Regierungsvertreter Deutschlands gerichteten Anfrage, ob dort bekannt sei, daß die Zahl der überlebenden Zwangsarbeiter deutlich zu hoch angesetzt worden sei, um entsprechend hohe Entschädigungen durchzusetzen. Die Antwort habe gelautet, dies sei in Regierungskreisen bekannt, aber man habe sich dieser »Erpressung« (Finkelsteins Wortverwendung) gebeugt, weil man Angst vor antisemitischen Reaktionen in der Bevölkerung habe und Deutschland reich genug sei, dieses »Lösegeld« (Finkelstein) zu zahlen. Finkelstein führt aus: »Aber wenn man nach Deutschland geht und diese Dinge zur Sprache zu bringen versucht, wird die sogenannte „Linke" absolut hysterisch, da sie dieses gewaltige Interesse hat,

professionelle Anti-Antisemiten und Philosemiten zu sein. Es ist diese enorme Identität, die sie sich selber geschnitzt haben. Wenn ich da hingehe und sage, natürlich sollt ihr gegen Nazis sein, aber vieles, was im Namen des Anti-Antisemitismus getan wurde, ist in Wahrheit eine grobe Geschichtsfälschung und wird dem jüdischen Volk sehr schaden, solange es nicht entlarvt wird, dann werden diese Leute zu Berserkern.«
Häufig wird Finkelsteins Äußerungen mit dem Argument begegnet, er erhalte dafür Beifall von der »falschen« (also der rechtsradikalen) Seite. Eine ernsthaftere Auseinandersetzung mit seinen Thesen, die auf der Grundlage von Fakten und Zahlen beruht, bietet Rolf Surmanns »Das Finkelstein-Alibi. „Holocaust-Industrie" und Tätergesellschaft«, Köln 2001, dessen Autoren Finkelsteins Angaben über die Entschädigungszahlungen faktisch für unhaltbar erklären.

5 Jörg Lau erörtert in seinem Artikel »Warum diese Angst? Ein neues Misstrauen prägt die deutsch-jüdischen Debatten der vergangenen Wochen«, veröffentlicht in der *Zeit* vom 8. Juli 2004, daß das Sprechen über deutsche Opfer des Zweiten Weltkrieges unter vielen Juden auch sechzig Jahre nach Kriegsende noch immer nicht möglich ist: »Deidre Berger, die das Berliner Büro des American Jewish Committee leitet, hat das Thema der deutschen Opfer kürzlich bei einer Versammlung ihrer Organisation zur Sprache gebracht. „Ich habe dafür plädiert, das Leiden deutscher Zivilisten ohne irgendeine Aufrechnung anzuerkennen. Aber schon das Wort Anerkennung war für einige ältere Teilnehmer zu viel. Sie sind noch nicht so weit."«

6 Vgl. etwa http://www.antifa-hamburg.com/stuff/antifaschismus/spvertriebenenzentrum.html, http://www.akweb.de/ak_s/ak475/10.htm sowie http://www.judentum.net/europa/sudeten.htm.

7 Eckhard Nordhofen nennt in seinem Artikel »Vor der Bundeslade des Bösen« (!), erschienen in *Die Zeit* vom 9. April 1993, Auschwitz das »zentrale Kraftwerk der Moralwirtschaft«, Jürgen Habermas bezeichnet es als »Signatur eines ganzen Zeitalters«. - Vgl. Weninger, Robert: Streitbare Literaten. Beck 1994, S. 234-235. Konrad Schuller befand in der *Frankfurter Allgemeinen Sonntagszeitung* vom 11. Juli 2004 zum im Bau befindlichen Berliner Holocaust-Mahnmal: »Hier entsteht nichts Geringeres als ein Tempel.«

8 Kubitschek, Götz: Kälteschock - Gehlenlektüre und Gegenwartsanalyse. In: *Sezession* 4. Januar 2004, S. 40-41. Der Begriff »Gründungsmythos« darf hier natürlich nicht, ob versehentlich oder bewußt, falsch verstanden werden, wie dies stellenweise leider schon geschieht. So zitiert Lars Rensmann Annette Widmann-Mauz (CDU) damit, daß diese Auschwitz als »zentrale(n) Gründungsmythos der Bundesrepublik Deutschland« wahrnimmt. Dies kommentiert Rensmann mit »Dass Auschwitz ein Mythos sei, haben freilich schon andere vor Widmann-Mauz formuliert.« (Vgl. Rensmann, Lars: Demokratie und Judenbild. Antisemitismus in der politischen Kultur der Bundesrepublik Deutschland, Verlag für Sozialwissenschaften 2004, S. 426.) Wie des öfteren in seinem Buch spricht Rensmann hier in Andeutungen, die unausgesprochene schwere Vorwürfe mit sich tragen: in diesem Fall, den der Holocaust-Leugnung, wenn man den Begriff »Mythos« als »märchenhafte Sage« interpretiert. Der Kontext weist aber unzweifelhaft darauf hin, daß die andere Wortbedeutung von »Mythos« gemeint ist: eine Begebenheit, der man große Bedeutung zuspricht. Dieses vielleicht fahrlässige, oft aber geradezu absichtlich wirkende Mißverstehen von

Äußerungen, indem man ihnen einen judenfeindlichen Subtext unterschiebt, taucht in den Antisemitismus-Debatten der letzten Jahre sehr häufig auf.

9 Einen ausführlichen Abriß von Sievers Forschungsergebnissen gibt es online unter http://buecher.judentum.de/lang/jenninger.htm nachzulesen.

10 Schenk, Fritz: Der Fall Hohmann. München 2004, S. 7.

Dazu gibt es übrigens eine bemerkenswerte Parallele. Als der Intendant der Frankfurter Städtischen Bühnen, Günther Rühle, Fassbinders Theaterstück »Der Müll, die Stadt und der Tod« aufführen wollte, gab es wegen vorgeblichem Antisemitismus des Stückes nicht nur Proteste seitens der Frankfurter Jüdischen Gemeinde. Das Jüdische Kulturforum in Berlin stellte gegen Rühle gar Strafanzeige wegen Volksverhetzung und Rassenhaß. Als jedoch der bekannte israelische Theaterautor Jehoschua Sobol dasselbe Stück in Tel Aviv aufführte, weil er es keineswegs als antisemitisch empfand, edelte sein Regisseur Yoram Löwenstein Faßbinders Werk als »Manifest gegen den Rassismus«. - Vgl. Weninger, Robert: Streitbare Literaten. Beck 2004, S. 110 und 116.

11 Siehe zum McCarthyismus in den Vereinigten Staaten vor allem Jürgen Heidekings »Geschichte der USA«, Tübingen und Basel 1999, S. 365-369, aber auch Erich Angermanns »Die Vereinigten Staaten von Amerika seit 1917«, München 1987, S. 346-350, sowie Hans R. Guggisbergs »Geschichte der USA«, dritte überarbeitete Auflage, Stuttgart, Berlin und Köln 1993, S. 246-248.

12 Auf diese Ähnlichkeit weist etwa Rudolf Maresch implizit in seinem Online-Artikel »Medienöffentlichkeiten im Aufruhr« vom 25. Juni 2002 (http://www.heise.de/tp/ deutsch /kolumnen/mar/12782/1.html) hin: »Sofort nach ihrer Veröffentlichung werden Begriffe oder Gesten, Symbole oder Metaphern auf die Goldwaage gelegt und nach versteckten Codewörtern und heimlichen Botschaften untersucht. Die Suche nach verdächtigen Stellen schreitet mittlerweile so munter voran, daß derjenige, der keine Passagen mit „rassistischen", „sexistischen" oder „antisemitischen Klischees" finden kann, sich selbst des Rassismus, Sexismus oder Antisemitismus verdächtigt oder verdächtig macht.«

13 Vgl. die Bibliographie im Anhang.

14 Das vollständige Interview mit Möllemann ist online nachzulesen unter http://www.faz.net/s/Rub9E7BDE6F469E11D4AE7B0008C7F31E1E/Doc~E75D1D30B6D6B49B1A666A1620CA50A69~ATpl~Ecommon~Scontent.html.

15 Kritisch zu Straws und vergleichbaren Äußerungen zeigt sich die »Jungle World« unter http://www.nadir.org/nadir/periodika/jungle_ world/_2001/42/21b.htm.

16 Kloke, Martin: Kathartische Zerreißproben: Zur Israel-Diskussion in der Partei „Die Grünen". In: Strauss, Herbert: Der Antisemitismus der Gegenwart. Frankfurt am Main 1990, S. 131.

17 Siehe etwa http://www.nordschleswiger.dk/artikel/1071.

18 Vgl. Vargas Llosa, Mario: Was Abu Ghoraib mit Gaza verbindet. In: *Süddeutsche Zeitung* vom 4. Juni 2004.

19 Zitiert nach Bartov, Omer: Der alte und der neue Antisemitismus. In: Rabinovici, Doron u.a. (Hg.): Neuer Antisemitismus? Eine globale Debatte. Suhrkamp 2004, S. 19-43, hier S. 29.

20 Die für Möllemanns entschiedene Worte relevante Passage des Amnesty-Jahresberichts 2001 steht online unter http://www.kritische-stimme.de/ Deu1/AIJahres bericht01.html.

Näheres schildert die jüdische Menschenrechtsanwältin Felicia Langer in ihrem Buch »Brandherd Nahost oder: Die geduldete Heuchelei«, Lamuv 2004.
21 http://www.amnesty.at/cont/presse/2002/055_02_israel.html
22 Zu diesem Streit zwischen Möllemann und Friedman/Spiegel vergleiche http:// www.d-a-g.de/15-10-01-moespiegel.htm. Zur »Politik der Liquidierung« vermerkt Felicia Langer a.a.O., S. 35: »Immer wieder spricht Israel von der „Liquidierung militanter Palästinenser", und manche deutsche Zeitung gibt diesen Ausdruck ohne Anführungszeichen wieder. Die „Liquidierung von Menschen" ist ein Begriff der Nationalsozialisten. Wo bleibt da die Empfindlichkeit derjenigen, die jeden Vergleich isralischer Taten mit denen der Nationalsozialisten als Antisemitismus bezeichnen? Ist ein menschenverachtender Begriff deshalb salonfähig, weil ihn das israelische Establishment gebraucht?«
23 Kritisch zu dieser Distanzierung und zur DAG insgesamt äußert sich die »Jungle World« unter http://www.nadir.org/nadir/periodika/jungle_world/_2001/43/09a. htm.
24 Wie Tobias Jaecker ausführt, einigten sich etwas später die UN und Israel schließlich doch noch auf eine internationale Untersuchungskommission. Daraufhin vermeldete am 2. August 2002 die internationale Presse, daß keine Bestätigungen für ein Massaker des israelischen Militärs im Flüchtlingslager Djenin gefunden worden seien. Es habe 52 getöte Palästinenser (statt der behaupteten 500) gegeben sowie 23 Opfer unter den israelischen Soldaten. (Vgl. Jaecker, Tobias: Antisemitische Verschwörungstheorien nach dem 11. September. Lit 2004, S. 105). Wenn Jaecker diesen Vorfall deshalb in sein Allzweck-Raster antisemitischer Verschwörungstheorien einpaßt, geht er aber dennoch fehl. Zum einen legt das allgemeine Vorgehen des israelischen Militärs sowie Scharons anfängliche Blockade einer Untersuchungskommission der Vereinten Nationen entsprechende Annahmen auch außerhalb jeglichen antisemitischen Kontextes nahe. Zum anderen fehle, so Hans Rauscher, einer solchen Argumentation »ein Teil der Realität, nämlich die Tatsache, daß die Zahal (israelische Streitkräfte) bei ihrem Versuch, in einem dichtverbauten Gebiet einige Terroristen zu stellen, mit Panzern einen guten Teil der Häuser niederwalzten, und zwar ohne viel Vorwarnung. (...) Ein Vorgehen, das zum ständigen Repertoire der Israelis gehört, zuletzt in Rafah im Gaza-Streifen massiv angewandt wurde und wohl als Exzess der militärischen Gewaltanwendung zu bezeichnen ist.« - Vgl. Rauscher, Hans: Israel, Europa und der neue Anti-semitismus, Molden 2004, S. 40.
25 Siehe zu diesen und weiteren Stationen der Möllemann-Friedman-Debatte zum Beispiel http://www.phoenix.de/ereig/exp/11536 oder vergleichbare Chroniken.
26 http://www.n-tv.de/3002914.html. Etwas peinlich für Möllemann war, als er, durch die zahlreichen Attacken bereits angeschlagen, in einer späten Phase der Debatte auf Nachfragen sowohl Sandra Maischbergers (*ntv*) als auch später Gabi Bauers (*ARD*) nicht belegen konnte, daß er schon vor seinen Vorwürfen gegen Friedman mit Antisemitismus in Verbindung gebracht worden sei. Man habe trotz gründlicher Recherche in der Redaktion nichts darüber gefunden, bekundete Maischberger. Dem Verfasser des vorliegenden Buches ging es lange Zeit ähnlich (vgl. etwa Hoffmann, Arne: Das Lexikon der Tabubrüche, Schwarzkopf & Schwarzkopf 2003, S. 511). Dankenswerterweise liefert Lars Rensmann einen entsprechenden Beleg in seinem Buch »Demokratie und Judenbild. Antisemitismus in der politischen Kultur der Bundesrepublik Deutschland«, S. 445: Dem *Tagesspiegel* vom 14. April 2002 zufolge warf der Präsident des Zentralrats der Juden in Deutschland Möllemann

schon, als dieser im April 2002 Verständnis für die Selbstmordattentate der Palästinenser bekundete, einen »Schulterschluss mit Antisemiten« und »moralischen Bankrott« vor.

27 Zu diesen »Strategien« findet sich mit Bezugnahme auf *Haáretz* sowie andere israelische Medien Näheres in Norman Finkelsteins »Der Konflikt zwischen Israel und den Palästinensern. Mythos und Realität«, Diederichs 2002: »Es wurden gezielt palästinensische Rettungswagen und medizinisches Personal sowie Journalisten beschossen; palästinensische Kinder wurden „zum Spaß" ermordet (Chris Hedges, ehemaliger Leiter des Büros der New York Times in Kairo); alle männlichen Palästinenser zwischen 15 und 50 wurden zusammengetrieben, man fesselte sie mit Handschellen, verband ihnen die Augen und versah sie am Handgelenk mit Nummern; palästinensische Gefangene wurden willkürlich gefoltert; der palästinensischen Zivilbevölkerung wurden Nahrung, Wasser, Strom und medizinische Versorgung vorenthalten; es fanden wahllose Luftangriffe auf palästinensische Wohnviertel statt; palästinensische Zivilisten wurden als lebende Schutzschilde missbraucht; palästinensische Häuser mitsamt den Bewohnern, die sich darin zusammendrängten, wurden mit Bulldozern eingerissen.« Ein israelischer Soldat äußerte sich in einem Interview über das Geschehene mit folgenden Worten: »Ich wollte alles vernichten. Ich habe die Offiziere angefleht ... mich einfach alles restlos niederreißen zu lassen, von oben bis unten. Alles dem Erdboden gleichmachen zu lassen ... Drei Tage lang habe ich einfach zerstört und zerstört. ... Ich habe mich über jedes kaputte Haus gefreut, weil ich wusste, daß es ihnen nichts ausmacht zu sterben, aber daß sie an ihren Häusern hängen. Wenn man ein Haus abreißt, bringt man 40 oder 50 Leute über Generationen unter die Erde. Wenn mir etwas Leid tut, dann nur, daß ich nicht das ganze Lager abgerissen habe. ... Es war eine große Befriedigung. Es hat wirklich Spaß gemacht.« Kritik an diesem Vorgehen der israelischen Armee wurde als »antisemitisch« zurückgewiesen (S. 24-25).

28 In seinem oben bereits erwähnten Buch »Maulkorb für Deutschland« beruft sich Karsli zum einen auf einen unterstützenden Brief des israelischen Journalisten und Historikers Shraga Elam: »Die ehemalige israelische Erziehungsministerin Schulamit Aloni sagt: Die israelische Regierung und Armee haben die PalästinenserInnen schon in eine KZ-ähnliche Situation gedrängt. Es fehlt nur noch, daß sie vergast werden.« (S. 149). Zum anderen bezieht er sich auf den israelischen Politologen Professor Ilan Pappe: »Ich selbst war geschockt, als ich hörte, wie israelische Soldaten die Arme palästinensischer Bürger mit Nummern versahen, ich war nicht weniger geschockt vom wahllosen Schießen auf Zivilisten, von der demütigenden Behandlung der Gefangenen, der Verhinderung von medizinischer Hilfe, dem Räumen von Krankenhäusern und dem Aushungern ganzer Städte. Sind dies nicht Nazi-Methoden?« (S. 154-155). Felicia Langer weist in ihrem o.a. Buch darauf hin, daß auch die britische, jüdische Abgeordnete Oona Kina Israels Umgang mit den Palästinensern im Gazastreifen mit der Schaffung des Warschauer Gettos durch die Nazis verglichen habe (S. 90) und zitiert einen Leserbrief ihres Mannes Mieciu Langer, eines Überlebenden des Holocausts: »Schon der weltberühmte israelische Prof. Dr. Dr. Leibovitsch sprach über „Judonazis", Prof. Zimmermann (der neue Lucas-Preisträger) hat die Siedlerjugend „Hitlerjugend" genannt, und neulich hat die berühmteste israelische Sängerin Yaffa Yarkoni (...) gesagt, daß das Vorgehen unserer Soldaten in Jenin an das erinnert, was uns die Nazis angetan haben. Danach wurde eine Hexenjagd gegen sie betrieben, inklusive Morddrohungen, falls sie es wagen sollte, auf der nächsten Friedensdemonstration zu singen.« (S. 94).

29 Während Karslis Behauptung, es gebe eine einflußreiche und furchteinflößende zionistische Lobby, in der deutschen Mediendebatte als Beleg für blanken Antisemitismus gewertet wurde, gilt dies unter Experten bei diesen Zusammenhängen als weitgehend unstrittig. So zitiert Marcel Pott in seinem o.a. Buch (S. 105) Uri Avnery, den Leiter der israelischen Friedensbewegung Gush Shalom, hinsichtlich des Einflußes jüdischer Gruppen auf die Politik der USA: »Wenn das Komitee der AIPAC (American Israel Public Affairs Commitee) eine Resolution vorlegte, die die Zehn Gebote für überholt erklären würde, kämen 80 Senatoren und 300 Kongressabgeordnete und schrieben sofort ihren Namen unter das Papier. Diese Lobby versetzt auch die Medien in Furcht und Schrecken, und das garantiert deren proisraelische Haltung.« Damit übereinstimmend berichtet Eric Rey in seinem »Schwarzbuch USA« (Eichborn 2004), dass das AIPAC »als eine der am besten organisierten, finanzierten und einflussreichsten Interessenvertretungen im Kongress« gelte, wobei eines seiner zentralen Ziele »die unbedingte Parteinahme für Israel im Konflikt mit den Palästinensern und seinen arabischen Nachbarn« sei. Offen kritisiert werden könne diese Einflussnahme nur begrenzt: »Im amerikanischen Mainstream gilt es als ungehörig, über die Macht der Israel-Lobby zu schimpfen.« (S. 392-395). Auch der südafrikanische Erzbischof und Fridensnobelpreisträger Desmond Tutu wies im britischen »Guardian« vom 29. April 2002 darauf hin, dass viele Menschen zu ängstlich seien, die Macht der jüdischen Lobby in den USA klar zu benennen: »Die Menschen in diesem Land haben Angst zu sagen, dass falsch falsch ist, weil die jüdische Lobby mächtig ist - sehr mächtig. Na und? Um Himmels Willen, das ist Gottes Welt! Wir leben in einem moralischen Universum. Die Apartheidsregierung war sehr mächtig, aber heute gibt es sie nicht mehr. Hitler, Mussolini, Stalin, Pinochet, Milosevic und Idi Amin waren alle mächtig, aber letztendlich sind sie zu Boden gegangen.« (Vgl. allerdings kritisch zu Tutus Stellungnahme Markovits, Andrej: Amerika, dich haßt sich´s besser. Antiamerikanismus und Antisemitismus in Europa. Konkret 2004, S. 202.) - Vgl. zu diesem Thema insgesamt auch Findley, Paul: They Dare to Speak Out. People and Institutions Confront Israel´s Lobby. Lawrence Hill Books 2003 sowie Cockburn, Alexander: The Politics of Antisemitism. AK Press 2003.

Tobias Jaecker wendet allerdings mit Bezugnahme auf Artikel aus der »Zeit« und der »Jüdischen Allgemeinen« ein, dass die US-amerikanischen Juden keineswegs alle einer Meinung seien und es unter ihnen auch viele Kritiker Bushs und Sharons gebe. Vgl. Jaecker, Tobias: Antisemitische Verschwörungstheorien nach dem 11. September. Lit 2004, S. 113.

30 Georg Waldenegg argumentiert mit Bezug auf den Psychologen Fritz Süllwold zutreffend, dass Möllemann damit keine Tatsachenbehauptung getätigt, sondern lediglich eine Befürchtung geäußert habe. Zu kritisieren sei allenfalls, dass Möllemann Friedman als »überheblich« eingestuft habe, was ein antijüdisches Klischee darstelle. Allerdings ist es heikel, daraus Antisemitismsus abzuleiten, weil sonst jegliche Charakterisierung eines Juden als überheblich automatisch antisemitisch wäre. - Vgl. Waldenegg, Georg: Antisemitismus: »Eine gefährliche Vokabel«? Böhlau 2003, S. 130.

31 So etwa von Charlotte Knobloch, vgl. http://www.n-tv.de/3014460. html, sowie sinngemäß von Michel Friedman, vgl. http://www.welt.de/daten/2002/05/28/0528mm334511.htx.

32 Vgl. http://www.spiegel.de/politik/deutschland/0,1518,197885,00. html.
33 Vgl. http://www.zdf.de/ZDFde/inhalt/12/0,1872,1021644,00.html.
34 In der *3sat*-Talkshow »*19:zehn*« am Sonntag, den 2. Juni 2002.
35 Vgl. »Grüne nennen Westerwelle eine Glatze« in der *tageszeitung* vom 28. Mai 2002.
36 Ursprünglich wurde dieser Gedanke von dem jüdischen, inzwischen aus der Partei ausgetretenen FDP-Mitglied Susanne Thaler eingebracht und trotz seiner offensichtlichen Absurdität von verschiedenen Medienorganen (etwa der *Süddeutschen Zeitung*) sowie Websites der politischen Linken wie http://www.linksnet.de/artikel. php?id=620 aufgegriffen: »Die Zahl Achtzehn ist hoch mit einer Bedeutung aufgeladen, die einem Möllemann nicht entgangen sein dürfte.« Auch Henryk M. Broder widmet sich diesem Nonsens unter http://www.henryk-broder.de/html/tb_ 18.html.
37 Alle Zitate nach Rensmann, Lars: Demokratie und Judenbild, S. 455-460.
38 Die passende Antwort gab Möllemanns Parteifreund Wolfgang Kubicki laut ntv-Nachrichten vom 31. Mai 2002: »Ich vermisse einen Aufstand der Anständigen beim Zentralrat der Juden.« - Vgl. Rensmann, Lars: Demokratie und Judenbild, S. 459.
39 Vgl.http://www.sonntagsblatt-bayern.de/02/02-24-16.06.2002_1023873213-82966. htm.
40 Siehe hierzu http://www.d-a-g.de/24-05-Karsli-Moe.htm.
41 Stellvertretend für diese Argumentation sei hier ein Artikel Kurt Grünbergs aus der *Welt* vom 29. Juni 2002 angeführt. Dort heißt es: »Möllemanns Ausfälle werden in ihrer Wirklichkeit erst angemessen erkannt, wenn man außerdem Tausende von antisemitischen Leserbriefen und Emails beachtet, die er bekam. Menschen, denen unterstellt wird, ihre Aussagen seien antisemitisch, weisen dies in der Regel entrüstet von sich - gleichzeitig aber eilen ihnen Gesinnungsgenossen zu Hilfe, etwa Jörg Haider (...)« Das bedeutet: Tausende von Zuschriften, die Grünberg wohl kaum eigens gesichtet haben dürfte, werden von ihm einzig und allein auf der Grundlage als »antisemitisch« gebrandmarkt, dass sie Möllemann unterstützen. Bezeichnenderweise verknüpft Grünberg die Benennung »«Menschen, denen unterstellt (!) wird, ihre Aussagen seien antisemitisch« mit der Benennung »Gesinnungsgenosse«. Im Klartext: Schon die von Grünberg so bezeichnete Unterstellung von Antisemitismus allein ist für ihn bereits ein Schuldspruch, denn sie verrät eine »Gesinnung«. Selbst daß Haider antisemitisch sei, wird dabei von Grünberg nicht belegt, ja nicht einmal explizit behauptet: Grünbergs schwere Antisemitismus-Vorwürfe beruhen auf nichts weiter als einem Geflecht von Andeutungen und Suggestionen.
42 Vgl. http://www.handelsblatt.com/hbiwwwangebot/fn/relhbi/sfn/buildhbi/cn/GoArt!200013,200050,529469/SH/0/depot/0.
43 Der Internet-Journalist Anis Hamadeh bemerkt dazu unter http://www.anis-online.de/pages/_text2/0566_gegenwart.htm: »So kann es geschehen, daß ein Karsli geschasst wird, weil ein israelischer (!) Buchautor (Shraga Elam) ebenfalls von Nazimethoden der Israelis spricht. Auch der inzwischen wieder rehabilitierte Literaturnobelpreisträger Saramago hatte es getan und Ramallah mit Auschwitz verglichen. Arafat nennt Israel faschistisch und mit ihm viele, auch Elia Sulaiman, der einen Film in Cannes hatte. Die palästinensische Agentur WAFA sprach gelegentlich vom „palästinensischen Holocaust" und so weiter, jawohl, es werden solche Vergleiche gezogen, ob es den Deutschen paßt oder nicht.

Man kann diese Leute nicht einfach verteufeln und vom Diskurs ausschließen, weil sie die Gefühle der Juden verletzen. Diese Leute haben selbst verletzte Gefühle.«

44 Der Artikel steht online unter http://gush-shalom.org/archives/article213.html.

45 Die Erwähnten waren nicht die einzigen Juden, die sich Möllemanns als antisemitisch bezeichneter Sorge anschlossen, das Verhalten mancher Juden würde selbst dem Antisemitismus Vorschub leisten. So vertrat etwa der französische Politologe und Historiker Alfred Grosser, dessen jüdische Familie 1933 aus Deutschland flüchten mußte, die Auffassung, daß die führenden jüdischen Organisationen in Frankreich und Deutschland mitschuldig am »neuen Antisemitismus« seien, da sich der CRIF (»Conseil representatif des institutions juives en France«) und der Zentralrat der Juden in Deutschland immer wieder einseitig mit der israelischen Regierung und der »verbrecherischen Politik« von Ministerpräsident Ariel Sharon solidarisiere (vgl. http://www.palaestinensische-gemeinde.at/nicht.shtml). Der jüdische Verleger Abraham Melzer urteilte ähnlich: »Gideon Levy, ein langjähriger Freund von Shimon Peres, schreibt in einem offenen Brief an Peres, der in *Haáretz* veröffentlicht wurde: „Die Regierung, der du als Aussenminister an führender Stelle angehörst, ist keine gerechte Regierung der letzten Instanz mehr; diese Regierung ist eine verbrecherische Regierung. Shimon, du beteiligst dich am Verbrechen." Der Zentralrat der Juden beteiligt sich auch an diesem Verbrechen, indem er dazu schweigt und noch jeden, der berechtigte Kritik vorzuführen hat, als Antizionist, Antisemit oder Rassist beleidigt.« (http://www.semit.net/ phpbb/mods/phpbb_fetch_all/examples/articles_de.php?topic=146&forum=18)

Auch Felicia Langer hatte schon 1991 in einem Interview mit der deutschen Zeitschrift *Semit* bekundet: »Nicht derjenige, der über Unrecht spricht und damit das andere Gesicht unseres Volkes und seines Landes zeigt, verursacht Antisemitismus und gibt bereits bestehendem neue Nahrung, es ist vielmehr jener, der das Unrecht begeht und dann versucht, die Kritik an ihm zu unterdrücken. Die Wahrheit muß überall gesagt werden und sicherlich auch in Deutschland. Man kann das deutsche Volk nicht für immer und ewig aus der Völkerfamilie entfernen und festschreiben, daß es wegen der Verbrechen seiner Väter an uns kein Recht habe, in ethischen Fragen ein Urteil zu fällen, insbesondere wenn es das jüdische Volk betrifft. Die Ablehnung des deutschen Volkes für alle kommenden Generationen ist in meinen Augen glatter Rassismus.« (Langer, a.a.O:, S. 87-88).

46 Karsli wurde bei seiner Verleumdungsklage gegen Friedman und Spiegel unter anderem von Felicia Langer, Professor Ilan Pappe, Uri Davis und anderen unterstützt. Die deutsche Presse berichtete darüber mit keiner Silbe. Dort wurde das Bild eines aus der Bahn gekommenen, fragwürdigen Einzelkämpfers gepflegt. - Vgl. Boulerian, Alexander: Der Fall Möllemann, im Internet unter http://www.nachrichtenanalysen.de/ german/politik/innen/moellemann.htm.

Das Landgericht Düsseldorf wies Karslis Klage schließlich zurück. Ein Oberlandesgericht bestätigte dieses Urteil. Karslis Etikettierung als Antisemit sei demnach Teil der Meinungsfreiheit, weil sie nicht völlig aus der Luft gegriffen sei. Karsli zog eine neuerliche Berufung zurück und begründete dies in einer Pressemitteilung vom 14. Januar 2004 wie folgt: »Das Oberlandesgericht hat sich intensiv mit dem Fall beschäftigt und es sich nicht einfach gemacht. Es hat mit der Bestätigung des Landgerichtsurteils ebenfalls unterstrichen, daß ich kein Antisemit bin und daß die Äußerungen von Friedman und Spiegel in der

Lage waren, mich zu diskreditieren. Nun habe ich auch von einem zweiten Gericht bestätigt bekommen, worum es mir eigentlich ging. Die Aussagen von Michel Friedman und Paul Spiegel waren falsch und unangemessen. Das Gericht sieht lediglich keine juristische Handhabe, ihnen solche Aussagen zu verbieten. Meine Ziele habe ich jedoch erreicht, und mir ist Genugtuung und Gerechtigkeit widerfahren.« (Vgl. http://www.anis-online.de/pages/_text2/0626_essay14-2-8.htm.)

47 Nach der Logik dieses Satzes hätte man auch Heinrich Böll und andere gesellschaftskritische Autoren für die Verbrechen der RAF in Haft nehmen können.

48 Tatsächlich, so räumt selbst Lars Rensmann ein, ist ein »negativer Einfluß auf das Bundestags-Wahlergebnis durch Möllemanns Flugblatt-Aktion (...) laut Wahlforschern nicht nachweisbar.« - Vgl. Rensmann, Lars: Demokratie und Judenbild, S. 468.

49 Schultz-Thornaus vollständige Stellungnahme ist unter http://schuto.de/moellemann-stellungnahme1.html im Web nachzulesen.

50 Zitiert nach Groth, Klaus und Schäfer, Joachim: Stigmatisiert. Der Terror der Gutmenschen, Unna 2003, Seite 214.

51 Vgl. Knütters, Hans-Helmuth: Die Faschismuskeule. Das letzte Aufgebot der Linken. Frankfurt am Main 1993.

52 Den vollständigen Text und die Namen der Unterzeichner findet man etwa unter http://antisemitismus.juden-in-europa.de/deutschland/moellemann.htm.

53 Da Israel jedoch mehrfach und immer wieder gegen UNO-Resolutionen verstieß, nannte Felicia Langer »die scheinheilige Empörung über Möllemanns Aussage ein Zeugnis der Ignoranz gegenüber dem Völkerrecht.« (Langer, a.a.O.; S. 92)

54 Jürgen Möllemann war natürlich nicht der erste, dem man auf seine Kritik an ganz bestimmten Juden hin vorwarf, er würde »die Juden« in Gänze anfeinden. Eine solche Verzerrung traf beispielsweise die in dieser Hinsicht wohl gänzlich unverdächtige Totalitarismusforscherin Hannah Arendt, als diese die Kooperation jüdischer Anführer mit den Nationalsozialisten im Dritten Reich beschrieb. Ihr warf man fälschlich vor, sie habe behauptet, »die Juden« hätten mit den Hitler-Schergen kooperiert. - Vgl. Novick, Peter: Nach dem Holocaust. Dva 2001, S. 188.

55 Die Gleichsetzung Israels mit dem südafrikanischen Apartheidssystem hat nichts mit einem gelegentlich behaupteten Antisemitismus der *jungen welt* zu tun, sondern wird von anderer, kundiger Seite geteilt. Im August 2004 etwa warf der UN-Sonderberichterstatter John Dugard Israel vor, die besetzten Gebiete der Palästinenser mit einem System der Apartheid zu unterdrücken, das grausamer als das Regime im früheren Südafrika sei, sowie im Gaza-Streifen und im Westjordanland die Menschenrechte der Palästinenser kontinuierlich zu beschneiden. Dugard ist Professor und Mitglied der UN-Kommission für internationales Recht und war in seinem Heimatland Südafrika Mitglied der »Wahrheitskommission«, deren Aufgabe es war, die Verbrechen des Apartheidstaates zu untersuchen. Auch der Autor Breyten Breytenbach, der wegen seines Widerstandes gegen das südafrikanische Regime dort sieben Jahre im Gefängnis saß, äußerte hinsichtlich Israels »bedenkliche Assoziationen«. Schon im Sommer 2001 hatten rund 3000 (!) Hilfs- und Menschenrechtsorganisationen auf einer Konferenz der Vereinten Nationen im südafrikanischen Durban Israel als einen »Apartheidsstaat« verurteilt, »der systematisch rassistische Verbrechen, Taten mit dem Ziel des Völkermordes und der ethnischen Säuberung begehe«. - Vgl. Rauscher, Hans: Israel, Europa und der neue Antisemitismus. Ein aktuelles Handbuch. Molden 2004, S. 32-34 und 49.

56 Auch zu Henscheids Einlassungen gibt es eine kritische Replik in der *Jungle World*: http://www.nadir.org/nadir/periodika/jungle_world/_2002/25/26a.htm.

57 Das Internetforum der FDP findet man unter http://www.fdp-bundesverband.de/forum.

58 Volker Zastrow hatte bereits am 5. Juni 2002 in der *Frankfurter Allgemeinen* befunden: »Möllemann wird zum Ungeziefer stilisiert.« - Vgl. Rensmann, Lars: Demokratie und Judenbild, S. 465.

59 Verschiedene Nachrufe auf Möllemann, aus Politik und Medien, sowie die Chronik seines Todestages und ein letztes Interview findet man unter http://www.faktinfo.de/ moellemann im Web. Eine Presseschau mit weiteren Nachrufen gibt es unter http:// selbstmord.aussie7.com.

60 So in der *Bild*-Zeitung vom 8. Oktober 2004.

61 Siehe zum Begriff des Rudeljournalismus etwa http://www.journalists.ch/wissenswert/journalistenpreis/referatvill.shtml.

62 Näheres zu Kepplingers Ansätzen im nächsten Unterkapitel.

63 Gruber, Peter: Die Kunst der Aggression, München 2002, S. 65.

64 Bach, George und Goldberg, Herb: Keine Angst vor Aggression. Frankfurt am Main 1981, S. 67

65 http://www.netzeitung.de/spezial/genethikdebatte/226215.html.

66 Pott, a.a.O., S. 90-91.

67 Karsli, a.a.O., S. 145.

68 Es liegt eine gewisse Ironie darin, daß genau diese Technik immer dann leicht erkannt wird, wenn sie sich gegen Juden richtet, aber nicht wenn sie gegen vorgebliche Antisemiten eingesetzt wird. So beschreibt der *Konkret*-Autor Frank Illing als charakteristisches Merkmal des Antisemitismus, »dass individuelle Eigenschaften (List, Täuschung) und Formen sozialer Organisation („weltumspannende Verschwörung"), die den Juden zugeschrieben werden, selbst bereits die Möglichkeit beinhalten, gemachte Beobachtungen in ihr Gegenteil zu verkehren. Den Juden können so stets verborgene „wahre Absichten" unterstellt werden.« (Vgl. Illing, Frank: Paranoia, Projektion, Personifizierung. In: Hahn, Michael (Hg.): Nichts gegen Amerika. Linker Antiamerikanismus und seine lange Geschichte. Konkret Literatur Verlag 2004, S. 100.) Diese Analyse ist treffend. Allerdings trifft sie nicht minder auf die diskursiven Strategien der Linken zu, die ihrerseits ihrem politischen Gegner verschwörerische Netzwerke zuschreiben und ihm List und Täuschung vorwerfen (Möllemann kritisiere Friedman, meine verdeckt aber alle Juden; die von Hohmann vorgebrachte Entlastung der Juden als »kein Tätervolk« sei irreführende Tünche; die *Junge Freiheit* vertrete nur zur Tarnung gemäßigte Positionen, es gäbe ein verschwörerisches Netzwerk der Neuen Rechten usw.). Ob man nun eine jüdische oder eine antisemitische Verschwörung wittert: Beides scheint nur möglich zu sein, indem man den Angegriffenen nicht beim Wort nimmt, sondern ihm verdeckte Absichten unterschiebt. Das ist natürlich das Ende jeder sinnvollen Kommunikation.

69 Vgl. http://www.steinbergrecherche.com/frwarschawski.htm mit Bezug auf die *Sozialistische Zeitung* vom September 2002.

70 Vgl. Rabinovici, Doron u.a. (Hg.): Neuer Antisemitismus? Eine globale Debatte. Suhrkamp 2004, S. 9.
71 Bach, George und Goldberg, Herb: Keine Angst vor Aggression. Frankfurt am Main 1981, S. 68.
72 Kepplinger, S. 15.
73 Kepplinger, S. 17.
74 Kepplinger, S. 46.
75 Keppliner, S. 20.
76 Kepplinger, S.23.
77 ebenda.
78 Kepplinger, S. 80.
79 Kepplinger, S. 84.
80 Kepplinger, S.88.
81 Kepplinger, S. 109.
82 Kepplinger, S. 110-111.
83 Kepplinger, S. 150.
84 Kepplinger, . 84-85.
85 Kepplinger, S. 86.
86 Kepplinger, S. 140-141.
87 Kepplinger, S. 14.
88 Kepplinger, S. 154-155.
89 Kepplinger, S. 153.
90 Der Artikel ist dermaßen aufschlußreich, daß er eigentlich in seiner Gänze gewürdigt werden muß. Er steht online unter zeus.zeit.de/text/ 2003/26/Friedmann.
91 Vgl. für eine Chronologie der Friedman-Affäre http://www.manager-magazin.de/koepfe/artikel/0,2828,256266-2,00.html und für die Stellungnahmen prominenter Juden in Deutschland und Österreich *Report Mainz* vom 30. Juni 2003, archiviert als Sendungsprotokoll unter http://www.swr.de/report/archiv/sendungen/030630/04/ frames.html.
92 Vgl. beispielsweise *Die Welt* vom 4. Juli 2003.
93 Vgl. etwa die *tageszeitung* vom 3. Juli 2003, online unter http://www.taz.de/pt/2003/07/03/a0088.nf/text.ges,1, mit Bezug auf einen Artikel Seligmanns im *Stern.*
94 Vgl. http://www.frauenrechte.de/presse/presse-friedmann.html.
95 www.spiegel.de/politik/deutschland/0,1518,273423,00.html.
96 http://www.hr-online.de/d/specials/hohmann/special_standard_einzel_jsp/key= special_standard_648442.html.
97 http://news.focus.msn.de/G/GN/gn.htm?snr=126114&streamsnr=7.
98 Ernst Nolte erklärt dazu in seinem Vortrag »Was ist „historischer Revisionismus"?«, gehalten bei der Herbsttagung 1999 der Zeitgeschichtlichen Forschungsstelle Ingolstadt am 20. November 1999, daß »der Nationalsozialismus nicht wie ein plötzlicher Taifun über eine ahnungslose und zufrieden dahinlebende Menschheit hereingebrochen« sei.
99 Manche Kommentatoren der Hohmann-Debatte bekundeten ihre Auffassung, die Kollektivschuldthese werde heute ohnehin von niemandem mehr ernsthaft vertreten: Es handele sich um einen Popanz, den Rechte aufgebaut hätten, um sich dagegen publikumswirksam in Szene zu setzen. Dies ist bei einer genaueren Diskursanalyse nicht haltbar. So

heißt es, um ein möglichst aktuelles Beispiel zu nennen, in dem Kurzbericht aus dem GMF-Survey 2005/1« (Leitung: Prof. Wilhelm Heitmeyer, Universität Bielefeld) über »Antisemitismus in Deutschland« von Beate Küpper und Andreas Zick einleitend: »Der Antisemitismus in Deutschland ist auch im Jahr 2005 alarmierend. Es scheint einen erhöhten Zuspruch zu einer rechtspopulistischen Propaganda, die antisemitisch argumentiert, zu geben (Stichwort: Walser, Möllemann, Hohmann). 60 Jahre nach Kriegsende und dem Versterben der letzten Zeitzeugen werden Forderungen nach einem Schlußstrich unter die Geschichte des Holocaust mit dem Versuch, sich der Kollektivschuld und Verantwortung zu entledigen, lauter.«

100 Butler, Judith: Der Antisemitismus-Vorwurf. Juden, Israel und die Risiken öffentlicher Kritik. In: Rabinovici, Doron u.a. (Hg.): Neuer Antisemitismus? Eine globale Debatte. Suhrkamp 2004. S. 60-92, hier S. 64.

101 Laut *Welt am Sonntag* vom 9. November 2003.

102 Vgl. Novick, Peter: Nach dem Holocaust, Dva 2001, S. 49.

103 Karsli, a.a.O., S. 184.

104 Pott, a.a.O., S. 53.

105 Zitiert nach Novick, Peter: Nach dem Holocaust, Dva 2001, S. 73.

106 Vgl. http://www.juedische.at/TCgi/TCgi.cgi?target=home&Param_Kat=3&Param_RB=4&Param_Red=2561.

107 http://www.tagesschau.de/aktuell/meldungen/0,1185,OID2535334_REF1,00. html.

108 Ausgabe 45/2003, S. 40-42.

109 http://www.spiegel.de/politik/deutschland/0,1518,273415,00.html.

110 http://www.fr-aktuell.de/uebersicht/alle_dossiers/politik_inland/antistismus/die_hohmann_affaere/?sid=88bd730daa05502d91e800874eb55500.

111 http://www.netzeitung.de/deutschland/260914.html.

112 Selbst solch extreme Unseriösität blieb leider kein Einzelfall. Im Jahr 2005 zitierte die »Jüdische« Martin Hohmann vorgeblich mit dem Satz »Die Juden sind ein Tätervolk«; vgl. http://www.juedische.at/TCgi/TCgi.cgi?target=home&Param_Kat=32&Param_RB=39&Param_. Selbstverständlich hatte Hohmann diesen Satz nie getätigt, sondern das genaue Gegenteil behauptet. Mancher wird hier die Grenze zu offener Verleumdung und unverhohlenem Rufmord überschritten sehen. Bemerkenswert für Diskursanalytiker ist die selbstsichere Unverfrorenheit, mit der Hohmanns Gegner glauben, sich das Operieren mit falschen Zitaten leisten zu können.

113 http://www.zeit.de/2003/47/01_____Leiter_1.

114 http://www.spiegel.de/politik/deutschland/0,1518,273608,00.html.

115 http://www.spiegel.de/archiv/dossiers/0,1518,274320,00.html.

116 http://www.spiegel.de/politik/deutschland/0,1518,273774,00.html.

117 http://www.tagesschau.de/sendungen/0,1196,SPM14_OIT2690866, 00.html.

118 http://www.sueddeutsche.de/deutschland/artikel/557/21536.

119 Dieses Verhalten der Medien wird von dem Antisemitismus-Forscher Lars Rensmann ausdrücklich unterstützt. Wenn Medien nicht parteilich von »antisemitischen Äußerungen«, sondern unparteiisch von einem »Antisemitismus-Vorwurf« sprechen, verurteilt Rensmann dies als scheinbar neutrale Haltung, die eine Thematisierung von Antisemitismus verhindere. - Vgl. Rensmann, Lars: Demokratie und Judenbild, S. 479.

120 Finkelstein steht hier nur stellvertretend für andere. Beispielsweise versandte die »Arbeitsgemeinschaft freiheitlicher Akademikerverbände Österreichs« an den ORF und diverse Zeitungsredaktionen eine Stellungnahme, der zufolge aus Hohmanns Rede »beim besten Willen kein Antisemitismus zu konstruieren« sei. (Vgl. Rauscher, Hans: Israel, Europa und der neue Antisemitismus. Ein aktuelles Handbuch. Molden 2004, S. 179). Bezeichnenderweise konnte bei der extrem umfangreichen Sichtung deutscher Presseartikel zur Hohmann-Debatte keinerlei Erwähnung dieser Stellungnahme zutage gebracht werden.
121 http://www.fr-aktuell.de/uebersicht/alle_dossiers/politik_inland/ antistismus/ die_hohmann_affaere/?cnt=331994&index_page=7.
122 *Welt am Sonntag* vom 9. November 2003.
123 *Süddeutsche Zeitung* vom 6. November 2003.
124 http://www.sueddeutsche.de/deutschland/artikel/547/21526.
125 http://www.fr-aktuell.de/uebersicht/alle_dossiers/politik_inland/antisemitismus/ die_hohmann_affaere/?cnt=346964.
126 Ähnlich formulierte die Internet-Zeitschrift *Hagalil* vom 16. November 2003: »Jeder fünfte Unionsabgeordnete solidarisierte sich damit deutlich mit der antisemitischen „Tätervolkrede" des Martin Hohmann.« Damit wurde »jeder fünfte Unionsabgeordnete« mit dem Ruch des Antisemitismus behaftet - auch wenn er in Hohmanns Rede beim besten Willen nichts Antisemitisches erkennen konnte oder lediglich dafür plädierte, daß die Meinungsfreiheit auch für Ansichten gelten sollte, die von der eigenen Auffassung abwichen. Die Parallelen zur Logik der McCarthy-Ära sind hier unverkennbar: Wer denjenigen verteidigt, den ich für einen Kommunisten halte, der ist offenkundig selbst ein Kommunist.
127 http://www.fr-aktuell.de/uebersicht/alle_dossiers/politik_inland/antisemitismus/ die_hohmann_affaere/?cnt=334702&index_page=5.
128 http://www.spiegel.de/spiegel/0,1518,274325,00.html.
129 http://www.fr-aktuell.de/uebersicht/alle_dossiers/politik_inland/ antistismus/die_ hohmann_affaere/?cnt=344885.
130 Vergleiche Hermanns, Fritz: Brisante Wörter. Zur lexikographischen Behandlung parteisprachlicher Wörter und Wendungen in Wörterbüchern der deutschen Gegenwartsgeschichte. In: Wiegand, H.E. (Herausgeber): Studien zur neuhochdeutschen Lexikographie II (= Germanistische Linguistik 3-6/80). Hildesheim, Zürich, New York 1982, S. 87-108.
131 http://www.fr-aktuell.de/ressorts/kultur_und_medien/feuilleton/ ?cnt=337992.
132 Vergleiche Kinne, Michael: NS-Wörter oder Brandeutsch von heute? In: Der Sprachdienst, Wiesbaden 1989, S. 1-5.
133 Laut *Frankfurter Rundschau* vom 3. November 2003.
134 So lautete ein Vorwurf des CSU-Verteidigungsexperten Raidel.
135 Dieser Begriff wurde in dem erwähnten Beitrag von Hartmann von der Tann, *ARD*, verwendet.
136 http://www.wdr.de/wdrprint/archiv/2003/12/profile.html.
137 Vgl. etwa http://www.kritische-solidaritaet.de/20041203.html mit Bezugnahme auf die evangelische Nachrichtenagentur IDEA.
138 Diese These vertritt Hajo Schumacher in seiner Biographie »Roland Koch. Verehrt und verachtet«, Fischer 2005, S. 304: »(...) Koch kämpft an einer Front, die es gar nicht mehr gibt. An diesem Wochenende hat sich Angela Merkel entschlossen, Hohmann doch zu

opfern. Sie teilt es Roland Koch allerdings nicht mit. Er sieht ziemlich alleingelassen aus. (...) Innerlich brodelt es, denn ihm war klar geworden, dass Merkels Zug nicht nur gegen Hohmann gerichtet ist. Die „Oberschwester" hat mal wieder mit Streubomben reagiert: Sie ist Hohmann los, läßt ihre Entschlusskraft feiern und überläßt Koch dem Aufruhr in der rechten hessischen Ecke, der sich zwar vor allem gegen sie richtet, aber auch gegen Koch, weil der keine Führungsstärke gezeigt hat. Der hessische CDU-Chef gilt als derjenige, der nicht verhindern konnte, daß der aufrechte Hohmann geopfert wird, während andere Missetäter wie dieser Friedman wieder durch die Fernsehstudios turnen.«

139 Laut http://www.ndrinfo.de/ndrinfo_pages_std/0,2758,OID172368_REF6,00. html.

140 Laut http://www.ndrinfo.de/ndrinfo_pages_std/0,2758,OID172368_REF6,00. html.

141 Ebenda.

142 http://www.spiegel.de/politik/deutschland/0,1518,273640,00.html.

143 Schenk, Fritz: Der Fall Hohmann. München 2004, S. 140.

144 Schenk, Fritz: Der Fall Hohmann. München 2004, S. 96.

145 http://www.rp-online.de/public/article/politik/deutschland/25369.

146 http://www.faz.net/s/RubABE881A6669742C2A5EBCB5D50D7EBEE/Doc~E1A887632C24449F2BE90529E654DDCF5~ATpl~Ecommon~Scontent.html.

147 http://www.tagesschau.de/aktuell/meldungen/0,1185,OID2654144_TYP1_NAVSPM 2~2641606_REF,00.html.

148 http://www.idea.de/cfml/homepage/detail_artikel.cfm?ArtikelID= 24638.

149 *Junge Freiheit* vom 28. November 2003.

150 http://www.sueddeutsche.de/deutschland/artikel/36/22014.

151 http://www.rp-online.de/public/article/nachrichten/politik/deutschland/76076.

152 http://www1.ndr.de/ndr_pages_newsdetail/0,2984,NID20050125092414_NTBNDR_SIX8_SPM862,00.html.

153 http://zeus.zeit.de/hb/681704.xml.

154 Vergleiche Groth, Klaus und Schäfer, Joachim: Stigmatisiert. Der Terror der Gutmenschen, Unna 2003, Seite 159-172. Siehe als Dokumentation um diese Kontroverse auch den 1987 bei Piper erschienenen Band »Historikerstreit« (kein Autor oder Herausgeber benannt).

155 http://www.spiegel.de/unispiegel/studium/0,1518,273970,00.html.

156 Vergleiche Financial Times Deutschland vom 18.6.2002.

157 *Aachener Zeitung* vom 11. August 2002.

158 Im Gegensatz zu Blüm äußerte der französische Rechtsextremist Jean-Marie Le Pen am 18. April 2002 in einem Interview mit *Haáretz* Verständnis für Scharons Vorgehen beim »Krieg gegen den Terror«. - Vgl. Judt, Tony: Zur Unterscheidung zwischen Antisemitismus und Antizionismus. In: Rabinovici, Doron u.a. (Hg.): Neuer Antisemitismus? Eine globale Debatte. Suhrkamp 2004, S. 44-51, hier S. 47.

159 Mit dem Problem der bei deutschen Juden geschürten Angst setzt sich der Publizist Rafael Seligmann in seinem Buch »Mit beschränkter Hoffnung«, Hoffmann und Campe 1991, auseinander. Seligmann spricht von einer »jüdischen Angstoffensive«, der zufolge sich das vereinte Deutschland wieder der Judenverfolgung zuwenden könnte und nennt als Vertreter solcher Thesen etwa Israels früheren Ministerpräsidenten Shamir und den Frie-

densnobelpreisträger Eli Wiesel (S. 75-76): »Die Angstverwertung der selbsternannten Holocaust-„Gralshüter"aus Israel und den USA (...) befriedigt ein wichtiges Bedürfnis der Nach-Auschwitz-Juden: Sie füllt ihr jüdisches Identitätsvakuum.« (S. 109-110). Den Preis dafür zahlten viele in Deutschland lebenden Juden: »Ständig wird Deutschlands Juden von zionistischer und offizieller jüdischer Seite versichert, antisemitische Vorfälle in Deutschland seien Vorboten einer antisemitischen Sturmflut, die erneut das jüdische Volk ertränken könnte. Und die Funktionäre der Juden Deutschlands helfen kräftig mit, ihre Klientel in Deutschenfurcht und Schrecken zu halten.« (S. 128-129). Dies werde auch von Medienseite verstärkt: »Die jüdischen Publizisten stehen ihren Funktionären kaum nach. Allen voran die Mitarbeiter der „*Allgemeinen Jüdischen Wochenzeitung*". (...) Der jüdischen Leserschaft wird suggeriert, der Antisemitismus nehme stetig zu, ein neuer Holocaust schwebe drohend über Deutschlands, Europas und Israels Juden. Als sicherster Platz muß einem da das vertraute Angstghetto erscheinen.« (S. 121). Seligmann zufolge sorgten vor allem die Zentralratsvorsitzenden Nachmann und Galinski dafür, daß »die Juden Nachkriegsdeutschlands in ihrem Angstghetto blieben«, wohingegen erst bei Galinskis Nachfolger Bubis »Angstmache nicht mehr an erster Stelle« gestanden habe (S. 80; hier durchgehend zitiert nach der Knaur-Taschenbuchausgabe 1993).
Bubis starb 1999. Sein Nachfolger wurde Paul Spiegel in medienwirksamer Begleitung von Michel Friedman. Damit war, wie Evelyn Hecht-Galinski zutreffend beschreibt, die »Angstmache« wieder zurückgekehrt. Nun schildert Seligmann in seinem Buch sehr nachvollziehbar, wie sich diese Mischung aus Furcht und Aggression bei den Holocaustüberlebenden im Land der Täter psychologisch erklären läßt. Die Problematik, die sich seit einigen Jahren stellt, ist indes: Was bewegt nicht-jüdische Journalisten ohne diesen Hintergrund dazu, die von Seligmann und Hecht-Galinski beklagte Politik der Verängstigung kontinuierlich zu verstärken und so die deutschen Juden in ihren »Angstghettos« zu halten?
160 Scharon war israelischer Verteidigungsminister, als im Libanonkrieg 1982 mehrere hundert Palästinenser von den mit Israel verbündeten christlich-libanesischen Soldaten ermordet wurden. Das führte zum Rücktritt Scharons, nachdem eine israelische Untersuchungskommission die Militärführung des Landes für indirekt verantwortlich befand. - Vgl. Jaecker, Tobias: Antisemitische Verschwörungstheorien nach dem 11. September. Lit 2004, S. 92; dort mit Bezug auf die Bundeszentrale für politische Bildung als Quelle.
161 Vergleiche http://www.ngz-online.de/news/politik/2003-0213/scharon_belgien.html sowie http://www.faz.net/s/Rub9E7BDE69469E11D4AE7B0008C7F31E1E/Doc~E356B1D8AACC14BF8853105B0CF1BB970~ATpl~Ecommon~Scontent.html sowie http://www.d-a-g.de/sharon2.html (unter Bezugnahme auf einen Artikel bei »Spiegel«-Online).
162 Vgl. Middel, Andreas: Belgien kassiert sein umstrittenes Kriegsverbrechergesetz. In: Die *Welt* vom 31. Juli 2003.
163 Walsers Rede und wesentliche Texte der daraus entstandenen Kontroverse sind dokumentiert unter http://www.geschichte.uni-muenchen.de/jgk/dokumentation_walser_bubis.shtml.
164 Laut der *Berliner Zeitung* vom 25. November 1998.
165 Vgl. Rensmann, Lars: Demokratie und Judenbild. Antisemitismus in der politischen Kultur der Bundesrepublik Deutschland, Verlag für Sozialwissenschaften 2004, S. 369.

166 Broder, Henryk: Erbarmen mit den Deutschen. Hoffmann und Campe 1993, S. 211.
167 Waldenegg, Georg: Antisemitismus: »Eine gefährliche Vokabel«? Böhlau 2003, S. 12.
168 Ein vergleichbarer Vorgang fand im Jahr 1994 statt. Damals hatte Bubis den Dichter Botho Strauß einen »intellektuellen Rechtsradikalismus« vorgeworfen, der letztlich zu den Brandstiftungen von Neonazis führe. Strauß wurde von verschiedenen Kulturschaffenden in Schutz genommen. Peter Iden, einstmaliger Feuilletonleiter der *Frankfurter Rundschau*, warf Bubis gar eine »nahezu vollständige Unkenntnis« von Straußens Werken vor. Daraufhin erklärte Bubis, daß man ihn mißverstanden habe und er Strauß keineswegs zu den »Wegbereitern des neuen Rechtsradikalismus« rechne. Strauß gehöre allerdings »zu der intellektuellen Gesellschaft, auf die sich aktive Rechtsradikale in mancher Hinsicht berufen können«. - Vgl. Weninger, Robert: Streitbare Literaten. Beck 2004, S. 157.
169 In diesem Vorwort wird als Ziel des Buches genannt, die Debatten um Möllemann und Walser nachzuzeichnen. Von dieser Aufgabe zeigt sich Naumann indes sichtlich überfordert. Wie ebenfalls im Vorwort bereits deutlich wird, fehlen ihm sowohl die nötige Distanz zur Sache als auch ein Minimum an unparteiischer Haltung. So betitelt er Möllemann als »Schuft« und spricht von dessen »durchtriebenen Bemerkungen aus dem Arsenal des klassischen Antisemitismus.« (S.10). Danach überrascht es nicht mehr, daß in fast sämtlichen Beiträgen des Buches gegen Möllemann und Walser Stellung bezogen wird, lediglich ein einziger Aufsatz zur Verteidigung Walsers (der natürlich nicht unwidersprochen bleiben darf) wurde mit hineingenommen. »Spätere Historiker«, um mit Naumann zu sprechen, könnten dieses Buch trefflich als Dokument dafür verwenden, was manche Menschen im Deutschland des Jahres 2002 unter dem Begriff »Debatte« verstanden.
Noch weiter als Michael Naumann geht in seinen Vorwürfen gegen Walser zwei Jahre später Lars Rensmann. Dieser stellt in seinem Buch »Demokratie und Judenbild. Antisemitismus in der politischen Kultur der Bundesrepublik Deutschland« (hier S. 397) die Walser-Rede in Zusammenhang mit dem Zerbomben des Grabs von Heinz Galinski, dem ehemaligen Zentralratsvorsitzenden der Juden in Deutschland. Als einzige Belege für diese These zieht Rensmann eine gewisse zeitliche Nähe zwischen beiden Vorfällen herbei und in eine ähnliche Richtung gehende Kommentare des *Tagesspiegels* und der *Frankfurter Rundschau.* Dies kombiniert er mit einem Zitat der Tochter Galinskis, die befindet, »geistige Schreibtischtäter und Brandstifter« trügen die Verantwortung für ein Klima, das diese Tat ermögliche - ohne Walser zu benennen. Insgesamt präsentiert Rensmann hier ein Geflecht der halb ausgesprochenen Andeutungen, um Walser rhetorisch in die Nähe von rechtsextremen Verbrechern zu rücken. Das Wort »Schreibtischtäter«, ursprünglich denjenigen Nationalsozialisten zugedacht, die durch ihre amtlichen Verfügungen den Holocaust in die Wege leiteten, wendet Rensmann hier auf Martin Walser an, ohne die Unangemessenheit dieser Etikettierung auch nur im Ansatz zu realisieren.
170 Man erkennt hier dieselbe rhetorische Strategie, die Thomas Haury in der *Frankfurter Rundschau* verwandte, als es um die Rede Martin Hohmanns ging: »Viele wollen in der inkriminierten Rede keinen Antisemitismus erkennen (...).«
171 So zitiert die *Junge Freiheit* Walser unter http://www.jf-archiv.de/archiv02/512yy44. htm mit Bezugnahme auf einen Artikel im *Kölner Stadtanzeiger.*
172 Zitiert nach http://www.uni-kassel.de/fb10/frieden/themen/ Rassismus/honderich.html.

173 Zitiert nach www.fraktuell.de/ressorts/kultur_und_medien/feuilleton/?sid=4bc04264c180e1b09e1de48d2dc20ae3&cnt=266221.
174 Zitiert nach http://www.uni-kassel.de/fb10/frieden/themen/ Rassismus/honderich.html.
175 a.a.O..
176 In der *tageszeitung* vom 29. August 2003 indes bedauerte der jüdische Publizist Rafael Seligmann diese Entscheidung: »Die Indizierung von Honderichs Buch ist ein Symptom der Unnormalität im deutsch-jüdischen Verhältnis. Suhrkamp hatte den Essay aufgrund einer Empfehlung von Jürgen Habermas und einer eigenständigen Expertise veröffentlicht. Kürzlich hat der Verlag das Buch vom Markt genommen, nicht weil er von dessen antisemitischem Inhalt überzeugt war, sondern aus schierer Angst. Suhrkamp möchte nicht als „antisemitisch" gelten. Doch Antisemitismus läßt sich nicht mit Feigheit niederringen. Im Gegenteil. Zivilcourage ist Grundlage für die Bekämpfung aller Vorurteile. (...) Nur wenige Dutzend Juden verstehen es heute, sich öffentlich zu artikulieren. Viele von ihnen, auch Brumlik, sind durch die eigene oder die Verfolgungsgeschichte der Eltern traumatisiert. So wird jede Kritik, pauschale, bösartige Anschuldigungen, aber auch durchaus konstruktive Angebote zum Dialog wie (...) Kritik an dem Holocaust-Mahnmal in Berlin, von Juden und mehr noch von ihren ungerufenen Helfern als Antisemitismus gebrandmarkt.«
177 http://www.philosophia-online.de/mafo/heft2004-1/Honderich_ Melzer.htm.
178 Butler, Judith: Der Antisemitismus-Vorwurf. Juden, Israel und die Risiken öffentlicher Kritik. In: Rabinovici, Doron u.a. (Hg.): Neuer Antisemitismus? Eine globale Debatte. Suhrkamp 2004. S. 60-92, hier S. 88-89.
179 Vgl. www.anis-online.de/pages/_text2/0626_essay14-2-8.htm#28 mit Bezug auf die *tageszeitung* vom 26. September 2003.
180 Vgl. ausführlicher zur Kritik an Attac und zur Auseinandersetzung mit vorgeblichem »linken Antisemitismus« Gessler, Philip: Der neue Antisemitismus, Herder 2004, S. 81-103.
181 www.attac.de.
182 Vgl. http://www.taz.de/pt/2004/04/28/a0310.nf/text.
183 In Nummer 39 vom 17. September 2003.
184 Vgl. http://www.anis-online.de/pages/_text2/0626_essay14-3.htm #3.
185 http://www.attac.de/globkrieg/gegen-antisemitismus.php.
186 http://www.steinbergrecherche.com/frvernhes.htm.
187 http://www.steinbergrecherche.com/aswertmueller.htm.
188 Vgl. http://www.jewishvoiceforpeace.org/press/releases/release 120804.html.
189 www.honestly-concerned.org.
190 Bezeichnenderweise gibt es auf der Honestly-Concerned-Website den Hinweis »JEDE WEITERVERÖFFENTLICHUNG OHNE VORHERIGE GENEHMIGUNG DER ABSENDER STRIKT UNTERSAGT«. Dieses Recht der Verfasser an ihren eigenen Briefen, zumal es juristisch untermauert ist, gilt es natürlich zu schützen. Allerdings muß eine journalistische Berichterstattung über derlei Vorgänge möglich sein; deshalb erscheinen die Anfeindungen gegen Leyendecker hier in inhaltlicher Paraphrasierung. Auch eine überprüfbare Quellenangabe gehört zur journalistischen Sorgfalt: Alle Vorwürfe wurden zitiert nach http://erhard-arendt.de/deutsch/palestina/texte/honestly_concerned_leyendecker_sueddeutsche_zeitung.htm. Daß auf dieser Website die Vorwürfe im Originalzitat wie-

dergegeben werden, obliegt nicht der Verantwortung des Verfassers dieses Buches, der sich speziell zur Berichterstattung über »Honestly Concerned« anwaltlich beraten ließ.
191 Hier liegen dieselben Umstände vor, wie sie in der vorhergehenden Endnote ausgeführt sind.
192 Vgl. http://erhard-arendt.de/deutsch/palestina/sacha_stawski_und_ sein_ueberraschungsgast.htm.
193 Vgl. http://www.juedische.at/TCgi/TCgi.cgi?target=home&Param_Kat=3&Param_RB=31&Param_Red=2936.
194 Diese Stellungnahme von »Honestly Concerned« wurde auch in der *Jüdischen* online gestellt, vgl. http://www.juedische.at/TCgi/TCgi.cgi?target=home&Param_Kat=32&Param_RB=39&Param_Red=2900.
195 Vgl. http://honestly-concerned.org/PANORAMA-Stellungnahme. htm.
196 Wieder muß hier auf wörtliche Zitate von den Verfassern solcher Briefe verzichtet werden. Viele davon stehen aber unter http://honestly-concerned.org/PANORAMA-Stellungnahme.htm ebenfalls online.
197 vgl. http://www.bpb.de/presse/RFC4EM,0,0,Zur_Studie_NahostBerichterstattung_in_den_Hauptnachrichten_des_deutschen_Fernsehens.html.
198 Vgl. Thorsten Thalers Artikel »Ausdruck geistiger Unfreiheit« in der *Jungen Freiheit* vom 23. April 2004.
199 a.a.O..
200 http://www.swg-hamburg.de/Im_Blickpunkt/Dienstaufsichtsbeschwerde_betr/body_dienstaufsichtsbeschwerde_betr.html.
201 http://lexikon.idgr.de/l/l_o/loew-konrad/loew-konrad.php.
202 Vgl. Thorsten Thalers Artikel »Ausdruck geistiger Unfreiheit« in der *Jungen Freiheit* vom 23. April 2004.
203 Ein differenziertes Bild bietet zum Beispiel der von Stefan Aust und Gerhard Spörl herausgegebene Band »Die Gegenwart der Vergangenheit« (Rowohlt 2005) mit verschiedenen Beiträgen. Der Historiker Joachim Fest erklärt darin zu den Konzentrationslagern: »Davon habe ich nichts gewusst, wie die meisten.« (S. 18) Altkanzler Helmut Schmidt berichtet dasselbe: »Ich habe nichts davon gewusst. Die heutige Generation kann sich überhaupt nicht vorstellen, wie es ist, wenn man in einer Informationsdiktatur lebt.« (S. 39) Und der Spiegel-Redakteur Klaus Wigrefe führt aus, laut von der NSDAP damals selbst angefertigten Meinungsberichten, fanden ihre Ausschreitungen gegen Juden außerhalb der Partei kaum Zustimmung. Als die Nazis zum Boykott jüdischer Geschäfte aufriefen, kam es vor den Läden zu Protesten bis hin zu Schlägereien und ordengeschmückte Generäle kauften demonstrativ bei Juden. Nach der Reichskristallnacht zeigte sich »die übergroße Mehrheit der Deutschen (…) empört über das Ausmaß des Pogroms« und verurteilte es scharf. Ein NS-Sympathisant schrieb dem Propagandaminister, er schäme sich, Deutscher zu sein. Sowohl der Zwang zum Tragen des Judensterns als auch die einsetzenden Deportationen wurden Beobachtungen ausländischer Diplomaten zufolge von der Mehrheit abgelehnt. Andererseits gab es etliche Gewinnler bei den Arisierungen, zu denen Kirche und Wehrmacht schwiegen. In den neunziger Jahren ermittelte der Meinungsforscher Karl-Heinz Reuband, dass in fünf unterschiedlichen repräsentativen Meinungsumfragen mehr als ein Drittel der Befragten erklärten, vom Massenmord an den Juden vor Kriegsende (!)

Kenntnis gehabt zu haben. Mehrere Zehntausend sollen laut der Holocaust-Studie Dieter Pohls unbeteiligte Augenzeugen der Verbrechen geworden sein.

204 Vgl. Blumenthal, W. Michael: Die unsichtbare Mauer, S. 476-477. Man achte besonders auf die Wendung von »jedem anderen Holocaust«, einer auffällig nüchternen Abweichung von der dogmatischen, fast religiösen Überhöhung des Völkermords an den Juden zur historischen Singularität.

205 Süllwold, a.a.O., S. 52.

206 Süllwold, a.a.O., S. 116.

207 Süllwold, a.a.O., S. 117.

208 Süllwold, a.a.O., S. 152-153.

209 Süllwold, a.a.O., S. 124-125.

210 Süllwold, a.a.O., S. 151.

211 Süllwold, a.a.O., S. 155.

212 Süllwold, a.a.O., S. 126-127.

213 Süllwold, a.a.O., S. 177.

214 Süllwold, a.a.O., S. 179.

215 Süllwold, a.a.O., S. 153.

216 Süllwold, a.a.O., S. 164.

217 Süllwold, a.a.O., S. 53 und 125.

218 Süllwold, a.a.O., S. 52.

219 Vgl. den Artikel »Gericht: Beim Gänseessen der Deutschen Bank brüskierte ein Jurist den Zentralratsvorsitzenden der Juden, Paul Spiegel« in der *Neuen Rhein-Zeitung* vom 11. Januar 2002.

220 Vgl. Heitmeyer, Wilhelm: Deutsche Zustände. Band 2. Suhrkamp 2003, S. 174.

221 Vgl. allerdings kritisch dazu http://www.macguardians.de/fullstory.php?p=2254 &c=1&bereich=1.

222 Vgl. zu Inhalt und Zitaten: Müller-Münch, Ingrid: Zum Nachtisch nach Auschwitz in die Sauna. Eine fragwürdige Art, in Düsseldorf über den Holocaust zu reden. In: Heitmeyer, Wilhelm: Deutsche Zustände. Band 1. Suhrkamp 2002, S. 203-209. sowie Müller-Münch, Ingrid: Ein Gänseessen und seine juristischen Folgen. In: Heitmeyer, Wilhelm: Deutsche Zustände. Band 2. Suhrkamp 2003, S. 172-174.

223 Der entsprechende Beitrag steht online unter http://www.terz.org/texte/texte_02 _02/spiegel.htm.

224 Vgl. als Quelle für den gesamten Vorgang beispielsweise http:// www.stern.de/polktik/panorama/534848.html?nv=cp_L1_aa.

225 Vgl. *Mainzer Allgemeine Zeitung* vom 26. Februar 2005.

226 http://www.heute.de/ZDFheute/inhalt/31/0,3672,2263487,00.html.

227 Über die Aussprache zwischen Spiegel und Lehmann berichtet beispielsweise die *Welt* vom 26. Februar 2005.

228 Vgl. http://www.kath.net/detail.php?id=9772.

229 Vgl. http://www.zenit.org/german/visualizza.phtml?sid=66708.

230 Vgl. http://www.kath.net/detail.php?id=9783.

231 Hier zitiert nach *Associated Press*.

232 Ausgabe vom 11. Dezember 2003.
233 Selbst Wolfgang Benz räumt ein: »Die empörte Reaktion des Publikums auf die Umsetzung von sozialwissenschaftlichen Messergebnissen in Getöse mit moralischem Unterton ist verständlich, da die Ortsbestimmung der Mehrheit im Lager des manifesten Antisemitismus unzutreffend und kränkend ist.« (Vgl. Benz, Wolfgang: Was ist Antisemitismus? Beck 2004, S. 193.) Wenn man dieses Zitat allerdings in der Gesamtschau mit Benz' Werk und seiner unkritischen, auf Problematisierungen weitgehend verzichtenden Übernahme von Antisemitismus-Vorwürfen betrachtet, geht man wohl nicht fehl, wenn man annimmt, daß in diesem Satz das Wort »manifesten« eine gewisse Betonung erhält.
234 Dem Antisemitism World Report des Institute for Jewish Policy Research/American Jewish Committee zufolge betrug im Jahr 2000 die Zahl antisemitischer Straftaten in Deutschland 1378 und im Jahr 2001 1406 Fälle. Diesen und den im Text genannten Zahlen zufolge gibt es hier also eine stetige Zunahme. (Vgl. Rensmann, Lars: Demokratie und Judenbild. Antisemitismus in der politischen Kultur der Bundesrepublik Deutschland, Verlag für Sozialwissenschaften 2004, S. 13.) Allerdings, so wendet Antony Lerman ein, der ehemalige Direktor des Londoner Instituts für Jewish Policy Research, seien solche statistischen Vergleiche (sowohl in der chronologischen Entwicklung als auch zwischen einzelnen Ländern) notwendigerweise voller Fehler: »Es gibt kein Einvernehmen darüber, was einen (antisemitischen) Übergriff konstituiert, es gibt keine Bandbreite für Variationen in der Berichtshäufgkeit oder die Zuverlässigkeit unterschiedlicher Überwachungsinstitutionen, und die Zahlen für frühere Jahrzehnte sind derart unvollständig, daß Jahresvergleiche in einzelnen Ländern mit Un-sicherheiten verbunden sind.« - Vgl. Lerman, Antony: Antisemitismus in Europa. In: Rabinovici, Doron u.a. (Hg.): Neuer Antisemitismus? Eine globale Debatte. Suhrkamp 2004, S. 101-118, hier S. 111.
235 Vgl. Primor, Avi: Terror als Vorwand. Droste 2003, S. 201.
236 http://archiv.tagesspiegel.de/archiv/28.11.2003/861612.asp.
237 Siehe zu diesen Begrifflichkeiten http://www.anis-online.de/pages/_text2/0626_essay14-2-4.htm#24. Dieses Essay über den fahrlässigen und höchst unscharfen Gebrauch des Antisemitismus-Vorwurfs, der einer Verschwörungstheorie gleich eine ebenso ungreifbare wie allgegenwärtige Dauerbedrohung suggeriert, ist in seiner Gänze höchst lesenswert.
238 So die *Berliner Zeitung* vom 20. November 2003.
239 http://www.semit.net/phpbb/mods/phpbb_fetch_all/examples/articles_de.php?topic=146&forum=18.
240 Vgl. Judt, Tony: Zur Unterscheidung zwischen Antisemitismus und Antizionismus. In: Rabinovici, Doron u.a. (Hg.): Neuer Antisemitismus? Eine globale Debatte. Suhrkamp 2004, S. 44-51, hier S. 49.
241 Ebenda, S. 50.
242 Zimmermann, Moshe: Im Arsenal des Antisemitismus. In: Rabinovici, Doron u.a. (Hg.): Neuer Antisemitismus? Eine globale Debatte. Suhrkamp 2004, S. 294-309, hier S. 307.
243 In seinem Buch »Die Holocaust-Industrie. Wie das Leid der Juden ausgebeutet wird« (Piper 2001) kritisiert Finkelstein gar, daß der Begriff Antisemitismus lediglich als »vollkommen irreale Verachtung der Juden seitens der Nichtjuden verstanden« wurde und damit die Möglichkeit von vornherein als ausgeschlossen galt, »dass eine feindselige Stimmung

gegen Nichtjuden vielleicht in einem wirklichen Interessenkonflikt (...) begründet sein könnte« (S. 46).

244 Daß eine solche Distanzierung möglich ist und Juden in der Diaspora innerlich nicht zwangsläufig zu unbedingter Solidarität mit der jeweiligen Regierung Israels verpflichtet sind, bewiesen im Sommer 2004 die Juden in Frankreich. Diese hatten über Scharon lautstarke Empörung geäußert, als dieser die französischen Juden aufforderte, ihr Land zu verlassen, weil sie dort einem »wilden Antisemitismus« ausgesetzt seien, und nach Israel auszuwandern. Während sich diese Empfehlung an alle Juden weltweit richte, so Scharon, sei sie für die Juden Frankreichs ein Muß. Darauf sprach Theo Klein, Ehrenpräsident des Repräsentativrates der jüdischen Organisationen, von einer unzulässigen Einmischung Scharons. Ein Kommunique des Rates wies darauf hin, daß Frankreichs Politiker alles Erdenkliche zur Bekämpfung des Antisemitismus unternähmen: »Es ist nicht akzeptabel, Öl in das Feuer zu gießen.« Ein Sprecher des Pariser Großrabbiners Joseph Sitruk betonte: »Juden Frankreichs - diese Bezeichnung bedeutet nichts. Es gibt französische Bürger jüdischen Glaubens, wie es französische Bürger anderen Glaubens gibt. Wir sind ein Teil der Seele dieses Landes.« - Vgl. Wiegel, Michaela: Französische Juden empört über Scharon. In: *Frankfurter Allgemeine Zeitung*, 20. Juli 2004

245 http://www.euobserver.com/index.phtml?sid=9&aid=13324.

246 http://www.spiegel.de/politik/ausland/0,1518,272436,00.html.

247 Ähnlich argumentiert Hanna Fröhlich in der »Jüdischen«, dass »europäische, österreichische, deutsche „Kritik“ an Israel niemals nur Kritik sein (könne). Im Gegenteil, sie ist immer (auch) Entlastungsversuch.« Man beachte, dass »Kritik« hier in Anführungszeichen erscheint. Gerechtfertigte Israelkritik kann es nach dieser Lesart für Europäer nicht geben. Vgl.http://www.juedische.at/ TCgi/TCgi.cgi?target=home&Param_Kat=24&Param_RB =24&Param_ Red=2285

248 http://www.spiegel.de/politik/ausland/0,1518,275383,00.html.

249 Vgl. Rauscher, Hans: Israel, Europa und der neue Antisemitismus. Ein aktuelles Handbuch. Molden 2004, S. 20.

250 Vgl. Judt, Tony: Zur Unterscheidung zwischen Antisemitismus und Antizionismus. In: Rabinovici, Doron u.a. (Hg.): Neuer Antisemitismus? Eine globale Debatte. Suhrkamp 2004, S. 44-51, hier S. 44.

251 Rauscher, Hans: Israel, Europa und der neue Antisemitismus. Ein aktuelles Handbuch. Molden 2004, S. 86. Wie Lerman an anderer Stelle ausführt, verbirgt sich seines Erachtens hinter dem Alarmismus von großen amerikanisch-jüdischen Organisationen wie dem American Jewish Committee und dem Wiesenthal Centre auch ein gewisses Eigeninteresse: »Als nichtstaatliche Organisationen konkurrieren sie um Geld und öffentliche Aufmerksamkeit. Das führt dazu, daß die berechtigte Sorge über Antisemitismus leicht zu schädlicher Übertreibung oder absurden Forderungen führt.« - Vgl. Lerman, Antony: Antisemitismus in Europa. In: Rabinovici, Doron u.a. (Hg.): Neuer Antisemitismus? Eine globale Debatte. Suhrkamp 2004, S. 101-118, hier S. 115.

252 Hier zitiert nach http://www.counterpunch.org/neumann12302003. html. Der Orignalartikel Cohens fand sich unter www.antiwar.com.

253 Vgl. Bartov, Omer: Der alte und der neue Antisemitismus. In: Rabinovici, Doron u.a. (Hg.): Neuer Antisemitismus? Eine globale Debatte. Suhrkamp 2004, S. 19-43, hier S. 26.

254 http://www.spiegel.de/politik/ausland/0,1518,272436,00.html.
255 Der Wiener Publizist Ernst Rauscher sieht die Umfrage »missverständlich, vielleicht sogar tendenziös formuliert. Es wäre besser gewesen, nach Krisenherden statt nach einzelnen Ländern zu fragen.« - Vgl. Rauscher, Hans: Israel, Europa und der neue Antisemitismus. Ein aktuelles Handbuch. Molden 2004, S. 9.
256 Der Terrorismus-Experte Walter Laqueur vertritt allerdings die Auffassung, daß der größte Haß der Islamisten nicht Israel, sondern den USA als Verkörperung der westlichen Welt und ihrer Werte gelte. Davon abgesehen wäre für die radikalsten Fundamentalisten auch ein Israel in den Grenzen von 1948 nicht akzeptabel. Selbst weitreichende Konzessionen seitens Israels könnten so bei den Fanatikern nichts ausrichten. Laqueur räumt jedoch ein, daß der Nahost-Konflikt für die muslimische Welt nicht eine derartige Bedeutung eingenommen hätte, »wenn nicht im israelischen Denken Ideologie und Gefühl über gesunden Menschenverstand und Realismus die Oberhand gewonnen hätten.« - Vgl. Laqueur, Walter: Krieg dem Westen. Terrorismus im 21. Jahrhundert. Propyläen 2003, S. 31 und 178.
257 So entlarvt auch der britische Philosophie-Professor Brian Klug in seinem im Februar 2002 in *The Nation* veröffentlichten Artikel »The Myth of the New Antisemitism« es mittels eines Gedankenexperiments als unstatthaft, die heftigen Reaktionen auf Israels Politik auf Judenfeindschaft zurückzuführen: »Wäre Israel kein jüdischer, sondern ein lutheranischer oder katholischer Staat, der aber in den besetzten Gebieten Palästinas dieselbe Unterdrückungspolitik betreibe, so gebe es denselben wütenden Aufruhr unter den Palästinensern und ihren jugendlichen Sympathisanten in Europa, aber der wäre dann eben nicht antisemitisch.« (Zitiert nach der Zusammenfassung von Hans Rauscher in »Israel, Europa und der neue Antisemitismus«, Molden 2004, S. 23.)
Eine weitere bedenkenswerte Deutung der Ergebnisse der EU-Umfrage äußerte die israelische Geschichtswissenschaftlerin Fania Oz-Salzberger am 18. November 2003 in der *Frankfurter Allgemeinen Zeitung*: »(...) Stellen wir einfach fest, daß 65 Prozent der Deutschen und 59 Prozent aller EU-Bürger ehrlich und ohne die Spur eines antisemitischen Vorurteils der Meinung sind, der Frieden in der Welt werde heute durch Israel bedroht. (...) Ist die jüdische Besetzung arabischer Gebiete im Sechstagekrieg (...) und die anschließende Siedlungspolitik (...) schlimmer als die massenhafte Tötung von Kurden, Tutsis, Kosovaren oder Amerikanern? Woher kommt diese selektive Wahrnehmung? (...) Manche von uns Israelis glauben, daß das Problem im Grunde auf die Pressefreiheit in unserem Land zurückzuführen ist, auf die Tatsache, dass Journalisten und Kameraleute freizügig über brutale Auseinandersetzungen zwischen Israelis und Palästinensern berichten können. Vielleicht sollten die europäischen Medien ihre Leser und Zuschauer einmal daran erinnern, daß so viele schreckliche Bilder vom israelisch-palästinensischen Konflikt gezeigt werden können, weil es in Israel Meinungsfreiheit gibt. Dafür muß es nun einen furchtbaren Preis bezahlen. In Nordkorea bekommen Journalisten kein Gefängnis zu sehen. Iran läßt westliche Kamerateams nicht auf seine Straßen und Polizeiwachen. Libyen diskutiert auf wissenschaftlichen Konferenzen nicht über sein atomares Potential. Saudi-Arabien läßt westliche Medien nicht in seine Harems oder Kabinette schauen. Jedenfalls haben die europäischen Medien wenig zu alldem zu sagen. Man stürzt sich lieber auf die Nachrichten und Bilder, die in so großer Zahl aus Israel kommen. (...) Die arabische Welt steht auf der Liste

weit unten, Israel dagegen ganz oben, weil Europäer so viel Angst vor arabischem Zorn haben. Israel ist der sichtbare Auslöser dieses Zorns.«
Uri Avnery schließlich hält es nicht notwendigerweise dem Antisemitismus verschuldet, wenn Untaten der israelischen Regierung international größere Aufmerksamkeit erlangten als die Untaten anderer Regierungen. Vielmehr nehme die Welt die Juden zutreffenderweise als eine „Nation der Opfer" wahr und sei deshalb geschockt, wenn die Opfer von gestern die Opfer von heute schüfen. - Hier zitiert nach Rauscher, Hans: Israel, Europa und der neue Antisemitismus, Molden 2004, S. 41.

258 http://www.spiegel.de/politik/deutschland/0,1518,274175,00.html.

259 http://www.palaestina.org/doc/news/melzer-28-04-2004.htm.

260 Kurthen, Hermann: Antisemitism and Xenophobia in United Germany. How the Burden of the Past Affects the Present. In: Kurthen, Hermann, Bergmann, Werner und Erb, Rainer: Antisemitism and Xenophobia in Germany after Unification. New York, Oxford 1997, S. 57.

261 Vgl. Finkelstein, Norman: Der Konflikt zwischen Israel und den Palästinensern. Mythos und Realität. Diederichs 2002, S. 37.

262 Vgl. Finkelstein, Norman: Die Holocaust-Industrie. Wie das Leid der Juden ausgebeutet wird. Piper 2001, S. 84.

263 http://erhardarendt.de/deutsch/palestina/texte/reuven_moskowitz_brief_aus_ jerusalem.htm.

264 http://www.zmag.de/artikel.php?id=102. Der Brief ist in Gänze lesenswert.

265 Vgl. Primor, Avi: Terror als Vorwand. Droste 2003, S. 202.

266 Pott, a.a.O. S. 142-145.

267 In einem Artikel für die *Frankfurter Rundschau* vom 14. Mai 1996 führt der Historiker Gulie Ne´eman Arad von der Universität Tel Aviv mit Bezug auf Michael Goldbergs »Why Should Jews Survive? Looking Past the Holocaust Toward a Jewish Future«, New York 1995, aus, daß nicht nur für die jüdische Bevölkerung Israels, sondern für das Judentum weltweit der Holocaust und die ständige Antisemitismus-Furcht eine solche überdeterminierte Institution darstellen könnten: »Da der Holocaust für viele heutige Juden zum beherrschenden Bezugspunkt geworden sei, hätte seine immerwährende Heilighaltung das Surrogat für das Judentum schlechthin geschaffen. (...) So erschreckend das auch sein mag: Die Akzeptanz der immerwährenden Bedrohung mit ihrem potentiell katastrophalen Ausgang wird zum Werkzeug, mit dem man den Juden ihr Stammesbewusstsein wieder einprägt.« Ähnlich argumentiert Rafael Seligmann in seinem o.a. Buch: »Der Holocaust als „Quelle der Stärke" und Stifter „einer einzigartigen Identität". Wozu noch jüdische Religion, Tradition und Kultur? Man hat ja das Leiden der Eltern. Allerdings müssen sie jüdisch sein.« (Knaur 1993, Seite 99). Norman Finkelstein schließlich kritisiert unter Bezugnahme auf Peter Novick eine »Heiligsprechung des Holocaust«: »Nur der Priester-Überlebende (...) ist geeignet, sein Mysterium zu erahnen. (...) Aus dieser Perspektive läuft ein rationales Verständnis DES HOLOCAUST darauf hinaus, ihn zu leugnen. Denn eine rationale Annäherung leugnet die Einzigartigkeit und das Mysterium DES HOLOCAUST.« (Vgl. Finkelstein, Norman: Die Holocaust-Industrie. Wie das Leiden der Juden ausgebeutet wird. Piper 2001, S. 53-54. Die Großschreibung signalisiert bei Finkelstein, daß nicht der historische Vorgang, sondern seine »von Ideologie geprägte Darstellung« gemeint sei.) Finkelsteins Argumentation kann dazu beitragen, die heftigen Angriffe auf Historiker wie Nolte oder von Bieberstein zu erklären, die den Völkermord an den Juden in einen historischen Zusammenhang zu stellen suchen.

268 Vgl. http://www.d-a-g.de/werte.html.

269 Anders sieht es hingegen Antony Lerman, der ehemalige Direktor des Londoner Instituts für Jewish Policy Research: »(D)ie Antisemitismus-Waffe bleibt besonders dann stumpf, wenn sie dazu benutzt wird, Vergleiche zwischen den Aktionen der israelischen Armee und der Art und Weise, wie die Nazis Juden behandelten, abzuweisen. Wenn solche Vergleiche antisemitisch sind, was ist dann mit Israelis, die andere Israelis als „Kapos" bezeichnen, wenn diese die Aktionen israelischer Soldaten an den Checkpoints der Westbank beobachten? (Kapos waren Juden, die in den Vernichtungslagern der Nazis als Ordnungskräfte arbeiteten. Einige von ihnen wurden von Holocaust-Überlebenden gelnycht.) Wie der israelische Journalist Akiva Eldar im *Haáretz* einmal schrieb: „Juden ist es erlaubt, Juden mit den schlimmsten Feinden Israels zu vergleichen, während sie gleichzeitig über diejenigen jammern, die Juden mit den schlimmsten Feinden Israels vergleichen."« (Vgl. Lerman, Antony: Antisemitismus in Europa. In: Rabinovici, Doron u.a. (Hg.): Neuer Antisemitismus? Eine globale Debatte. Suhrkamp 2004, S. 101-118, hier S. 113-114.) - Zu Beginn des Jahres 2005 wurde Ariel Scharon von nationalistischen Siedlern in Israel sogar mit Adolf Hitler verglichen. (Vgl. http://tvnz.co.nz/view/news_world_story_skin/474307%3fformat=html und vergleichbare Meldungen.)

270 Langer, a.a.O., S. 120.

271 In einem bei Suhrkamp veröffentlichten Essay des Pariser Philosophieprofessor Alain Finkielkrauts mit Bezugnahme auf den Artikel »Judentum ohne Schuldbekenntnis« der italienischen Journalistin Barbara Spinelli heißt es »Alle hegten einen Argwohn gegen den Nazi, der in ihnen schlummere. Alle fühlten sich verkatert. Alle, nur die Juden nicht. Bei ihnen finde die Pflicht zur Erinnerung und zur Wiedergutmachung keinerlei Halt. Da sie darauf bauten, das Über-Ich des Alten Kontinents zu sein, vergäßen sie darüber, ein Über-Ich zu haben. Da sie mit Ausreden überfüttert seien, empfänden sie keinerlei Verpflichtung. (...) Das heißt mit anderen Worten, daß sie den Antisemiten von einst wie zwei Eier gleichen und seelenruhig deren Nachfolge antreten.« (Vgl. Finkielkraut, Alain: Im Namen des anderen. Reflexionen über den kommenden Antisemitismus. In: Rabinovici, Doron u.a. (Hg.): Neuer Antisemitismus? Eine globale Debatte. Suhrkamp 2004, S. 119-132, hier S. 126.) Ironischerweise ist diese Passage Finkielkrauts nicht des Antisemitismus bezichtigt worden, obwohl ausgerechnet sie (zumindest kontextfrei betrachtet) sehr gute Anhaltspunkte dafür bietet. Es ist von einem Kollektiv »die Juden« die Rede (statt von Einzelnen wie beispielsweise Friedman oder Scharon), dem unterstellt wird, daß seine Mitglieder im Gegensatz ausgerechnet zu den Nachfahren der Tätergeneration über kein Über-Ich (vereinfachend gesagt: kein Gewissen) verfügten. Man kann erahnen, worauf Finkielkraut bzw. Spinelli hinauswollen, aber in dieser Formulierung klingt es abenteuerlich. Mindestens die jüdischen Friedensorganisationen beweisen, wie unzutreffend diese Behauptung eines fehlenden Über-Ichs ist.

272 Vgl. http://www.palaestinensische-gemeinde.at/nicht.shtml.

273 Kurthen, Hermann: Antisemitism and Xenophobia in United Germany. How the

Burden of the Past Affects the Present. In: Kurthen, Hermann, Bergmann, Werner und Erb, Rainer: Antisemitism and Xenophobia in Germany after Unification. New York, Oxford 1997, S. 58.

274 So berichtete die *Welt* am 14. November 2003. Vgl. auch Rauscher, Hans: Israel, Europa und der neue Antisemitismus, Molden 2004, S. 79-81.

275 http://idw-online.de/public/zeige_pm.html?pmid=82797.

276 Deshalb wird inzwischen immer mehr dem Ausdruck »Shoa« (Massentötung, Völkermord) der Vorzug gegeben. Allerdings ist auch dieser Terminus religiös besetzt, da er in der hebräischen Bibel immer wieder verwendet wurde, um Gottes Bestrafungen der Juden zu beschreiben. - Vgl. Novick, Peter: Nach dem Holocaust. DVA 2001, S. 179.

277 Peter Novic zitiert hierzu Rabbi Arthur Hertzberg, dem zufolge das wachsende Interesse am Holocaust bei gleichzeitiger Abnahme von Antisemitismus keineswegs zufällig sei: Ohne diesen Isolationsdruck konnte die nach dem zweiten Weltkrieg aufwachsende Generation junger Juden die Ausgestaltung ihres Glaubens, ihres Verhaltens und ihrer Politik wesentlich freier wählen, was ihre Gruppenidentität schwächte und bei ihren Eltern Ängste vor einem Verschwinden des Judentums auslöste. Daraufhin weckten sie »die einzige jüdische Emotion, die ihre eigene Generation vereint hatte, die Angst vor dem Antisemitismus. Die Erinnerung an Auschwitz mußte hervorgerufen werden, um zu betonen, daß die Juden anders waren. (...) Historiker (...) werden ohne Zweifel die beispiellose Anstrengung und Leidenschaft erkennen, die die größte Holocaust-Gedenkstätte in den Vereinigten Staaten an der Mall in Washington als zeitgenössische Ausführung des Baus einer „nationalen jüdischen Kathedrale“ schuf. Es beinhaltet den Holocaust als Via dolorosa und Kreuzigung des jüdischen Volkes. Menschen, die zum Erinnern kommen, werden in diesem Schrein zu Teilnehmern des höchsten Opfers.« (Vgl. Novick, Peter: Nach dem Holocaust. DVA 2001, S. 258.) Wenn diese quasireligiöse Erziehung tatsächlich so stattgefunden hat, wie von Rabbi Hertzberg beschrieben, scheint sie funktioniert zu haben: Einer Studie des American Jewish Committee zufolge hielten sich im Jahr 1999 nur 15 Prozent aller erwachsenen Juden an religiöse Regeln oder pflegten jüdische Gebräuche, aber 98 Prozent hielten die Erinnerung an den Holocaust für einen bedeutenden oder sehr bedeutenden Teil ihrer Identität. (Vgl. Junker, Detelef: Die Amerikanisierung des Holocaust. Über die Möglichkeit, das Böse zu externalisieren und die eigene Mission fortwährend zu erneuern. In: Steinberger, Petra (Hg.): Die Finkelstein-Debatte. Piper 2001, S. 124.)

278 Vgl. für all diese Zitate und Konnotationen insbesondere Novick, Peter: Nach dem Holocaust. DVA 2001, S. 259-261 sowie 272-274.

279 Johannes Valentin Schwarz führt dazu aus: »Auch in Deutschland stellt die Schoah einen integralen Bestandteil einer neuen staatsbürgerlichen Religion dar, wenngleich diese Neudefinition meist nicht direkt, sondern nur vor dem Hintergrund der Shoah als „Antithese“ erfolgte. (…) Der Versuch einer kollektiven Neubestimmung der nationalen Identität nach Vereinigung beider deutscher Nachkriegsstaaten und Wiedererlangung der vollen Souveränität ließ die Schoah nach 1990 endgültig in Rang und Würden der staatsbürgerlichen Religion Deutschlands aufrücken. Oder wie es der deutsch-israelische Historiker Dan Diner ausdrückte: Das öffentliche Gedenken an die Schoah sei „zur eigentlichen, wenngleich ungeschriebenen Verfassung“ geworden.« - Vgl. Schwarz, Johannes Valentin: Die Schoah als staatsbürgerliche Religion? Eine historisch-religionswissenschaftliche Deutung der Sakralisierung des öffentlichen Gedenkens in Israel und Deutschland. In: Pyper, Jens Fabian (Hg.): »Uns hat keiner gefragt«. Positionen der dritten Generation zur Bedeutung des Holocaust. Philo 2002, S. 151-186, hier S. 152 und 175.

280 Natürlich läßt sich argumentieren, daß der Holocaust insofern eine Singularität darstellt, als es sich bei seiner fabrikmäßigen, bürokratisch organisierten Ermordung von Millionen von Menschen eben nicht um einen Völkermord »wie andere« handelt, sondern um ein Menschheitsverbrechen aus dem Herzen der Zivilisation heraus, begangen mit Mitteln der Ratio, die nach dem Weltverständnis der Aufklärung eigentlich den Boden für ein neues Niveau der Moral bereiten sollten. Aber verbietet das automatisch jede Vergleichbarkeit mit anderen Völkermorden, auf die das so nicht zutrifft? Könnten hier Vergleiche nicht geradezu einen Erkenntnisgewinn bedeuten? Peter Novick erläutert dazu: »Man braucht nur einen Moment lang nachzudenken, um zu erkennen, daß der Begriff der Einzigartigkeit ziemlich leer ist. Jedes historische Ereignis, einschließlich des Holocaust, ähnelt in verschiedener Hinsicht anderen Ereignissen, mit denen es verglichen werden kann, und unterscheidet sich in mehrerlei Hinsicht von ihnen. Die Ähnlichkeiten und Unterschiede sind ein sinnvoller Diskussionsgegenstand. Nur die Aspekte des Holocaust zu berücksichtigen, die einzigartig waren, und die Aspekte zu ignorieren, die er mit anderen Greueltaten gemeinsam hatte, und ihn auf der Grundlage dieser Manipulation für unvergleichbar zu erklären, ist hingegen ein intellektueller Taschenspielertrick. Die Behauptung, der Holocaust sei einzigartig - wie die, er sei unfaßbar oder nicht darstellbar -, ist tatsächlich zutiefst beleidigend. Was könnte sie anderes bedeuten als: „Eure Katastrophe ist im Gegensatz zu unserer gewöhnlich, faßbar und darstellbar".« Den Holocaust »zum Maßstab von Unterdrückung und Grausamkeit« zu ernennen trivialisiere Verbrechen eines geringeren Ausmaßes. Dies könne man an der amerikanischen Debatte über den blutigen Balkankonflikt ersehen, bei der darüber diskutiert wurde, ob es sich wahrhaft um einen Holocaust oder »bloß« um einen Völkermord handele. »Das ist eine wirklich ekelhafte und nicht bloß geschmacklose Redeweise und Entscheidungsfindung, zu der wir jedoch gelangen, wenn wir den Holocaust zum Prüfstein des moralischen und politischen Diskurses erklären.« Ismar Schorsch, einstmals Flüchtling aus dem nationalsozialistischen Deutschland und heute Kanzler des New Yorker Jewish Theological Seminary, kritisierte die Besessenheit von der Singularität des Holocaust als als eine »verachtenswerte säkulare Version des Erwähltseins«. (Vgl. Novick, Peter: Nach dem Holocaust. DVA 2001, S. 22, 28 und 257.) Sarkastisch äußern sich schließlich Michael Wolffsohn und Uwe Puschner zu dieser von manchen geradezu dogmatisch vertretenen Betonung der Singularität des Holocaust: »Befürworter und Gegner der These von der Einzigartigkeit haben dabei eine groteske Übertragung der Rekordmentalität bzw. Bundesligamentalität auf den Bereich der Geschichte dokumentiert. Weder für den Täter noch für das Opfer bedeutet es einen Unterschied, ob es sich bei den Verbrechen um die schlimmsten, zweit- oder drittschlimmsten der Geschichte handelt. Auch die Beantwortung der Frage nach Original oder Kopie, der Chronologie oder Kausalität dieser und anderer Verbrechen kann weder den Täter entschuldigen noch das Opfer wiederbeleben.« (Vgl. Wolffsohn, Michael und Puschner, Uwe: Geschichte der Juden in Deutschland. Quellen und Kontroversen. Bayerischer Schulbuch-Verlag 1992, S. 317.)

281 So spricht der von Finkelstein als »Hohepriester des Holocaust« skizzierte Eli Wiesel als Fazit eines Artikels im britischen »Observer« davon, daß diese »unvergleichliche Tragödie für immer unerklärt bleiben wird. Und unerklärlich.« (Zitiert nach Julius H. Schoeps zur Goldhagen-Debatte: »Ein Volk von Mördern?«, Hoffmann und Campe 1996.)

282 Hier läßt sich gewiß leicht einwenden, daß es niemanden gibt, der allen Ernstes bestreitet, daß die französische Revolution oder das deutsche Wirtschaftswunder je stattgefunden hätten, sondern daß bezeichnenderweise allein der Holocaust geleugnet wird. Aber das schwächt die hier entwickelte These nicht, sondern verstärkt sie allenfalls nur.

283 Die hier entwickelte These ist freilich nicht neu. Sie findet sich bereits in Norman Finkelsteins Streitschrift zur »Holocaust-Industrie«; Finkelstein wiederum bezieht sich auf Peter Novick. Novick beklagt in seinem Buch »Nach dem Holocaust«, DVA 2001, eine »perverse Sakralisierung« des Holocaust. Dabei spricht er allerdings von der US-amerikanischen Gesellschaft. Es wäre interessant, genauer hinzuschauen, inwieweit im Land der Täter dasselbe stattfindet. (Vgl. dazu auch Moshe Zuckermanns »Zweierlei Holocaust«, Wallstein 1999.)

Eine Analogie des Holocaust-Gedenkens zur Religion erörtert auch der israelische Journalist Shraga Elam in der *Berner Zeitung* vom 15. April 2000: » (...) Die dominante Shoa-Verarbeitungsweise wird in kritischen jüdischen und nicht-jüdischen Kreisen als „Holocaust-Religion“ bezeichnet. (...) Eine säkulare, sachlichere Haltung zum Holocaust, die diesen nicht im geringsten verharmlost, wird verlegen oder mit Schuldgefühlen konsumiert. Oder oft mit den Leugnern in den gleichen Topf geworfen. Die „Holocaust-Religion“ hat jüdisch-christliche Wurzeln. Sie weist zwar keinen klaren Gottesbegriff auf, hat ansonsten aber sehr viele Merkmale einer institutionalisierten Kirche: das Dogma, die Rituale, die Heiligtümer und die Priester. Diese Entwicklung konstatierte der renommierte jüdische Historiker Arno Meyer schon in den 80er-Jahren: „Die Erinnerungen der Überlebenden sind mittlerweile zu Versatzstücken einer Liturgie für einen sich entwickelnden Kult des Gedenkens gemacht worden, der seine eigenen Zeremonien, Feiertage, Schreine, Monumente und Wallfahrtsorte hat. Der löbliche Zweck dieser Gedenkrituale besteht darin, sicherzustellen, daß weder die Juden noch die Nichtjuden das jüngste Kapitel der jüdischen Leidensgeschichte vergessen.“ (...) Der jüdische Intellektuelle Marc Ellis sieht die Geburtsstunde dieser Religion - die er als Theologie bezeichnet - im Jahre 1961, anlässlich des Prozesses gegen Adolf Eichmann in Jerusalem. Als „Religionsstifter“ gilt für ihn der Autor Elie Wiesel, zusammen mit einigen anderen jüdischen Intellektuellen. (...) Im Verlauf der Jahre kristallisierten sich Gebote für diese Religion heraus. „Du sollst nie vergessen, was dir Amalek angetan hat!“ ist einer der wichtigsten jüdischen Grundsätze, welcher über die jahrhundertelangen Judenverfolgungen entstanden ist. Die Leidensgeschichten werden gesammelt und gepflegt. Der Stamm Amalek ist seit biblischen Zeiten der allgemeine Code-Name für alle Judenhasser. (...) „Damit es nie wieder zu einem solchen Genozid kommt, muß diese Geschichte immer wieder aufgerollt werden“, lautet eine Begründung für die Aufrechterhaltung dieses Rituals. Als ob dieser „Katechismus“ die Wiederholung solch schrecklicher Ereignisse wirklich verhindern könnte.« (Der vollständige Artikel steht online unter http://www.kalaschnikow.net/de/txt/ 2002/elam02.html.)

Auch anderweitig wird in der innerjüdischen Diskussion vor einer »Holocaust-Besessenheit« gewarnt. So fragte sich der Romanautor Amos Oz: »Müssen wir (...) für immer unsere Toten betrauern? hinter verriegelten Türen und zerbrochenen Fensterscheiben, ausge-

stöpselten Telefonen sitzen, unsere Rücken der bösen Welt und unsere Gesichter den Toten zugekehrt, Tag und Nacht dasitzen und uns daran erinnern, was uns Amalek angetan hat, bis zur Ankunft des Messias - oder bis zur zweiten Ankunft Amaleks?« Und Ze´ev Chafets, Leiter der Regierungspressestelle unter Menachem Begin, merkte an, daß »auf dem Völkermord verweilen eine gute Strategie sein kann, um Spenden zu bekommen, aber sie verstärkt auch eine Wir-gegen-die-Mentalität, die verwirrte Fanatiker (...) als eine religiöse Verpflichtung zum Mord verstehen.« (Beide Zitate nach Novick, Peter: Nach dem Holocaust, Dva 2001, S. 218 und 219.)
Hier muß man allerdings darauf achten, daß die Debatte um das Verhaftetsein im Holocaust keinen falschen Zungenschlag erhält, beispielsweise indem sie das antisemitische Vorurteil vom unversöhnlichen Juden kolportiert. Auch wäre es unangemessen und unfair, die Tatsache, daß sich viele Holocaust-Überlebende noch heute von der Beschäftigung mit diesem Grauen nicht lösen können, als reine religionsphilosophische Willensentscheidung zu bewerten, wohingegen für viele die eigentliche Ursache vielmehr darin liegt, daß ein einmal erlittenes Trauma oft das gesamte weitere Leben überschattet. Während für viele nichtjüdische Deutsche der Holocaust Vergangenheit ist (unabänderlich und Jahrzehnte her), ist er für viele Juden auferzwungene Gegenwart: im Wortsinne Vergangenheit, die nicht vergehen will. Jurek Becker wendet sich in seinem Aufsatz »Gedächtnis verloren - Verstand verloren« gegen all jene, die immer wieder einen Schlussstrich einfordern: »Als würden (wir Juden) von einer dummen Sache das Gras abfressen, das längst darüber gewachsen ist. Tut mir Leid, aber von meiner Familie sind an die 20 Personen vergast oder erschlagen worden oder verhungert, irgendwie spielt das für mich noch eine Rolle.« (Hier zitiert nach Behrens, Katja (Hg.): Ich bin geblieben - warum? Juden in Deutschland - heute. Bleicher-Verlag 2002, S. 65) Und Ralph Giordano berichtet in seinem *STERN*-Beitrag »Die Zeit heilt gar nichts« vom 12. Juni 2002: »Ich bin kein ängstlicher Mensch, aber ich habe jeden Abend Angst davor einzuschlafen. Ich fürchte mich der Träume wegen. Es ist immer wieder dieselbe Szene. Menschen schreien und weinen, ich sehe die Henker, die Mörder in einem Pulk, sie rücken immer näher auf mich zu, und dann kommt der Augenblick, wo sie nach mir greifen. Ich wache auf, schweißgebadet, falle aus dem Bett, das eigene Geschrei noch in den Ohren. Zuletzt vor zwei Tagen.«
Es bleibt jedoch die Fragestellung, ob der Holocaust nicht dem allen unbenommen teilweise einen pseudoreligiösen Überbau erfahren hat.
284 Jäger, Siegfried und Margarete: Medienbild Israel. Zwischen Solidarität und Antisemitismus, Münster 2003, Seite 18-20.
Hier könnte man natürlich problematisieren, inwieweit die Jägers sich selbst und/oder anderen etwas vormachen. So könnten Kritiker ihres Modells der Diskursanalyse einwenden, daß damit gerade kein herrschaftsfreier Diskurs hergestellt werde, sondern ein Diskurs, der auf Ausgrenzung mißliebiger Positionen ziele, indem diese mit dem Ruch des moralisch Verwerflichen behaftet werden. Auch die Jägersche vorgeblich neutrale Diskursanalyse beruht ja letztlich auf einem Raster, in dem bestimmte Begriffe (etwa »Volk«) negativer behaftet sind als andere. Insbesondere wäre es naiv, von einem freien Diskurs in einer Gesellschaft zu sprechen, nur weil in dieser qua Gesetz die Meinungsfreiheit gegeben ist. Reine Meinungsfreiheit bedeutet nämlich noch nicht, daß jeder auch über dieselbe Mög-

lichkeit verfügt, seine Meinung auch nur annähernd gleichberechtigt in den massenmedialen Diskurs einzubringen, statt von der Diskurshoheit ausgegrenzt zu werden. Als gutes Beispiel für dieses extreme Ungleichgewicht mag die Position der Männerbewegung im Gegensatz zur Position der Frauenbewegung gelten, vgl. Arne Hoffmann: Sind Frauen bessere Menschen?, Schwarzkopf und Schwarzkopf 2001.

285 Bezeichnenderweise beschreibt auch der Publizist Thomas Schmid die herrschende Form von »Vergangenheitsbewältigung« und Antisemitismus-Diskursen mit Metaphern aus der Sphäre des Religiösen. Schmid zufolge handelt es sich bei der öffentlichen Rede über dieses Thema regelmäßig um ein bloßes »Ritual, eine Inszenierung (...) eine verregelte Bußübung, die dem Gesetz einer auf äußerliche Wirkung angelegten Religiosität folgte. Es zählt die Korrektheit, in der die Übung vollzogen wurde – nicht die Anteilnahme.« – Zitiert nach Claus Leggewie und Erik Meyer: »Ein Ort, an den man gerne geht«. Das Holocaust-Mahnmal und die deutsche Geschichtspolitik nach 1989. Hanser 2005, S. 349.

286 Heringer, Hans Jürgen: »Ich gebe Ihnen mein Ehrenwort«. Politik, Sprache, Moral. München 1990, Seite 116.

287 http://www.spiegel.de/politik/deutschland/0,1518,277917,00.html.

288 So argumentiert Robert Eaglestone in seinem Buch »Postmodernism and Holocaust Denial«, Totem Books 2001. - Hierzu ein kurzer erklärender Exkurs: Die Philosophie der Postmoderne ist vor allem dadurch gepägt, daß es kein allgemeinverbindliches Weltbild, keine allem übergeordnete Meta-Erzählung mehr gibt. Was Wirklichkeit ist, konstituiert sich aus unterschiedlichen Sichtweisen. Gegen diese Philosophie der relativen Beliebigkeit hat man eingewendet, daß sie beispielsweise beim Holocaust an ihre Grenzen stoße: Sicher ist es nicht eine Frage der persönlichen Sichtweise, ob er nun stattgefunden hat oder nicht. Dieser Stolperstein ließe sich für die Anhänger der postmodernen Weltsicht noch umgehen, indem sie argumentieren, daß reine Fakten davon ausgenommen sind. Schließlich diskutiert auch niemand darum, ob sich die Sonne um die Erde dreht (statt umgekehrt) oder ob der Mensch 18 Halswirbel hat (statt sieben). Damit ist dieses Problem jedoch nur zum Teil gelöst, da unklar bleibt, was genau als »reines Faktum« gelten kann und da es unterschiedliche Sichtweisen des Holocaust gibt. Kann man entscheiden, ob eine dieser Sichtweisen angemessener ist als andere? Nach welchen Kriterien? Geht es um einen rein wissenschaftlichen Konsens? Oder schlicht darum, wer in einer Gesellschaft die Macht besitzt, seine Deutung durchzusetzen? Oder vor allem um moralische Erwägungen (etwa, das Andenken der Verstorbenen zu ehren)?

289 Natürlich gibt es auch in anderen Staaten Versuche, die jeweils eigene Deutung als »historische Wahrheit« diskursiv durchzusetzen. Am deutlichsten dürfte das beim Atombombenabwurf über Hiroshima werden, der 1945 zu mehreren hunderttausend Opfern führte. Die dafür zunächst von US-amerikanischen Besatzungsoffizieren verwendete Formulierung »nuklearer Holocaust« wurde trotz seiner zutreffenden Wortbedeutung (»Holocaust«: »ganz verbrannt«) von der amerikanischen Zensur aus dem Sprachgebrauch getilgt. Auch das Wort »Täter« für die amerikanischen Verantwortlichen des Atombombenabwurfs setzte sich nicht durch. Historikern, die bestreiten, daß der Einsatz der Bombe unvermeidlich war, wurde das Etikett »Revisionisten« aufgeprägt. - Vgl. Coulmas, Florian: Hiroshima. Geschichte und Nachgeschichte. Beck 2005, S. 7 und 118.

290 Sowohl die Definition aus der *Enzyklopädie des Holocaust* als auch der Kommentar aus der *Berliner Zeitung* sind zitiert nach Max A. Höfers »Meinungsführer, Denker, Visionäre«, Eichborn 2005, S. 262-263.

291 Vgl. Novick, Peter: Nach dem Holocaust. Dva 2001, S. 235.

292 Der britische Historiker Timothy Garton Ash warnte in diesem Zusammenhang vor einer »Hypermnesie«, einer »krampfhaften Fixierung auf vergangene Untaten, die in negativen Nationalismus münden« könne. Norbert Frei, ein deutscher Geschichtswissenschaftler, spricht hier von »Schuldstolz«. – Vgl. Claus Leggewie und Erik Meyer: »Ein Ort, an den man gerne geht«. Das Holocaust-Mahnmal und die deutsche Geschichtspolitik nach 1989. Hanser 2005, S. 16 und 120.

293 Hierzu wendet Peter Novick allerdings ein: „Wenn man aus der Geschichte überhaupt Lehren ziehen kann, so dürfte der Holocaust keine geeignete Quelle sein, nicht wegen seiner angeblichen Einzigartigkeit, sondern wegen seines extremen Charakters. (…) Meiner Ansicht nach lassen sich aus dem Verhalten normaler Amerikaner in normalen Zeiten wichtigere Lehren darüber ziehen, wie leicht wir zu Tätern werden, als aus dem Verhalten der SS in Kriegszeiten." Es werde als reiner „Glaubenssatz (…) widerspruchslos akzeptiert, daß der bloße Akt, durch ein Holocaust-Museum zu laufen oder einen Holocaust-Film anzuschauen, eine moralisch therapeutische Funktion habe und die Vermehrung derartiger Begegnungen einen zu einem besseren Menschen mache." (Vgl. Novick, Peter: Nach dem Holocaust. Dva 2001, S. 27-28.) Novicks Hinterfragung dieses Glaubenssatzes lässt sich gut als Ergänzung zu Martin Walsers Paulskirchenrede lesen.

294 Das war allerdings ein langer und streckenweise gewundener Weg. So setzte sich etwa 1947 bereits der Philosoph Karl Jaspers mit der Frage nach einer deutschen Kollektivschuld auseinander und kam zu einem sehr differenzierten Ergebnis. Zwar bezeichnete er es als »sinnwidrig, ein Volk als Ganzes moralisch anzuklagen« und wies darauf hin, daß auch die Ankläger der Nürnberger Prozesse keineswegs das ganze deutsche Volk beschuldigten. Wohl aber hafte »ein Volk für den, dem es sich gehorsam ergibt. Der Irrtum ist eine Schuld.« Jaspers räumt hier allerdings zwei Caveats ein: Zum einen sei Hitler-Deutschland ein Terrorstaat gewesen und habe weite Teile seiner Bevölkerung durch diesen Terror gefügig gemacht. In die Konzentrationslager seien monatlich bis hin zu 4000 Oppositionelle gesteckt worden, was den Widerstand im Lande beweise. Jaspers bezieht sich hier auf Hannah Arendt: »Der Terror brachte das erstaunliche Phänomen hervor, daß an den Verbrechern der Führer das deutsche Volk beteiligt wurde. Aus Unterworfenen wurden Komplizen.« Zum anderen legt Jaspers implizit dar, daß man, wenn man die Kollektivschuldthese vertreten möchte, sie konsequenterweise international ausweiten müßte: Alle Staaten erkannten das Hitler-Regime an; 1933 schloß der Vatikan ein Konkordat mit dem Diktator; 1936 strömte die ganze Welt zur Berliner Olympiade und Frankreich duldete die Besatzung des Rheinlands; 1938 sandte Churchill einen anerkennenden Brief an Hitler, nachdem England mit ihm bereits einen Flottenpakt geschlossen hatte. Nichtsdestoweniger warnt Jaspers davor, die »Wahrheit der eigenen Schuld zu nivellieren«. (Vgl. Karl Jaspers: Die Schuldfrage. Zuletzt veröffentlicht bei Piper 1996.) Über die Auseinandersetzung mit der Frage nach einer kollektiven Schuld in den folgenden Jahrzehnten und den dabei gewonnenen Erkenntnissen informiert kursorisch das bereits erwähnte Buch Julius H. Schoeps zur Goldhagen-Debatte: »Ein Volk von Mördern?«, Hoffmann und Campe 1996.

295 Hierzu entfaltet Ralph Gordano in seinem Buch »Die zweite Schuld« allerdings den

Einwand, daß die Kollektivschuldthese nicht zwingend die Haupttäter entlaste, sondern lediglich eine besondere Verzahnung und Abstufung von Schuld deutlich mache.

296 Als weitere Alternative wurde die Formulierung »Kollektivscham« angeboten. Als Replik darauf paßt ein Bonmot Hannah Arendts aus dem Jahr 1945: »Seit vielen Jahren begegnen mir Deutsche, welche mir erklären, dass sie sich schämten, Deutsche zu sein. Ich habe mich immer versucht gefühlt, ihnen zu antworten, dass ich mich schämte, ein Mensch zu sein.« - Vgl. Hannah Arendts »Bundesrepublikanisches Lesebuch«, Fischer 1980, S. 234, hier zitiert nach Weninger, Robert: Streitbare Literaten, Beck 2004, S. 238.

297 Diese Haltung verkörpert etwa Daniela Marcus, wenn sie im *NahostFocus* vom 25. Juli 2004 unter dem Titel »Nichts als schöne Worte?!« schreibt: »Herr Schröder selbst ließ sich offensichtlich nicht vom 20. Juli anspornen, stimmte doch Deutschland unter seiner Regierung am gleichen Tag für die fragwürdige UN-Resolution, die das gleichermaßen fragwürdige Gutachten des Internationalen Gerichtshofes namens „Rechtliche Folgen des Baus einer Mauer im besetzten palästinensischen Gebiet" begrüßte. Das Ja Deutschlands zu dieser Resolution ist an sich schon bestürzend genug. Daß Deutschland dieses Ja ausgerechnet an einem historischen Datum wie dem 20. Juli gesprochen hat, ist zusätzlich irritierend (...). Daß Deutschland ausgerechnet am 20. Juli 2004, 60 Jahre nach dem Versuch, ein grausames, diktatorisches Regime zu beseitigen, für diese Resolution stimmte, läßt leider die Hoffnung schwinden, daß aus der Geschichte etwas wirklich Grundlegendes gelernt wurde!« Kanzler Schröder hätte Marcus zufolge also beweisen können, daß er aus dem Dritten Reich seine Lehren gezogen habe, indem er sich gegen die Vereinten Nationen und den Internationalen Gerichtshof stellte, mithin den anerkannten Institutionen zu Völker- und Menschenrecht hier den Rücken kehrte.

Noch schärfer äußert sich im übrigen der jüdische Publizist Henryk M. Broder auf seiner Website (www.henryk-broder.de) gegen die Resolution der Vereinten Nationen: Jetzt sei »die Endlösung der Judenfrage kein deutsches Projekt mehr, es ist eine gesamteuropäische und spätestens seit der letzten Abstimmung in der UN-Vollversammlung zum „Sperrwall" eine globale Aufgabe. Klingt verrückt, stimmt aber trotzdem. Schon möglich, daß ich paranoid bin, sie sind dennoch hinter mir her.« Auch in dieser Argumentation spielen die völker- und menschenrechtlichen Erwägungen zum Schutz von Leib und Leben der Palästinenser bei dem UN-Beschluss keine Rolle mehr; imaginiert wird als Motiv statt dessen eine weltweit beabsichtigte Vernichtung der Juden. Völlig beiseite gewischt wird die Tatsache, daß auf Druck der EU in die Resolution Klauseln aufgenommen wurden, die Israels Recht auf Selbstverteidigung bestärken und die Palästinenserbehörde auffordern, den Terror wirklich zu bekämpfen. - Vgl. Rauscher, Hans: Israel, Europa und der neue Antisemitismus. Ein aktuelles Handbuch. Molden 2004, S. 18.

298 Jäger, Siegfried und Margarete: Medienbild Israel. Zwischen Solidarität und Antisemitismus, Münster 2003, Seite 12.

Begins Auffassung teilt heute noch etwa Ralph Giordano, der am 29. Juni 2004 in der *Jüdischen* schreibt: »Es ist widerwärtig zu erleben, wie empfindungslos sich weite Kreise über die israelischen Opfer hinwegsetzen - und das ausgerechnet in Deutschland, das bekanntlich auf eine lange Tradition als Weltmeister der Selbstbeweinung zurückblicken kann. Wollen ungefährdete Deutsche tatsächlich und allen Ernstes die Israelis besserwisserisch belehren, wie deren Staat und Regierung ihre Bürgerinnen und Bürger vor den Mordanschlägen von Hamas, Jihad und Hisbollah zu schützen hätten?« (Vgl. http://www.juedische.at/TCgi/TCgi.cgi?target=home&Param_Kat=28&Param_RB=38&Param_.) Dagegen wandte der Verleger Abraham Melzer ein, daß »wir in Deutschland immer noch weit davon entfernt sind, „die Israelis zu belehren" und gegen israelische Verbrechen die Stimme zu erheben, denn wenn es einer tun wird, werden sofort die üblichen Moralprediger wie Giordano, Broder und Friedman wie von der Tarantel gestochen aufspringen und laut „Antisemitismus" schreien. Und davor hat man hierzulande Angst wie der Teufel vor dem Weihwasser.« (Vgl. http://erhard-arendt.de/deutsch/palestina/texte/Melzer_Abraham_Kritik_ an_Giordano.htm.)

299 Dem Historiker Moshe Zuckermann zufolge spielt sich eine spiegelbildliche Debatte in Israel ab: »Im ersten Fall leitet die kleine Minderheit einen universellen Aspekt von Auschwitz ab. (...) Die Mehrheit hingegen leitet von Auschwitz die partikulare Forderung ab, „es" solle nie wieder uns, also dem jüdischen Volk, geschehen. (...) Und so entsteht der Anspruch, daß alles legitim sei, was Israel tun kann, um diesem Ziel zu dienen. Wenn das jedoch dazu führt, daß die Opfer des Holocaust für etwas herangezogen werden, das tendenziell neue Opfer schafft, dann käme das einer Instrumentalisierung des Holocaust nahe. Man kann nicht irgendwie Opfer mit Opfern verrechnen wollen.« Pott, a.a.O., S. 144-145. Wie um Zuckermanns Feststellung zu illustrieren, viele Juden leiteten aus Auschwitz eine partikulare Forderung ab, befand der jüdische Historiker Michael Wolffsohn am 28. Juni 2004 in einem *FAZ*-Gastbeitrag anläßlich der von ihm neu initiierten Debatte über die Rechtmäßigkeit von Folter: »Wie die Deutschen aus der Geschichte lernten, nie wieder Täter sein und Gewalt anwenden zu wollen, so haben wir Juden gelernt, daß wir Gewalt anwenden müssen, um nicht und nie wieder Opfer zu sein.« Auffällig bei diesem Zitat ist, daß der ansonsten als patriotisch bekannte Wolffsohn hier von »die Deutschen« und »wir Juden« spricht und beide Gruppen einander gegenüberstellt.

300 Lars Rensmann bezeichnet die Auffassung, in Deutschland sei Kritik an Israel tabu, als »Wahnvorstellung«. (vgl. Rensmann, Lars: Demokratie und Judenbild, S. 447). Im Gegensatz dazu befand der jüdische Soziologe Alfred Grosser in den *Stuttgarter Nachrichten* vom 11. März 2005, die Bundesregierung glaube »leider immer noch, daß sie Israel wegen ihrer NS-Geschichte nicht kritisieren darf«.

301 Pott, a.a.O., S. 69-75.

302 Pott, a.a.O., S. 88-89.

303 Vgl. Finkelstein, Norman: Der Konflikt zwischen Israel und den Palästinensern. Mythos und Realität. Diederichs 2002, S. 37-38.

304 Vgl. Gessler, Philip: Der neue Antisemitismus. Herder 2004, S. 9.

305 Pott, a.a.O., S. 93.

306 Befremdlich, wenn nicht erschreckend ist, daß solche Annahmen und Verdächtigungen selbst in der vorgeblich wissenschaftlichen Fachliteratur inzwischen wie feststehende Tatsachen gehandelt werden. So heißt es in Lars Rensmanns »Demokratie und Judenbild. Antisemitismus in der politischen Kultur der Bundesrepublik Deutschland« (Verlag für Sozialwissenschaften 2004) auf Seite 390: »Es fällt erneut hauptsächlich Juden zu, den Antisemitismus Augsteins zu thematisieren.« und »Einer der wenigen, die Augsteins

Antisemitismus beim Namen nennen, ist wiederum Bubis ...«

307 »Mögliche Volksverhetzung in der Kochstraße« schlagzeilte die *Jüdische* am 21. September 2004. In dem entsprechenden Artikel sprach sein Verfasser Samuel Laster von »Israelhass und antisemitischer Hetze«. Zielscheibe war zum einen der *tageszeitung*-Journalist Philip Gessler, der pikanterweise zu diesem Zeitpunkt mit »Der neue Antisemitismus« ein Buch herausbrachte, in dem er selbst die Gefahr einer die gesamte Gesellschaft durchwuchernden Feindseligkeit gegen Juden beschwor. Zum anderen griff Laster den *tageszeitungs*-Journalist Eberhard Seidel an, weil dieser das Simon-Wiesenthal-Center als mächtige jüdische Lobby beschrieben habe (worauf das Wiesenthal-Center eine Anzeige erwogen habe). Darüber hinaus habe Seidel geschrieben: »Antisemitismus nährt man bisweilen auch, indem man die Interessenpolitik einer jüdischen Lobbygruppe nicht kritisch hinterfragt und eigenes Recherchieren und Denken aufgibt«.

308 Lerman, Antony: Antisemitismus in Europa. In: Rabinovici, Doron u.a. (Hg.): Neuer Antisemitismus? Eine globale Debatte. Suhrkamp 2004, S. 101-118, hier S. 108.

309 Lars Rensmann äußert seinen Einwand gegen diese Bedenken in Form von Empörung: »(N)icht der Antisemitismus ist inakzeptabel, sondern der vermeintlich illegitime und bösartige „Antisemitismusvorwurf" (...)« ; vgl. Rensmann, Lars: Demokratie und Judenbild, Verlag für Sozialwissenschaften 2004, S. 407. Selbstverständlich ist aber beides inakzeptabel, Antisemitismus ebenso wie haltlose Beschuldigungen. Hier konstruiert Rensmann ein falsches Dilemma: Wenn nur eines von beidem »inakzeptabel« sein kann, dann muß es der Antisemitismus sein, und unzutreffende Bezichtigungen erscheinen hinnehmbar. Das sind sie wegen ihrer vernichtenden Wirkung aber nicht.

310 Auch diesem logischen Trugschluss scheint Lars Rensmann anzuhängen, wenn er schreibt: »Dass sich Antisemiten indes nicht zur Ideologie des Antisemitismus bekennen, sondern sich als „überzeugte Demokraten" (Möllemann) verstehen und dessen Benennung als „Unverschämtheit" empfinden, ist heute längst ein gängiges Muster.« (Vgl. Rensmann, Lars: Demokratie und Judenbild, Rensmann, S. 474.) In dieser absurden Rhetorik erscheint gerade die Tatsache, daß jemand Unterstellungen, er sei Antisemit, von sich weist, als Belegung für die Haltbarkeit des Vorwurfs, denn eben dies sei das typische Verhalten von Antisemiten. Wer einen Verdacht »leugnet«, macht sich hiernach erst recht verdächtig. Dem Beschuldigten wird so jeder Ausweg versperrt, und alles, was er zu seiner Verteidigung vorbringt, verstrickt ihn nur noch mehr. Selbstverständlich aber würden auch Nicht-Antisemiten entsprechende Beschuldigungen als unverschämt zurückweisen.

311 Vgl. Behrens, Katja: Von Symbiose war einmal die Rede. In: Behrens, Katja (Hg.): Ich bin geblieben - warum? Juden in Deutschland - heute. Bleicher-Verlag 2002, S. 91.

312 Alles zitiert nach einer Zusammenstellung Georg Waldeneggs in: Antisemitismus: »Eine gefährliche Vokabel«? Böhlau 2003, S. 112,15, 120-121; darin auch die Originalquellen.

313 Kurthen, Hermann: Antisemitism and Xenophobia in United Germany. How the Burden of the Past Affects the Present. In: Kurthen, Hermann, Bergmann, Werner und Erb, Rainer: Antisemitism and Xenophobia in Germany after Unification. New York, Oxford 1997, S. 58-59.

314 Dem unbenommen wird Kritik an Juden noch immer mit Antisemitismus in Zusammenhang gebracht. Beispielsweise wurde der Historiker Michael Wolffsohn von Politikern aller Parteien öffentlich kritisiert, weil er bekundet hatte, Folter könne im Umgang mit Terroristen unter Umständen legitim sein. In der *Panorama*-Sendung vom 5. August 2004 beklagte er, Nazis und Islamisten seien durch diese Kritik zu antisemitischen Attacken ermuntert worden: »Subjektiv ist die Regierung natürlich nicht für diesen gegen mich gerichteten Antisemitismus verantwortlich, objektiv eindeutig. Sie hat diese Attacken nicht gewollt, diese Morddrohungen nicht gewollt, sie hat diese Morddrohungen bewirkt.« Dieses Statement ist, bei allem Respekt vor Wolffsohn und Verständnis für seine Erschütterung über die antisemitischen Anfeindungen gegen ihn, etwas problematisch. Nicht erst seit der Möllemann-Friedman-Debatte gilt das Argument als anerkannt, daß in der Wolle gefärbte Judenhasser (und um solche dürfte es sich bei den Verfassern von Morddrohungen handeln) keine wirklichen »Gründe« für die Artikulation ihres Hasses benötigen, sondern solche allenfalls einen Vorwand darstellen. Für eine Normalisierung des deutsch-jüdischen Verhältnisses scheint es insofern kaum akzeptabel, wenn auch noch so berechtigte Kritik an Juden ins moralische Zwielicht gezogen werden kann, weil sie für den Antisemitismus von Wirrköpfen verantwortlich sei.

315 Jäger, Siegfried und Margarete: Medienbild Israel. Zwischen Solidarität und Antisemitismus. Münster 2003, Seite 27-28

316 Vgl. Neumann, Michael: There Are Much Larger Threats. Im Internet unter: http://www.counterpunch.org/neumann12302003.html.

317 Butler, Judith: Der Antisemitismus-Vorwurf. Juden, Israel und die Risiken öffentlicher Kritik. In: Rabinovici, Doron u.a. (Hg.): Neuer Antisemitismus? Eine globale Debatte. Suhrkamp 2004. S. 60-92, hier S. 87.

318 Thomas Steinfeld wird hier zitiert nach Rensmann, Lars: Demokratie und Judenbild. Antisemitismus in der politischen Kultur der Bundesrepublik Deutschland, Verlag für Sozialwissenschaften 2004, S. 408.

319 Vgl. Nölle-Neumann, Elisabeth: Die Schweigespirale. Öffentliche Meinung - unsere soziale Haut. München 2001.

320 Ein besonders frappantes Beispiel stellt hier einmal mehr Lars Rensmann dar. Der schildert die Situation in der Möllemann-Debatte wie folgt: »In der Tat zeigen sich buchstäblich Tausende von antisemitischen Angriffen auf dem Internet-Forum der FDP und ihrer Bundestagsfraktion, zumeit mit kompletten Namen und oftmals auch mit Anschrift und akademischen Titeln versehen, nachdrücklich „unzensiert" durch die Forums-Redaktion, was auf ein Sinken der subjektiv empfundenen Scham- und Opportunitätsgrenze verweist«. Rensmann kann auf seine Zählung tausender antisemitischer Angriffe natürlich nur kommen, wenn er jeden Unterstützer Möllemanns (etwa aufgrund der Auffassung, daß dessen Äußerungen gar nicht judenfeindlich seien) selbst wiederum des Antisemitismus bezichtigt. Aus einer Gemeinschaft von Menschen, die für Meinungsfreiheit und eine offene Debatte eintreten, wird in dieser Lesart eine Gemeinschaft von Judenhassern.

321 Auch Lars Rensmann möchte das Holocaust-Mahnmal offenbar allein jüdischen Opfern zugestehen. So attackiert er den CDU/CSU-Abgeordneten Norbert Lammert, der sich für eine Integration auch der anderen Opfer ausspricht, damit, dass dieser »die Ermordung von sechs Millionen Juden zum Leiden „einer Opfergruppe"« miniaturisiere.

Nach dieser Logik verharmlost jeder, der auch nichtjüdische Opfer anerkennen möchte, den Holocaust. Diese Argumentation ist nicht frei von einer gewissen Perfidie. - Vgl. Rensmann, Lars: Demokratie und Judenbild. Antisemitismus in der politischen Kultur der Bundesrepublik Deutsch-land, Verlag für Sozialwissenschaften 2004, S. 420. Kritiker wenden demgegenüber ein, dass es zu einer „Hierarchie der Opfer" komme, einer neuen Form von Selektion. Afrikanische Autoren wiederum erheben den Vorwurf des Ethnozentrismus (fast kann man von Rassismus sprechen), wenn allein dem Völkermord in Europa eine singuläre Sonderstellung zugewiesen werde. Hierin treffen sie sich mit der Empörung Norman Finkelsteins. Beide Seiten zeigen sich also über die Moral der jeweils anderen hochentrüstet. – Vgl. Claus Leggewie und Erik Meyer: „Ein Ort, an den man gerne geht". Das Holocaust-Mahnmal und die deutsche Geschichtspolitik nach 1989. Hanser 2005, S. 66 und 334-335.

322 Zitiert nach Groth, Klaus und Schäfer, Joachim: Stigmatisiert. Der Terror der Gutmenschen, Unna 2003, Seite 181. Vgl. als Dokumentation zur Mahnmal-Debatte vorallem Claus Leggewies und Erik Meyers: „Ein Ort, an den man gerne geht", Hanser 2005.

323 http://www.spiegel.de/politik/deutschland/0,1518,274612,00.html

324 Dies tun etwa auch Michael Wolffsohn und Uwe Puschner: »Nach dem Holocaust erfolgte aus schlechtem Gewissen, wohlmeinend, eine Fast-Heiligsprechung von Juden, Judentum und Israel. Das schadet allen: Juden, Judentum, Israel und nicht zuletzt den Deutschen.« (Vgl. Wolffsohn, Michael und Puschner, Uwe: Geschichte der Juden in Deutschland. Quellen und Kontroversen. Bayerischer Schulbuch-Verlag 1992, S. 318.) Was den Überlebenden des Holocaust und ihren Angehörigen tatsächlich entgegenzubringen ist, das sind natürlich Einfühlsamkeit und Respekt.

325 Hierzu bemerkt Marschall B. Rosenberg, der Begründer der Gewaltfreien Kommunikation: »Wir nennen einen Menschen antisemitisch oder rassistisch, aber was haben wir davon? Dann bewegen wir uns doch in den gleichen Denkmustern wie er. (...) Die Ironie an der Sache ist ja, daß ich mit ihm in dem Moment genau das mache, was er mit Leuten macht, die jüdisch sind.« (Vgl. Marshall B. Rosenberg in: Marshall B. Rosenberg und Gabriele Seils: Konflikte lösen durch Gewaltfreie Kommunikation. Herder 2004, S. 59.) Wohlgemerkt: Dieses Argument gilt auch in jenen Fällen, in denen der Antisemitismusvorwurf seine Berechtigung hat!

326 So argumentiert zumindest der Antisemitismusforscher John Gagliardo in Hermann Kurthens »Antisemitism and Xenophobia in United Germany«, New York, Oxford 1997.

327 Pott, a.a.O., S. 89.

328 Kurthen, Hermann: Antisemitism and Xenophobia in United Germany. How the Burden of the Past Affects the Present. In: Kurthen, Hermann, Bergmann, Werner und Erb, Rainer: Antisemitism and Xenophobia in Germany after Unification. New York, Oxford 1997, S. 61.

329 http://www.normanfinkelstein.com/id129.htm.

330 Höfer, Max: Meinungsführer, Denker, Visionäre. Eichborn 2005, S. 268.

1. Chronologie der Geschehnisse um Martin Hohmanns Rede zum Tag der Deutschen Einheit

Der Übersicht halber erfolgt hier eine Chronologie der Ereignisse in der Affäre um Martin Hohmann. Sie orientiert sich in weiten Teilen an Fritz Schenks lesenswertem Buch »Der Fall Hohmann. Eine Dokumentation«. Die ersten beiden Einträge dieser Chronologie sollen helfen, Hohmanns Hintergrund etwas näher zu beleuchten:

23. Februar 2000: Auf eine parlamentarische Anfrage des CDU-Bundestagsabgeordneten Martin Hohmann gibt die deutsche Bundesregierung zu, daß lediglich 15 Prozent der an die *Jewish Claims Conference* ausgehändigten Entschädigungszahlungen für Holocaust-Überlebende den eigentlichen Opfern der Verfolgung durch die Nationalsozialisten zugute kämen.

6. Juni 2003: Hohmann hält anläßlich des Abschlusses des Staatsvertrages zwischen der Bundesrepublik und dem Zentralrat der Juden in Deutschland in der Debatte die Schlußrede. Er befindet darin:

> »Juden gehören seit Jahrhunderten zu uns. Unser aller Wunsch ist: So soll es wieder werden. (...) Wir haben bei der Zuwanderung nach Deutschland jetzt sogar die Situation, daß erstmals mehr Juden nach Deutschland gekommen sind als nach Israel. Das (...) ist ein sehr positives, gutes Zeichen. (...) Die Juden sind - ich spreche als Christ - unsere weit älteren Brüder und Schwestern. Sie waren sozusagen Gottes erste Liebe. (...) Ziel des Vertrages mit dem Zentralrat der Juden ist (...), jüdische Identität sowie jüdisches kulturelles und religiöses Leben, also Jüdischkeit, in Deutschland langfristig zu sichern.«

3. Oktober 2003: Hohmann hält im hessischen Neuhof eine Rede zum Tag der deutschen Einheit. Eine ihrer Kernaussagen ist, daß weder Deutsche noch Juden als Tätervolk zu bezeichnen seien, obwohl sich in beiden Gruppen auch Verbrecher fänden. Die Rede erhält Applaus, keiner der Zuhörer beanstandet sie. Ihr Text wird von der Partei ins Internet gestellt.

30. Oktober 2003: Die *ARD-Tagesschau* vermeldet, daß sich Hohmann »nach Ansicht von Kritikern (...) in die Nähe von Antisemitismus gebracht« habe, indem er im Zusammenhang mit Juden Begriffe wie »Täterschaft« und »Tätervolk« verwendet habe. Dieter Graumann als Sprecher der jüdischen Gemeinde in Frankfurt befindet in diesem Beitrag, der Antisemitismus sei in Deutschland offenbar über die Stammtische hinweggewandert und mitten im deutschen Bundestag angekommen. CDU-Generalsekretär Meyer distanziert sich von der Rede als »unerträglich«. In den *Tagesthemen* am selben Abend rangiert die Rede zum Spitzenthema. Hohmann sei »schon mehrfach wegen rechtsradikaler Äußerungen aufgefallen«. Die CDU-Parteiführung stehe unter Schock und fordere eine Entschuldigung. Die Online-Ausgabe der *Tagesschau* schlagzeilt: »CDU-Abgeordneter nennt Juden „Tätervolk"«.

31. Oktober 2003: Die Presse greift den Fall auf. So übernehmen Berliner *Tagesspiegel* und *Welt* die Behauptung der *Tagesschau*-Online-Ausgabe in ihrer Schlagzeile; die *Berliner Zeitung* titelt »CDU-Abgeordneter hält antisemitische Rede«. Das ehemalige SED-Zentralorgan *Neues Deutschland* behauptet: »Abgeordneter der CDU hetzt gegen Juden«. Am Abend windet sich die *Tagesschau* mit einer kühnen Formulierung aus ihrer Verfälschung von Hohmanns Worten: »Wirklich zurücknehmen wollte er von seiner Rede nichts, nur so viel: Juden und Deutsche sind kein Tätervolk.« Jürgen Rüttgers als Vorsitzender der nordrheinwestfälischen CDU fordert, Hohmann solle seine Äußerung zurücknehmen oder zurücktreten.

1. November: Die *Berliner Zeitung* schlagzeilt »Empörung über antijüdische Hetze«. Paul Spiegel erwägt als Präsident des Zentralrats der Juden öffentlich, ob man gegen Hohmann wegen Volksverhetzung vorgehen solle. Der ehemalige CDU-Generalsekretär Polenz erwägt ein Parteiordnungsverfahren gegen Hohmann: »Ich bin schockiert und erschüttert. Hohmann hat sich der Hetzsprache der Nationalsozialisten bedient.« Nach einem Gespräch mit dem hessischen Ministerpräsidenten Roland Koch (CDU) stellt Hohmann noch einmal ausdrücklich klar: »Es war nicht meine Absicht, die Juden als Tätervolk zu bezeichnen. Wenn gleichwohl ein anderer Eindruck entstanden ist, entschuldige ich mich dafür ganz ausdrücklich und bedauere es, wenn ich dadurch Gefühle verletzt habe.«

2. November: Die *Bild am Sonntag* vermeldet: »Trotz schlimmer antijüdischer Ausfälle - Skandalpolitiker Hohmann darf vorerst in der CDU-Fraktion bleiben.« Und weiter: »Hetzer Hohmann« habe die Juden »als Tätervolk bezeichnet und direkt mit den Nazimördern verglichen.«

3. November: Präsidium und Bundesvorstand der CDU beraten über denkbare Konsequenzen für Hohmann. Obwohl der *tageszeitung* zufolge nicht allen Anwesenden der Inhalt Hohmanns Rede bekannt war, erhält Hohmann eine Rüge, weitere Sanktionen werden erwogen. Hohmann akzeptiert dies und distanziert sich von den umstrittenen Passagen seiner Rede. Der Zentralrat der Juden kündigt eine Strafanzeige gegen Hohmann an.

4. November: Das *ZDF*-Magazin *Frontal 21* berichtet über einen Brief des Bundeswehr-Brigadegenerals Reinhard Günzel an Hohmann, in dem Günzel Hohmanns Rede lobt. Schon am Vormittag wird die Presse darüber informiert. Ohne Günzel zur Sache gehört zu haben, verkündet Verteidigungsminster Struck noch am selben Abend: »Es handelt sich um einen einzelnen, verwirrten General, der einem noch verwirrteren CDU-Abgeordneten aufgesessen ist.«

5. November: Günzel wird unehrenhaft aus seinem Dienst entlassen. »Hohmann hat Günzel auf dem Gewissen« erklärt daraufhin der CSU-Verteidigungsexperte Raidel.

6. November: Innenminister Schily erklärt, falls Hohmann aus dem Bundestag ausscheiden sollte, werde ihm die Rückkehr zu seinem früheren Arbeitgeber, dem Bundeskriminalamt, verwehrt. Der EKD-Ratsvorsitzende Huber bezeichnet Hohmanns Rede als »Fortsetzung antisemitischer Denkweise schlimmster Sorte«. Der israelische Botschafter Stein erklärt, wenn Hohmann nicht freiwillig dieselben Konsequenzen ziehe wie fünfzehn Jahre zuvor Philip Jenninger, müsse man ihn dazu zwingen.

7. November: Die *Junge Freiheit* dokumentiert als einzige deutsche Zeitung den vollständigen Text der Hohmann-Rede, jeder Leser kann sich über den Zusammenhang ein eigenes Urteil bilden. In einem Interview erkennt die jüdisch-russische Intellektuelle Sonja Margolina Diskussionsverbote als eigentliche Ursache solcher und ähnlicher Affären:

»Natürlich, immer gibt es sofort Entrüstung und Verurteilung statt Diskussion - der Sünder wird entsorgt, danach Schwamm drüber. Kein Wunder, wenn das immer wieder in regelmäßigen Zeitabständen ausbricht. (...) Ich befürchte sogar, dass es in puncto Meinungsfreiheit in Deutschland in Zukunft noch schlimmer werden wird, weil die Jugend konformistisch erzogen wird. (...) Es ist nicht hinnehmbar, wenn Leute durch das auch nur leiseste Äußern eines Antisemitismusverdachts - der hierzulande mit jeder Kritik an einem Juden gleichgesetzt wird - gesellschaftlichen oder sozialen Repressionen ausgesetzt werden.«

Ähnlich wie zuvor jüdische Fürsprecher Möllemanns erhält auch Margolina in anderen Medien keine Gelegenheit, ihren Standpunkt darzulegen.

9. November: Jahrestag der »Reichskristallnacht« 1938. Die US-amerikanische *New York Post* ruft im Zusammenhang mit der Hohmann-Rede dazu auf, deutsche Waren zu boykottieren. Paul Spiegel verkündet anläßlich der Grundsteinlegung für das Jüdische Zentrum in München vor Journalisten aus In- und Ausland: »Es ist unerträglich, dass im Deutschen Bundestag jemand Sitz und Stimme hat, der rechtsextremes Gedankengut verbreitet.« Salomon Korn, Vizepräsident des Zentralrats der Juden in Deutschland und Vorsitzender der Jüdischen Gemeinde in Frankfurt, fordert bei einer Gedenkveranstaltung in einer Synagoge von Roland Koch eine »deutliche Reaktion« gegen Hohmann, da dieser das Recht verwirkt habe, die Interessen des deutschen Volkes zu vertreten. Als Koch erwidert, er halte den Fall für erledigt und wolle rechte Gesinnungen lieber in den eigenen Reihen bekämpfen, verlassen mehrere Dutzend Juden die Synagoge. In der *ARD*-Talkshow *Sabine Christiansen* erkennt der jüdisch-amerikanische Historiker Finkelstein in der Hohmann-Debatte »orchestrierte Hysterie«. Der Begriff »Antisemitismus« werde mißbraucht, und die Herausforderung für das deutsche Volk läge jetzt darin, sich von moralischer Erpressung nicht einschüchtern zu lassen, sondern wahre Zivilcourage zu zeigen.

10. November: Angela Merkel kündigt an, Hohmann aus der Fraktion auszuschließen. Als Begründung wird *Bild* am folgenden Tag vermelden, der »Hetzer sei nicht bereit gewesen, sich von seinen antisemitischen Äußerungen innerlich zu lösen.«

11. November: Hans Joachim Meyer, Präsident des Zentralkomitees der deutschen Katholiken und CDU-Politiker, zeigt sich über das angebliche »Gebräu antisemitischer Vorurteile« in Hohmanns Rede »entsetzt und fassungslos« und unterstützt deshalb dessen Ausschluß aus der Fraktion. Angela Merkel bringt in die Fraktionssitzung einen entsprechenden Antrag ein; Hohmann erhält dort die Gelegenheit zu einer persönlichen Erklärung und bekundet: »Ich möchte alles tun, damit die von mir hervorgerufenen Verletzungen geheilt werden, und bitte nochmals um Verzeihung.«

12. November: Die *Frankfurter Allgemeine Zeitung* druckt erstmals zwei Leserbriefe, deren Schreiber für Hohmann Stellung beziehen - nachdem das Blatt zwei Wochen lang Hunderte solcher Zuschriften erhalten haben soll. Der Fernsehsender *ntv* gibt die Ergebnisse einer Umfrage bekannt, derzufolge nur 9 Prozent der Teilnehmer befanden, Hohmann habe sein Bundestagsmandat niederzulegen. Eine ähnlich starke Mehrheit für Hohmann wird am nächsten Tag eine Umfrage der *Fuldaer Zeitung* vermelden.

13. November: Die *Welt* berichtet, daß sich in einer Flut von Briefen, Anrufen und Mails der CDU-Basis wie der restlichen Bevölkerung 95 Prozent vehement für Martin Hohmann einsetzen und über den Umgang mit ihm empört sind. Täglich gingen in der Fraktion tausende von Protesten ein: »Noch nie, so urteilt ein Unionspolitiker am Donnerstag kühl, war die Distanz zwischen dem, was die politische Klasse will, und dem, was die Bevölkerung (...) für richtig hält, so sichtbar wie hier.« Am selben Tag distanziert sich Kardinal Lehmann als Vorsitzender der Deutschen Bischofskonferenz gegenüber der *Jewish Claims Conference* von Hohmanns Rede.

14. November: Die »Initiative kritische Solidarität mit Martin Hohmann«, als deren Sprecher der ehemalige ZDF-Redakteur Fritz Schenk auftreten wird, wendet sich in großformatigen Zeitungsanzeigen gegen Ausschlußverfahren für Hohmann und appelliert für eine offene und faire Debatte. In den nächsten Monaten werden über 6000 Menschen diesen Appell unterzeichnen.
Gleichzeitig wirken Journalisten weiter auf den Fraktionsausschluß Hohmanns hin: »Antisemiten haben in dieser Gesellschaft keine Chance« verkündet etwa Jörg Quoos in *Bild*: »Und wer judenfeindliche Sprüche

klopft, verliert Amt und Ansehen. Herr Hohmann wird das heute bitter erfahren.« Die *Westdeutsche Allgemeine Zeitung* vergleicht Hohmann mit Goebbels und beharrt entgegen dem tatsächlichen Sachverhalt darauf, die Medien hätten seine Rede keineswegs verkürzt wiedergegeben.
Angela Merkel kann sich mit dem von ihr beantragten Fraktionsausschuß Hohmanns durchsetzen. Allerdings folgt ihr ein Fünftel der Fraktion nicht.

28. November: Laut einer Befragung des *ZDF-Politbarometers* halten 46 Prozent der Unionsanhänger das Vorgehen gegen Hohmann für falsch. Die Medienberichterstattung über das Thema reißt inzwischen weitestgehend ab. Der Unmut in der Bevölkerung kann sich fast nur noch in Internet-Foren öffentlich äußern.

2. Dezember: Das *Haller Tagblatt* berichtet, die Verlegerwitwe Friede Springer habe der CDU-Vorsitzenden Angela Merkel damit gedroht, die *Bild*-Kampagne gegen »Hetzer Hohmann« noch über Wochen fortzusetzen, wenn Merkel gegen diesen keinen harten Kurs einschlage.

5. Februar 2004: Die Staatsanwaltschaft des Landgerichts Fulda entscheidet, auf die Strafanzeigen unter anderem des Zentralrats wegen Volksverhetzung kein Ermittlungsverfahren gegen Hohmann einzuleiten, da in der Rede keine Straftatbestände verwirklicht seien. Hohmann habe vielmehr festgestellt, daß weder die Deutschen noch die Juden ein »Tätervolk« seien. Auch habe er in längeren Passagen die Einzigartigkeit des Holocaust ebenso betont wie daß die Mehrheit der Deutschen sich zu einer Wiedergutmachung ausdrücklich bekenne, auch wenn diese unermeßliches Leid nicht ungeschehen machen könne. Ähnlich wie zuvor bei Jürgen Möllemann erhält diese Entscheidung weit weniger Medienecho als die Strafanzeige selbst. Die *Frankfurter Allgemeine* etwa widmet Hohmanns richterlicher Rehabilitierung zwölf verwässert formulierte Zeilen im Lokalteil: »Hohmann habe sich nicht mit der nationalsozialistischen Ideologie identifizieren wollen.«

10. März: Laut Verfügung des Oberlandgerichts Frankfurt am Main muß das Magazin *Stern* die Behauptung unterlassen, Hohmann habe die Juden als »Tätervolk« bezeichnet.

13. Mai: Eine Beschwerde unter anderem des Landesverbandes der jüdischen Gemeinden Hessens und des Zentralrats der Juden in Deutschland gegen das Urteil vom 5. Februar 2004 wird von der Generalstaatsanwaltschaft Frankfurt am Main zurückgewiesen. Sie sehe keine Straftatbestände Hohmanns verwirklicht. Damit wird es kein Strafverfahren gegen ihn geben.

20. Juni: Martin Hohmann wird aus der CDU ausgeschlossen. Der *Fuldaer Zeitung* vom nächsten Tag zufolge sprach der CDU-Gemeindeverbandsvorsitzende Franz-Josef Adam von einer »politischen Verfolgung« und »politisch-moralischen Vernichtung« des Abgeordneten: »Wer für Hohmann war, der wurde geklopft.« In derselben Ausgabe findet sich eine Stellungnahme Linde Weilands, der Vorsitzenden der Jüdischen Gemeinde Fulda: »Es lag mir nie daran, dass Martin Hohmann aus einer demokratischen Basispartei ausgeschlossen wird.« Allerdings habe die Entscheidung des Landesparteigerichts ihren Verdacht bestätigt, daß sich Hohmann noch einiges andere habe zuschulden kommen lassen, was nicht an die Öffentlichkeit gedrungen sei.

1. Juli: Martin Hohmann wird als Ehrengast der Rabbinerkonferenz in Wien empfangen. Oberrabiner Moishe Ayre Friedman erklärt in seiner Ansprache im Namen der »thoratreuen Juden«, daß diese Hohmanns »Analyse nur unterstützen können«. Zugleich appellierte Friedman an die CDU-CSU-Fraktion, »das ungeheure Unrecht, das gegenüber Dr. Martin Hohmann begangen wurde, wiedergutzumachen, seinen hervorragenden Namen wiederherzustellen und ihn als Politiker und Repräsentanten seines Heimatkreises voll zu rehabilitieren«.

3. Oktober: Martin Hohmann engagiert sich in seiner Neuhofer Rede zum Tag der deutschen Einheit für General Reinhard Günzel und den Erhalt der Meinungsfreiheit.

4. November: Das Bundesparteigericht der CDU bestätigt den Ausschluß Hohmanns aus der Union und weist damit eine Beschwerde Hohmanns gegen einen gleichlautenden Beschluß des hessischen Landesparteigerichts vom 6. Juli 2004 zurück. Einer der fünf Richter, der stellvertretende Vorsitzende Friedrich Wilhelm Siebeke, formuliert aber auf 17 Sei-

ten eine abweichende Meinung aus. Dabei gelangt Siebeke zu dem Fazit: »Die Erstreckung des auf eine irreführende Schlagzeile verkürzten Aussagegehalts der Rede auf die eingetretenen Folgen, den Medienwirbel, wird man dem Antragsgegner nicht zum Vorwurf machen können. Er brauchte nicht damit zu rechnen, daß seine eingehenden Darlegungen in einer isolierten Falschmeldung der deutschen Öffentlichkeit zur Kenntnis gebracht wird. (...) Der Antragsgegner hat (...) das Gegenteil von dem gesagt, was ihm in den Medienmeldungen unterstellt worden ist. (...) Im Hinblick auf die deutsche Geschichte und ihre Verstrickung in die damit unauflösbar verbundenen nationalsozialistischen Greuel war die Rede tadelnswert. Dieser Tadel ist von der Parteiführung mehrfach ausgesprochen und vom Antragsgegner auch akzeptiert worden. Der Antragsgegner hat sich von seinem Fehlverhalten deutlich distanziert und sich wiederholt in für die Öffentlichkeit bestimmten Erklärungen entschuldigt. Die von der Mehrheit gezogene Konsequenz eines Ausschlusses eines in der Partei verwurzelten Wertkonservativen, steht indessen, wie aufgezeigt, außerhalb der bisherigen Rechtsprechung des Bundesparteigerichts und ist als eine Übermaßreaktion zu werten.« Eine solche demonstrativ abweichende Feststellung hatte es in der Geschichte der Union nie zuvor gegeben. Hohmann kündigt einen Gang vor das Bundesverfassungsgericht an.

25. Januar 2005: Ein Kreisverband der Jungen Union Mecklenburg-Vorpommern läd Martin Hohmann auf Druck des Zentralrats der Juden in Deutschland, mehrerer Medienorgane und schließlich des JU-Bundesvorsitzenden sowie des CDU-Landesvorsitzenden von einer Veranstaltung wieder aus, auf der Hohmann über »Die Entwicklung des CDU-Zeitgeistes« referieren sollte. Der Kreisvorsitzende Steffen Bokunewitz sieht sich zum Rücktritt veranlaßt.

Februar 2005: Der *WDR*, *Spiegel-Online*, *Bild.T-online* und andere Medienorgane verpflichten sich Hohmann gegenüber, die Behauptung zu unterlassen, er habe in seiner umstrittenen Rede Juden als Tätervolk bezeichnet.

2. Martin Hohmanns Rede im Wortlaut

Zur Dokumentation hier die umstrittene Rede Martin Hohmanns, gehalten am 3. Oktober 2003 in dem hessischen Neuhof und später veröffentlicht auf Hohmanns Website im Internet:

Wir wollen uns über das Thema »Gerechtigkeit für Deutschland«, über unser Volk und seine etwas schwierige Beziehung zu sich selbst einige Gedanken machen. Wir halten uns nicht zu lange mit vordergründigen Erscheinungen auf. Aber es ist halt schon merkwürdig, und viele Deutsche nehmen daran Anstoß, daß ein verurteilter türkischer Mordanstifter nach Verbüßung seiner Haftstrafe nicht in sein türkisches Heimatland ausgewiesen werden kann. Ein deutsches Gericht legt deutsche Gesetze so aus, daß der sogenannte Kalif von Köln sich nicht zur Rückreise in die Türkei, sondern zum weiteren Bezug deutscher Sozialhilfe gezwungen sieht.

Da deckt eine große Boulevard-Zeitung den Fall des Miami-Rolf auf. Dieser mittellose deutsche Rentner erhielt vom Landessozialamt Niedersachsen den Lebensunterhalt, die Miete nebst Kosten für eine Putzfrau, zusammen 1.425,- Euro monatlich ins warme Florida überwiesen. Das ist derzeit noch ganz legal, denn nach § 119 Bundessozialhilfegesetz können deutsche Staatsbürger auch im Ausland Sozialhilfe erhalten, wenn schwerwiegende Umstände einer Rückkehr entgegenstehen. In einem psychiatrischen Gutachten war festgestellt worden, Rolf J. sei in seinem »gewohnten Umfeld« in Florida besser aufgehoben. Er kann dort von seinen amerikanischen Freunden eher »aufgefangen« werden.

Vor kurzem wurde eine Hessische Kreisverwaltung dazu verdonnert, einem 54jährigen Sozialhilfeempfänger das Potenzmittel »Viagra« nicht grundsätzlich zu verweigern. Vor dem Hintergrund der beiden letztgenannten Fälle schreibt die Zeitung »*Das freie Wort*« aus Suhl: »Viagra aus Staatsknete war gestern, aber heute gibt es die Deutschland-Allergie.« Die *Oldenburgische Nordwestzeitung* empfiehlt: »Deutsche, laßt die Arbeit liegen, ab ins Paradies.« Treffend bemerkt die »*Deister- und Weserzeitung*«: »Wut und Entsetzen kocht da hoch.«

Viele von Ihnen kennen ähnliche Beispiele, in denen der gewährende deutsche Sozialstaat oder der viele Rechtswege eröffnende Rechtsstaat gnadenlos ausgenutzt werden. Dabei hat der einzelne, den man früher

Schmarotzer genannt hätte, in der Regel kein schlechtes Gewissen. Wohlmeinende Sozialpolitiker aller Couleur haben das individuelle Anspruchsdenken kräftig gestärkt, man kann sogar sagen verselbständigt. Dabei ist ganz aus dem Blick geraten, daß all diese Sozialhilfe-Euros vorher von anderen hart erarbeitet oder per Staatskredit der jungen Generation aufgebürdet werden müssen. Bei der Abwägung von Rechten und Pflichten wurden die Rechte des Einzelnen groß heraus-, die Pflichten des Einzelnen aber hintangestellt. Wie viele Menschen in Deutschland klopfen ihre Pläne und Taten auch darauf ab, ob sie nicht nur eigennützig, sondern auch gemeinschaftsnützig sind, sie der Gemeinschaft nützen, ob sie unser Land voranbringen?

Das Wir-Denken, die Gemeinschaftsbezogenheit, müssen aber zweifellos gestärkt werden. Bitter für uns, daß diese schwierige Übung ausgerechnet in einer Zeit wirtschaftlicher Stagnation von uns verlangt wird. Die Zahl der bereits erfolgten Einschränkungen ist nicht gering, die Zahl der künftigen - dazu muß man kein Prophet sein - wird noch größer sein. Die große Mehrheit der Bevölkerung verschließt sich einem Sparkurs nicht. Allerdings wird eines verlangt: Gerecht muß es zugehen. Wenn erfolglose Manager sich Abfindungen in zweistelligem Millionenbereich auszahlen lassen, fehlt nicht nur dem unverschuldet Arbeitslosen dafür jegliches Verständnis. Nun könnte man diese horrenden Abfindungen noch als Auswüchse des sogenannten kapitalistischen Systems bewerten und mit der gleichen Praxis in den Vereinigten Staaten entschuldigen. Aber besonders auch im Verhältnis zum eigenen Staat erahnen viele Deutsche Gerechtigkeitslücken. Sie haben das Gefühl, als normaler Deutscher schlechter behandelt zu werden als andere. Wer seine staatsbürgerlichen Pflichten erfüllt, fleißig arbeitet und Kinder großzieht, kann dafür in Deutschland kein Lob erwarten, im Gegenteil, er fühlt sich eher als der Dumme. Bei ihm nämlich kann der chronisch klamme Staat seine leeren Kassen auffüllen.

Leider, meine Damen und Herren, kann ich den Verdacht, daß man als Deutscher in Deutschland keine Vorzugsbehandlung zu genießt, nicht entkräften. Im Gegenteil. Ich habe drei Anfragen an die Bundesregierung gestellt:

1. Ist die Bundesregierung angesichts der Wirtschaftsentwicklung und des Rückgangs der Staatseinnahmen bereit, ihre Zahlungen an die Euro-

päische Union zu verringern? Die Antwort war: Die deutsche Verpflichtung gegenüber der Europäischen Union wird ohne Abstriche eingehalten.

2. Ist die Bundesregierung bereit, sich auch für deutsche Zwangsarbeiter einzusetzen, nachdem für ausländische und jüdische Zwangsarbeiter 10 Milliarden DM zur Verfügung gestellt worden sind? Die Antwort war: Man könne die beiden Fälle nicht vergleichen. Die Bundesregierung wird sich gegenüber Rußland, Polen und der Tschechischen Republik auch nicht für eine symbolische Entschädigung und ein Zeichen der Genugtuung für die deutschen Zwangsarbeiter einsetzen.

3. Ist die Bundesregierung angesichts der Wirtschaftsentwicklung und des Rückgangs der Steuereinnahmen bereit, ihre Entschädigungszahlungen nach dem Bundesentschädigungsgesetz (also an - vor allem jüdische - Opfer des Nationalsozialismus) der gesunkenen Leistungsfähigkeit des deutschen Staates anzupassen? Die Antwort war: Nein, der Respekt vor dem damaligen Leiden dieser Menschen gebiete, das Entschädigungsniveau uneingeschränkt aufrechtzuerhalten.

Mich haben diese Antworten nachdenklich gemacht und sie bestätigen die in unserem Land weitverbreitete Anschauung: Erst kommen die anderen, dann wir. Überspitzt gesagt: Hauptsache, die deutschen Zahlungen gehen auf Auslandskonten pünktlich und ungeschmälert ein. Dafür müssen die Deutschen den Gürtel halt noch ein wenig enger schnallen.

Offengestanden, ich würde mir einen Konsens wünschen, wie er in vielen anderen Ländern der Welt besteht. Dort lautet dieser Konsens: Der eigene Staat muß in erster Linie für die eigenen Staatsbürger da sein. Wenn schon eine Bevorzugung der Deutschen als nicht möglich oder nicht opportun erscheint, dann erbitte ich wenigstens Gleichbehandlung von Ausländern und Deutschen.

Fragt man nach den Ursachen dieser Schieflage, so werden viele antworten: Das liegt an der deutschen Geschichte.

Meine Damen und Herren, kein Kundiger und Denkender kann ernsthaft den Versuch unternehmen, deutsche Geschichte weißzuwaschen oder vergessen zu machen. Nein. Wir alle kennen die verheerenden und einzigartigen Untaten, die auf Hitlers Geheiß begangen wurden. Hitler, als Vollstrecker des Bösen, und mit ihm die Deutschen schlechthin, sind gleichsam zum Negativsymbol des letzten Jahrhunderts geworden. Man spricht von einer »Vergangenheit, die nicht vergehen will«. Man räumt dem Phänomen

Hitler auch heute noch in öffentlichen Darstellungen eine ungewöhnlich hohe Präsenz ein. Tausende von eher minderwertigen Filmen sorgen vor allem im angelsächsischen Ausland dafür, das Klischee vom dümmlichen, brutalen und verbrecherischen deutschen Soldaten wachzuhalten und zu erneuern.

Wird hingegen darauf hingewiesen, auch Deutsche seien im letzten Jahrhundert im großen Stil Opfer fremder Gewalt geworden, so gilt das schon als Tabubruch. Die Diskussion um das Zentrum gegen Vertreibungen belegt dies eindrucksvoll. Da wird dann gleich die Gefahr des Aufrechnens beschworen. Auf die Verursachung des Zweiten Weltkrieges durch das Hitlerregime wird verwiesen. In einem Interview hat unlängst Hans-Olaf Henkel, der Vizepräsident des Bundesverbandes der deutschen Industrie das Faktum und die Folgen dieser negativen Vergangenheitsbezogenheit auf den Punkt gebracht. Er sagte: » Unsere Erbsünde lähmt das Land.« (HÖR ZU 21/2003, Seite 16 ff).

Immer wieder erfahren wir, wie stark die 12 Jahre der NS-Vergangenheit bis in unsere Tage wirksam sind. Fast möchte man sagen, je länger die Nazidiktatur zurückliegt, desto wirkmächtiger wird der Hitlersche Ungeist. Das Häufchen seiner Adepten am rechtsextremen Rand der politischen Szene ist nicht zu verharmlosen. Die abstoßende Aggressivität ihrer öffentlichen Auftritte sorgt aber in der Regel für begrenzte Anhängerschaft im heutigen demokratischen Deutschland. An der Wahlurne erteilen die deutschen Wähler diesen Dumpfbacken jeweils eine klarere Abfuhr, als das in vergleichbaren Nachbarländern geschieht. So gesehen ist das Scheitern des NPD-Verbotes von Vorteil, weil nicht das Verfassungsgericht, sondern der deutsche Souverän, das Wahlvolk sein Urteil über den braunen Abhub spricht.

Dieser aktuell zu beobachtende, tagespolitisch aktive Teil des braunen Erbes gehört zu den unangenehmen, aber wohl unumgänglichen Erscheinungen einer parlamentarischen Demokratie. Der Narrensaum am rechten und linken Rand des politischen Spektrums muß politisch und, wo Strafgesetze verletzt werden, mit justiziellen Mitteln bekämpft werden. Im erfolgreichen Kampf gegen gewaltsame Extremisten haben sich unsere Staatsschutzorgane bewährt und in Krisen, wie den blutigen RAF-Terrorismus der 70er Jahre, unser Vertrauen erworben.

Nicht die braunen Horden, die sich unter den Symbolen des Guten sammeln, machen tiefe Sorgen. Schwere Sorgen macht eine allgegenwärtige Mutzerstörung im nationalen Selbstbewußtsein, die durch Hitlers Nachwirkungen ausgelöst wurde. Das durch ihn veranlaßte Verbrechen der industrialisierten Vernichtung von Menschen, besonders der europäischen Juden, lastet auf der deutschen Geschichte. Die Schuld von Vorfahren an diesem Menschheitsverbrechen hat fast zu einer neuen Selbstdefinition der Deutschen geführt. Trotz der allseitigen Beteuerungen, daß es Kollektivschuld nicht gebe, trotz nuancierter Wortneuschöpfungen wie »Kollektivverantwortung« oder »Kollektivscham«: Im Kern bleibt der Vorwurf: die Deutschen sind das »Tätervolk«.

Jede andere Nation neigt eher dazu, die dunklen Seiten ihrer Geschichte in ein günstigeres Licht zu rücken. Vor beschämenden Ereignissen werden Sichtschutzblenden aufgestellt. Bei den anderen wird umgedeutet. Paradebeispiel für Umdeutung ist die Darstellung der französischen Revolution. Da ist das große Massaker in Paris und den Provinzen, besonders in der Vendee. Da ist die anschließende Machtübernahme durch einen Alleinherrscher, dessen Eroberungskriegszüge millionenfachen Tod über Europa brachten. Die Mehrheit französischer und außerfranzösischer Stimmen beschreiben dennoch die Revolution mit ihrem Terror als emanzipatorischen Akt und Napoleon als milden, aufgeklärten Vater des modernen Europa.

Solche gnädige Neubetrachtung oder Umdeutung wird den Deutschen nicht gestattet. Das verhindert die zur Zeit in Deutschland dominierende politische Klasse und Wissenschaft mit allen Kräften. Sie tun »fast neurotisch auf der deutschen Schuld beharren«, wie Joachim Gauck es am 1.10. 2003 ausgedrückt hat.

Mit geradezu neurotischem Eifer durchforschen immer neue Generationen deutscher Wissenschaftler auch noch die winzigsten Verästelungen der NS-Zeit.

Es verwundert, daß noch keiner den Verzicht auf Messer und Gabel vorgeschlagen hat, wo doch bekanntermaßen diese Instrumente der leiblichen Kräftigung der damaligen Täter dienten. Die Deutschen als Tätervolk. Das ist ein Bild mit großer, international wirksamer Prägekraft geworden. Der Rest der Welt hat sich hingegen in der Rolle der Unschuldslämmer - jedenfalls der relativen Unschuldslämmer - bestens eingerichtet.

Wer diese klare Rollenverteilung - hier die Deutschen als größte Schuldigen aller Zeiten, dort die moralischen überlegenen Nationen - nicht anstandslos akzeptiert, wird Schwierigkeiten erhalten. Schwierig-keiten gerade von denen, die als 68er das »Hinterfragen, das Kritisieren und das Entlarven« mit großem persönlichen Erfolg zu ihrer Haupt-beschäftigung gemacht haben. Einige von den Entlarvern hat es bekanntermaßen bis in höchste Staatsämter getragen.

Meine sehr geehrten Damen und Herren,
um jedem Mißverständnis auszuweichen: Mit Ihnen gemeinsam bin ich für Klarheit und Wahrheit. Es soll, darf nicht verschwiegen und beschönigt werden. »Hehle nimmer mit der Wahrheit, bringt sie Leid, nicht bringt sie Reue«, sagt der Dichter. Ja, das Unangenehme, das Unglaubliche, das Beschämende an der Wahrheit, das gilt es auszuhalten. Wir Deutschen haben es ausgehalten, wir halten es seit Jahrzehnten aus. Aber bei vielen kommt die Frage auf, ob das Übermaß der Wahrheiten über die verbrecherischen und verhängnisvollen 12 Jahre der NS-Diktatur nicht a) instrumentalisiert wird und b) entgegen der volkspädagogischen Erwartung in eine innere Abwehrhaltung umschlagen könnte.

Immer und immer wieder die gleiche schlimme Wahrheit: Das kann, das muß geradezu psychische Schäden bewirken, wie wir aus der Resozialisierungspsychologie wissen.

Schlimm ist es besonders, wenn ein U.S.-amerikanischer Junior-Professor (Daniel Jonah Goldhagen) als Ergebnis seiner Aufklärungsarbeit unser ganzes Volk als »Mörder von Geburt an« bezeichnet. Diese ebenso schrille wie falsche These hat ihm jedoch - besonders in Deutschland - Medienaufmerksamkeit und Autorenhonorar gesichert. Andere Nationen würden ihn mit kalter Verachtung links liegen lassen.

In der Tat lehnen sich gerade jüngere Menschen dagegen auf, für Verfehlungen von Großvätern und Urgroßvätern in Anspruch genommen und mit dem Verdikt »Angehöriger des Tätervolks« belegt zu werden.

Ganz zweifellos steht fest: Das deutsche Volk hat nach den Verbrechen der Hitlerzeit sich in einer einzigartigen, schonungslosen Weise mit diesen beschäftigt, um Vergebung gebeten und im Rahmen des Möglichen eine milliardenschwere Wiedergutmachung geleistet, vor allem gegenüber den Juden. Auf die Verträge zwischen der Bundesrepublik Deutschland und dem Staat Israel unter den Führungspersönlichkeiten Adenauer und Ben

Gurion darf ich verweisen. Zu der damals vereinbarten Wiedergutmachung bekennt sich die Mehrheit der Deutschen ganz ausdrücklich, wobei Leid und Tod in unermeßlichem Maß nicht ungeschehen gemacht werden kann.

Auf diesem Hintergrund stelle ich die provozierende Frage: Gibt es auch beim jüdischen Volk, das wir ausschließlich in der Opferrolle wahrnehmen, eine dunkle Seite in der neueren Geschichte oder waren Juden ausschließlich die Opfer, die Leidtragenden?

Meine Damen und Herren,
es wird Sie überraschen, daß der amerikanische Autokönig Henry Ford 1920 ein Buch mit dem Titel »The International Jew« herausgegeben hat. Dieses Buch hat in den USA eine Auflage von 500.000 Exemplaren erlebt. Es wurde ein Weltbestseller und in 16 Sprachen übersetzt. Darin prangert Ford die Juden generalisierend als »Weltbolschewisten« an. Er vermeinte, einen »alljüdischen Stempel auf dem roten Rußland« ausmachen zu können wo damals die bolschewistische Revolution tobte. Er bezeichnete die Juden in »hervorragendem Maße« als »Revolutionsmacher«. Dabei bezog er sich auf Rußland, Deutschland und Ungarn. Ford brachte in seinem Buch eine angebliche »Wesensgleichheit« von Judentum und Kommunismus bzw. Bolschewismus zum Ausdruck.

Wie kommt Ford zu seinen Thesen, die für unsere Ohren der NS-Propaganda vom »jüdischen Bolschewismus« ähneln? Hören wir, was der Jude Felix Teilhaber 1919 sagt: »Der Sozialismus ist eine jüdische Idee ... Jahrtausende predigten unsere Weisen den Sozialismus.« Damit wird auch ausgedrückt, daß an der Wiege des Kommunismus und Sozialismus jüdische Denker standen. So stammt Karl Marx über beide Eltern von Rabbinern ab. Sein Porträt hing im Wohnzimmer einer jüdischen Frauenfor-scherin, die im übrigen bekennt: »Ich bin damit groß geworden, daß ein jüdischer Mensch sich für soziale Gerechtigkeit einsetzt, progressiv und sozialistisch ist. Sozialismus war unsere Religion.« Immer wieder klingen in den Schriften dieser frühen kommunistischen Zeit quasi religiöse Züge an. Viele der für den Bolschewismus engagierten Juden fühlten sich sozusagen als »gläubige Soldaten der Weltrevolution«. So erwartete Kurt Eisner bereits 1908, die »Religion des Sozialismus« werde die »Verzweiflung des Jammertals« und die »Hoffnungslosigkeit des irdischen Geschicks« überwinden. Leo Rosenberg verherrlicht das Proletariat 1917 gar als »Weltmessias«.

Konkret stellt sich die Frage: Wieviel Juden waren denn nun in den revolutionären Gremien vertreten? Zum siebenköpfigen Politbüro der Bolschewiki gehörten 1917 vier Juden: Leo Trotzki, Leo Kamenjew, Grigori Sinowjew und Grigori Sokolnikow. Die Nichtjuden waren Lenin, Stalin, Bubnow. Unter den 21 Mitgliedern des revolutionären Zentralkomitees in Rußland waren 1917 6 der jüdischen Nationalität an, also 28,6 %. Der überaus hohe Anteil von Juden bei den kommunistischen Gründervätern und den revolutionären Gremien beschränkte sich keineswegs auf die Sowjetunion. Auch Ferdinand Lassalle war Jude ebenso wie Eduard Bernstein und Rosa Luxemburg. 1924 waren von sechs KP-Führern in Deutschland vier und damit zwei Drittel jüdisch. In Wien waren von 137 führenden Austro-Marxisten 81 und somit 60 % jüdisch. Von 48 Volkskommissaren in Ungarn waren 30 jüdisch gewesen. Aber auch bei der revolutionären sowjetischen Geheimpolizei, der Tscheka, waren die jüdischen Anteile außergewöhnlich hoch. Während der jüdische Bevölkerungsanteil 1934 in der Sowjetunion bei etwa 2 % lag, machten die jüdischen Tscheka-Führer immerhin 39 % aus. Jüdisch galt, das sei erläuternd gesagt, in der Sowjetunion als eigene Nationalität. Damit war er höher als der russische Anteil bei der Tscheka mit 36 %. In der Ukraine waren sogar 75 % der Tschekisten Juden.

Diese Feststellung leitet zu einem Kapitel über, das zur damaligen Zeit für ungeheure Empörung gesorgt hat. Der Mord am russischen Zaren und seiner Familie wurde von dem Juden Jakob Swerdlow angeordnet und von dem Juden Chaimowitz Jurowski am Zaren Nikolaus II. eigenhändig vollzogen. Weiter stellt sich die Frage, ob Juden in der kommunistischen Bewegung eher Mitläufer oder Leitungsfunktion hatten. Letzteres trifft zu. Leo Trotzki in der UdSSR, Bela Kun in Ungarn. Nicht zu vergessen die Münchner Räterepublik: Kurt Eisner, Eugen Leviné, Tobias Achselrod und andere Juden waren hier als unbestrittene Führungspersönlichkeiten tätig. Ein großes Aufsehen erregte damals das Eindringen bewaffneter Rotgardisten in die Münchner Nuntiatur des späteren Pacelli-Papstes. Er wurde von den Revolutionären mit einer auf die Brust gehaltenen Pistole bedroht. Auch die Ende April 1919 von Rotgardisten durchgeführte Erschießung von sieben Mitgliedern der »Thule-Gesellschaft«, die in enger Verbindung zur späteren NSDAP stand, zeigt die Entschlossenheit des revolutionären Prozesses. Diese Geiselerschießung, der die Londoner

Times am 5. Mai 1919 eine Schlagzeile gewidmet hatte, gab einem »giftigen Antisemitismus Nahrung und erzeugte lange nachwirkende Rachegelüste«.

Weiter könnte nach dem revolutionären Eifer und der Entschlossenheit der jüdischen Kommunisten gefragt werden. Nun, diese revolutionäre Elite meinte es wirklich ernst, so äußerte Franz Koritschoner von der KPÖ: »Zu lügen und zu stehlen, ja auch zu töten für eine Idee, das ist Mut, dazu gehört Größe.« Grigori Sinowjew verkündete 1917: »90 von 100 Millionen Sowjet-Russen müssen mitziehen. Was den Rest angeht, so haben wir ihnen nichts zusagen. Sie müssen ausgerottet werden.« (S.138). Ähnlich auch hat Moisei Wolodarski formuliert: »Die Interessen der Revolution erfordern die physische Vernichtung der Bourgeoisie.« (S.138). Ganz ähnlich auch Arthur Rosenberg im Jahre 1922: »Die Sowjetmacht hat die Pflicht, ihre unversöhnlichen Feinde unschädlich zu machen.« (S.163).

Zweifellos waren diese Äußerungen kommunistischer jüdischer Revolutionäre keine leeren Drohungen. Das war Ernst. Das war tödlicher Ernst. Nach einer von Churchill 1930 vorgetragenen statistischen Untersuchung eines Professors sollen den Sowjets bis 1924 folgende Menschen zum Opfer gefallen sein: 28 orthodoxe Bischöfe, 1.219 orthodoxe Geistliche, 6.000 Professoren und Lehrer, 9.000 Doktoren, 12.950 Grundbesitzer, 54.000 Offiziere, 70.000 Polizisten, 193.000 Arbeiter, 260.000 Soldaten, 355.000 Intellektuelle und Gewerbetreibende sowie 815.000 Bauern.

Ein besonders grausames Kapitel war das Niederringen jeglichen Widerstandes gegen die Zwangskollektivierung in der Ukraine. Unter maßgeblicher Beteiligung jüdischer Tschekisten fanden hier weit über 10 Millionen Menschen den Tod. Die meisten gingen an Hunger zu Grunde. Keinesfalls darf die ausgesprochen antikirchliche und antichristliche Ausrichtung der bolschewistischen Revolution unterschlagen werden, wie es in den meisten Schulbüchern der Fall ist. Tatsächlich hat der Bolschewismus mit seinem kriegerischen Atheismus die umfassendste Christen- und Religionsverfolgung der Geschichte durchgeführt. Nach einer von russischen Behörden erstellten Statistik wurden zwischen 1917 und 1940 96.000 orthodoxe Christen, darunter Priester, Diakone, Mönche, Nonnen und andere Mitarbeiter nach ihrer Verhaftung erschossen.

Weder die orthodoxen Kirchen oder Klöster wurden verschont. Die Baulichkeiten wurden entweder zerstört oder für profane Zwecke genutzt. So wurden Kirchen zu Clubs, Kaufläden oder Speichern umgewandelt. Das Gold und das Silber der sakralen Schätze der orthodoxen Kirche verwendete man zur Finanzierung weltweiter revolutionärer Bewegungen.

Wie ging es den religiösen Juden selbst in der frühen Sowjetunion? Auch sie waren der Verfolgung durch die Bolschewisten ausgesetzt. An der Spitze der bolschewistischen sogenannten Gottlosen-Bewegung stand ausgerechnet Trotzki. Er leugnete damals sein Judentum, wurde aber von den Russen und weltweit als Jude wahrgenommen.

Meine Damen und Herren,
wir haben nun gesehen, wie stark und nachhaltig Juden die revolutionäre Bewegung in Rußland und mitteleuropäischen Staaten geprägt haben. Das hat auch den amerikanischen Präsidenten Woodrow Wilson 1919 zu der Einschätzung gebracht, die bolschewistische Bewegung sei »jüdisch geführt«. Mit einer gewissen Berechtigung könnte man im Hinblick auf die Millionen Toten dieser ersten Revolutionsphase nach der »Täterschaft« der Juden fragen. Juden waren in großer Anzahl sowohl in der Führungsebene als auch bei den Tscheka-Erschießungskommandos aktiv. Daher könnte man Juden mit einiger Berechtigung als »Tätervolk« bezeichnen. Das mag erschreckend klingen. Es würde aber der gleichen Logik folgen, mit der man Deutsche als Tätervolk bezeichnet.

Meine Damen und Herren,
wir müssen genauer hinschauen. Die Juden, die sich dem Bolschewismus und der Revolution verschrieben hatten, hatten zuvor ihre religiösen Bindungen gekappt. Sie waren nach Herkunft und Erziehung Juden, von ihrer Weltanschauung her aber meist glühende Hasser jeglicher Religion. Ähnliches galt für die Nationalsozialisten. Die meisten von ihnen entstammten einem christlichen Elternhaus. Sie hatten aber ihre Religion abgelegt und waren zu Feinden der christlichen und der jüdischen Religion geworden. Verbindendes Element des Bolschewismus und des Nationalsozialismus war also die religionsfeindliche Ausrichtung und die Gottlosigkeit. Daher sind weder »die Deutschen«, noch »die Juden« ein Tätervolk. Mit vollem Recht aber kann man sagen: Die Gottlosen mit ihren gottlosen Ideologien, sie waren das Tätervolk des letzten, blutigen Jahrhunderts. Diese gottlosen Ideologien gaben den »Vollstreckern des Bösen« die Rechtfertigung, ja das

gute Gewissen bei ihren Verbrechen. So konnten sie sich souverän über das göttliche Gebot »Du sollst nicht morden« hinwegsetzen. Ein geschichtlich bisher einmaliges millionenfaches Morden war das Ergebnis. Daher, meine Damen und Herren, plädiere ich entschieden für eine Rückbesinnung auf unsere religiösen Wurzeln und Bindungen. Nur sie werden ähnliche Katastrophen verhindern, wie sie uns Gottlose bereitet haben. Die christliche Religion ist eine Religion des Lebens. Christus hat gesagt: »Ich will, daß sie das Leben haben und daß sie es in Fülle haben« (Joh 10, 10). Damit ist nicht nur das jenseitige, sondern ganz konkret unser reales heutiges Leben und Überleben gemeint. Deswegen ist es auch so wichtig, daß wir den Gottesbezug in die europäische Verfassung aufnehmen.

Meine sehr geehrten Damen und Herren, wir haben also gesehen, daß der Vorwurf an die Deutschen schlechthin, »Tätervolk« zu sein, an der Sache vorbeigeht und unberechtigt ist. Wir sollten uns in Zukunft gemeinsam gegen diesen Vorwurf wehren. Unser Leitspruch sei: Gerechtigkeit für Deutschland, Gerechtigkeit für Deutsche.

Ich komme zum Schluß und sage: Mit Gott in eine gute Zukunft für Europa! Mit Gott in eine gute Zukunft besonders für unser deutsches Vaterland!

P.S. Seitenzahlen ohne nähere Angabe beziehen sich auf das Buch »Jüdischer Bolschewismus« Mythos und Realität von Johannes Rogalla von Bieberstein.

3. Martin Hohmanns Erklärung vor der CDU/CSU-Bundestagsfraktion

Zur Dokumentation hier auch die persönliche Erklärung Martin Hohmanns, mit der er seine Fraktionskollegen bat, ihn nicht aus der Fraktion auszuschließen (zitiert nach http://www.spiegel.de/politik/ deutschland/0,1518,273774,00.html):

Drei Mal habe ich mich öffentlich entschuldigt. Die erste Entschuldigung war mit dem Büro der Parteivorsitzenden abgesprochen. Die zweite mit dem hessischen Landesvorsitzenden und die dritte mit Wolfgang Bosbach und Volker Kauder. Meine Entschuldigung hat der Fraktion bis in die letzten Tage ausgereicht. Ich bin davon ausgegangen, daß mit der seit dem 1. November strikt eingehaltenen Schweigeauflage und den jeweils gesteigerten Distanzierungen und Entschuldigungen ein gangbarer Weg gefunden war.

Von den Geschehnissen um General Günzel bin ich tief betroffen. Ich habe dem ausdrücklichen Versprechen des ZDF-Redakteurs Glauben geschenkt, daß der Name in gar keinem Falle bekannt gemacht wird. Ich habe sofort bei Herrn General Günzel angerufen. Er hat meine Entschuldigung akzeptiert.

Jetzt zu meiner Rede: Ich habe betonen wollen, daß die Taten der Bolschewisten dem jüdischen Volk nicht angerechnet werden können. Ich glaubte dies mit dem Kernsatz der Rede zum Ausdruck gebracht zu haben. Der Kernsatz der Rede lautet: »Weder die Deutschen noch die Juden sind ein Tätervolk.« Nochmals: Ich wollte sagen, daß das jüdische Volk mit den Greueltaten der Bolschewisten auch nicht im Entferntesten identifiziert werden kann.

Entgegen diesem Kernsatz aber hat Herr Sonne am 30. Oktober bei den *Tagesthemen* erklärt: »Hohmann nennt Juden Tätervolk.«

Diese Meldung ist falsch. Mit dieser böswilligen Umdeutung hat der Redakteur den Medienskandal entfacht.

Durch diese Falschdarstellung nahm das Ganze eine für uns alle verhängnisvolle Richtung und eine ungeahnte Dimension. Dies bedaure ich zutiefst. Mein Versuch, dem entgegenzutreten, ist gescheitert. Ansonsten habe ich eisern geschwiegen.

Ich habe mich immer gegen das Verschweigen der Naziverbrechen an den Juden gewandt. Als eine meiner ersten Aufgaben als Bürgermeister habe ich für die Wiederherstellung des jüdischen Friedhofs Sorge getragen. Als Leiter des Geschichtskreises habe ich veranlaßt, daß die Vertreibung und Ermordung der Juden meiner Heimatgemeinde Neuhof festgehalten, veröffentlicht und aufgearbeitet wurde.

In meiner Volkstrauertagsrede aus Anlaß der 50-jährigen Wiederkehr der Reichspogromnacht habe ich 1988 die schweren Verbrechen der Nazis in den Mittelpunkt meiner Rede gestellt. Die Verbrechen habe ich anhand von Einzelbeispielen aus unserem Ort dargestellt und habe am Schluß meiner damaligen Rede die ermordeten Juden unserer Gemeinde namentlich aufgeführt. Diese Rede habe ich mit folgendem Satz beendet: Wenn es möglich ist, zu verzeihen und zu vergeben, dann möchte ich stellvertretend die Ermordeten heute um Vergebung bitten.

Im Bundestag habe ich in den letzten fünf Jahren als Berichterstatter für die Entschädigung von NS-Opfern loyal im Auftrag unserer Fraktion und im Sinne der NS-Opfer gearbeitet.

Als einziger Bundestagsabgeordneter habe ich vor einem Jahr aus Anlaß des 50. Jahrestages der Gründung der Jewish Claims Conference bei der Gedenkfeier an Gleis 17 in Berlin-Grunewald teilgenommen. In meiner Bundestagsrede vom 6. Juni 2003 zum Staatsvertrag der Bundesrepublik mit dem Zentralrat der Juden in Deutschland habe ich aus tiefster Überzeugung das Buch Genesis zitiert, um warnend die Unantastbarkeit der Juden hervorzuheben. Danach sagt Gott zu Abraham: »Durch dich sollen alle Geschlechter der Erde Segen erlangen. Ich will segnen, die dich segnen, wer dich verwünscht, den will ich verfluchen.«

Daß ich nun öffentlich als jemand dastehe, der Juden in ihren Gefühlen verletzt und als Antisemit erscheint, trifft mich tief. Mein Anliegen war das Gegenteil. Auch meine Frau und meine Kinder leiden unter dem gegen mich erhobenen Vorwurf des Antisemitismus.

Mehrfach habe ich mich entschuldigt. Ich möchte alles tun, damit die von mir hervorgerufenen Verletzungen geheilt werden und bitte nochmals um Verzeihung.

Als Christ schließe ich mich mit vollem Herzen dem Sühnegebet des Papstes an, der im Jahr 2000 folgende Vergebensbitte gesprochen hatte:

»Wir bitten um Verzeihung und wollen uns dafür einsetzen, daß echte Brüderlichkeit herrsche mit dem Volk des Bundes.«

Abschließend bitte ich, den Antrag auf Ausschluß aus der Fraktion zurückzunehmen.

4. Wir brauchen eine neue Medienethik

Der folgende Appell des Verfassers für eine angemessenere Beschäftigung mit dem heiklen Thema »Antisemitismus« erschien erstmals in der libertären Zeitschrift eigentümlich frei, *begleitend zu anderen Artikeln über die Möllemann-Debatte. Diese Beiträge wurden auch an einige Journalisten versandt. Die einzige inhaltsbezogene Antwort kann von Josef Joffe (*Die Zeit*), der den verwendeten Begriff »gleichgeschaltet« als unangemessen empfand, da hier keine höhere Instanz eine »Gleichschaltung« vorgenommen habe. Dazu wurde im Verlauf dieses Buches schon einiges gesagt: Während es eine solche zentrale Instanz in der Tat nicht gibt, hat eine diskursive, sich selbst erzeugende und regulierende Gleichschaltung letztlich einen ähnlichen Effekt. Im Folgenden nun der Appell:*

Die Kontroverse zwischen Jürgen Möllemann und Michel Friedman war nur ein besonders krasser Prototyp für zahlreiche vergleichbare Debatten, bei denen die Medien von Anfang an die Rollen für Gut und Böse zuweisen. Einer aufgeklärten Gesellschaft ist das unwürdig. Die folgenden Vorschläge entwerfen ein Gegenbild.

1. Diskutieren Sie die Sache, nicht die Personen
Durch die Personalisierung der Kontroverse (bis hin zu »Psychogrammen« Jürgen Möllemanns) traten die beiden Sachfragen komplett in den Hintergrund: zum einen die Menschen- und Völkerrechtsverletzungen Israels, zum anderen die Frage, ob Friedman und andere durch ihre Intoleranz nicht tatsächlich den Rassismus förderten, den sie zu bekämpfen suchen. Dieselbe Frage wurde in den USA durch die New Yorker Geschichtsprofessorin Lasch-Quinn angestoßen, die eine der Bevölkerung aufgezwungene Hypersensibilität für kontraproduktiv erachtet. Auch ihre Gegner allerdings reagierten mit »moralischer« Empörung statt Argumenten und der Fähigkeit zur Selbstkritik.[1]

2. Berichten Sie über Äußerungen oder feststehende Tatsachen und nicht über Ihre Interpretation dieser Sachverhalte
Immer wieder standen in der Mediendebatte nicht Möllemanns Äußerungen im Zentrum, sondern das, was Möllemanns Gegner ihnen unterschoben. Man »übersetzte« seine Worte ins Antisemitische. Eine besondere Rolle spielte dabei die »Auf-deutsch«-Taktik, die etwa so funktionierte:

»Möllemann greift scheinbar Friedman an, aber er MEINT, die Juden seien selbst am Antisemitismus Schuld. Möllemann kritisiert verbal die Verbrechen Israels, aber er MEINT natürlich alle Juden.«[2] Richard Herzinger weitete in der *Zeit* vom 23. Mai 2002 diese (reichlich infame) Taktik auf Parteichef Westerwelles Kritik an Friedman aus: »Michel Friedmann (sic!) sei nicht im Besitz eines höheren moralischen Rechts. Westerwelle müßte eigentlich klar sein, welches Signal er damit aussendet: Friedman hält sich wohl für was Besseres, weil er Jude ist.« Gegen solche Unterstellungen kann man sich nur schwer verteidigen. Anlässlich Möllemanns öffentlicher Entschuldigung verkündete der Sender *ntv* dreist die Nachricht: »Möllemann entschuldigte sich heute für seine antisemitischen Äußerungen« - unbeschadet der Tatsache, daß nur eine Minderheit Möllemanns Äußerungen für antisemitisch hielt. So versuchten die Medienvertreter, ihre ganz eigene Wahrheit als allgemeingültig durchzusetzen.

Eine Erweiterung dieser Taktik fand sich etwa in der *Focus*-Online-Überschrift »Wähler honorieren Möllemanns Kurs nicht«. Es ging um die Stimmverluste der FDP in einigen Umfragen. Abgesehen davon, daß die FDP in anderen Umfragen an Wählergunst gewann, ist diese Überschrift eine als Meldung getarnte Interpretation. Nach den vorliegenden Befragungen war es sogar wahrscheinlicher, daß die Wähler Möllemanns Kurs würdigten, aber dadurch abgeschreckt wurden, dass andere FDP-Mitglieder ihren Parteivize ständig angriffen, statt sich für die Meinungsfreiheit stark zu machen. Warum können solche Interpretationen nicht den Lesern überlassen bleiben?

3. Vermischen Sie nicht Nachricht und Kommentar

Es ist nicht ganz einsichtig, warum sich Zeitungen wie die *taz* noch eigens eine Seite mit Kommentaren leisten, wenn ihnen der Unterschied zwischen Nachricht und Kommentar offenbar ohnehin nicht klar ist. Nach der Berliner Erklärung der FDP leitete sie am 1. Juni 2002 die Titelmeldung mit dem Satz ein: »Die FDP will weiter auf der Welle eines nebulösen Antisemitismus surfen.« Ein anderer Nachrichtenartikel am selben Tag begann mit: »Zur eindeutigen Verurteilung des Rechtspopulismus kann sich die FDP-Spitze nicht durchringen.«

Die Punkte 2 und 3 gehören natürlich eng zusammen. Es wurde zum Leitmotiv der Möllemann-Debatte, daß Journalisten die eigene Meinung bzw. die Meinung anderer, wenn sie von den Journalisten geteilt wurde, als feststehende Tatsache in den Nachrichtenteil einfließen ließen. Typisch waren Sätze wie diese: »Die ehemalige Justizministerin Sabine Leutheusser-Schnarrenberger stört sich daran, dass Möllemann mit antisemitischen Klischees operiert.« // »In der Partei ist ebenso ein Flügel zu Hause, der an Populismus nichts Schlechtes finden kann - sei es aus Kalkül heraus oder aufgrund politischer Naivität.« // »Spiegel zeigte sich entsetzt über Möllemanns Äußerung, die Juden seien selbst am Antisemitismus Schuld.« // »Ungewöhnlich scharf hatte Wolfgang Gerhard den rechtspopulistischen Kurs Möllemanns kritisiert.« // »Neueste Umfragen hatten ergeben, dass die von FDP-Vize Jürgen Möllemann betriebene „Haiderisierung" der Partei erfolgreich ist.« // »Im Antisemitismus-Streit - Möllemann hatte die Juden in mehreren Interviews selbst für antisemitische Ressentiments verantwortlich gemacht - wollen die Liberalen offenbar keinen unmittelbaren Zwang auf ihren Vize ausüben.« Wieder und wieder werden in Nebensätzen und Einschüben fast unterschwellig Annahmen als Tatsachen ausgebreitet, die in Wahrheit hochstrittig sind. Während sich dieses Verfahren quer durch viele Medien zieht, bündelt es sich in besonders auffälliger Weise in Artikeln der *tageszeitung*.

4. Räumen Sie verschiedenen Positionen in einer Debatte zumindest annähernd gleichen Raum ein

Es war mehr als sonderbar, dass die weit überwiegende Mehrheit in der Bevölkerung Möllemanns Position befürwortete, die Journalisten unseres Landes aber den Befürwortern dieser Position keinerlei Raum ließen. Dieses Unvermögen, sich auf eine kontroverse Debatte einzulassen, trug immens zur Entfremdung vieler Leser und Fernsehzuschauer von den deutschen Medien bei, und deren Glaubwürdigkeit sank massiv. Warum wurde nicht darüber berichtet, daß Wolffsohn schon im April vorgeschlagen hatte, der FDP einen Imageschaden zuzufügen? Warum wurde es an den Rand der Berichterstattung gedrängt, daß Uri Avnery, Träger des alternativen Friedensnobelpreises, den Zentralrat der Juden als »Propagandazentrale Scharons« bezeichnet hatte, als »einseitig und total auf Seiten der rechtsradikalen Regierung in Israel«? Stattdessen kam es zu grotesken

Schauprozessen gegen Möllemann. Selbst das Format Talkshow, eigentlich für kontroverse Auseinandersetzungen gedacht, verlor seinen eigenen Anspruch aus den Augen. Erich Böhme griff das Thema in *Talk in Berlin* (*ntv*) nur auf, indem er diese Diskussionssendung zu einem Interview mit Michel Friedman umwandelte. Zu einem weiteren Tiefpunkt kam es in der *3-sat*-Sendung *19zehn*. Der Moderator Theo Koll, der in Magazinbeiträgen für das *ZDF* schon sehr eindeutig Stellung gegen Möllemann bezogen hatte, lud ein: einen Vertreter des Zentralrats der Juden (Möllemann-Kritiker), einen Vertreter des Amts für Antisemitismus-Forschung (Möllemann-Kritiker), das FDP-Mitglied Gerhart Baum (parteiinterner Möllemann-Kritiker) sowie einen »FDP-Experten«, der in Möllemanns Äußerungen eine »kalkulierte Inszenierungspolitik« sah. Koll steuerte die »Debatte« durch ständig neu formulierte Fragen des Inhalts »Erleben wir Tabubruch 2002 oder die Möllemannisierung der Auseinandersetzung?« Seinen Gästen blieb mangels Gegenposition gar nichts anderes übrig, als sich selbst unaufhörlich darin zu bestätigen, wie schlimm Möllemanns Verhalten doch wäre.[3] Im *ARD-Presseclub* eröffnete Fritz Pleitgen mit der Frage: »Hat Westerwelle Möllemann nicht im Griff oder steckt Strategie dahinter?« Damit war der Spielraum der folgenden Debatte festgelegt. Dass es bei Westerwelles Verhalten um einen liberalen Wert, nämlich den der Meinungsfreiheit gehen könnte, kam schon in der Fragestellung gar nicht erst vor.[4]

Anscheinend sollte dem Zuschauer mit dem Holzhammer vermittelt werden, daß eine gegensätzliche Meinung zu dieser Frage völlig undenkbar sei. Es ist die Aufgabe der Chefredaktionen in Sendern und Zeitungen, wenn unterschiedliche Meinungen sich nicht schon von selbst einstellen, dazu aufzufordern und nachdrücklich zu ermuntern. Hier schien das Gegenteil der Fall gewesen zu sein.

5. Richten Sie mahnende Worte nicht nur an eine Seite

Daß Journalisten erklärten, warum Möllemanns Äußerungen als antisemitisch verstanden werden können, war schön und gut. Völlig aus dem Gleichgewicht indes war die maßlose Empörung über Möllemanns schlampige Formulierungen einerseits, während die nicht minder schweren Fahrlässigkeiten der anderen Seite ohne jede Kritik blieben. Handelte es sich bei Möllemann tatsächlich um einen Volksverhetzer und Antisemiten, bei seinen Worten um »die schlimmste Beleidigung seit dem Holocaust«? War Westerwelle tatsächlich eine »Glatze«? Hätten Journalisten da nicht zur Mäßigung aufrufen müssen, statt durch ihre flankierende Berichterstattung Öl ins Feuer zu gießen und freies Schussfeld zu schaffen? Dieselben Leute, die Möllemann vorwarfen, nur die eine Seite (Israel) zu kritisieren und die andere (die Palästinenser) zu verschonen, fuhren exakt dieselbe Taktik. Dabei entstand eine Hysterie, die bei vielen Medienrezipienten das üble Gefühl verursachte, daß hier einige Leute auf den Gräbern der wahren Opfer ihr politisches Süppchen kochten. Auch die in Deutschland lebenden Juden, die man ja zu schützen vorgab, wurden häufig erst durch die ständige Skandalierung (»Rechtsextremismus aus der Mitte der Gesellschaft«) in Angst und Schrecken versetzt.[5]

6. Verabschieden Sie sich von statusdefinierter Ethik

Statusdefinierte Ethik liegt vor, wenn nicht die Handlung an sich wichtig ist, sondern wer sie gegen wen begeht. Möllemann und Friedman warfen einander vor, den Antisemitismus zu befördern; Friedman unterstellte zusätzlich Absicht. Der Protest der Medien richtete sich allein gegen Möllemann. Von ihm wurde eine Entschuldigung gefordert, von Friedman nicht. Immer wenn Möllemann seine Meinung sagte, zeigten sich führende Journalisten fassungslos bis entgeistert, daß »der noch immer Öl ins Feuer gießt«. Tat Friedman dasselbe, durfte man ihn nicht kritisieren, ohne zu hören zu bekommen: »Aha! Also ist nur ein stiller Jude ein guter Jude?« Möllemann wurde ins inquisitorische Kreuzverhör genommen, als gelte es, ihn des Rechtsradikalismus zu überführen, wobei sogar falsche Zitate verlesen wurden (*Beckmann*). Friedman hielt man unterwürfig ein Mikrofon vor (*Talk in Berlin*, *Kontraste*). Die einzige (!) Person in den deutschen Medien, die sich der anstrengenden Aufgabe unterzog, auch Friedman kritische Fragen zu stellen und bei unbefriedigenden Antworten beharrlich nachzuhaken, war Sandra Maischberger auf *ntv*. »Ich werde nicht vor Friedman kriechen« hatte Möllemann betont. Dort war in diesem Sommer allerdings auch sehr wenig Platz.

7. Erzählen Sie nicht ständig dieselbe Geschichte

News heißen News, weil sie Neuigkeiten bringen. Weil sich eine Situation verändert hat. Im Fall der Möllemann-Friedman-Kontroverse wurde ein und dieselbe Situation wochenlang am Kochen gehalten mit »Meldungen« wie: Juden empört. Juden immer noch empört. Juden anhaltend empört. Juden weiterhin empört. Davon abgesehen, liebe Medienmacher: Wenn Leser und Zuschauer ihre Darstellung vom bösen, intriganten und skrupellosen Möllemann, der für seine 18 Prozent auch neue antisemitische Pogrome in Kauf nehmen würde, nach der 50. Wiederholung nicht geschluckt hat - glauben Sie ernsthaft, Sie hätten beim 51. Mal mehr Erfolg?

8. Benutzen Sie nicht Beleidigungen als Ersatz für Argumente

Nachdem Möllemann als Prügelknabe der Nation ausgemacht war, fielen bei einigen Journalisten alle Grenzen. Wolf Heckmann von der *Hamburger Morgenpost* bezeichnete Möllemann als »ausgewiesenen arroganten Quatschkopf«, die *Sindelfinger Zeitung* als den »nordrhein-westfälischen Landesfürsten mit den Springerstiefeln«, der *Spiegel* als »Hilfs-Haider«. Im WDR-Hörfunk erkannte ein Psychologie-Professor Möllemann per Ferndiagnose als psychisch gestört. Eine beliebte Taktik war auch der Rückgriff auf Beleidigungen anderer gegen Möllemann, wodurch »intrigantes Schwein« und »Quartalsirrer« eine Renaissance erlebten. Wenig Hemmungen hatte hier etwa Thomas Roth von *Bericht aus Berlin*. Wurden solche Bezeichnungen vom Gesprächspartner zurückgewiesen, schützten sich Journalisten damit, sie hätten ja nur zitiert (so auch Sandra Maischberger). Welchen Gewinn das Zitieren von Beleidigungen in einer Debatte bringen soll, bleibt unklar. Bezeichnenderweise wurde auch diese Taktik einzig und allein gegen Möllemann eingesetzt. Wendungen wie »Hildegard Hamm-Brücher, die schon Max Streibl als Krampfhenne bezeichnet hatte ...« blieben aus.

9. Konstruieren sie keine hanebüchenen Analogien, nur um Menschen zu denunzieren

Mit dieser Taktik lag der *Spiegel* vorn. Da wurde auf rechtsradikale Tendenzen in der FDP von 1951 (!) verwiesen oder eine Deckungsgleichheit von den von Möllemann angestrebten 18 Prozent und den 20 Prozent angeblich rechtsradikaler Bürger suggeriert. Auch sehr schön war folgende Argumentation: Jörg Haider habe Hitlers Waffen-SS verteidigt, Aspekte des Dritten Reiches gepriesen und die Konzentrationslager verharmlost -

um sich danach zu entschuldigen. Auch Möllemann habe sich für eine seiner Äußerungen entschuldigt. Was die Parallelen zwischen den beiden ja wohl offensichtlich mache. Nicht weniger als acht (!) *Spiegel*-Redakteure waren notwendig, damit ein Artikel mit diesem Irrsinn entstehen konnte.

Die Punkte dieses Forderungskataloges sollten in einer freien Presse eigentlich Selbstverständlichkeiten sein. Im Sommer 2002 wurden sie wie selbstverständlich fast durchgehend ignoriert. Dieses Versagen wurde nie aufgearbeitet.

1 Vgl. Lasch-Quinn:, Elisabeth: Race Experts: How Racial Etiquette, Sensitivity Training, and New Age Therapy Hijacked the Civil Rights Revolution. Norton & Company 2001. Vgl. auch Lasch-Quinn, Elisabeth: Das Zeitalter der Manipulation. In: Novo Nr. 63, S. 39.
2 Man wird unschwer erkennen, daß es sich bei dem, was der Verfasser hier als Aufdeutsch-Taktik bezeichnete, um dieselbe diskursive Strategie handelt, die der Leiter des Jerusalemer Alternative Information Centers, Michel Warschawski, als semantische Verschiebung benannte (vgl. das Kapitel »Jürgen Möllemann - Vom Freidenker in den Freitod?«). Ein israelischer Jude und ein deutscher Agnostiker kamen hier also bei ihrer Text- und Kommunikations-Analyse unabhängig voneinander zum selben Ergebnis.
3 Vergleiche http://www.3sat.de/3sat.php?http://www.3sat.de/neunzehn/sendung/33388.
4 Vergleiche http://www.wdr.de/tv/presseclub/20020526/index.phtml.
5 Der israelische Historiker Mosche Zuckermann erklärte in diesem Zusammenhang, zwar dürfe man die realen Ängste vieler Juden nicht aus den Augen verlieren. »Aber man sollte auch mitbedenken wie diese Ängste dann instrumentalisiert, ideologisiert und auch fetischisiert werden.« (Pott, a.a.O., S. 144).

Bibliographie

Angermann, Erich: Die Vereinigten Staaten von Amerika seit 1917. dtv 1987
Bach, George und Goldberg, Herb: Keine Angst vor Aggression. Fischer 1981
Behrens, Katja (Hg.): Ich bin geblieben - warum? Juden in Deutschland - heute. Bleicher 2002
Bedürftig, Friedemann: Als Hitler die Atombombe baute. Lügen und Irrtümer über das dritte Reich. Piper 2004
Benz, Wolfgang: Was ist Antisemitismus? Beck 2004
Blumenthal, W. Michael: Die unsichtbare Mauer. dtv 2000
Broder, Henryk: Erbarmen mit den Deutschen. Hoffmann und Campe 1993
Cockburn, Alexander: The Politics of Antisemitism. AK Press 2003
Coulmas, Florian: Hiroshima. Geschichte und Nachgeschichte. Beck 2005
Eaglestone, Robert: Postmodernism and Holocaust Denial. Totem Books 2001
Findley, Paul: They Dare to Speak Out. People and Institutions Confront Israel´s Lobby. Lawrence Hill Books 2003
Finkelstein, Norman: Die Holocaust-Industrie. Wie das Leid der Juden ausgebeutet wird. Piper 2001
Finkelstein, Norman: Der Konflikt zwischen Israel und den Palästinensern. Mythos und Realität. Diederichs 2002
Finkelstein, Norman und Birn, Ruth Bettina: Eine Nation auf dem Prüfstand. Claassen 1998
Gehlen, Arnold: Urmensch und Spätkultur. Klostermann 2005
Gessler, Philip: Der neue Antisemitismus. Herder 2004
Giordano, Ralph: Die zweite Schuld oder Von der Last, Deutscher zu sein. Kiepenheuer und Witsch 2000
Goldberg, Michael: Why Should Jews Survive? Looking Past the Holocaust toward a Jewish Future. Oxford University Press 1995
Goldhagen, Daniel Jonah: Hitlers willige Vollstrecker. Siedler 1996
Groth, Klaus und Schäfer, Joachim: Stigmatisiert. Der Terror der Gutmenschen. Aton 2003
Gruber, Peter: Die Kunst der Aggression. Langen/Müller 2002
Guggisberg, Hans R.: Geschichte der USA. Dritte überarbeitete Auflage, Kohlhammer 1993
Hahn, Michael (Hg.): Nichts gegen Amerika. Linker Antiamerikanismus und seine lange Geschichte. Konkret Literatur Verlag 2004
Heideking, Jürgen: Geschichte der USA. UTB 1999
Heitmeyer, Wilhelm (Hg.): Deutsche Zustände. Band 1. Suhrkamp 2002
Heitmeyer, Wilhelm (Hg.): Deutsche Zustände. Band 2. Suhrkamp 2003
Heringer, Hans Jürgen: »Ich gebe Ihnen mein Ehrenwort«. Politik, Sprache, Moral. Beck 1990
Höfer, Max: Meinungsführer, Denker, Visionäre. Eichborn 2005
Hoffmann, Arne: Sind Frauen bessere Menschen?. Schwarzkopf & Schwarzkopf 2001
Hoffmann, Arne: Das Lexikon der Tabubrüche. Schwarzkopf & Schwarzkopf 2003

Jaecker, Tobias: Antisemitische Verschwörungstheorien nach dem 11. September. Lit 2004
Jäger, Siegfried und Jäger, Margarete: Medienbild Israel. Zwischen Solidarität und Antisemitismus. Lit 2003
Jaspers, Karl: Die Schuldfrage. Piper 1996
Karsli, Jamal: Maulkorb für Deutschland. Fakten, Analysen, Aufklärung zur Antisemitismusdebatte. Im Eigenverlag 2003
Kaufmann, Tobias und Orlowski, Manja (Hg.): »Ich würde mich auch wehren ...« Antisemitismus und Israel-Kritik - Bestandsaufnahme nach Möllemann. Im Eigenverlag 2002
Kepplinger, Hans Matthias: Die Kunst der Skandalierung und die Illusion der Wahrheit. Olzog 2001
Knütter, Hans-Helmuth: Die Faschismuskeule. Das letzte Aufgebot der Linken. Ullstein 1993
Kött, Martin: Goldhagen in der Qualitätspresse. Uvk 1999
Kurthen, Hermann, Bergmann, Werner und Erb, Rainer: Antisemitism and Xenophobia in Germany after Unification. Oxford University Press 1997
Langer, Felicia: Brandherd Nahost oder: Die geduldete Heuchelei. Lamuv 2004
Laqueur, Walter: Krieg dem Westen. Terrorismus im 21. Jahrhundert. Propyläen 2003
Markovits, Andrej: Amerika, dich haßt sich´s besser. Antiamerikanismus und Antisemitismus in Europa. Konkret 2004
Novick, Peter: Nach dem Holocaust. Der Umgang mit dem Massenmord. DVA 2001
Nölle-Neumann, Elisabeth: Die Schweigespirale. Öffentliche Meinung - unsere soziale Haut. Langen/Müller 2001
Pott, Marcel: Der Nahost-Konflikt. Kiepenheuer und Witsch 2004
Primor, Avi: Terror als Vorwand. Droste 2003
Rabinovici, Doron u.a. (Hg.): Neuer Antisemitismus? Eine globale Debatte. Suhrkamp 2004
Rauscher, Hans: Israel, Europa und der neue Antisemitismus. Molden 2004
Rensmann, Lars: Demokratie und Judenbild. Antisemitismus in der politischen Kultur der Bundesrepublik Deutschland. Verlag für Sozialwissenschaften 2004
Rey, Eric: Schwarzbuch USA. Eichborn 2004
Schenk, Fritz: Der Fall Hohmann. Universitas 2004
Schoeps, Julius H. (Hg.): Ein Volk von Mördern?. Hoffmann und Campe 1996
Schumacher, Hajo: Roland Koch. Verehrt und verachtet. Fischer 2005
Seligmann, Rafael: Mit beschränkter Hoffnung. Hoffmann und Campe 1991
Siever, Holger: Kommunikation und Verstehen. Der Fall Jenninger als Beispiel einer semiotischen Kommunikationsanalyse. Peter Lang 2001
Steinberger, Petra (Hg.): Die Finkelstein-Debatte. Piper 2001
Strauss, Herbert: Der Antisemitismus der Gegenwart. Campus 1990
Süllwold, Fritz: Deutsche Normalbürger 1933-1945. Erfahrungen, Einstellungen, Reaktionen. Herbig 2001
Surmann, Rolf: Das Finkelstein-Alibi. »Holocaust-Industrie« und Tätergesellschaft. Papyrossa 2001

Waldenegg, Georg: Antisemitismus: »Eine gefährliche Vokabel«? Böhlau 2003
Weninger, Robert: Streitbare Literaten. Beck 1994
Wiegand, H.E. (Herausgeber): Studien zur neuhochdeutschen Lexikographie II (= Germanistische Linguistik 3-6/80). Olms 1982
Wolffsohn, Michael und Puschner, Uwe: Geschichte der Juden in Deutschland. Quellen und Kontroversen. Bayerischer Schulbuch-Verlag 1992.
Zuckermann, Moshe: Zweierlei Holocaust. Wallstein 1999